"十三五"国家重点图书出版规划项目 ｜ 丛书主编 侯怀银

本书是国家社会科学基金"十三五"
规划 2018 年度教育学重点课题"中华
人民共和国教育学史"（课题批准号
A0A180016）的研究成果

共和国
教育学 70 年

Pedagogy of the
People's Republic of China
for 70 Years

学前教育学卷

王福兰 著

北京师范大学出版集团
BEIJING NORMAL UNIVERSITY PUBLISHING GROUP
北京师范大学出版社

丛书编委会

丛书主编　侯怀银

编　　委（以姓氏笔画为序）

马建强　王正青　王有升　王福兰

冯建军　孙　杰　张忠华　郑玉飞

侯怀银　桑宁霞

总　序

2019 年系中华人民共和国 70 华诞。站在 70 年的节点，我们需要对中华人民共和国教育学的发展历程进行回顾、反思与展望。据我们目力所及，从中华人民共和国成立至今（截至 2019 年年初），国人引进和自编的教育学著作（包括专著与教材）共计 4700 本，占 20 世纪以来中国教育学著作总量的 80％。其中，国人自编的教育学著作 4300 本，引进外国著作 400 本。新中国成立以来，中国教育学人在 20 世纪上半叶教育学发展的基础上，砥砺前行，取得了非凡的成就，形成了学科发展的经验。时至今日，我们需要梳理新中国成立 70 年来教育学学科建设的成就和经验并寻找其启示，我们更需要系统开展中华人民共和国教育学史的研究，把中华人民共和国教育学史作为中国教育学史研究的重要组成部分。

一、新中国成立 70 年来教育学学科建设的成就

新中国成立后，中国教育学人在中国共产党的领导下，自觉以马克思主义为指导思想，着力建设中国教育学。纵观 70 年来中国教育学的建设，主要取得以下五个方面的成就。

（一）由照搬照抄到本土化再到中国教育学的建设取得成效

70 年来，中国教育学学科建设取得的最大成就在于中国教育学的提出和建设。

新中国教育学的建设是从照搬照抄苏联教育学开始的。叶澜教授认为"引进"是中国教育学从"娘胎"里带来的印记。这就是说 20 世纪上半叶中国教育学的发展是从引进日本、德国、美国等国家的教育学开始的。在引进其他国家教育学的过程中，中国教育学人在 20世纪 20 年代就注意到仅仅引进其他国家的教育学并不能解决中国教育实际存在的问题，故而提出"教育学中国化"的问题。客观而言，那个时期的中国教育学人在探索解决中国教育实际问题的过程中确实创造了很有品质的教育思想和教育理论。随后的抗日战争和解放战争，使中国教育学人的探索被中断甚至被破坏。新中国成立后，中国教育学并没有在原有的基础上建设，而是直接取法苏联。当时，中国教育学人学习苏联教育学主要是通过译介苏联的教育学教材、邀请苏联教育学和心理学专家来华授课、派遣留学生和专家去苏联学习等途径。1956 年，中苏关系恶化，学习苏联教育学来指导中国的师资培养和教育实践的路径被中断，中国教育学人开始探索中国教育学。这一时期，中国教育学人虽然提出了"中国教育学"，但是具体的做法却是教育学的中国化（中国化的教育学）。

中国化的教育学得到研究和发展，其不足之处也得到反思。在"向科学进军"的号召下和"双百方针"的指引下，我国教育学建设者以前所未有的热情，在对学习苏联教育学的经验和教训进行反思的基础上，开始了教育学中国化的初步探索。1957 年《人民教育》7 月号以《为繁荣教育科学创造有利条件》为题，发表了当时一些学者对我国教育科学研究工作的意见。这些意见直指学习苏联经验中的教条主义、机械主义倾向，鲜明地提出了教育学的中国化问题，从方法论的高度对如何建设中国的教育学提出了十分宝贵的意见。曹孚在《新建设》1957 年第 6 期上发表了以《教育学研究中的若干问题》为题的长篇论文，在教育观念上对以凯洛夫主编的《教育学》为代表的苏联教育理论提出了不同寻常的、有力的挑战，从而在教育学中国化的方法论上取得了理论思维上的进展。

　　然而，正当我国教育学研究者充满热情地为建设中国化的教育学科体系而努力探索时，反"右"斗争开始了。在此气氛中，曹孚1957 年发表的《教育学研究中的若干问题》一文被错误地批判，作者被迫在《新建设》1958 年第 2 期发表检讨文章。[①] 这一批判虽然是在内部进行的，但影响也波及全国高等师范院校和教育科研机构。由于反"右"斗争扩大化，高等师范院校一些教师和学者被错误地划成了右派，我国教育学科建设受到严重挫折。1958 年至 1960 年，开始了以贯彻教育与生产劳动相结合为中心的"教育革命"运动，教育学领域开始了"大跃进"，开展了一系列的批判运动。这些在思想和学术领域的批判简单粗暴，压制了在学术上持不同观点的人，打击了很多有真才实学的学者，挫伤了当时教育科学工作者的积极性，严重地影响了我国教育学学科的建设和发展。

　　正是由于反"右"斗争的扩大化和"教育革命"中"左"的浪潮，我国教育学学科体系的建设出现了一种"左"的倾向。这主要表现在教育学的教材建设上出现了一种"教育政策汇编形式"的教育学。1958 年 4 月 23 日，教育部发出通知，师范学校三年级教育学课原有教材停授，改授有关我国教育方针和政策的内容。[②] 这一切使"文革"期间教育学教材编写完全成为教育经验政策汇编，成为"语录学"和"政策学"的温床。

　　改革开放之后，中国教育学人再一次提出"中国教育学"，并对"建设具有中国特色的社会主义教育学""中国教育学本土化"的内涵、必然性、方法论和路径等进行了探索。这些研究指导了中国教育学的建设和发展，中国教育学人出版了不少具有中国特色的教育学著作和教材，培养了大批人才。但是，建设具有中国特色的教育学仅

---

　　① 　即《对〈教育学研究中的若干问题〉一文的检讨》，同期还发表了批评曹孚的文章《怎样理解"教育中的继承性问题"》。

　　② 　中央教育科学研究所：《中华人民共和国教育大事记 1949—1982》，219 页，北京，教育科学出版社，1984。

反映在教育学学科建设的局部，还没有反映到教育学的整体建设上来。之所以这样讲，是因为改革开放之后，中国教育学人又开始大量译介国外的教育学成果，一些具有中国特色的教育学著作和教材也吸纳了国外教育学研究成果，但未能完全反映出中国教育实践的需要。

21 世纪初，中国教育学人在反思 20 世纪中国教育学发展的基础上开始建设中国教育学。这一时期，中国教育学人发表并出版了不少反思 20 世纪中国教育学发展的成果，并对建设中国教育学提出了展望。一些反映中国教育实践需求的教育思想和教育理论得以创生，如主体教育思想、新基础教育、情境教育、情感教育、新教育，等等。尤其出现了以叶澜教授创建并持续领导的"生命·实践"教育学派。学派的形成既是教育学理论发展的重要途径，又是教育学理论的丰富性和长久生命力的不竭之源。学派的发展，从深层次上探索了学科发展的内在的可能性空间。从学科发展走向学派的形成，是实现我国教育学发展的有效途径，也是时代的必然要求。只有创建自己的教育学派，形成真正的教育学家，形成一套完整的教育学本土化的逻辑体系和思维方式，中国教育学才真正有可能与国外，尤其是西方的教育学进行对话与交流。

(二)马克思列宁主义、毛泽东思想的指导地位得以确立

学科建设必须有指导思想。在社会主义的中国，教育学学科建设的指导思想是马克思列宁主义、毛泽东思想。新中国成立后，马克思列宁主义、毛泽东思想成为指导社会主义革命和社会主义建设的理论基础，与此相适应，迫切需要确立马克思列宁主义、毛泽东思想在中国教育学建设中的指导地位。马克思列宁主义、毛泽东思想在教育学发展中指导地位的确立是从新中国成立后开始的。这种确立同社会科学其他学科研究领域，如历史学、文学等一样，经历了 7 年的历程(1949—1956 年)，也走了同样的道路，即学习、引进和批判相结合。其一，学习马克思列宁主义的基本原理。其二，引

进苏联教育学。诚如曹孚先生指出的那样："马克思列宁主义教育学在短促的几年中，在中国教育学术界奠定了自己统治的地位，这是与教育学方面学习苏联分不开的。"①其三，开展对旧教育思想的批判。经过学习、引进和批判，我国教育研究工作者开始从思想上确立马克思列宁主义、毛泽东思想的指导地位，自觉树立辩证唯物主义和历史唯物主义的世界观，"开始用马克思列宁主义的观点去研究教育科学问题……马克思列宁主义观点与理论已经在教育学、心理学、教育史的研究与教学中初步建立了统治的地位"②。马克思列宁主义、毛泽东思想在中国教育学建设中指导地位的确立，为中国教育学的重建指明了方向并提供了理论基础。

（三）国外教育学的引进成为中国教育学发展的重要组成部分

70 年来，中国教育学的建设在处理中外关系的过程中，逐渐走出了一条既不是依附又可以相互借鉴的道路。中国教育学的起点是从引进国外教育学开始的。新中国成立后一段时期，中国教育学人又走上了引进国外教育学的道路。这两次引进不是学习借鉴式的引进，而是照搬照抄式的引进。改革开放后，中国教育学人在讨论教育学中国化、本土化和中国教育学建设的过程中，逐渐注意到我们既不能照搬照抄国外教育学（因为照搬照抄解决不了中国教育实践存在的问题），又不能闭门造车、闭关自守，而要开放。这就要处理好教育学建设过程中的中、外问题。通过考察 1949 年以来国外教育学著作和教材的引进情况，我们发现，引进所占比例并不低，尤其是1977 年后，即便是以再建中国教育学为目标，也有近一半的国外教育学著作和教材被引进到国内。教育学研究者在一定程度上已把国外教育学的引进作为再建中国教育学的重要组成部分，已主动学习并借鉴国外教育学的研究成果，注重与国外教育学的发展接轨，其

---

① 瞿葆奎等选编：《曹孚教育论稿》，208 页，上海，华东师范大学出版社，1989。

② 同上书，688 页。

中以美国、苏联、日本为主。然而，对发展中国家教育学的发展成果，我们借鉴和吸收得还不够。1977 年以来国外教育学的译者数量占到整个 20 世纪译者总数的一半以上，这说明在教育学著作和教材的引进上我国已形成相对稳定的翻译队伍，这不仅为国外教育学的研究提供了人员上的保障，而且为形成中外融合的教育学研究队伍奠定了一定基础。

（四）中国教育学的学科群基本形成

70 年的中国教育学发展，促使其分支学科不断出现与发展，仅1977—2000 年这一阶段就增加了 28 门教育学分支学科，教育学的学科门类基本形成。同时，教育学学科体系也基本形成并初具规模。中国教育学学科体系的建设在改革开放后基本上是沿着正确的轨道进行的，教育研究领域越来越宽广，教育研究成果已成为教育学建设的丰富资源。教育学的理论基础不断得到拓展，我国初步形成了较完备的教育学学科体系，从而结束了作为一门学科的教育学一枝独秀的局面。

教育学既有了综合性的发展，又有了分化性的发展。从其综合性方面来说，教育学同其他有关学科有了紧密的联系，许多边缘性、交叉性和新兴学科相继恢复、产生、充实和发展；从其分化性方面来说，教育学越分越细，作为一门学科的教育学、教育概论、教学论、课程论、德育原理、教育哲学等学科快速发展。我国已初步形成了教育学交叉学科、教育学专门学科与教育学元科学相结合，多种教育学分支学科相继独立的学科发展格局。我国教育学的建设和发展，不仅为有关决策的形成提供了一定的理论依据，为中国的教育教学实践提供了一定的理论指导，在一定程度上促进了学校教育教学质量的提高，而且也起到了一定的理论预测作用，促进了教育事业的繁荣和发展。

特别需要指出的是，教育学元研究的发展为中国教育学学科建设提供了坚实的基础。教育学元研究是对教育学元问题的研究，包括教育学的概念、教育学的性质、教育学的体系、教育学的逻辑起点、教育学的方法论、教育学的价值、教育学的功能、教育学的学科立场、教育学的学科地位、教育学史，等等。

（五）中国教育学的社会建制得到完善

一门学科的社会建制大体包括五个部分：一是学会；二是专业的研究机构；三是各大学的学系；四是图书资料中心；五是学科的专门出版机构。① 按照这个标准来看，新中国成立 70 年来，中国教育学的社会建制得到了完善。第一，在学会方面，中国教育学会、中国高等教育学会等成立，在这些学会之下还有若干分会，分会下还设专业委员会。第二，在专业的研究机构方面，国家层面有中国教育科学研究院，各个省市有本省市的教育科学研究院等。第三，在各大学的学系方面，综合院校、师范院校等多设立专门的学院，如教育学部、教育科学学院、教育学院、教师教育学院、教育技术学院等，一些教育学院还设立了各个研究所。第四，在图书资料中心方面，教育学的书籍在各大图书馆有专门的图书分类号。第五，在学科的专门出版机构方面，中国有专门的教育学出版机构，如人民教育出版社、教育科学出版社、高等教育出版社等；一些省市也有教育出版机构，如上海教育出版社、福建教育出版社、山西教育出版社等；一些大学的出版社也出版教育学方面的著作和教材，如北京师范大学出版社、华东师范大学出版社、广西师范大学出版社等。就以上方面而言，新中国成立 70 年来，中国教育学的社会建制得到完善。

二、新中国成立 70 年来教育学学科建设的经验

70 年来，几代中国教育学人就中国教育学的建设取得了诸多成就，形成了一些教育学学科建设的经验，具体来说，在于较好地处理了教育学学科发展中的几对关系。

---

① 费孝通：《略谈中国的社会学》，载《高等教育研究》，1993(4)。

（一）处理好马克思主义哲学与其他哲学流派促进教育学建设的关系

教育学与哲学有着天然的联系。在教育学学科化时，赫尔巴特就是以实践哲学和心理学作为教育学的学科基础的。再往前推，教育学首先是哲学家康德在大学的课堂上开讲的。新中国成立以来，中国教育学的建设以马克思主义为指导取得了辉煌的成就。但是我们需要警惕的是马克思主义不等于马克思主义哲学。马克思主义是我国各项事业建设的指导思想。马克思主义本身包含了马克思主义哲学、政治经济学和科学社会主义。马克思主义哲学是马克思主义的一部分。马克思主义哲学对其他哲学流派不是全盘否定的，其他哲学流派的观点也不是与马克思主义哲学水火不容的。在新中国 70年教育学学科建设的过程中，有一段时间，我们将教育学的哲学基础完全确立为马克思主义哲学，对其他哲学流派实行全盘拒斥，阻碍了中国教育学的建设。改革开放之后，教育领域思想大解放，其他哲学流派不断译介和传播，教育学的学科建设逐渐兼容并纳各家哲学流派之观点，走上了快速发展的道路。这带给中国教育学人的经验就是处理好马克思主义哲学与其他哲学流派在促进教育学建设过程中的关系。

中国教育学人还需要吸取的经验是避免把马克思列宁主义、毛泽东思想在指导教育学学科建设时绝对化。马克思列宁主义、毛泽东思想是我们进行教育学建设的指导思想，中国教育学的建设必须确立马克思列宁主义、毛泽东思想的指导地位。然而，这并不意味着我们要把马克思列宁主义、毛泽东思想绝对化。在坚持把马克思列宁主义、毛泽东思想作为指导思想的前提下，如何还马克思列宁主义、毛泽东思想"智慧之友"的本来面目，充分发挥马克思列宁主义、毛泽东思想方法论意义上的指导功能，是我国教育学学科建设值得思考并需解决的重要课题。

（二）处理好批判和继承之间的关系

中国教育学的发展，在"文化大革命"的十年遭到严重的破坏和错误的批判。从这个意义上讲，如何正确认识批判的本质和功能，并处理好批判和继承的关系，对于我国教育学的建设和发展至关重要。就批判的本质来看，批判实际上就是分析，批判就是一个一分为二的分解过程。从马克思主义的观点来看，批判也就包含着继承，而继承又不是简单的肯定，是包含在否定中的肯定。从"文革"时期的"批凯"和"批孔"来看，这种"批判"是与马克思主义的批判观相违背的，它背离了批判的本质和功能，割裂了批判和继承的关系。正因为这种"批判"，才导致了对凯洛夫主编的《教育学》和孔子教育思想等的全盘否定，进而对整个教育学的批判否定，这个教训很值得我们吸取。我国教育学的建设必须在认真贯彻"双百方针"的基础上，正确地开展学术批判。我们应把学术批判作为繁荣我国教育学的基础、条件和动力，使其真正地推进我国教育学的建设和发展。

（三）处理好中国教育学建设过程中的中外关系

由于教育学从发生学意义上具有"舶来"的品性，其对国外教育学的"依附"自然难免。不过，纵观 20 世纪中国教育学的发展之路，我们可以欣喜地看到，在教育学的理论建设中，亦步亦趋的成分越来越少，独立创造的因子越来越多。叶澜教授曾在《中国教育学发展世纪问题的审视》一文中提出，政治、意识形态与学科发展的关系问题、教育学发展的"中外"关系问题、教育学的学科性质问题等，这些问题是影响教育学学科发展的根本性问题。[①] 新中国成立 70 年来，中国教育学人在建设教育学学科的过程中，不断地在处理教育学的中外问题。我们曾经有依附、有全面批判，当然，时至今日，我们已放弃了全盘接受和全面否定的态度。研究者多认同立足中国教育现实，寻找本民族与外来教育融会贯通的契合点是实现本土化、摆

---

① 叶澜：《中国教育学发展世纪问题的审视》，载《教育研究》，2004(7)。

脱对西方教育学的依附的根本途径。但也有研究者指出，本土化的过程仍然是对西方的"移植"过程，主要表现在本土化的途径仍然以译介为主，本土化的对象仍以借鉴为主，本土化的教育理论内容更是充斥着西方的思潮和思想。针对这种在认识论和方法论上存在的问题，研究者提出了本土化研究的重点和难点，乃是基于本土问题，研究本土性，寻找结合点，并开展具体研究。① "生命・实践"教育学派在处理教育学学科建设过程中的中外问题方面走出了一条具有特色的道路。该学派立足中国当代社会和教育中的具体问题，寻求中西方思想文化的滋养。

（四）处理好学科体系建设和知识体系构建之间的关系

在我国建立的教育学学科体系中，各学科的发展存在着较严重的不平衡现象。其中有些学科起步较早，已初步形成了较完整的体系；有些学科本身又分为若干分支，学科研究向着更加深入的层次、更加广阔的领域发展，处于成熟或继续发展期；有些学科是近几年才刚刚开始建设，处于汇总材料、构思体系、逐步创建阶段，正为学科体系建设创造条件；有些学科正处于初创阶段，趋于形成。教育学学科领域中的空白点较多，一些分支学科研究者甚少。这种不平衡性在一定程度上影响了教育学的学科建设和发展。我国教育学学科建设的水准不高，学科独立性尚差。一般来讲，教育学学科确认标准有三方面：其一，有明确的研究对象和研究范围，有相对独立的概念、范畴、原理，并正在或已经形成学科结构体系；其二，有专门的研究者、研究活动、学术团体、传播活动、代表作等；其三，该学科的思想、方法已经在教育实践中被应用、被检验，并发挥出特有的功能。② 以这三方面标准来衡量，我国教育学学科体系

① 吴黛舒：《繁荣背后的反思：中国的"教育学本土化"》，载《教育理论与实践》，2007(9)。

② 安文铸、贺志宏、陈峰：《教育科学学引论》，17 页，南昌，江西教育出版社，1997。

还不成熟和完善，仅仅初步确立起了应有的门类和框架，在一定程度上尚落后于其他学科的发展。从各门教育学学科建设来看，无论是从深度还是广度来说，都还不能按学科建设的严格原则和标准进行具体规划和落实。在整个科学体系中，教育学学科特别缺乏一整套独特的概念、范畴、命题和研究方法，学科的独立性不强。

之所以出现教育学的分支学科发展不平衡和学科独立性不强的状况，是因为中国教育学人在教育学学科建设过程中还没有处理好学科体系和知识体系之间的关系。我们强调教育学分支学科的繁荣壮大，但在一定程度上忽视了教育学说到底是教育知识的学问。学科建设不能用学科体系取代知识体系。知识体系决定着学科体系的样态，而不是学科体系规范着知识体系。

（五）处理好教育学学科建设和教育研究之间的关系

教育研究是教育学建设和发展的基础和前提。新中国成立初期，我国的教育研究工作，一方面是总结和发展自己的教育实践经验，特别是老解放区的教育实践经验，开创我国的教育研究工作；另一方面是翻译出版苏联教育学方面的研究成果，借鉴苏联的教育研究经验，以指导我国的教育实践。20世纪50年代后期，我国着手建立教育研究机构，并开始进行教育研究的规划工作。20世纪60年代初，我国教育研究机构的建立以及教育研究工作的指导方针和任务的确立，才使我国教育研究工作进入一个初步繁荣和发展期。20世纪80年代后，随着解放思想在教育领域的深入，研究者针对教育学发展问题进行了不同层面、不同领域、不同角度的研究，推进了教育学理论的发展，对教育学理论体系的构建起到了重要作用。

由此可见，教育研究工作直接影响到教育学建设和发展的进程。我国教育学的建设和发展必须切实重视并加强教育研究工作。我们应把教育学的建设和发展置于雄厚的教育研究工作基础之上。

三、新中国成立70年来教育学学科建设的启示

通过对70年来中国教育学发展的回顾与反思，我们深深感受到，新时代中国教育学的建设，应以从中国出发的"世界教育学"和"大教育学"为根本追寻，赋予教育学以中国文化的特色，建设具有中国特色、中国气派的教育学，它服务中国社会和教育实践的发展，促进人的发展和社会的全面进步。我们应在对"人"的认识基础上，探索中国教育运行的特殊规律，形成我们的理论框架、研究方法和知识体系，处理好教育学发展中的引进和创新的关系、教育学的发展和教育实践的关系、教育学各分支学科之间的关系，确立教育学在整个科学体系中的地位，发挥中国教育学学科的系统功能，促进教育学的繁荣，并推动中国教育学走上世界舞台。为此，我们需要做到"六个坚持"。

（一）坚持教育学的学科自主

所谓教育学的学科自主，就是教育学研究者创生教育学学科、教育学理论。教育学虽是"舶来品"，但经过研究者多年的努力，其亦步亦趋的成分越来越少，独立创造的因子越来越多。因此，我们可以预料，中国教育学学科建设最终会走上独立创新的康庄大道。20 世纪国外教育学的输入，已经为我们独立地创造自己的教育学准备了足够丰富的"质料"，依靠中华民族五千年积累的智慧，我们有理由创造出具有中国特色的教育学学科。这需要教育学界的同仁通力合作。在此须指出的是，走这样的一条道路，是要摆脱教育学学科建设中仰人鼻息的窘境，而不是说拒绝对国外先进的教育学的吸收。在这样一个日益走向全球化的世界，除了无知的妄人之外，任何人都不会不承认学习他国的优秀理论成分对我们的理论创造的价值。

我们应在吸收与独立创造之间寻求一种合理平衡，扎根本土实践与教育传统，把西方的教育学理论作为"质料"来进行审视，以"重叠共识"为基点，进行理论整合。

我们要坚持教育学的学科自主，需要在教育学的学科建设上树立大教育学观，改变教育学的学科建设主要局限于学校教育的建设局面。学校教育应该是教育学研究的重要领域与对象。我们应该对学校教育内在规律做深入细致的分析研究，力争发现与揭示存在于学校教育现象中的普遍规律，通过对学校教育基本原理的探讨，去阐述教育活动的一般原理。但教育学仅仅以学校教育为研究对象，是对人作为完整生命发展主体的一种有意识的忽视，学校教育不是人的教育活动的全部，对学校教育内在规律的分析研究无法全面揭示存在于所有教育现象中的普遍规律，对学校教育基本原理的探讨不能代替对教育一般原理的探讨。因此，新时代中国教育学的建设，不仅要去关注学校教育，而且要超越学校教育，以终身教育为视野，把教育学学科建设拓展到人类教育活动的其他形式，特别要重视社会教育学的学科建设。

我们要坚持教育学的学科自主，更需要在教育学的学科建设上，把中国教育学史作为教育学中的一门基础理论学科去建设，对中国教育学史的学科性质、研究原则和方法等进行深入的思考，以促进中国教育学史的研究。我们需要梳理中国教育学历史发展过程中的重要事实，研究和了解中国教育学发展的全貌，对我国教育学的发展进行整体而深刻的反思，从中探寻出值得借鉴的启示，减少我们在教育学建设和发展中的盲目性，完整地把握已有的认识成果并进行创造性转化，进而提出真正能促进当前我国教育学发展的理论主张并付诸实践，以此促进中国教育学的建设。

（二）坚持教育学的学科自立

坚持教育学学科自立的一个必要前提是强调教育学的独立学术品质。既往的历史告诉我们，学科的意识形态化始终是教育学获得独立性、自主性的一个重要影响因素。我们既需要摆脱对政治的依赖，又需要摆脱对西方的依赖，还需要摆脱对其他相关学科的依赖。在总结历史教训的基础上，以探讨教育学的逻辑起点和教育学本身特有的概念、范畴、体系等为突破口，教育学将会一步步走上一条学科的自主、独立之路，实现学科自立。世界教育学发展的历史告诉我们，任何时代的教育学学科的自主性与独立性的获得，都是需要一定的社会文化条件支撑才能形成并长久存在下去的。教育学学科的独立、自主绝对不是一种普遍化、无条件的存在状态。因此，希望教育学完全摆脱政治、西方和其他学科的影响而实现学科的绝对自立是不可能的，新时代的中国教育学必须处理好与政治、西方和其他相关学科的关系。

新时代的教育学学科建设，特别要处理好教育学和其他相关学科的关系。教育学学术生产具有跨学科生长的特点，教育学知识体系不能脱离任何一门科学，需要其他科学的参与来发展教育理论和教育实践，教育学要借鉴其他学科的最新成果，以求形成促进教育学发展的巨大合力。教育学已与哲学、心理学、社会学、经济学、政治学、管理学、人类学、统计学、文化学、生态学等学科融合而生成了诸多新学科，大大地拓展了教育学可能的发展空间。这就需要我们积极开展跨界协同，打造中国教育学研究的学术共同体。

为了实现教育学的学科自立，我们要特别重视教育学研究方法的研究。教育属于社会现象和社会问题的范畴。教育中的许多问题需要借助科学的方法来研究，进而得出具有普遍性的科学结论。我们要规范并综合运用研究方法，提升中国教育学学科研究的科学性。当前，中国教育学的科学化水平有待进一步提高，我们需要积极引入定性和定量的多元研究方法，提高学科研究的信效度，注重方法运用的规范性，不仅体现出中国教育学研究的世界水准，而且要结合当代社会学科交叉发展的大背景，利用好与社会科学其他学科之间开展交叉研究的有利契机，通过研究手段和研究方法的大力创新，增强自身理论对当代社会复杂教育现象的解释能力，提升对新时代中国教育问题的解决能力以及指导人们教育实践的能力。需要明确的是，在教育学研究方法上我们要鼓励开展教育叙事研究、教育案例研究、教育统计研究等，但教育学以人的发展作为研究的起点和基础必然涉及伦理、价值、意义等层面的具体问题。因而，教育学研究不能简单以"叙事""案例""数据""统计"为标准，试图对教育现象做出深刻的新诠释、新判断和新建构。教育学学科建设必须要以事实为基础、以知识为核心、以思想为归宿。如果我们仅仅以事实为基准，那远离了教育学学科建设的最终目标。

（三）坚持教育学的学科自尊

教育学的学科自尊在于构建起完善的知识体系。从夸美纽斯的《大教学论》问世开始，中外的教育学研究者一直以来的一个理想追求便是构建科学的教育学体系。在当代中国，近年来教育学界的一个响亮声音便是构建科学的并具有中国特色、中国气派的教育学。①无论是一般化地呼吁构建科学的教育学体系，还是在特定的语境下呼唤"中国教育学"的创生，其实质都是在为教育学寻求一种确定的、刚性的知识体系。

这种追求如果追溯其哲学基础，可以还原到本质主义的认识论。在本质主义哲学被奉为经典、神圣的教条的年代，教育学理论和建构的确定性、刚性知识体系追求是唯一的努力方向。但是，近年来，随着后现代哲学的风行，鲜活的教育实践对封闭性知识的挑战，本质主义的哲学观在教育学领域受到了越来越多的质疑。作为一种非常有力的挑战，质疑本质主义的声音所持的哲学观往往被称为反本质主义、反普遍主义。可以预见，随着这股与本质主义、普遍主义相逆的思想潮流的涌动，即使教育学体系建构的堤坝不会被冲垮，中国的教育学界也会出现一种可以与教育学体系建构分庭抗礼的理论追求，那就是摆脱非历史的、非语境化的知识生产模式，追求教育学知识生产的历史性、地方性与语境性。教育学研究领域叙事潮流的蔚为壮观，在一定程度上就是这一趋势的反映。

对于这一趋势的出现，不少教育学研究者也许不无深深的忧虑：

---

① 　侯怀银、王喜旺：《教育学中国化——一个世纪以来中国学者的探索和梦想》，载《教育科学》，2008(6)。

教育学是否会因此而完全失去其理论底色？事实上，在反本质主义者的头脑中，本质主义的对应词应该是"建构主义"。因为反本质主义给人的感觉是完全否认本质的存在，而建构主义则承认存在本质，只是不承认存在无条件的、绝对的普遍本质，反对对本质进行僵化的、非历史的理解。尤其不赞成在种种关于教育本质的理论中选择一种作为"真正"本质的唯一正确的揭示。在教育这样一个人文、社会世界，不可能存在无条件的、纯粹客观的"本质"，所有的本质都是有条件的，它必然受到社会历史等因素的制约。因此，我们对所谓教育的"本质"，应该采取一种历史的与反思的态度，把所谓教育原理、教育学知识系统事件化、历史化。原理、知识系统的事件化、历史化必然不是完全体系化的，但其丰富的理论内涵依然存在，只是其理论意蕴与特定的社会文化条件结合在一起了，绝不是完全丧失理论品格。

（四）坚持教育学的学科自强

教育学的学科自强主要从自身而言，是教育学学科分化和综合的过程中形成的强大体系。目前的教育学研究虽然出现了一定的分化趋势，但是，这种分化还不够，许多深层、细微的研究对象还有待我们从新的学科视角去发现、认识它们。因此，大范围的学科分化的保持与扩大是必要的。随着学科分化的进一步加剧，一些新的交叉学科、专门学科，如教育环境学、教育物理学等学科，会渐次出现在研究者的视野中。不过，这种大面积的学科分化并不排除在局部发生教育学学科综合的可能。随着学科分化的深入，当在某一层面研究者发现几门学科可以相互融通之时，学科的综合便会发生。只是学科的分化、深入没有达到一定程度的时候，这种学科之间的暗道相通不会被人发现，学科的综合就无从谈起了。

教育学的学科自强体现在教育学不仅要立于学科之林，而且要在中国教育实践中确立其应有的地位。中国教育学是根植于中国教育实践的教育学。我们的眼光既是世界的，又是民族的，我们应该在全球视野基础上，积极地关注、研究和解决中国教育的实际问题，进行基于中国立场、反映中国问题、凸显中国风格、汇聚中国经验的中国教育学建设。中国教育学前行的每一步都必须根植于反映独特国情的中国教育实践，结合新时代政治、经济、文化的变化，结合教育生态的变化，结合教育实践面临的新问题，扎根中国教育实践的沃土，生长出真正的中国教育学。特别值得指出的是，随着人工智能、信息技术的发展，教育变得更加无时不在、无处不在。同时随着技术化向纵深方向发展，信息技术从工具变成教育关系的一部分，教育的目的、内容和形式都在发生着改变，这就导致人机交互可能会在很大程度上改变传统的教育关系模式。基于教育实践活动的时代变化，新时代中国教育学的发展必须扎根新的教育实践，研究教育的新现象和新问题，构建顺应时代发展的新的理论体系，尝试从人工智能时代的研究视角探讨教育与社会、与人、与自然的关系，以发现新的教育基本规律。

（五）坚持教育学的学科自信

教育学的学科自信主要表现在教育学人的自信。首先，就中国教育学与国外教育学的对话方面，中国教育学人是自信的。我国教育学界在一系列重大的教育学理论问题上，有不同的见解和观点，形成了独特的中国风格的教育思想和理论。中国教育学人可以与国外教育学人互通有无、公平对话，而不是依赖国外教育学的发展而发展。其次，中国教育学人对教育学实践的发展是有发言权的。新中国成立 70 年来，中国教育学人依据中国教育实践的发展创造了很多本土的思想和理论，如主体教育、新基础教育、情境教育、生命教育、新教育，等等。再次，中国教育学人在其他学科的学人面前是自信的，因为中国教育学再也不是钱锺书先生笔下的被人瞧不起的学科了。教育学的综合复杂性决定了其与其他学科之间的密切关系。最后，中国教育学人在教育学的学习者面前是自信的。因为中国教育学人可以给学生讲清楚中国教育学，而且讲的是中国的教育学，而不是从其他国家照搬照抄来的教育学。这启示中国教育学人要坚持教育学的学科自信。

（六）坚持教育学的学科自觉

70 年来，中国教育学的发展历程就是一个学科建设从引进、建立到带着自觉的体系意识去建设的过程。从这一发展逻辑顺延，教育学理论建设的体系化是一个必然的路径。只是我们目前的教育学体系化建设，仍然存在着浮躁的不良倾向。我们不能忙于通过引进西方的相关学科或匆忙地移植其他学科以"填补空白""抢占阵地"，而应踏踏实实地对大的学科或某一学科的体系应如何构建进行创造性研究。抛弃浮躁之风，更为从容而扎实地对一个个子学科与大教育学的逻辑起点、建构的内在逻辑、体系构架等问题进行深入研究，将会成为中国教育学研究者未来努力的方向之一。特别需要指出的是，中国教育学不仅要突出"中国"两字，还要在新时代背景下，从人类命运共同体出发，通过缩小与西方之间的"话语逆差"，增强设置国际议题的能力等方式，建成世界一流教育学学科，在学科竞争力和学术话语权上进入世界前列，整体提升国际教育学界对中国原创和中国贡献的显示度、能见度、理解度、接受度、认同度和运用度。中国教育学既要为中国教育实践提供理论指导，又要在国际社会共同关注的教育问题上做出"中国贡献"，在世界教育学知识谱系中增添"中国智慧"，在国际学术标准和规则的制定中发出"中国声音"，最终促进教育学的整体进步。

四、中华人民共和国教育学史的研究价值和本丛书的研究宗旨

站在 70 年的节点，我们很有必要提出"中华人民共和国教育学史"。"中华人民共和国教育学史"这一概念和命题的提出，正是回顾、反思与展望中华人民共和国教育学 70 年发展历程的学术结晶。

中华人民共和国教育学史研究具有独到的学术价值：第一，有助于拓展中国教育学史的研究领域。第二，有助于推进中国教育学的学科发展。教育学史在教育学发展过程中的重要作用越来越凸显。研究中国教育学史既是为了镜鉴于现实，也是为了推动我国教育学术的传承发展。中华人民共和国教育学史，实际上给我们提供了一面镜子，让我们更清楚地认识到，中国教育学人以前做了什么，现在还需要做些什么。我们系统梳理前人之思，有利于进一步明确中国教育学发展方向，推进教育学在中国的建设和发展。第三，有助于中国教育理论的完善和教育改革的推进。第四，有助于推进中国人文社会科学的建设和发展。教育学与人文社会科学各个学科的发展都有着密切联系，中华人民共和国教育学史的研究涉及中国人文社会科学各学科发展史的研究。中华人民共和国教育学史的研究不仅从一个侧面反映出中国人文社会科学的发展历程，而且也有助于推进中国人文社会科学相关领域的探索。

中华人民共和国教育学史研究具有独特的应用价值：第一，有助于推进中国教育系科的改革。教育系科史是本丛书的重要研究内容，通过对中华人民共和国教育学史的研究，一方面可以提供中国教育系科改革的历史经验，另一方面可以推进中国大学教育系科对已有传统的传承创新，形成其发展特色。第二，有助于推进中国教育学教材的系统建设，特别是作为一门学科的教育学教材的建设。第三，有助于整体推进中国目前"双一流"大学建设背景下教育学的学科建设。在当下高校追寻"双一流"的背景下，教育学在大学中如何存在越来越受到重视。一流大学，应该有一流的教育学学科。中华人民共和国教育学史的研究，既有利于我们总结教育学曾经的发展状况，又可为当下教育学发展路径的寻求、学科地位的确立、发展危机的解决，提供基于历史的经验和策略。第四，有助于我们在梳理和总结中华人民共和国教育学史的基础上，让民众更好地认识教育学、走进教育学，提升教育学的社会地位，使教育学不仅成为教师的生命性存在，而且成为一切与教育工作有关的人的生命性存在。

　　纵观中华人民共和国教育学 70 年研究历程，虽然研究者对中华人民共和国成立以来的教育学分支学科发展史、教材史、课程史等进行了相关研究，但总体上看，研究还不够充分和深入。特别是中华人民共和国教育学史这一主题还未有人研究过，已有研究与之相似的也只是对 20 世纪中国教育学发展的梳理，尚未将 21 世纪初的教育学发展统整融合。21 世纪初的教育学发展有何变化，中华人民共和国的教育学发展至今有何特点，是否形成了自己的一套体系，教育学发展到了何种规模，已有研究都尚未论及。具体来讲，需要进一步探讨、发展或突破的空间主要有以下三个方面。

　　第一，历史研究需要拓展和深化。已有研究多是在回顾 20 世纪中国教育学史时，将 20 世纪下半叶的中国教育学史以改革开放为界限分为两个阶段进行研究的，但是对中华人民共和国成立以来，特别是 21 世纪初的中国教育学发展史尚未进行专门研究。国人在 20 世纪 20 年代就意识到，仅仅移植国外的教育学并不能解决中国的教育问题。有鉴于此，国人提出教育学中国化、本土化的口号，但是教育学真正的中国化是在中华人民共和国成立之后形成的。因此，我们认为有必要在研究国外教育学的引进及其影响的基础上，对中国教育学的发展历程及其特征进行专门研究，进而对教育学主要分支学科发展史和教育系科发展史进行研究。

　　第二，预测研究需要巩固和加强。历史研究的一个追求就是要预测未来。教育学在 21 世纪初的中国如何发展，需要根据教育学中国化以来的教育学发展进行前瞻式研究，在此基础上进行科学的预测。我们注意到，已有研究对教育学史进行历史研究的较多，但是对教育学的未来发展趋势进行预测研究的尚显薄弱。有鉴于此，我们认为应该在整理史料、理性反思的基础上进行未来学意义上的研究。

　　第三，研究方法需要深入理解和诠释。关于中华人民共和国教育学史的研究，最好的研究方法当然是历史研究，但是仅仅用历史研究法研究教育学史远远不够。我们需要突破收集和整理史料的局限，在理解、解释的基础上总结并反思教育学的发展规律。

正是基于中华人民共和国教育学史研究的不足，我们申报了国家社会科学基金"十三五"规划 2018 年度教育学重点课题"中华人民共和国教育学史"，并获立项（课题批准号 AOA180016），本丛书是该课题的结题研究成果之一。感谢全国教育科学规划领导小组办公室对本课题的支持。

中华人民共和国教育学史研究的核心关键词为"中华人民共和国"与"教育学史"，前者指明研究范围，后者明确研究对象。展开中华人民共和国教育学史研究，需要厘清的主题为：教育学史的性质、教育学教材的发展、教育学二级学科的演变、教育学课程的状况及教育学者的相关论争等。

正是在这个基础上，我们本着"为国家著史，为学科立传，为后世留痕"的信念，遵循历史与逻辑相统一的原则，准确定位逻辑主线，注重把握中华人民共和国教育学史与 20 世纪上半叶教育学发展的连续性，注重从学科史切入，并将学科史与思想史相结合，注重对重要的教育学专著、教材等进行深入研究，带着历史的厚重感与时代的责任感，开始了对中华人民共和国教育学史的研究和写作。

本丛书旨在对中华人民共和国成立以来教育学各分支学科的发展进行全方位的研究，梳理各学科 70 年来的发展历程、取得的进展与成就，分析出现的问题与不足，展望未来的建设与发展。本丛书一方面力图"全景式"呈现教育学体系内分支学科知识体系的全貌，另一方面力图"纵深式"探究教育学及其分支学科内在的逻辑理路。研究坚持逻辑与历史相统一、整体与部分相协调、事实与论证相结合的原则。各卷的研究，突出了中国教育学的发展过程，对其形成、特点和争论等进行了必要的讨论，并以此为主线确定了各学科的阶段划分、进展梳理与学科反思。特别是对 70 年来各学科的重要专著、教材和论文进行了梳理和评述，既在书中呈现中国特色社会主义教育学学科的发展状况，又要凸显研究者及其专著、教材和论文对中国特色社会主义教育学形成和发展做出的贡献。需要说明的是，由于各学科的发展现状及已有研究基础不同，因此，承担各卷写作任务的作者根据实际情况采取了相应的撰写方式。对于教育哲学学科、教育社会学学科这两个教育学原理学科下属的分支学科，作者在对学科历史发展做总体性叙述后，据学科理论思想采取专题撰写的方式展开；对于其他二级学科，采取了大体按历史分期的方式叙述。发展阶段的划分尽量按学科内在发展逻辑进行，不拘泥于社会历史分期。

在丛书撰写的过程中，我们提出了研究的要求，明确了三个方面的意识：各学科的 70 年发展史如果是前人没有或少有涉及的，那就要有明确的标杆意识，研究成果应该体现当代中国学者的最高水平；如果学术界已有先期成果，那就要有明确的超越意识，达到新的高度；如果作者曾有过相应成果，那就要有明确的突破意识，寻找新的角度，进行新的思考，突破自己，切忌重复、克隆自己。

具体来讲，本丛书确定了以下八个方面的要求。

第一，丛书各卷研究的时限为 1949—2019 年，不向前后延伸。研究中把握好重大时间节点。有的学科发展考虑到问题本身的连续性，必要时可适当向前延伸，但不宜过多。

第二，丛书各卷的撰述范围限于中华人民共和国内各学科的发展，以中国共产党领导下的教育学发展为主。

第三，不刻意回避教育学发展中的意识形态属性，撰写时不做主观评价，撰写的原则是立足史实、客观叙述。

第四，坚持"以史为主，史论结合"的研究宗旨。研究以史实为依据，在梳理清楚基本事实的基础上，做出准确分析和客观评价。书中所阐述的史实应经得起不同时代不同读者的推敲和质疑，在写作中应避免将历史和现实"比附"。

第五，充分掌握国外教育学学科的发展历史，以及国内外研究的最新动态，使自己的研究有一个高的起点。研究方法上以历史法和文献法为主，兼及访谈和数据分析。

第六，坚持广博与精深的结合。一方面，应立足中华人民共和国 70 年的发展，全方位呈现自己所写学科的发展进程，不宜只介绍某几个方面；另一方面，写作中要抓住重点，对于学科发展的主要方面，着重笔墨、深入研究，避免史料文献的盲目堆积，在撰写中对于还不成熟的资料与推理以不介绍为宜。

第七，梳理学科发展史，既要见人又要见事。对于在学科发展中做出突出贡献的代表人物及其思想，写作时需有体现。

第八，处理好教育学学科发展和教育事业发展的关系，把共和国教育学 70 年的研究与共和国 70 年教育事业发展的研究结合起来。特别是教育学原理、课程与教学论、学前教育学、高等教育学、成人教育学、特殊教育学学科的研究，要处理好学科发展史与基础教育事业、学前教育事业、高等教育事业、成人教育事业、特殊教育事业的关系，要分别以各领域教育事业的发展为基础进行阶段划分、进展梳理和学科反思。

本丛书的出版，对于中国教育学史研究和中国教育学的发展是大事，更是幸事，具有重要的学术价值和现实意义。

从学术价值来看，教育学史越来越凸显其在教育学发展过程中的重要作用。我们开展中国教育学史的研究，既是为了推动教育学术的传承，也是为了在传播中促进教育学的发展。

从现实意义来看，学习和研究教育学的人也需要很好地了解本学科的发展史，明确研究基础和学科定位。本丛书以教育学分支学科为经，以学科发展为纬，其研究成果可为学习、研究教育学的人提供阅读书目和参考资料。

本丛书成书之际，北京师范大学出版社推荐其申请了《"十三五"国家重点图书、音像、电子出版物出版规划》项目，在此表示感谢。

本丛书共 12 卷。总论卷分上、下两卷，由山西大学侯怀银教授等撰写；教育哲学卷由南京师范大学冯建军教授等撰写；课程与教学论卷由山西大学郑玉飞副教授撰写；德育原理卷由江苏大学张忠华教授撰写；教育史学卷由山西大学孙杰教授撰写；教育社会学卷由青岛大学王有升教授撰写；比较教育学卷由西南大学王正青教授撰写；学前教育学卷由山西大学王福兰副教授撰写；高等教育学卷由山西大学侯怀银教授等撰写；成人教育学卷由山西大学桑宁霞教授撰写；特殊教育学卷由南京特殊教育师范学院马建强教授等撰写。

　　本丛书得以出版，要感谢来自各个高校的专家学者，感谢每一卷的作者，感谢北京师范大学出版社郭兴举、鲍红玉等老师的支持和辛勤工作。由于水平有限，本丛书难免有疏漏，恳请专家和读者批评指正。

侯怀银

2019 年 9 月 26 日

目　录

绪　论

中华人民共和国成立 70 年来，在党的教育方针的指引下，在广大学前教育工作者的辛勤努力下，我国学前教育从无到有，从小到大，从仅凭经验到依法治教，从全面引进苏联模式到反思批判，从学习借鉴欧美经验到自主探索创新，历经了以苏为师、批判反思、挫折停滞、借鉴欧美、本土化探索的过程，走上了一条虽充满坎坷、波澜起伏，但矢志不渝地探寻中国特色的艰辛发展之路；推动了我国学前教育学学科的建设，使学前教育学学科呈现科学化、法治化、中国化的蓬勃发展态势，可谓"踏平坎坷成大道"，为新时代实现学前教育学的中国化目标奠定了坚实的历史基础，营造了开放包容的学术氛围。不可否认的是，任何一门学科建设的过程都是在原有学科建设成就的基础上进行的，在事业召唤、改革推进、政策引领、法律规范、理论演进、实践探索等影响下不断改革创新，学前教育学学科建设也不例外。可以说，我国的学前教育学发展是在新中国成立前多年学科发展的合理成分与经验的基础上，伴随着 70 年来学前教育事业的发展、学前教育改革的深化、学前教育理论的演进、不同时期党和国家关于学前教育的政策法规以及幼儿园教育的实践，一步步向前推进的。70 年里的得失成败、经验教训，如人饮水，冷暖自知。回头看是为了更好地向前看，在中华人民共和国 70 岁生日之际，以学前教育学学科发展过程为线索，全面回顾我国学前教育学的发展历程，总结其间的经验教训、利弊得失，在此基础上深度思考当前我国学前教育改革发展的目标和思路，有利于我们展望未来，做到胸中有丘壑，同时对于推动我国学前教育学在新时代科学化、中国化发展具有非常重要的意义。

随着中国特色社会主义事业进入新时代，学前教育学学科建设必须完成两项任务：一是着力完善我国学前教育学学科的自我建构，在科学化、中国化、形成权威性上取得明显成效；二是有效指导我国学前教育实践的发展，在实践性、指导性、有效性上得到学前教育工作者的普遍认可。要完成这两项任务，就有必要按照中华人民共和国成立 70 年来我国社会与时代的发展和学前教育学自身发展的逻辑，梳理 70 年来我国学前教育学的发展历程，并重点围绕学前教育学学科发展问题进行综合研究。但是，目前国内学者在这方面还没有做全面系统的研究。本书旨在通过梳理学前教育学学科发展历程、学术研究进展，总结学前教育学学科建设取得的成就与经验，反思学前教育学发展历程中的失误与教训，从而为新时代学前教育学学科发展提供历史的、理论的、实践的借鉴。

本书以中华人民共和国成立 70 年来学前教育学学科发展的中国化探索为线索，全面回顾我国学前教育学学科的发展历程，以史为经，以事为纬，既陈述事实，也进行评论，旨在客观总结、深入分析 70 年来我国学前教育学发展的社会背景、发展轨迹、主要特点、取得的成果及积累的经验，有重点地探讨当前形势下我国学前教育学发展存在的问题与面临的挑战，深入思考学前教育学发展的规律与方向，并在总结分析的基础上，有针对性地提出推进我国学前教育学学科发展的对策与建议，以资借鉴。

一、研究学前教育学发展历史的意义

学前教育是以学龄前儿童为对象的教育。学前教育学是研究学龄前儿童教育规律的科学，是教育学的分支学科。作为一门学科，学前教育学有广义和狭义之分。从狭义上说，学前教育学学科专指学前教育学这门课程（除了学前教育学，还有学前教育原理、学前教育论、学前教育概论等多种叫法），是研究如何有效地对学龄前儿童进行教育的专门学科。从广义上说，学前教育学学科是包括学前教育学、学前心理学、学前保育学、学前课程论、学前游戏论、学前教育史等的学科体系。学前教育学学科建设以培养合格的幼儿师范学校和高等院校学前教育专业毕业生为目的，虽然并不直接面向幼儿园教育，但其必须按照幼儿园课程改革的需求深化、拓展，因此，其学科建设具有明显的间接性、实践性和应用性特征。本书中的学前教育学取其广义的含义。

学前教育学作为科学意义上的学科体系仅有一个短暂的历史。以 1904 年清政府颁行癸卯学制和《奏定蒙养院章程及家庭教育法章程》为起始，学前教育学的学科史迄今不足 120 年。虽然时间不长，但伴随着我国学前教育事业的艰难起步、波折发展，我国的学前教育学也走出了一条波澜壮阔的发展之路。

20 世纪初，以自强救国为目的，当时的中国人开始学习日本。癸卯学制是一个有着明显日本印记的学制，《奏定蒙养院章程及家庭教育法章程》的内容基本上照搬了日本 1900 年颁行的《幼稚园保育及设备规程》。五四运动爆发后，特别是美国实用主义哲学家、教育家杜威访华后，我国的学前教育开始向欧美强国学习。以陶行知、陈鹤琴、张雪门、张宗麟等为代表的学者引进介绍了欧美等国的学前教育学经验，但他们反对一切设备教法皆抄袭西洋。他们躬身实践，创办了农村和工厂幼稚园，并开展了"国民公育""平民教育""活教育"等幼儿教育实践。然而，这些幼儿教育实践以及在此基础上开展的学前教育学学科建设，在当时中国内忧外患的环境中并没有取得理想的成效。

中华人民共和国的成立和社会主义制度的确立，为当代中国的发展进步奠定了根本政治前提和制度基础。20 世纪 50 年代初，受

"一边倒"方针的影响，我国学前教育学一度学习苏联模式，但在学习过程中也出现了照搬照抄、生搬硬套等问题。于 20 世纪 50 年代末开始的"大跃进"运动和"反右倾"斗争在一定程度上影响了学前教育事业的发展方向。一些科学的学前教育思想被错误地批判，由北京师范大学教育系学前教育专业牵头编写的《幼儿园教育工作指南（初稿）》的后续工作也因此搁浅，学前教育学学科发展一度停滞。后来，中苏关系恶化，苏联的学前教育思想遭到批判。"文化大革命"期间，学前教育管理体制和幼儿园所教育制度被严重破坏，学前教育课程设置偏离了科学轨道，学前教育师资储备和培训制度被取消，学前教育学学科建设也因此几乎完全停滞。可以说，从中华人民共和国成立初期到"文化大革命"结束，我国学前教育事业深受政治环境的影响，学前教育学虽然努力尝试学科发展中国化的探索，但整个探索过程艰难曲折。

改革开放以来，随着解放思想、实事求是思想路线的确立，我国开启了对建设中国特色社会主义的探索。学前教育学在拨乱反正、正本清源后焕发了新的活力。学前教育学界开始学习借鉴国外先进的儿童教育观念，总结经验教训，注重从老一辈教育家的学前教育思想、理论与实践中汲取精华，打开学科视野，从自然科学、人文科学、社会科学中汲取学前教育学的思想营养，使我国学前教育学重新走上了学科建设科学化、中国化的探索之路。1983 年，国务院学位委员会将学前教育学与普通教育学、高等教育学、成人教育学等学科一起正式列入学科专业目录，标志着学前教育学成为一门独立学科。1989 年，黄人颂主编的《学前教育学》教材出版，这是我国出版的第一本高等师范院校《学前教育学》教材。21 世纪初，随着我国学前教育开启现代化征程，学前教育学体系日益丰富完善，逐步形成了学前教育学、学前心理学、学前卫生学、学前儿童社会教育、学前儿童科学教育、学前儿童健康教育、学前儿童艺术教育、学前课程论、学前教育史、学前儿童游戏等比较成熟的分支学科。可以说，历经70年的艰难探索，我国学前教育学逐步走上一条科学化、现代化、中国化的发展之路。

对于开展学前教育学学科建设历史研究的动因，可以归纳为以下四点。

第一，研究中华人民共和国成立70年来我国学前教育学的发展历史，有利于镜鉴当前学前教育学学科发展的问题，找准前进方向。以史为鉴，可以知兴替。回溯历史的重要动因之一就是总结经验教训，服务现实发展。中国特色社会主义进入新时代，我国学前教育学学科建设面临着新的理论和实践问题。哲学研究有三个基本命题：我是谁？我从哪里来？我到何处去？针对中华人民共和国学前教育学学科的发展进程开展研究，就是为了回溯历史源头，会诊把脉，镜鉴当下中国学前教育学发展的现实问题，搞清楚学前教育学的学科性质和定位，以在历史的十字路口找准前进的方向。我们只有明确了自己从哪里出发、走过哪些弯路、取得了哪些成绩、应该吸取哪些教训，正本溯源，理清思路，才能知道该向何处去。然而，检索已有文献可以发现，鲜有研究者能够对中华人民共和国成立以来学前教育学的学科发展进行全面、深入、系统的分析研究，为数不多的研究仅是针对某一时间段内的某一个事件或主题的，呈现出点状、线状、碎片化的特点，对当今学前教育学的发展只能提供零散的参考。在中华人民共和国成立70周年这个时间点上，很有必要对这70年的学前教育学发展进行较为全面的回顾和反思，以为当前及今后我国学前教育学的学科建设提供参考。

第二，研究中华人民共和国成立70年来我国学前教育学的发展历史，有利于学前教育学的学术传承与发展。任何一门学科的发展都离不开学术传承，忽视历史研究就会迷失前进的方向，遗忘学科的历史就是模糊学科建设的未来。人类社会早期的儿童教育是一种自发的教育，传递的是人类创造的所有生存和生活知识。随着社会的发展，人类创造的物质、精神等方面的知识越来越多，慢慢积累成了一些传统，经过科学的总结提炼，便形成了一门学科。对学科发展历史的研究是在历史发展过程中形成的，并随着历史的发展不断变化、发展。传承学科研究的传统，并在传承的基础上运用开拓创新的思维探究其发展规律，是科学研究的基本方法之一。基于此，梳理中华人民共和国成立 70 年来学前教育学学科的发展进程的任务之一，就是传承学前教育学的思想理论、主流价值，这既遵循了学科发展规律，也能为今后的学术传承做好阶段性盘点，最终推动我国学前教育学的传承与发展。

第三，研究中华人民共和国成立 70 年来我国学前教育学的发展历史，有助于预见学前教育学学术研究的未来。实践是理论的来源，是理论发展的动力与终极目的，也是检验理论正确与否的唯一标准；同时，人类的任何实践活动都离不开相关理论知识的指导。以中华人民共和国成立 70 年来学前教育学学科发展的历程为线索开展研究，其本身就是一种实践行为；这种研究有基于实践的理论分析与现实研判，是具有规律性认知的分析判断，因而可以较好地预见未来。研究中华人民共和国成立 70 年来学前教育学的发展历史的目的之一，是从中找到一些学前教育学发展的规律，提炼出一些学前教育学发展的哲理，从而更好地预见我国学前教育学发展的未来趋势。

第四，研究中华人民共和国成立 70 年来我国学前教育学的发展历史，有利于让更多的人了解学前教育学。要想使学前教育学学科被更多人了解，则要把一个成体系的、有规律的、以文字形式展现的学科发展史呈现在人们面前，这样人们才能按照"直接碰到的、既定的、从过去承继下来的"要求去接受。截至目前，虽然关于学前教育史的研究不少，但以学前教育学学科发展历程为线索梳理学前教育学发展史的研究并不多见，针对中华人民共和国成立 70 年来学前教育学发展的研究还没有，这影响了社会公众对学前教育学学科的了解与接受，导致人们只能片面、零散地感知学前教育学，缺乏对这门学科的全盘、深入认识。梳理中华人民共和国成立以来学前教育学学科建设的进程，还原这一时期我国学前教育学的发展样貌，挖掘不同阶段的学前教育学历史资料，以呈现学前教育学学科发展的历史轨迹，有利于完善社会公众对学前教育学的认识。

二、研究方法及遵循的原则

对学前教育学学科建设史的研究主要采用两种方法。一是历史研究法，即汇总整理学前教育学学科发展进程中事件和现象的发生、发展、演变，对这些历史事实加以系统、客观的分析研究，努力揭示其中的发展规律。具体到本书，即在搜集、整理一手学前教育学历史文献资料的基础上，将其他研究者的相关研究成果作为二手资料，并把二者有机结合起来，以时间为经，以事件为纬，针对中华人民共和国成立以来的学前教育学学科建设进行全面、深入、系统的研究，在还原历史面貌的基础上揭示学前教育学学科发展的内在逻辑及学前教育学学术传承的轨迹，为当今学前教育学学科建设提供有益借鉴。二是文献法。文献是记录人类文化知识的重要载体，几乎所有教育研究都会用到文献法，学前教育学学科建设史研究当然也不例外。许多学前教育学学科体系发展研究是在前人研究的基础上进行的，既然要继承前人的研究，就要知道前人做了哪些研究、研究了什么内容、研究的结果是什么、研究的成效怎么样等。要回答这些问题，则需要对已有的关于中国学前教育学的历史研究进行检索、研读、分析、判断，在此基础上形成对已有研究的再研究，对已有认识的再认识，对已有思考的再思考。

本书的撰写遵循以下原则。

一是理论与实践结合。本书的各章都包含对我国学前教育学学科发展背景的介绍，包括各时期学前教育学的重要理论与重大实践探索，如 20 世纪 50 年代，我国学前教育学重点学习苏联，引进了苏联幼儿教育专家戈林娜和马努依连柯的"计划教学"实践等，并以之为模板，结合我国实际，着手编制《幼儿教育工作指南（初稿）》；20 世纪 80 年代，我国重点学习欧美，介绍了欧美学者的学前教育理论，引进了欧美先进的学前教育实践做法，如意大利幼儿教育家蒙台梭利的教学法、瑞吉欧教学法等，同时总结我国老一辈学前教育工作者的理论观点与实践做法，如陈鹤琴等人的学前教育思想，还推广了一些具有本土特色的学前教育教改试验，如安吉游戏课程化模式等。本书一方面介绍并讨论理论观点及其指导作用，另一方面分析研究各时期学科发展在实践中的主要做法、实际成效、收获与启示，以为当前学前教育学学科发展提供有益指导。

二是政策与效应结合。本书在各章重点介绍了各时期国家关于学前教育的主要政策、制度、规定等，在介绍它们出台的国际国内背景及主要内容的基础上，重点分析它们的落地对我国学前教育的影响，包括成效与教训，尤其是一些学前教育的法律法规和规范性文件，以期为今后学前教育政策的制定提供一些参考。

三是史料与评论结合。本书重点对 70 年来学前教育学学科发展的历史资料进行汇总梳理，呈现历史事实，同时结合当时实际、从今日视角予以评析，力求做到以史为主、以论为辅，以史带论、史论结合，努力从历史中抽丝剥茧、还原真相，梳理路径、发现规律，以供广大学前教育工作者参考借鉴。

四是回顾与展望结合。回顾历史是为了展望未来。本书一方面回溯中华人民共和国成立 70 年来学前教育学的发展历程；另一方面立足于当下，着眼于学前教育学的发展实际，将之与我国学前教育学发展中的经验教训进行对比，对新问题、新挑战进行深度分析思考，在此基础上，对学前教育学未来的发展趋势进行前瞻性研判，以期为今后学前教育学的发展提供一些思路。特别是最后一章，在对中华人民共和国成立 70 年来学前教育学学科建设、学术研究、重大观点等进行集中反思的基础上，专门对进入新时代后我国学前教育学学科的发展趋势等做了分析与展望，力图描绘出我国学前教育学学科发展中国化进程的历史规律与未来走向。

五是全面与重点结合。70 年来学前教育学走过了一条风雨兼程、波澜起伏之路，其中的历史事件纷繁复杂、不胜枚举。本书不可能囊括所有的历史事件，事实上也没有必要。学前教育学学科建设的主体主要是各级幼儿师范学校和高校的学前教育专业，但学前教育学学科发展的最终效果体现在学前儿童身心发展水平上，检验学前教育学学科发展成果的场所是幼儿园等各类托幼机构。因此，一方面，本书注意围绕我国学前教育的重大理论观点、重要法规政策、重点历史事件等来选择资料，力求把握学前教育历史资料的全面性；另一方面，本书注意突出各个时期的幼儿园课程设置以及学前教师教育课程体系（包括中等师范学校、幼儿师范学校、高等师范院校和综合性大学的学前教育专业的课程体系），梳理我国学前教育学学科发展的历史进程。

虽然本书在内容上尽心安排，但以学前教育学学科发展为线索的学前教育学史写作是一种全新的尝试，更何况是要全景描绘 70 年的画卷。本书的写作成效究竟如何，只能交由读者评判。

三、本书结构

本书以中华人民共和国成立 70 年来学前教育学的学科建设为线索，全面回顾学前教育学学科发展中的重大事件、重要政策、重点内容，如教改试验、课程开发、师资队伍建设、理论研究等；以史为经，以事为纬；既陈述事实，又予以评论，旨在客观总结、深入分析 70 年来我国学前教育学学科建设的社会背景、发展轨迹、主要特点、取得的成果及积累的经验，有重点地探讨当前形势下我国学前教育学学科发展面临的挑战与存在的问题，深入思考和探索学前教育学学科发展的规律与方向，并在总结分析的基础上，有针对性地提出对推进我国学前教育学改革发展特别是学前教育学学科建设的建议。按照这一思路，全书共分为五章。

第一章主要介绍了从中华人民共和国成立到 1976 年这 27 年里学前教育学学科建设的历史进程。

第二章主要介绍了 1977—2000 年我国学前教育学学科建设的进展，特别是学前教育学在经历"文化大革命"与拨乱反正后，按照解放思想、实事求是的思想路线，开阔视野，有选择地借鉴国外经验，尝试探索学前教育学学科建设中国化道路的过程。

第三章主要介绍了从 2001 年教育部颁行《幼儿园教育指导纲要（试行）》到 2010 年《国务院关于当前发展学前教育的若干意见》（简称"学前教育国十条"）发布，我国学前教育学的学科发展进程以及围绕政策进行的一系列改革发展。

第四章主要介绍了 2011—2019 年我国学前教育学有质量、内涵式发展的情况，对儿童观、课程观、教师专业标准等进行了重点分析。

第五章主要对中华人民共和国成立 70 年来我国学前教育学的学科发展史进行了深度反思、分析总结，为我国新时代学前教育学的学科发展会诊把脉，指明历史的启示，并对学前教育学的发展趋势进行了展望。

本书的写作，既是梳理历史的过程，又是思考历史的过程；既是学习反思的过程，又是成长发展的过程；既是锻炼驾驭材料和写作能力的过程，又是检验静心、潜心、耐心等研究人员必备品质的过程。

第一章

学前教育学的重建与停滞
(1949—1976 年)

1949 年 10 月 1 日,毛泽东主席在天安门城楼向全世界庄严宣告:"中华人民共和国中央人民政府今天成立了。"这标志着饱受压迫、灾难深重的中国人民在中国共产党的领导下,推翻了帝国主义、封建主义和官僚资本主义三座大山,彻底改变了半殖民地半封建的社会性质,创立了人民当家作主的中华人民共和国,我国从此进入新民主主义社会。中华人民共和国成立后,中国共产党在全国范围内成功组织了对农业、手工业和资本主义工商业的社会主义改造,领导全国人民顺利实现由新民主主义向社会主义的过渡,中国于 1956 年正式进入社会主义。此后,我国的社会主义建设在全面学习借鉴苏联经验的基础上,经历了自力更生、调整整顿、恢复提高等阶段,在曲折中探索前进。

1949—1976 年我国学前教育学的学科发展可分为两个时期,分别是 1949—1965 年的重建时期和 1966—1976 年的停滞时期。

从 1949 年年底,中央号召并组织学习苏联的教育理论与经验,新中国的学前教育学学科建设也在全面学习苏联的浪潮中拉开了变革与发展的帷幕。1949—1965 年,学前教育领域的发展在坚持独立自主、自力更生原则的前提下,先以学习苏联经验为主,同时反思批判旧式教育,后来调整、整顿、恢复、提高。重建时期学前教育学的学科建设呈现出三个主要特点。

一是学前教育学发展导向的政治性。重建时期，面向工农、为社会主义改造和建设服务的学前教育学学科建设方针确立。伴随着风起云涌的社会变革，我国学前教育事业在这一波澜壮阔的历史进程中也发生了革命性的变化，从根本上改变了半殖民地半封建社会时期为帝国主义和少数统治阶级服务的性质，明确了向幼儿实施全面发展教育的任务，逐步建成了适应社会主义建设的、相当数量的、各种类型的、不同层次的、多种形式的学前教育机构，培养了一支有社会主义觉悟、有保教专业知识的学前教育师资队伍，并在实践中积累了一定的社会主义学前教育学学科建设经验。

二是学前教育学内容的科学性。重建时期，学前教育学学科框架初步建立。本着培养适应社会主义建设的、合格的幼儿教育实践工作者和理论研究者的目的，学前教育学学科建设的内容主要是根据马克思主义教育学理论所提出的体育、智育、德育和美育等各项教育任务的要求，结合3~7岁幼儿的年龄特征来确定的。例如，幼儿师范学校课程体系主要包括体现文科和理科知识融合、人文精神与科学精神渗透、强调社会时政的通识课程，以"三学五法"为主要内容的专业课程，以音乐、体育、美术为主干的艺体技能课程，以实习为主要形式的教育实践课程；高等师范院校学前教育专业的课程体系包括基础文化课程、学前教育专业课程、教育专业课程、选修课及实习。

三是学前教育学发展过程的曲折性。学前教育学学科建设在学习苏联、反思批判、全面改造、实践探索的过程中曲折前进。1951年，《政务院关于改革学制的决定》规定了实施幼儿教育的组织为幼儿园，招收3~7岁的幼儿，使他们的身心在入小学前获得健全的发展。1952年，在苏联学前教育专家指导下，我国制订颁布并实施了《幼儿园暂行规程（草案）》《幼儿园暂行教学纲要（草案）》，幼儿园课程进入了稳步建设与发展阶段。1958 年的"大跃进"运动使学前教育因盲目发展而遭受了严重的打击。1960 年,在中央"调整、巩固、充实、提高"的方针指引下,学前教育事业在一定程度上得到恢复,学前教育学学科建设被重新提上议事日程。

中华人民共和国成立初期,学前教育学的学科建设是在继承、改造旧中国学前教育学发展成果的基础上进行的,因此有必要先回顾一下新中国成立前中国学前教育学的产生和建设情况。

作为一门学科,学前教育学在中国是外来的,而不是内发的。20 世纪学前教育学在中国的发展在一定意义上是一个从引进到本土化的过程。科学意义上的近代学前教育学是随着西方教育思想的启蒙、科学文化的发展、社会思想的进步、学前教育机构的建立而逐步发展起来的。国外学前教育学的引进直接促成了学前教育学在中国的产生,学前教育学的引进时间可以以我国翻译的第一本学前教育学著作的时间为依据,中国学前教育学的产生时间可以以我国编写的第一本学前教育学著作的时间为依据。

据不完全统计,1901—1948 年,我国共引进国外幼儿教育教材近 30 本,其中最早的应该是 1908 年 4 月—1909 年 3 月在《直隶教育杂志》(1909 年 2 月 20 日改名为《直隶教育官报》)连续刊载的美国柯裴克著、吕复译的《蒙学原理》,这是我国杂志和其他出版物所引进的关于学前教育学的第一本著作,因此,1908 年可以被视为中国引进学前教育学的时间。

1901—1948 年,国人撰写的关于幼儿教育学(幼稚教育)的著作共百余本,其中较早的几本是商务印书馆于 1926 年出版的陈华编写的《实际幼稚园学》、1927 年出版的王骏声编的《幼稚园教育》以及中华书局于 1928 年出版的张宗麟著的《幼稚教育概论》,以此我们可初步确定学前教育学在中国的产生时间是 1926—1928 年。从时间上看,学前教育学在我国是先引进、后产生,说明从引进到本土化需要一个过程。

1926—1948 年，学前教育学成为我国师范学校学生的课程，国人在引进国外学前教育学教材的同时，开始自编学前教育学教材，更多学前教育学学术团体成立，这都表明中国学前教育学处于初步建设阶段。

在自编出版的教材和其他书籍中，书名有的用"幼稚教育"，有的用"幼稚教育概论"，或者用"幼稚教育新论"，唯有上海幼稚师范学校丛书社在 1935 年出版的由杨道弘、陈济成合编的教材采用了"幼稚教育学"这一名称。这本《幼稚教育学》结构框架值得研究，其"编辑大意"提到："此书是为高中师范科或幼稚师范学校教授幼稚教育学程而编，是作者将平日教学所得以及自己的经验总结，再结合幼稚教育名著编写而成。"①

此书包括四个部分——育儿园、婴儿园、幼稚园和两亲教育，这是此书与其他书籍相比的不同之处；涉及的年龄阶段为 0～6 岁；共有 10 章，对学科所涉及的基本概念、基本原理、基本要素都有相关理论阐述，此后的学前教育学学科发展多沿用这一框架。

相较于 1901—1925 年，虽然 1926—1948 年国人继续进行着对国外学前教育学著作和教材的引进，但已把本土学前教育学的建设作为重要任务。1926—1948 年共引进了 22 本，比 1901—1925 年的 7 本增加了 15 本；编写数迅速上升，共编写了 93 本，其中 87 本有具体出版年份，6 本著作年份不详，其中 1937 年以前出版的著作颇多，有 71 本，1946—1948 年出版的著作有 15 本，远远超过了该时间段引进的数量。

据记载，我国学前教育团体的成立最早是在 1917 年，博文中学教员钟佩萸、黄裕兰在上海发起组织幼稚教育研究会。"五四"前后，

---

① 杨道弘、陈济成：《幼稚教育学》，2 页，上海，上海幼稚师范学校丛书社，1935。

陶行知、陈鹤琴等学者从国外学成回国，在南方深入开展学前教育调查和研究，与北平(今北京)的张雪门等人南北呼应，形成反思和研究国内学前教育的浪潮，建立了一系列学术团体。

1925年12月，上海养真幼稚园联合上海幼稚院及广肇公学附设幼稚园等组织成立了上海幼稚教育研究会。1927年，在陈鹤琴、张宗麟的推动下，以南京鼓楼幼稚园为实验基地、以《幼稚教育》为宣传阵地的幼稚教育研究会在南京成立，由陈鹤琴任会长兼《幼稚教育》的主编。1928年，张雪门在北平成立了北平幼稚教育研究会，厦门和广州于1929年、武昌和汉口于1934年也相继成立了幼稚教育研究会。1929年10月，晓庄幼稚教育研究会宣布成立，负责人为陶行知和张宗麟。1929年，幼稚教育研究会改组，中华儿童教育社成立，《幼稚教育》更名为《儿童教育》。该团体是当时全国最大的教育学术团体之一。由于民国时期无专门的学前教育行政部门，中华儿童教育社成为当时全国学前教育行政和学术研究的枢纽。该社后来加入新教育国际联盟，《儿童教育》也成为新教育国际联盟中国支部的机关刊物，介绍中外教育学术思想，使学者相互交流和借鉴学术观点。中华儿童教育社总社设于南京，理事会由12名个人理事和3名团体理事组成，陈鹤琴任主席。从1930年7月在无锡召开第一次年会至1947年，中华儿童教育社共召开12届年会。除编辑出版《儿童教育》月刊外，该社还编辑出版了《儿童教育丛书》《儿童科学丛书》《儿童生活》《儿童教育新刊》等多种儿童读物。中华儿童教育社成为当时小学和学前教育工作者的精神家园。中国战时儿童保育会是抗日战争时期国共两党合作建立的难童教育组织，1938年3月10日在武汉成立。该会由邓颖超、沈钧儒、郭沫若、李德全等人联合各界人士共184人发起成立，其宗旨是抢救民族后代，使无家可归的难童健康地成长为抗敌建国的力量。1938年7月，陕甘宁边区战时儿童保育分会成立。1938年9月，分会主持创设了陕甘宁边区第一保育院，招收婴幼儿 180 人；到 1941 年，保育院招收儿童总数达480 人。

学前教育学的产生和初建过程值得我们反思和借鉴，启示我们在建设学前教育学学科的过程中需要处理好以下几种关系。

第一，学前教育学和中等幼儿师范教育发展的关系。

教育学在中国的产生与发展展现出教育学学科体系的构建与师范教育中教育学类课程的设置关系紧密、互为动因。作为教育学的分支学科，学前教育学的学科体系构建则与幼儿师范学校中的课程体系密切相关。

幼儿师范学校的课程设置既是学前教育学学科体系构建的一种反映，也是推动学前教育学学科体系构建的重要动力。新中国成立前，我国的学前教育学学科体系构建基本局限于中等幼儿师范教育系统，只开设教育类课程，特别是教育理论类和教法类课程。虽然到 20 世纪 40 年代末我国学前教育学形成了以幼稚教育学为中心、包含相关分支学科的体系，各分支学科也有各自的研究领域和发展方向，但由于各分支学科的基础不同、教育实践的需要不同、研究者水平和数量不同等，各分支学科的发展并不平衡。从著作的出版数量来看，数量超过 20 本的分支学科有幼稚教育学和幼儿园教材教法；10～20 本的为幼儿园管理；著作少于 10 本的分支学科中，儿童心理学、幼儿园课程、幼儿园游戏则相对较多。著作数量较多的分支学科在师范教育体系中都有相应课程，也是学前教育学的核心课程。虽然仅凭出版著作的数量难以充分说明学科发展的成熟度，但可以推测著作较多的学科比著作较少的学科发展得更完善。同这些已有分支学科相比，有些分支学科才刚刚萌芽，还有一些分支学科仍蕴藏于其他学科，有待进一步分化。因此，学前教育学的初建和中等幼儿师范教育密切相关，当时的中等幼儿师范教育的课程体系为后来学前教育学学科的完善奠定了良好的基础。

第二，学前教育学中"学"和"术"的关系。

中国学前教育学的产生实际上是中等幼儿师范学校教育发展的结果，它的最初目的在于让师范生懂得一些教育之法。此时的学前教育学实际是幼儿师资培养的工具，是为幼儿师资培养服务的。学前教育学被视为"术"，并在幼儿师范教育体系中确立了其地位。到初步建设阶段，这种状况并没有多少改变。在师资培训中，幼稚教育学、幼儿教学法是必不可少的课程。这个阶段共出版了 94 本学前教育著作，其中幼稚教育学有 36 本，幼儿教学法有 22 本，共 58本，占总数的 61.7%。幼稚教育学、幼儿教学法在我国此时的学前教育学学科建设中居于核心地位。学前教育学作为幼儿师范学校的教学科目在中国产生并发展，主要作为"术"来发挥作用，是师资培训的工具，其学科建设可具体化为学前教育学教材建设，编写教材成为学前教育学研究的基本方式。这样一来，学前教育学的学科建设基本被局限于教材的框架中，其学术性被削弱，影响了学术创新，影响了学科体系的探求。学前教育学没有被当作一门真正的、独立的学科，没有得到学术意义上的探究。在这个阶段，学前教育学所构建的是教材体系而不是学术体系。虽然这一倾向反映了师范教育发展和师资培训的客观需求，但从根本上看，这阻碍了在学科基本概念、基本原理、体系结构、研究方法等方面形成较为完善和成熟的学科规范，影响了学前教育学学科在中国的发展。

直到今天，我国学前教育学的学科建设仍存在重"术"轻"学"的倾向，学科建设主要为师范院校的教学服务。我们不能把学前教育学仅作为教学科目进行教学研究，把学前教育学仅视为"术"，把教材建设作为学前教育学学科建设的全部内容。我们必须从根本上改变这种状况，要真正把学前教育学视为一个相对独立的学术研究领域来进行研究。

第三，学前教育学理论和学前教育实践的关系。

学前教育学的产生有两个动因,一个是幼儿园的创设,另一个是对幼儿教师的培养。幼儿园创设后就要为幼儿开设一定的课程,在没有任何经验的前提下,我国起初只能效仿外国的模式,但随着幼儿园课程标准的建立,我国有了自己初步的幼儿园课程体系,这影响了学前教育学的内容体系。另外,随着幼儿师范学校的发展,一些幼儿师范学校的教师在借鉴国外经验的基础上,根据自己的讲义及在创办幼儿园过程中积累的经验,构建了早期的学前教育学的结构框架。从学前教育的发展历史来看,国外的学前教育是基于一定理论而产生的,而中国是因为幼儿园的实践需要理论的支持才开始对理论进行研究,是先实践、后理论的;理论是为实践服务的,因而对理论本身缺乏深入的思考,学科自身的逻辑体系没能建立起来。

科学意义上的学前教育学是伴随着西方教育思想的启蒙、科学文化的发展、社会思想的进步、学前教育机构的建立而逐步发展起来的。将学前教育学的理论与实践结合起来的杰出代表是德国教育家福禄培尔,他把毕生精力都奉献给了学前教育学理论探索与实践。他著有《人的教育》《幼儿园教育学》等,强调学前教育要全面、遵循儿童的自然、注意游戏化,这些学前教育思想深刻影响了欧洲、美国、日本等地的幼儿教育实践。福禄培尔不仅著书立说,创立学前教育学理论,而且躬身实践,18 岁就开始从事幼儿公共教育活动,并于 1837 年在德国勃兰根堡创立了一所"发展幼儿活动本能和自发活动"的新型教育机构。出于贴近自然的考虑,福禄培尔于 1840 年将这一机构正式命名为"幼儿园",这是世界上第一所幼儿园,从此,"幼儿园"这一名称被世界各国普遍采用。创设专门的学前教育机构并开展学前教育实践,促进了其学前教育学理论的发展,使学前教育学逐渐从教育学中分离出来,成为一门独立学科。

在中国,从蒙养园到幼稚园,清末及民国时期的学前教育在开启近代学前教育模式的过程中逐步探索，既与世界学前教育发展趋势接轨，又考虑了中国的特殊国情，是在实践中一步步走向成熟的。从逻辑和时间上看，我国的学前教育是教育实践和经验在前，教育理论在后，之后才产生学前教育学。从教育经验、教育理论到教育学，是一个升华和抽象的过程。我国的学前教育学虽然是先从国外引进而后自己建设的，但在引进之前幼儿园就已产生。我国先创办了幼儿园，然后才进行教材的出版和学科的建设，所以我国学前教育学从产生之日起就与实践密不可分。

　　我国学前教育学与教育实践的关系表现在两方面。一是我国学前教育学学科体系的构建从一开始就注意面向教育实践，但这种尝试是初步的，基于教育实践形成的学科研究成果还不多。二是一些学前教育学教材注意反映中国教育实践，总结自身或他人的教育实践经验，如陈华的《实际幼稚园学》就是介绍如何创办幼儿园的，此书在序中提到："此书专供幼稚师范学生及办理幼稚园者检查参考之用，故名《实际幼稚园学》。本书原意为求适合本校幼稚师范部学生毕业后办幼稚园时参考便利起见，故凡有关幼稚园的知识网罗颇富。本书的材料除由编者实地练习获得者外，同时参考了其他的教育名著。"①

　　从总体上来看，中国学前教育学在初建阶段已开始考虑学前教育学的理论研究与教育实践的关系。一些研究者虽然把主要精力用于教材的编写，但也关注了幼儿教育的现实状态，并使教材吸收了一些著名教育家和教育流派的思想，如杜威的思想和实践、蒙台梭利的教育思想与实践。同时，也有一些研究者把主要精力放在实践上，如陈鹤琴先生和陶行知先生，他们分别把"活教育"思想和生活教育思想转化为实践，创办幼儿园，把教育实验作为其理论的摇篮

---

　　①　陈华：《实际幼稚园学》，6 页，上海，商务印书馆，1926。

和催化剂，使教育问题生发于本国的教育土壤，使学前教育学向中国化道路发展。

第一节　学前教育学重建的背景与历程

中华人民共和国成立初期，我国一方面受到以美国为首的西方国家的封锁包围，另一方面缺乏建设社会主义的经验，因此在外交上实行"一边倒"，各个领域都向苏联学习，以加快社会主义建设步伐。在此背景下，在此时的学前教育学学科建设中，苏联的理论和实践体系自然而然地取得了主导地位。在加快形成新中国学前教育学学科体系的目标指引下，学前教育学的学科建设与教材编写全盘接受苏联理论，在学习过程中注重模仿苏联的实践经验，而轻视理论探究，且反对与其他理论进行比较分析。学习苏联模式虽然对改造旧式的学前教育学、建设新中国学前教育学学科体系起到了一定的推动作用，但也出现了与我国实际情况结合不够甚至生搬硬套的问题。后来，随着我国社会主义改造基本完成且中苏关系开始发生变化，学前教育学的重建进入了一个新的阶段，此时的基本目标是探索社会主义学前教育发展的道路。综合分析我国学前教育学于1949—1965 年重建时期的发展进程，大致可分为 1949—1955 年和1956—1965 年两个阶段。

一、学习苏联学前教育经验，改造旧中国学前教育学(1949—1955 年)

反观 1949 年以前的学前教育学，其重要载体——学前教育学课程不能很好地适应新形势的需要，具体表现在三个方面：一是学前教育学课程往往是从外国引进的，具有帝国主义色彩；二是为教育而教育，缺乏统一要求，零散分散，五花八门，各行其是，不能很好地为新民主主义服务、为工农大众服务；三是理论与实际脱节，许多课程的设立仅是为了开展理论的探讨，而没有很好地考虑实际应用。

这三个方面既是旧中国学前教育学的弊端，也是对旧中国学前教育学进行改造的基本方向。该阶段的学前教育学致力于清除旧教育的不良影响，形成中国学前教育学的发展模式，使学前教育学为政治服务。此时学前教育学与政治的关系成为学前教育学发展的主题。与此同时，使学前教育学更好地为教育实践服务也成为新中国学前教育学重建的重要任务。

(一)除旧布新，建章立制，初步明确学前教育学的地位和性质

《中国人民政治协商会议共同纲领》(以下简称《共同纲领》)在第五章"文化教育政策"中明确规定了新中国教育的性质和任务："中华人民共和国的文化教育为新民主主义的，即民族的、科学的、大众的文化教育。人民政府的文化教育工作，应以提高人民文化水平，培养国家建设人才，肃清封建的、买办的、法西斯主义的思想，发展为人民服务的思想为主要任务。"

1949 年年底，教育部召开第一次全国教育工作会议，确定了国家教育工作的总方针，明确了改革旧教育的方针、步骤以及发展新教育的方向，强调包括学前教育在内的各类教育必须为国家建设服务，首先为工农兵服务，学校必须向工农开门。会议明确建设新教育要以老解放区的新教育经验为基础，吸收旧教育某些有用的经验，特别要借助苏联教育建设的先进经验；教育工作的发展方针是普及与提高的正确结合，在相当长的时期内以普及为主；对中国人办的私立学校，采取保护、维持、加强领导、逐步改造的方针。以此次会议为标志，全国开始有步骤地、谨慎地对旧教育进行改革。

1951 年 8 月 10 日政务院第 97 次政务会议通过并于当年 10 月 1 日颁布了《政务院关于改革学制的决定》，这是中华人民共和国成立后中央人民政府颁布的第一个学制，其中规定实施幼儿教育的组织

为幼儿园，收 3～7 岁的幼儿，使他们的身心在入小学前得到健全的发育；同时要求幼儿园应在有条件的城市首先设立，然后逐步推广。这样一来，自 1922 年壬戌学制起使用了近 30 年的"幼稚园"这一名称改为"幼儿园"，并被赋予了新的历史使命。这个学制的重大意义在于将幼儿教育与初等教育、中等教育、高等教育并列，并明确其为我国学制的起始环节，使之成为国家学制的重要组成部分。另外，该学制为学前教育学理论的研究特别是研究的对象明确了年龄范围，有助于有针对性地分析此年龄阶段幼儿的身心发展规律，促进其健康成长。

根据《共同纲领》的规定和第一次全国教育工作会议的精神，教育部幼儿教育处针对与"向工农开门"相悖的做法和制度进行了一系列改革，如废除幼儿园招生考试，采取报名登记与审查核实相结合的办法，优先录取因家长参加劳动而无人照顾的劳动人民子女；为适应家长工作和学习的需要，幼儿园半日制逐步被改为整日制，同时实行寒暑假制度，延长幼儿在园时间；对家庭经济困难的幼儿实行免费或减免收费的优待政策。幼儿园的大门从此向劳动人民打开，工农子女从此成为幼儿园教育的主要对象。与此同时，教育部门扶持并陆续接办了一部分私立幼儿园，如南京陈鹤琴创办的鼓楼幼稚园、重庆刘文兰创办的景德幼稚园等都是在当时响应政府号召由私立改为公立的。

1951 年 8 月，教育部召开第一次全国初等教育及师范教育会议，研究讨论了发展和建设初等教育和师范教育的方针、任务，提出必须以革命的精神和革命的办法办好人民教育。会议提出，幼儿教育的工作方针应该是根据各个地区的不同情况、城乡的差异，有计划、有步骤地在整顿中提高，在巩固的基础上适当发展；积极培养幼儿教育师资，在三五年内要着重抓好短期训练和在职学习；根据《幼儿园暂行教学纲要（草案）》，解决教材问题，准备将来的大发展；发展的重点首先应该放在工业地区和企业部门，其次是机关、学校以及郊区和农村，主要解决工农劳动妇女对孩子的教养问题，做到公私兼顾办园；另外，必须重视依靠群众团体来推动和开展幼儿教育，强调教育行政部门要加强对幼儿教育的领导。

（二）初步确立"全面发展的教养工作"的学前教育发展目标

1949 年 11 月，中央人民政府教育部初等教育司下设幼儿教育处，主管全国幼儿教育工作，张逸园①任处长。1951 年，《人民教育》发表了张逸园的《对幼稚教育工作的几点意见》，文章提出，新的幼稚园教学原则是"全面发展"，使学龄前儿童在生理上、意识上、行动上得到正确的成长、发展和变化，使他们的身体、智力、道德习惯及爱美观点等得到全面的发展。这是中央教育部门领导首次提出幼儿"全面发展"的培养目标，同时明确了要通过幼儿园的教养工作使幼儿的体育、智育、德育、美育等得到全面发展。

（三）学术争鸣扩大化，对"单元教学"开展批判

1950 年，《人民教育》刊登了曹孚的《杜威批判引论》，开启了批判美国实用主义教育思想、肃清西方世界特别是美国教育理论在中国的影响的进程，为全面引进苏联教育理论开辟道路。后来，这些批判扩大到对陶行知先生生活教育理论及对陈鹤琴先生"活教育"理论的批判。

1951 年，《人民教育》发表了张凌光的文章——《评"活教育"的基

---

①　张逸园(1899—1987)，原名张菊英，女，河北省张家口市怀安县柴沟堡镇人，中共党员；1915 年入保定第二女子师范，1927 年毕业于燕京大学教育系，先后执教于保定女二师、北师大女附中、北平香山慈幼院；"九一八"事变后对学生进行爱国教育，积极支持"一二·九"学生运动。日军侵占华北后，投笔从戎，奔赴冀南抗日根据地参加抗日斗争。中华人民共和国成立后任国家教育部幼儿教育处处长、中国人民保卫儿童全国委员会委员；1961 年离开北京支援西北，在甘肃教育学院、甘肃师范大学任职；在教育部工作期间，主持了《幼儿园暂行规程(草案)》《幼儿园暂行教学纲要(草案)》的制定工作，创办了《学前教育》杂志，主持举办了中国首次教养员自制教具展览会，为我国幼教事业奠定了良好基础。

本原则》，对陈鹤琴先生的"活教育"理论提出质疑。张逸园的《对幼稚教育工作的几点意见》一文也提出了当时幼稚教育存在的几个问题，如在教学方面还局限于单元教学，不能很好地运用新的观点和方法。张逸园提出了"废止单元教学"的意见，列举的理由有以下三点。一是单元教学使各项活动都围绕着一个中心，这样就把各项活动本身的科学体系打乱，且不能系统地适应儿童身心发展的特征，儿童所得的都是零碎的、片断的知识和经验，不能系统地培养和发展儿童的体力、智力和品德；并且每个单元极易形成孤立的活动，忙一阵儿就结束了，不可能做到各项活动的有机关联和复习，因此幼儿在单元教学中所学到的东西不仅是片断的，而且留下的印象不深，难以被消化。二是在单元教学的过程中，所谓"引起动机""决定目的"充分体现着形式主义，所谓"动机"和"目的"其实都是教师的主观愿望。在教材方面，为了机械地联系中心问题，就免不了生拉硬扯、勉强拼凑，反而破坏了教学效果。三是单元教学的中心问题，单元教学大多结合着偶发事项，很容易忽视平常的保教工作。张逸园强调，对儿童的一切教育都是长期的、循序渐进的，绝不是突击一个单元就能成功的，如果把时间和精力都放在单元教学中，就很容易疏忽或放松了儿童经常需要的教育。[1] 全国第一次初等教育及师范教育会议上通过的《幼儿园暂行规程（草案）》和《幼儿园暂行教学纲要（草案）》明确指出，废除单元教学和不进行识字教育是改造旧幼儿园教育的两个重点内容。1952 年 2 月，张逸园在《新中国幼儿教育的基本情况和方针任务》一文中再次对单元教学提出质疑和批判，指出幼儿在单元教学中所得的是零星的、片断的、狭隘的经验，而且印象不深，难以消化，在经验积累上受到很大限制；单元教学的本质对社会发展起着破坏的反动作用。[2] 这个评价使对单元教学的批

---

[1] 张逸园：《对幼稚教育工作的几点意见》，载《人民教育》，1951(4)。

[2] 张逸园：《新中国幼儿教育的基本情况和方针任务》，载《人民教育》，1952(2)。

判上升到了政治高度。

陈鹤琴在这些批判初现时，发表了《敬请读者们对"活教育"展开批评》一文，希望澄清"活教育"思想提出的历史背景及在实践中遇到的一些困难，但此文立即引起更猛烈的批判，而且从学术领域的争鸣演变成政治立场的问题。《人民教育》杂志还组织了"批判'活教育'"专栏，并出版了"批判'活教育'"专集。各地召开批判"活教育"的会议，要求教育工作者普遍学习批判"活教育"的文章。如此一来，陈鹤琴先生基于中国社会和文化提出的"活教育"理论以及经过反复试验摸索出的单元教学的实践方法遭到了否定，没有得到进一步研究和发展。

此次对旧教育的改造主要采用了制度化的行政推进方式，新中国学前教育学由此开始自上而下的建设。这次改造主要围绕单元教学开展对旧中国学前教育学的批判，停留在学前教育制度和政策的变革上，没有真正进入学科内容，因此这次改造还是初步的。这次改造为全面学习苏联学前教育学、进行学前教育学中国化探索奠定了基础。

（四）学习苏联学前教育理论和实践

1949 年年底召开的第一次全国教育工作会议在总结报告中首次向全国教育工作者明确提出要借助苏联教育的经验，并把学习苏联教育经验作为建设新中国教育的方向。1950 年 9 月，教育部发出通知，要求全国所有幼儿教育工作者学习苏联的《幼儿园教养员工作指南》和《我的儿童工作》两本书，用以指导新中国幼儿教育实践，这拉开了新中国学习苏联学前教育理论、总结我国学前教育经验的序幕。改造和学习的做法主要反映在教育部于 1952 年颁发或修订的一系列教学计划中，特别是《师范学院教学计划（草案）》①。从中华人民共

---

①　该文件是由教育部委托北京师范大学，在苏联专家的直接指导下，根据苏联高等教育部 1951 年批准的苏联师范学院教学计划（其中教育系和学前教育系的计划是 1948 年批准的）起草的，1952 年 7 月由教育部师范教育司印发给各师范学院讨论，于 11 月 5 日正式颁发，供各校试行。这是中华人民共和国成立后颁发的第一个师范学校教学计划。

和国成立初期教育部颁发的教学计划中我们可以明显看出，对旧中国教育学的改造，无论是在教育学学科体系的构建上，还是在每门学科的建设上，都完全倒向了苏联。

　　学前教育领域通过翻译和普及苏联的著作、邀请苏联专家做顾问、建立苏联样式的新型托幼机构作为全国榜样及派遣留学生学习等途径，向苏联学习新的学前教育理论体系和实践方式。苏联幼儿教育专家戈林娜被聘请为教育部幼儿教育顾问，1954 年，苏联儿童心理学专家马努依连柯接任这一职位。戈林娜是苏联一所幼儿师范学校的校长，在幼儿园教学实践中形成了一套有效方法；马努依连柯是较为著名的儿童心理学家，其"哨兵站岗"等教育试验有一定的知名度。

　　据卢乐山先生回忆，苏联专家戈林娜当时得知她是留学加拿大的学前教育学者，就对她说，学习苏联经验，首先必须转变立场，不能一边放着资本主义的书籍，另一边放着苏联的书籍，首先要把资本主义的东西彻底抛弃，才有可能把苏联的共产主义教育真正学到手。听到这些要求，卢先生立即把从美国、加拿大带回来的书籍资料及新中国成立前的资料全部处理了。当时的校领导还叮嘱卢先生：假如苏联专家提出了 100 条建议，而你只执行了 99 条，也要对那条没有执行的汇报原因。[①] 这个故事很形象地说明了当时学习苏联经验的坚决、彻底和不可逆。据曾经在北京师范大学学习的陈帼眉教授回忆，当时北京师范大学模仿苏联模式，在教育系下设学校教育与学前教育两个专业，学前教育专业建设的第一个阶段就是全盘学习苏联，由苏联专家对学前教育专业的建设进行全面指导，介绍苏联的学前教育思想与经验，包括课程安排、组织管理、设备配置等，同时给师生系统讲课，如学前教育学、儿童心理学、学前儿

---

　　① 《卢乐山口述历史：我与幼儿教育》，148～149 页，北京，北京师范大学出版社，2012。

童游戏等课程。

　　当时，戈林娜在北京师范大学学前教育专业主讲八门课程(幼儿心理学、幼儿教育学、幼儿园各科教学法等)，帮助编写教学大纲，并指导见习、实习工作。她和马努依连柯还先后在各类进修班和专修科为来自全国高等学校、幼儿师范学校和幼儿园的教师以及各级教育行政部门的幼儿教育行政人员讲课，每次听众多达六七百人，其讲课内容被收录为《苏联幼儿教育讲座》，由人民教育出版社于1953 年出版，目的是对于全国幼儿教育工作者学习苏联先进的幼儿教育经验有所帮助。与此同时，作为教育部的幼儿教育顾问，戈林娜和马努依连柯先后在北京六一幼儿院、北海幼儿园、分司厅幼儿园等托幼机构指导实验研究，实验新教育工作计划；后来又增加了中央军委保育院、北师大二附小幼儿园等。苏联专家每周一次轮流到这些幼儿园观摩和分析教育活动，全国各地经常派人参加，对各地幼儿教育工作者产生了很大的影响。

　　苏联专家强调的集中统一、正规化、系统化、教师的主导作用等思想逐渐成为我国学前教育学理论的主流，对这一时期的学前教育实践产生了重要影响。不仅苏联专家直接指导下的幼儿园开始转向有计划的全面发展教育，而且全国各地也纷纷仿效这些幼儿园的做法。南京鼓楼幼儿园废除了单元教学，参照苏联《幼儿园教养员工作指南》，实行计划教学，对幼儿进行体、智、德、美全面发展的教育。当时全国的许多幼儿园都参照苏联《幼儿园教养员工作指南》开展教育工作，如北京北海幼儿园在戈林娜的指导下，增加了幼儿的睡眠时间，以达到《幼儿园教养员工作指南》中的标准；户外活动时间逐渐由每天三四小时增加到七八小时。在有些幼儿园，甚至幼儿的着装都与苏联的幼儿园保持一致。

　　从 1953 年起，我国陆续翻译出版了苏罗金娜的《学前教育学》、查包洛塞兹的《幼儿心理学》、沙巴也娃的《教育史》、维特罗金娜的《幼儿园音乐教学法》、萨古林娜的《幼儿园绘画教学法》以及有关幼儿卫生学、语言、游戏、体育锻炼、三岁前集体教养等几十种书籍，它们成为我国高等师范院校学前教育专业和幼儿师范学校的主要教学用书，为深入学习苏联学前教育理论创造了条件，对我国学前教育影响极大。同时，随着苏联专家来华任教、现场指导，学前教育界掀起了学习苏联经验、研究学前教育、学习儿童心理学的热潮。在当时的国情下，向苏联学习是形势使然，也对我国学前教育学的学科建设起了推动作用。然而，全盘学习苏联也造成了一些遗憾，即对西方学前教育理论、经验及新中国成立前我国已有的学前教育理论和幼稚园实践经验完全否定，这对于后来的学前教育学学科建设、学前教育专业建设、幼儿园教育实践等都造成了重大损失。

（五）总结经验，召开第一次教养员工作经验交流会

1954 年 9 月，第一届全国人民代表大会通过了《中华人民共和国宪法》，规定："儿童受国家的保护。"这为做好幼儿教育工作提供了宪法保障。在马努依连柯幼儿教育科学研究的思想指导下，教育部幼儿教育处经过半年的周密准备，于 1954 年 10 月召开了京津两市幼儿园教养员工作经验交流会，拉开了总结我国幼儿教育工作经验的序幕，会后出版了《京津幼儿园教养员工作经验集》。当时的教育部领导在开幕会上指出："在学习苏联先进经验中，各地涌现出不少积极分子和优秀教养员，创造了很多方法，积累了不少经验。但是，我们还没有系统的、完整的一套，还必须进一步学习苏联幼儿教育理论和经验，还要组织教养员同志交流经验，及时总结经验，使我们的工作能够更加提高一步。"①

在这次会议上，共有 13 位教养员和北京师范大学学前教育专修

---

① 中华人民共和国教育部幼儿教育处：《幼儿园教养员工作经验》，8 页，北京，文化教育出版社，1956。

班的毕业生做了经验交流报告，内容非常集中，大部分主题是创造性游戏及其条件，还有一些是体育中的文明卫生习惯养成和幼儿园语言教育。北京师范大学的三位学者分别就主题报告做了点评。这样的安排其实是有深意的，尝试指出当时幼儿园教育存在的几个突出问题，如偏重作业而忽视游戏和户外活动、不重视语言教育与认识环境活动的联系、不关心在日常生活中养成文明卫生习惯等。教育部幼儿教育处处长张逸园在会上批评了幼儿园工作中的两种偏向，一种偏向是把幼儿园看成一级学校，这首先表现在教养员把精力主要放在作业上，而很少进行幼儿所最需要的游戏；其次表现在有些幼儿园工作是形式主义的，工作计划千篇一律地照抄苏联《幼儿园教养员工作指南》，结果计划写的是一回事，实际做的却是另一回事。另一种偏向是把幼儿园看成帮别人"哄孩子"的地方，只要孩子不生病、不磕不碰就够了，不重视对孩子进行教育。"上述两种偏向对幼儿教育来说都是有害的，今后幼儿教育工作者应首先注意克服。"[①]她在会上再次强调了要重视幼儿体育，努力在集体生活中而不是专门作业中养成幼儿的共产主义道德品质，在发展幼儿语言时克服只记词不理解词义的形式主义，把游戏作为幼儿的主导活动，重视对幼儿进行美育等全面发展的教育。

马努依连柯在会上做了关于收集、总结经验的报告。会后教育部发出《关于组织幼儿教育工作者收集和总结经验的通知》，要求各地幼儿教育工作者普遍开展收集和总结经验的活动。会议还强调要学习苏联幼儿教育的精神实质而不只是经验的形式，强调应结合中国的实际情况，灵活地和创造性地运用。马努依连柯提出的要采用民族形式的教材的意见也受到了与会人员的重视。

这次会议号召广大幼儿教育工作者学习心理学和教育学原理以

---

① 张逸园：《我对幼儿教育工作的几点意见》，载《人民教育》，1954(12)。

及幼儿生理卫生知识。"我们全体教养员应该设法初步通晓巴甫洛夫关于两个信号系统的学说的一些基本论点，看一看查包洛塞兹的心理学，并切实掌握苏罗金娜的《学前教育学》、苏联《幼儿园教养员工作指南》两书中的基本理论和方法。用这些理论来指导我们的工作，才能使工作提高一步。"①

（六）制定《幼儿园暂行规程（草案）》和《幼儿园暂行教学纲要（草案）》，编写《幼儿园教育工作指南（初稿）》

1952 年 3 月，经中央人民政府政务院核准，教育部发布了《幼儿园暂行规程（草案）》，同时《幼儿园暂行教学纲要（草案）》也开始在全国试行。这两个法规是借鉴老解放区学前教育经验、学习苏联学前教育理论的基础上，在苏联专家的直接指导下制定的。《幼儿园暂行规程（草案）》明确幼儿园负有双重任务，即一方面根据新民主主义教育方针教养幼儿，使他们的身心在入小学前获得健全的发展；另一方面减轻母亲对幼儿的负担，以便母亲有时间参加政治生活、生产劳动、文化教育活动等；明确幼儿园招收 3～7 岁的幼儿，以整日制为原则，根据需要也可办寄宿制或季节性幼儿园（班），以不放寒暑假为原则，对幼儿进行初步的全面发展的教养工作。幼儿园教师被称为教养员。幼儿教养活动项目有体育、语言、认识环境、图画、手工、音乐、计算，不教识字，不举行测验。《幼儿园暂行规程（草案）》规定，幼儿园对幼儿进行初步的全面发展的教养工作，具体分为体、智、德、美四方面的培养目标：一是培养幼儿基本的卫生习惯，注意其营养，锻炼其体格，保证幼儿身体的正常发育和健康；二是培养幼儿正确运用感官和语言的基本能力，增进其对于环境的认识，以发展幼儿的智力；三是培养幼儿的爱国思想、国民公德以及诚实、勇敢、团结、友爱、守纪律、有礼貌等优良品质和习惯；

---

① 张逸园：《我对幼儿教育工作的几点意见》，载《人民教育》，1954（12）。

四是培养幼儿爱美的观念和兴趣，增进其想象力和创造力 。

《幼儿园暂行教学纲要(草案)》是依据 1938 年出版的苏联《幼儿园教养员工作指南》的精神编写的。经过几年的发展，《幼儿园暂行教学纲要(草案)》已经跟不上新中国幼儿教育的发展步伐，加上苏联于 1953 年颁布了重新修订的《幼儿园教养员工作指南》，因此马努依连柯在给北京师范大学学前教育专业的工作建议中提出应先修订中国幼儿园教养员指南、再修订各科教学大纲。于是，教育部于 1954 年 5 月成立了编改幼儿园教学纲要委员会，特聘马努依连柯为全面顾问，委托北京师范大学教育系学前教育专业教研室负责《幼儿园教育工作指南(初稿)》的编写工作，一些其他机构的幼儿教育工作者也参与了编写工作。马努依连柯把苏联幼教界不断探索、不断交流和总结归纳的一套工作方法带到了中国，鼓励中国幼教工作者不断探索和研究，在总结本国经验的基础上，编写出类似于苏联《幼儿园教养员工作指南》的指导文件。

《幼儿园教育工作指南(初稿)》的编写汲取了苏联《幼儿园教养员工作指南》的长处和我国的实践经验，于 1956 年完成初稿，1957 年由教育部发至各地征求意见。在征求意见的过程中，该文件推动了幼儿教育的发展，促进了保教质量的提高。《幼儿园教育工作指南(初稿)》是新中国第一份全面、系统且操作性强的幼儿园工作指南，它以扎实的研究为基础，基本体现了《幼儿园暂行规程(草案)》和《幼儿园暂行教学纲要(草案)》的精神与要求，且比这两个法规翔实许多。

《幼儿园教育工作指南(初稿)》再次强调了幼儿园全面发展教育的任务，对儿童心理学、卫生学和幼儿园的教育原理做了充分的阐释，介绍了幼儿园教育工作的手段和内容。该文件以三个年龄段为大框架，说明了各年龄段儿童的年龄特征，详细地计划了各年龄段的教育工作内容，特别针对与苏联学前教育理论有差距的实践环节进行了改革；对整日制、寄宿制和半日制幼儿园的作息制度和一天教育工作内容进行了详细规定，还对幼儿园的环境和卫生条件做了专门要求，同时还提供了大量的教材作为参考；在如何使用上也做了详细说明，如要制订计划，写出周计划和日计划，对工作进行记录并进行反思，提出改进办法，为科学研究工作准备丰富的第一手资料，等等。

可见，当时我国学前教育学界已开始重视"试验—总结经验—再试验—再纠正"的研究式工作方法，如果沿着这条道路不断前进，相信苏联学前教育的长处能被我国学前教育者完全吸收。然而，1958年还在征求意见过程中的《幼儿园教育工作指南（初稿）》受到了批判，最终没有正式颁行。

（七）院系调整，设置专业，强化学前教育学学科队伍建设

为适应新中国建设的需要，从 1951 年年底开始，教育部学习借鉴苏联模式，拟定了全国工学院的调整方案。1952 年下半年，教育部颁发《关于高等师范学校的规定（草案）》，提出高等师范学校设置的教育系得分设学前教育组，培养中等幼儿师范学校的专业课教师。[1] 全国各地高校分期分批地进行了院系调整和专业设置工作。根据当时中央关于高等学校院系调整的精神，为了集中师资力量、形成幼儿师范学校师资培养基地，国家将分散于一些高校的保育、家政等专业适当合并调整为学前教育专业或幼儿教育系。1952 年，全国共有两所师范院校设立了学前教育专业，一是北京师范大学，其在教育系设置了学前教育专业；二是南京师范学院（今南京师范大学），其整合了南京金陵大学、广东岭南大学、上海震旦大学等高校的有关专业，成立了南京师范学院幼儿教育系。此后，西南师范学

---

[1]　中国学前教育研究会：《百年中国幼教（1903—2003）》，100 页，北京，教育科学出版社，2003。

院教育系学前教育专业和甘肃师范大学教育系学前教育专业也在整合的基础上成立。[①]

1952 年 7 月，教育部颁发了《师范学校暂行规程(草案)》，规定培养幼儿园师资的学校称为幼儿师范学校，可以独立设置；师范学校须附设幼儿师范科，培养大量的幼儿园教师，以适应幼儿园发展的需要。[②] 当时全国共有两所幼儿师范学校，分别是天津幼儿师范学校和上海幼儿师范学校。

早在 1902 年，严范孙先生就在家中开设女塾，于 1905 年改称为女学，并设保姆讲习所，这是我国最早的幼儿师资培训学校和幼儿教育机构之一。北京师范大学是我国最早设立学前教育专业的高等院校之一。据严范孙的外孙女、北京师范大学学前教育专业教研室首任主任卢乐山先生回忆，新中国成立前的北京师范大学并没有设立学前教育专业，但专设了保育系以培养幼儿教育师资，实行三年学制，授予本科学位；此外，各大学(特别是教会性质的大学)的家政系也开设了一部分幼儿教育课程。新中国成立后，党和政府认为家政系的教学内容属于资产阶级的腐朽生活方式，借着全国工学院调整的机会，各个大学取消了家政系，将其中有关儿童保育的内容并入了保育系，如新中国成立后北京师范大学保育系的第一任主任就是由冯玉祥将军的夫人李德全担任的。1952 年，在全国高校院系调整的过程中，北京师范大学保育系并入教育系，辅仁大学、燕京大学、北京大学、人民大学的教育系都被合并到了北京师范大学教育系。按照苏联的管理模式，学前教育和学校教育都属于教育系，所以合并后的北京师范大学教育系单设了学前教育专业和学校教育专业。

[①]　唐淑：《中国学前教育史(第三版)》，343 页，北京，人民教育出版社，2015。
[②]　中国学前教育研究会：《百年中国幼教(1903—2003)》，93～96 页，北京，教育科学出版社，2003。

卢乐山先生回忆的这段内容可以说是学前教育学学科体系建设的一段重要历史。这一时期的院系调整与整合使学前教育学的专业人才聚集到一起，形成了集中优势态势。例如，当时调整后的北京师范大学教育系学前教育专业教研室总人数达到 40 多人，并设有单独的资料室、翻译室，附设有幼儿园。按照苏联专家的建议，每门课都要成立教研小组，北京师范大学学前教育专业教研室就开设了学前教育学小组、儿童心理学小组、幼儿卫生小组、语言教学小组、自然教学小组、音乐教学小组、美术教学小组、体育教学小组及幼儿师范教育小组等，各个教研小组均由老教师、青年助教和进修学员组成，是老中青的组合，既有助于传帮带，又有助于推陈出新。通过这次调整，北京师范大学教育系学前教育专业集中了一大批从事学前教育研究的专家学者，比较知名的有关瑞梧、张天麟、田桂銮、张韵斐、卢乐山等，形成了我国第一支学前教育学专家队伍，有利于集中学前教育学人才力量开展研究工作。

在人才培养方面，当时北京师范大学学前教育专业的课程设置包括全校的公共课、教育系的公共课及学前教育理论课程，这些课程大大提高了学生的理论水平。在理论与实践相结合方面，北京师范大学坚持学前教育是一门应用科学的学科定位，在学前教育学学科建设过程中努力将理论知识与幼儿教育实践真正融合，既重视学前教育学理论知识的讲授，又重视在幼儿园的实践活动。当时卢乐山先生主讲学前教育学，没有自己的教材，用的是苏联的教材。卢乐山先生非常重视学前教育学学科的实践性，要求师生到幼儿园一线观察研究，她自己也经常带领学前教育专业教研室的教师到幼儿园观察，一起做实验研究，深化师生对学前教育实践的认识，使其对学前教育学理论的理解更加深入。北京师范大学学前教育专业教研室还牵头召开京津两市幼儿园教养员工作经验交流会；并受教育部委托，组织全国各地幼儿教育行政干部、高师教师、幼儿园资深教师等编写了《幼儿园教育工作指南(初稿)》，目的是指导全国的幼儿园教育工作，走出一条理论与实践相结合、苏联经验与中国国情相结合的探索学前教育学学科建设中国化的道路。

此外，为了方便来自全国各地的高等教育院校、幼儿师范学校、幼儿园及各教育行政部门的老师和干部提高专业知识和技能水平，北京师范大学学前教育专业教研室还增设了专修班和进修班，开展中短期培训。

从新中国成立前的保姆班到在高等院校开设的学前教育专业，儿童进入小学前的学前教育被正式纳入教育科学领域，成为教育科学的一个分支。这是学前教育学学科建设的里程碑，是划时代的进步。北京师范大学学前教育专业对学前教育学学科体系的建设进行了积极探索。在全国师范教育最高学府北京师范大学设立学前教育专业的做法，增强了人们对婴幼儿教育的重视，北京师范大学与其他院校的学前教育专业在我国学前教育学学科建设与发展中贡献了相当大的力量。

二、学前教育学中国化的初步探索(1956—1965 年)

1956—1965 年，我国教育发展进入了一个新的历史阶段。从国际形势上看，1956 年起中苏两国间争论频生、摩擦迭起，中苏分歧产生并加深，直至关系恶化，但这在一定程度上成为新中国教育学学科建设和发展的催化剂。从国内情况来看，社会主义改造基本完成后，我国教育的改革和发展进入了一个新的阶段，基本目标是探索社会主义教育发展的道路，先后经历了以"教育大革命"为中心的盲目发展时期和从 1961 年开始的调整、总结、继续改革时期。从总体上看，这一时期是对新中国教育学学科进行中国化探索的阶段。[①]

---

① 　侯怀银：《中国教育学之路》，17 页，合肥，安徽教育出版社，2009。

（一）教育学中国化的理论探索

1956 年 9 月，中国共产党召开了第八次全国代表大会，党中央开始摆脱苏联的僵化模式，探索适应我国国情的独立自主的发展道路。1957 年 7 月，《人民教育》以"为繁荣教育科学创造有利条件"为题，发表了当时一些学者对我国教育科学研究工作的意见。这些意见直指学习苏联经验中的教条主义、机械主义倾向，鲜明地提出了教育学的中国化问题，从方法论的高度对如何建设中国的教育学提出了十分宝贵的意见。曹孚在《新建设》1957 年第 6 期上发表了《教育学研究中的若干问题》一文，在教育观念上对以凯洛夫主编的《教育学》为代表的苏联教育理论提出了不同寻常的、有力的挑战，使教育学中国化的方法论取得了理论与思维上的进展。有的学者发表了专门论述教育学中国化问题的文章，如瞿葆奎在《华东师范大学学报（人文科学版）》1957 年第 4 期上发表的《关于教育学"中国化"问题》，这是中华人民共和国成立后我国学者发表的第一篇针对教育学中国化问题的文章。程滴凡发表了《对教育学教学大纲的意见》（《光明日报》，1956 年 11 月 26 日），孙陶林发表了《建立我国教育学，革新教育学的教学工作》（《学术月刊》，1958 年第 8 期），鲍兆宁发表了《把教育学教学大纲改得更完善》（《光明日报》，1956 年 12 月 24 日），卢显能发表了《我所看到的"教育学试行大纲"的一些问题》（《争鸣》，1957 年第 4 期），这些学者从不同角度就如何建立中国自己的教育学做了较为具体的论述。

1958 年 3 月 30 日，国务院科学规划委员会教育组召开了教育科学工作者座谈会，号召在实践中建立教育科学。时任教育部部长杨秀峰、副部长董纯才在会上指出，教育科学应该有计划地进行安排，在理论上研究新形势下出现的新问题。国务院科学规划委员会教育组组长柳湜在会上说，各级教育事业必须建立在科学研究的基础上，必须建立从教育实践中来，又回到教育实践中去，并能指导实践的

教育科学；要在两三年内建立我们的教育科学。① 建设中国教育学
的呼声越来越高。在以上会议精神的指引下，在教育学领域热情开
展教育学中国化研究的背景下，我国学前教育学学者开始反思上一
阶段学习苏联教育学的经验和教训，开始了学前教育学中国化的初
步探索。

　　正当我国教育学研究者充满热情地为建设中国的教育学学科体
系而努力探索时，"反右倾"斗争开始了。曹孚因发表《教育学研究中
的若干问题》一文而被错误地批判，他被迫在《新建设》1958 年第 2 期
上发表《对〈教育学研究中的若干问题〉一文的检讨》，这一期还发表
了批评曹孚的文章《怎样理解"教育中的继承性问题"》。这一批判虽
然是在内部进行的，但其影响波及了全国高等师范院校和教育科研
机构。由于"反右倾"斗争扩大化，高等师范院校一些很有才干的教
育学科教师及一些很有声望的学者被错误地划成了"右派"，我国教
育学学科的建设受到严重打击。1958—1960 年，以教育与生产劳动
相结合为中心的"教育大革命"兴起，教育学领域也参与了"大跃进"
运动，开展了一系列批判运动。心理学被视为"伪科学"而受到批判，
凯洛夫主编的《教育学》也受到了批判。我国教育学学科体系的建设
跟着政治走，摈弃了以前的资产阶级教育思想和教条主义思想，等
待着适合于我国国情的马克思主义教育学理论被创造出来。②

　　1956—1965 年，在总结新中国成立以来教育工作经验教训的基
础上，教育部制定并颁布了一系列工作条例，这既为提高我国社会
主义教育水平创造了条件，也为教育学中国化的探索进一步奠定了
基础。1961 年，《教育部直属高等学校暂行工作条例（草案）》颁布，
对当时高等师范院校教师和科研工作者致力于各门学科的建设和发

---

　　①　中央教育科学研究所：《中华人民共和国教育大事记(1949—1982)》，220 页，北
京，北京教育出版社，1984。

　　②　陆定一：《教育必须与生产劳动相结合》，载《红旗》，1958（7）。

展起到了激励作用。1961 年 4 月 11—25 日，全国高等学校文科和艺术院校教材编选计划会议召开，这次会议总结了文科教学的状况及经验教训，讨论了文科教学中一些具有方针性的根本问题，提出了要正确处理教材编选中红与专的关系、论与史的关系、书本知识与活知识的关系、古今中外的关系等。我国教育学的建设又进入了一个新的阶段，这一阶段我国教育学学科体系的建设和发展集中反映在各学科领域的教材建设和有关教学参考资料的编写、翻译、出版上。这些教材和教学参考资料的编写、翻译、出版，反映了当时我国教育学研究者对教育学中国化的探索，学前教育学也不例外。然而，不幸的是，随着"文化大革命"的爆发，我国教育学研究者建设中国教育学的愿望和他们为此付出的巨大努力被粉碎。

（二）学前教育界开展对《幼儿园教育工作指南（初稿）》的批判

20 世纪 50 年代末 60 年代初，中苏关系恶化，国内开始批判苏联修正主义，教育界也不例外，学前教育学学术研究的发展在此过程中受到了阻碍。1958 年 8 月，教育部主办的《学前教育》《教师报》《人民教育》同时停刊。同月，北京师范大学邀请京津两地有关学校和科研机关研究人员举行座谈会，批判心理学教学中的"资产阶级方向"，指责心理学以心理分析代替阶级分析。《光明日报》也发表了社论，对心理学教学进行批判。受教育部委托、由北京师范大学教育系学前教育专业教研室牵头组织编写的《幼儿园教育工作指南（初稿）》，由于过多引用了苏联的理论与做法以及心理学研究成果，虽然还在征求意见阶段，但也遭到了批判。1958 年 12 月，教育部颁发《关于〈幼儿园教育工作指南（初稿）〉不要按正式文件使用的通知》，声明《幼儿园教育工作指南（初稿）》系教育部委托北京师范大学学前教育专业教研室起草的文件，尚未经起草委员会及教育部审查。1961—1962 年，虽然对《幼儿园教育工作指南（初稿）》进行了重新评价，认为应该重新认识根据儿童年龄特点进行教育的必要性，但

1958 年对该文件的批判已经对学前教育学术研究产生了不良影响，且这种影响是长远的，一时难以消除。此外，一批有真才实学、坚持实事求是科学态度的学前教育学知识分子也遭到了批判，如南京师范学院院长陈鹤琴教授。这些做法严重挫伤和打击了一批知识分子的积极性，严重影响了高等师范院校的教学和教材建设，也严重阻碍了学前教育学学科建设的进程。

（三）学前教育学中国化中的曲折探索

这一时期，我国的学前教育逐渐挣脱了苏联模式的束缚，在自力更生的旗帜下获得了诸多宝贵经验。但同时，此时期我国学前教育学的发展如同坐过山车，跌宕起伏。

1956 年 6 月，教育部给河北、吉林、广东、内蒙古等 15 个省份的教育厅下达了《关于组织幼教工作者收集和总结经验的通知》，建议全国各地根据当地条件，组织幼教工作者收集和总结经验，并对如何收集和总结经验提出了指导性的建议。与此同时，中央教育部幼儿教育处专门设立了研究室，承担收集、总结并推广幼儿园经验以及加强宣传教育工作的任务。北京、天津等地也相继成立了幼儿教育研究室。1956 年，教育部幼儿教育处编写的《幼儿园教养员工作经验》正式出版，旨在指导幼儿园教育实践工作。这些幼儿园的教育实践经验为学前教育学中国化的理论探索提供了大量的素材，顺应了学术界提出的科学研究必须从教育实践中来的指导思想。

1957 年 9 月 1 日，教育部幼儿教育处主办的季刊《学前教育》正式公开发行，为幼教工作者搭建了经验交流的平台，这是中华人民共和国第一份幼儿教育刊物。

然而，1958 年 8 月，《学前教育》停刊。1960 年，教育部精简机构，幼儿教育处被撤销，仅保留了一名干部在普通教育司综合处处理有关幼儿教育的日常事务。原教育部幼儿教育处负责人张逸园于1961 年离开北京支援西北，在甘肃教育学院、甘肃师范大学任职。

此后相当长的一段时间里，教育部基本没有针对幼儿教育工作下发文件。教育部对学前教育领导的弱化，客观上导致了学前教育学学科建设处于无暇顾及、无人去抓、不知从何处抓、无从应对的尴尬境地，严重影响了学前教育学的理论研究、课程设计、实践教学等。1961 年，高等师范院校学前教育专业几乎全部停止招生。学前教育学学科建设的中国化探索受到了很大的影响。

在这一时期幼儿师范学校重新受到重视。针对幼儿师范学校的原有基础太弱、难以满足幼儿园对教养员的大量需求的问题，1956 年 6 月，教育部发布《关于大力培养小学教师和幼儿园教养员的指示》，要求各地应更多地举办初级幼儿师范学校，作为过渡办法，以培养较为合乎规格的教养员。随后，教育部又颁发了《初级幼儿师范学校教学计划（草案）》，鼓励各地大力发展幼儿师范教育。到 1960 年，初级幼儿师范学校在校人数从 1957 年的 99 人猛增至 40249 人，有效地满足了幼儿园对教养员的迫切需要，起到了补充合格教养员的作用。在随后的几年里，随着中央调整政策的实施，对幼儿园教养员的要求也逐步提高，培养教养员骨干力量的任务落在了中级幼儿师范学校身上。受此影响，初级幼儿师范学校在校生数量逐年减少，1958 年，初级幼儿师范学校在校生占所有幼儿师范学校在校生总数的 62.2％，1959 年下降为 45％，1962 年就只占 3％了。1963 年，初级幼儿师范学校停止招生，从此培养幼儿园教师的任务彻底转移至中级幼儿师范学校。1963—1965 年，全国中级幼儿师范学校稳定在 19 所，每年在校生也稳定在 5000 人左右，为幼儿园培养了一大批骨干力量，带动幼儿教师专业水平和专业技能的逐步提高。[①]

为促使幼儿园教育工作尽快稳定，在"调整、巩固、充实、提高"方针的指引下，从 1962 年开始，一些地方教育行政部门采取积

---

① 唐淑：《中国学前教育史（第三版）》，338～339 页，北京，人民教育出版社，2015。

极措施，恢复幼儿园的正常秩序，使幼儿园的教育教学工作日趋稳定。例如，北京市制定了关于培养幼儿卫生习惯和独立生活能力的常规，重新编写了幼儿教育大纲和教材；上海市制定了《幼儿园工作条例 30 条》和《幼儿园品德教育提纲》；江苏省常州市制定了《幼儿园工作条例》等。这些措施在一定程度上、一定范围内对学前教育学的中国化探索起到了促进作用。

第二节　学前教育学重建的特点

从中华人民共和国成立之日起，中国共产党领导全国各族人民在一穷二白的基础上开展伟大变革，对农业、手工业和资本主义工商业实施社会主义改造，初步奠定了国家工业化的基础。1956 年，我国确立了社会主义制度，从新民主主义社会过渡到了社会主义社会，为后期经济发展、社会进步奠定了根本政治与制度基础。毛泽东同志曾说："随着经济建设高潮的到来，必将出现一个文化建设的高潮。"在这个历史时期，教育事业的发展成为新中国社会变革的重要组成部分，也是我国社会主义改造的重要助推力。培养各级各类师资的师范教育处于整个教育建设的核心，随着国家社会主义建设拉开序幕，新中国学前教育学学科建设开始了艰难探索。

学科的建设过程不可避免地会受到政治环境的影响，学前教育学学科建设也不例外。与我国学前教育事业的发展轨迹一致，1949—1965 年我国的学前教育学学科建设经历了两个阶段：一是新民主主义时期，以学习苏联、批判旧式学前教育为主要特征的学前教育学学科体系初步构建阶段(1949—1955 年)；二是社会主义建设时期，以自主实践、盲目冒进后调整整顿为主要特征的初步探索学前教育学学科体系中国化阶段(1956—1965 年)。

一、学前教育学专业人才匮乏

新中国成立前，国民党统治下的文化教育事业全面衰败。师范教育原本就先天不足、发育不全，学校数量少、在校学生少，基础极其薄弱，其他诸如结构失调、设备简陋、教学脱离实际、课程设置庞杂、教学内容陈旧等问题也层出不穷，这使其很难达到为新中国培养合格幼儿教师的要求。新中国成立伊始，全国上下百废待兴，要使师范教育尤其是幼儿师范教育适应国家经济建设和社会发展的要求，适应国家经济建设和文化建设的需要，就必须对师范教育进行彻底的改造。

新中国成立前，幼儿教育行业从业人员不多，独立培养幼儿师资的学校极少，附设在其他教育机构中的幼师科也处于时有时无的状态，学前教育专业队伍的基础极其薄弱。尽管高等院校有保姆讲习科，幼稚师范专科学校设有大专和本科层次的课程，但数量十分有限。直到 1945 年，陈鹤琴创设了我国第一所公立幼稚师范学校——江西实验幼师，我国才算有了专门培养幼儿教育师资的专科学校，但远远不能满足实际需求。

新中国成立初期，具备一定文化知识水平的人才数量非常有限，加上社会总体对幼儿教育行业认识不足，甚至抱有轻视态度，因此通过考试从社会中选拔人才担任幼儿园教师的做法并不现实，通过师范学校培养幼儿园教师就成了师资供给的主要渠道。中央人民政府有计划、有目的地组织和培养了自己的幼教队伍，并且明确了培养幼儿园师资的主要阵地是中等师范学校，特别是幼儿师范学校，同时明确了通过高等院校尤其是高等师范院校的学前教育专业培养学前教育高端理论人才。因此可以说，在新中国成立初期，我国学前教育学学科建设的主阵地有两个：一是各级各类幼儿师范学校，二是高等院校特别是高等师范院校的学前教育专业。

二、学前教育学学科教材、课程设置全面学习苏联

在如何对旧师范教育进行改造这个问题上，新中国成立初期中央的思路是"以苏为师"，全面向苏联学习，因为"苏联有许多世界上所没有的完全新的科学知识，我们只有从苏联才能学到这些科学知识。例如：经济学、银行学、财政学、商业学、教育学等等，所以这些知识我们必须和苏联学习。"①因此，当时我国师范教育的改造就是以学习苏联模式为主、适当结合中国实际所进行的改革。1952年，教育部在制订我国师范学校教学计划时参考了苏联的相关制度，同时规定教学计划的核心是课程设置，于是课程体系的结构和内容改革也开始学习苏联的教育经验。师范教育课程改革作为学前教育学学科建设的核心内容，在新中国成立初期脚踏实地地学习苏联教育改革经验，主要集中于学习苏联教育理论，在设置师范院校专业、制定教学计划和教学大纲时基本原封不动地照搬了苏联模式，同时组织教师成立教学研究组，翻译苏联教材，学习苏联学校教学原则和方法等。比如，师范院校教育学课程教材主要采用 1950 年出版的苏联教育家凯洛夫的《教育学》中文译本，后来各种苏联教育书籍、报刊及教育专家的论著被翻译引入我国师范教育。在学前教育学方面，1953 年 8 月人民教育出版社出版了苏罗金娜著的师范教育用书《学前教育学》，此书的体系和结构深深影响了我国的学前教育学，最突出的就是"幼儿园教养员"的提法，此外还有"作业"这一词的用法。当时"作业"被阐释为"在同一时间内对全班幼儿进行教学或复习"，较少注意根据幼儿个体差异施以不同教育的组织形式，这导致幼儿园较长时间里存在偏重课堂教学和"千园一面"的现象。师范学校教材、课程具有明显的苏联印记，这是那个时代的特征。

三、将"培养幼儿园的师资"作为重要目标导向

1951 年，教育部对中级师范培养的师资做出规定，将马克思列宁主义作为武装幼儿教师头脑的有益经验，将精通业务和全心全意奉献于教育事业作为人民教师的硬性指标，这显示出当时我国幼儿

---

① 刘少奇：《在中苏友好协会总会成立大会上的报告》，载《人民日报》，1949-10-08。

教师培养的重点是思想政治教育，而对教师的专业素质要求简单，对教师的其他素质也未提及。

1952 年 7 月，教育部颁布《师范学校暂行规程（草案）》，规定了"培养幼儿教育的师资"是师范学校的任务之一，培养幼儿园师资的师范学校称为幼儿师范学校，可独立设置。师范学校须附设幼儿师范科，培养大量的幼儿园教师，以适应幼儿园发展的需要。中级师范学校招收 30 岁以下的初中毕业生或具有同等学力者，修业年限为 3 年。初级师范学校招收 25 岁以下的小学毕业生或具有同等学力者，修业年限为 3～4 年。[①] 这样一来，幼儿园师资培养工作有了法规保证。

《师范学校暂行规程（草案）》要求经师范学校培养的师资应具有马克思列宁主义和毛泽东思想的初步基础、中等文化水平以及教育专业的知识、技能，应全心全意为人民教育事业服务。这是对幼儿教师的培养目标做出的很大改进。首先，政治因素的主导地位仍然很明显，并新增了"与中国革命实际相结合"的表述，这是当时学习苏联与结合中国国情在教育上的体现；其次，开始重视教师专业素养，要求幼儿教师须具有中等文化的教育水平，并且具备一定教育专业的知识、技能；再次，注重教师的实践能力，以理论与实际相联系的方法培养幼儿教师。

按照《师范学校暂行规程（草案）》的要求，幼儿师范学校教学计划规定的课程有语文及语言教学法、数学及计算教学法、物理、化学、达尔文理论基础、地理、历史、政治、幼儿心理、幼儿教育、幼儿卫生及生活管理、认识环境教学法、体育及教学法、音乐及教学法、美工及教学法、参观实习等，所有科目均为必修。《师范学校暂行规程（草案）》还规定，为了方便学生观摩实习，师范学校应设附

---

① 唐淑：《中国学前教育史（第三版）》，337 页，北京，人民教育出版社，2015。

属小学或幼儿园，或由所在地教育行政机关指定附近小学、幼儿园为实习场所，从而使总则所规定的"以理论与实际一致的方针"和教育原则所规定的"应注重参观、实习，使学生在实践中提高其专业知识和技能"的精神真正落到实处。

四、幼儿师范学校学前教育学课程体系的特点

(一)课程设置初期"以苏为师"，后期受到"大跃进"运动影响

新中国成立初期，旧师范教育不符合我国对教师的要求，新师范教育又缺乏经验，因此教育改革采用把学习苏联经验与中国实际结合起来的方针，踏实、稳步前进，幼儿师范学校课程体系的设置就是围绕这一方针展开的。"以苏为师"主要体现在对课程内容的设置及课程结构的安排上，尤其是凯洛夫《教育学》的引进，促进了我国对苏联教育理论的学习和模仿。

在"大跃进"运动的影响下，课程变革主要特点是浮夸风和高指标。1958 年，我国幼儿师范教育进入快速发展时期，但在国家快速发展的背景下，幼儿教师培养不仅有数量上不足的问题，而且质量也不高，存在严重的少、慢、差、费现象。于是，在 1960 年的师范教育改革座谈会上，有代表提出师范教育必须遵循党的多快好省建设社会主义的总路线，坚持不断革命的精神，加强贯彻党的教育方针，深入教育革命和教学改革，提高教学质量。幼儿师范学校课程体系的改革在这样的思想指导下，出现了浮夸风、高指标的特点。

(二)培养目标以思想政治教育为主导

要想彻底改造旧教育，就要先摒除旧思想，思想政治教育就尤为重要，要通过思想政治教育转变教师的立场、观念和工作态度。在"以苏为师"的方针指导下，新中国成立初期幼儿教师的思想政治教育主要体现为中苏思想的结合。

受"大跃进"运动的影响，幼儿师范学校课程中的政治课和生产

劳动课受到很大重视，思想政治教育被加强，学生必须将实际工作和认真学习马克思列宁主义、毛泽东思想相结合，树立工人阶级的世界观，提高共产主义道德品质，并能真正起到带头作用，同时能更好地结合实践，加强思想改造。

(三)课程结构严重不合理，幼儿教师的师范性和专业性不足

新中国成立初期，幼儿师范学校的课程体系受经验不足、以思想政治教育为主等因素的影响，课程结构偏重公共必修课和专业必修课，以提高幼儿教师的基础性知识水平，而选修课的设置严重缺失。此外，在理论联系实际原则的指导下，实践课虽逐渐受到重视，但实践课被设置在最后一学期，而且与理论课相比所占比例很小，这在一定程度上削弱了学生在实践中检验理论知识的效果。再者，通识课、教育专业课、艺体技能课三大类课程在整个幼儿师范学校课程体系中所占的份额严重不平衡。通识课得到很大程度的重视，所占比例最大；艺体技能课的受关注度明显提高，超过教育专业课的比例；教育专业课程所占比例最小，这反映了对幼儿教师课程专业性和师范性的忽视。

1958 年，"教育大革命"开始，幼儿师范学校课程中体现专业性和师范性的教育课程和教学法课程被批判为"伪科学"。按照集中精练、符合实际的原则，教育专业课中很大一部分被削减，尤其是有关幼儿心理学和专业教学法的课程；幼儿教育学的教学内容也被改变，主要课程变为毛泽东教育思想、党的教育方针、中国先进教育经验等。幼儿师范学校课程体系除了减少课程门类和时数，对教学形式和方法也进行了改变，设置了生产劳动课程，并且增加了学生自习和科学活动的时间。在多快好省地建设社会主义方针的指引下，幼儿园快速发展，社会对幼儿教师的要求迅速提升，幼儿师范无法适应这一变化。1960 年，师范教育改革座谈会对师范学校的课程进行了改革。幼儿师范学校的课程被大量缩减，出现新中国成立以来

课程门类和课程时数最少的教学计划；通识课大量缩减，艺体技能课时数被压缩；为了结合实际、结合政治、结合生产，幼儿师范学校课程中的政治课和生产劳动课受到很大重视，思想政治教育加强；体现师范性和专业性的教育专业课受到排挤，甚至被裁撤。

第三节　学前教育学重建的成就

一、规范幼儿师范学校办学

新中国成立伊始，面对学前教育学研究人才匮乏、幼儿教育师资队伍严重缺员的局面，中央人民政府高度重视，及时把幼儿园师资培养纳入议事日程。1951 年 8 月，教育部召开第一次全国初等教育及师范教育会议，提出师范教育的工作方针是正规师范教育与大量短期训练相结合。[1] 短期训练的方式要多种多样，以应急需；正规师范教育则要调整、整顿，并发展各级师范学校。在当时，正规幼儿师范教育主要依靠初级幼儿师范学校和中级幼儿师范学校来实施。初级幼儿师范学校的学制为 3～4 年，招收 25 周岁以下的小学毕业生；中级幼儿师范学校或师范学校幼儿师范科学制为 3 年，招收15～30 岁的初中毕业生。另外，为完成幼儿园师资培养的任务，各地区可以独立设置幼儿师范学校，或者在师范学校内附设幼儿师范科，修业年限为 3 年，招收初级中学毕业生或具有同等学力者。同时，师范学校还得附设师范速成班，招收初中毕业生或具有同等学力者，修业年限为 1 年，还可附设短期师资训练班。

1952 年，全国共有两所幼儿师范学校，分别是天津幼儿师范学校和上海幼儿师范学校。天津幼儿师范学校于 1951 年年初筹建，当

---

[1]　中国学前教育研究会：《百年中国幼教(1903—2003)》，109 页，北京，教育科学出版社，2003。

年 9 月招收首届学生，除为天津市培养幼儿园师资外，还为石油部管道局所属的位于北京、河北等七个省市的幼儿园培养师资。上海幼儿师范学校是由上海市私立岭南中学改建而成的，于 1952 年 7 月成立，原上海市立师范学校的五个幼师班的学生并入新校作为首届学生，"文化大革命"前累计培养毕业生 3691 人，很多毕业生后来成为上海市各区县的幼儿教育业务骨干。从 1953 年起，我国幼儿师范学校的数量开始稳步增长，1956 年全国幼儿师范学校增至 21 所。但出于保证质量的考虑，幼儿师范学校扩张的步伐并没有迈得很大，可以说是在曲折中逐渐发展的。

为了规范幼儿师范学校的办学，1953 年 7 月，教育部颁发《幼儿师范学校教学计划（修订草案）》，对幼儿师范学校开设的课程、总学时、教材大纲、课程安排做了规定，这一文件对于规范幼儿师范学校办学、保证教学质量和毕业生质量发挥了重要作用，客观上为学前教育学学科建设搭建了平台，储备了一批人才。然而，对师资培养质量的强调客观上限制了幼教师资的培养规模，导致幼儿师范学校毕业生少，难以满足幼儿园对大量教师的迫切需要。在这种情况下，我国的教师教育政策很快发生了较大变化。

1956 年 5 月，教育部对《幼儿师范学校教学计划（修订草案）》进行了修订，正式颁发《幼儿师范学校教学计划》，为解决原来的教学计划不能体现全面发展教育方针、与师范学校和高中没有区别、体现专业教育非常不够的问题，新计划增设和取消了一些课程，并调整了部分课程的教学时数。后来，教育部又颁发了《初级幼儿师范学校教学计划（草案）》，以配合初级幼儿师范学校的大发展。20 世纪 60 年代，教育部还计划组织高等师范院校和幼儿师范学校的教师编写《幼儿师范学校教学计划》所规定的主要专业课的教材，但这一学前教育学学科建设的基础性工作因"文化大革命"而中断。在这一时期，正规师范教育的发展、不断改进的教学计划及专业课教材的编写，对当时的学前教育学学科建设发挥了重要作用。

二、发展高等院校学前教育专业

学前教育学学科建设的主阵地有两个：一是各级各类幼儿师范学校，二是高等院校特别是高等师范院校的学前教育专业。当然，各类幼儿园和其他托幼机构是检验学前教育学学科建设的重要场所。为了办好幼儿师范学校，培养合格的、高质量的幼儿师范学校教师，1952 年 7 月，教育部颁发了《关于高等师范学校的规定（草案）》，指出高等师范学校设置的教育系得分设学前教育组，培养中等幼儿师范学校的专业课教师。根据教育部关于高等院校院系调整的精神，教育部将分散于一些高校的有关专业适当合并，调整为学前教育专业或幼儿教育系，以集中力量，切实形成幼儿师范学校师资培养基地。

这样调整的结果就是高校学前教育专业的力量相对集中，目标较明确，能有效承担起为全国培养幼儿师范学校师资的任务。北京师范大学学前教育专业的师生与苏联专家一起开展研究和试验，对中国学前教育理论和实践的发展发挥了重要作用，参与了教育部重要政策文件的编写。南京师范学院的幼儿教育系也集中了一批优秀的学者，陈鹤琴院长领导设立了"附属幼儿园—附属幼儿师范学校—师范院校幼儿教育系"三级育人体系，开办了玩具工厂，创立了教学、科研、生产三结合的体制。南京师范学院的两个附属幼儿园的园长分别由两位副教授担任，幼儿教育系所有任课教师都要参加指导、见习和实习。这样的培养体系使学生在人文、科学、教育理论等方面打下了坚实的基础，在教育实践中也有相应的能力。后来，华西大学保育系与西南师范学院保育系合并为西南师范学院教育系学前教育专业，西北师范学院家政系被改为甘肃师范大学教育系学前教育专业，位于长春的东北师范大学和位于武汉的华中师范学院教育系也增设了学前教育专业。

在"大跃进"运动中，山东、福建等地共办起了 10 多个学前教育专业。但从 1961 年开始，不仅这批刚开设的新专业纷纷下马，而且北京师范大学等院校的学前教育专业也停止招生，最终高等师范院校培养幼儿师范师资的工作几乎全部停顿。这是因为当时学前教育专业的培养目标比较狭窄，主要为中级幼儿师范学校培养专业课教师，而 20 世纪 60 年代初，中级幼儿师范学校由盲目发展转向数量调整，不再需要那么多专业课教师，这自然影响到高等师范院校学前教育专业的发展。

在为中级幼儿师范学校培养师资的同时，高等师范院校学前教育专业也面向社会特别是农村地区开展了一些托幼机构建设及幼教师资短训工作，这使广大师生得到了锻炼，并使其关注农村幼教事业的发展。例如，北京师范大学教育系学前教育专业教研室在 1958 年编写了《农村幼儿师范教材》，这一教材的基础是该系徐水工作组在举办徐水幼师班时所编写的教材。

总之，新中国成立后，在基础薄弱的条件下，幼儿园教师的培养层次仍被定位于中等教育第二阶段，与当时其他职业的专业技术人员培养层次相比，反映出教育部门对幼儿教育质量的重视。但由于对幼儿教育岗位及长远发展所需要的人才培养缺乏统筹规划，对托幼机构人事任用行为缺少必要的规范，幼教师资队伍在总体上水平不高，这也影响了幼教事业的发展。

三、学前教育学学科体系逐渐形成

随着高等师范院校纷纷设立学前教育专业，为确保教学质量，1956 年 2 月，教育部发布了《师范学院教育系幼儿教育专业暂行教学计划》，规定的基础文化课程有马列主义基础、中国革命史、政治经济学、辩证唯物论与历史唯物论、体育、俄语、世界通史与中国通史、中国文学；专业课程包括儿童文学、人体解剖生理学、幼儿卫生学、普通心理学、幼儿心理学、教育学、幼儿教育学、教育史与幼儿教育史、幼儿园语言教学法、艺术朗读与讲述练习课、自然与幼儿园自然教学法、幼儿园活动性游戏与体操教学法、音乐与幼儿园音乐教育教学法、美术与幼儿园美术教育教学法、幼儿师范学校教育科目教学法、专题课堂讨论(幼儿教育学和幼儿心理学)等必修课；还有一些选修课，包括幼儿活动性游戏与体育、音乐(合唱和乐器练习)、绘画和泥工等。可见，高等师范院校的学生不仅要学习未来要在中级幼儿师范学校教授的幼儿教育学、心理学和教学法等课程，还要学习幼儿师范学校教育科目的教学方法。该文件要求教育实习分别在幼儿园、中级师范学校、文教行政机关进行，包括教养员实习、幼师实习以及视导实习。

随《师范学院教育系幼儿教育专业暂行教学计划》一同发出的还有《教育系幼儿教育专业暂行教学计划的说明》。这份说明文件对专业课程的设置目的和主要内容进行了规定，如幼儿教育学作为幼儿教育专业的基本学科，其目的是使学生掌握马克思列宁主义的幼儿教育和教学理论，并能应用于实际，巩固其献身于人民教育事业的专业思想，其内容包括：幼儿教育学的对象、任务和方法，幼儿体、智、德、美全面发展的理论及其在游戏、作业、劳动各项活动中的实现，幼儿园和托儿所及小学的联系，幼儿园和家庭的合作。为使教育理论与实践相结合，《师范学院教育系幼儿教育专业暂行教学计划》强调，在教学过程中应配合讲授进行幼儿园见习、课堂讨论及实习作业。与1952年的《师范学校暂行规程(草案)》相比，《师范学院教育系幼儿教育专业暂行教学计划》对必修课和选修课做了较大调整，各科教学法成为必修课，并与学科教育课结合成一门课程；心理学门类减少，但幼儿心理学成为必修课。高等师范院校学前教育专业教育理论类课程由心理学类(含普通心理学和幼儿心理学)、教育学类(教育学与幼儿教育学)、教育史类(教育史与幼儿教育史)、幼儿卫生学四大类课程组成。《师范学院教育系幼儿教育专业暂行教学计划》的影响一直延续到"文化大革命"结束后。①

此时，在学前教育学学科体系中，幼儿教育学、幼儿心理学、幼儿卫生学、幼儿教育史以及各科教学法作为子学科被固定下来，组成学前教育学的主要学科群，也为后期学前教育专业的主干核心课程奠定了基础。其中，作为一门学科的幼儿教育学，它的研究对象、研究任务、研究方法得到了专门的规定，其内容体系和理论也有了相应的研究。

四、我国学者自己编写的第一本幼儿教育著作出版

在我国学前教育学的重建时期，黄人颂出版了《幼儿教育的理论和实践》(1954 年江苏人民出版社)，这是新中国成立后我国学者自己编写的第一本幼儿教育著作。书中前言写道："我在 1951 年跟随苏联幼儿教育专家戈林娜学习后，初步了解了一些苏联幼儿教育的理论；在幼儿教育实际工作中，体验到不少的具体问题；在培养幼教人员上，深深感到教材的缺乏；并由于南京市民主妇女联合会的鼓励，这样促使我大胆地写成了这本书。在这本书中，我只是尝试着把马克思列宁主义幼儿教育的理论，初步结合中国的实际情况，作一概括的叙述；希望对从事幼儿教育的同志们，提供一本较为有系统的新幼儿教育的参考书。"②此书的出版既是学习苏联幼儿教育的结果，也是在探索中国化过程中迈出的关键一步，对学前教育学成为一门独立学科及进行学科建设都有着很重要的意义。这是学前教育学学科发展的一大进步。

此书共六章，外加一附录。第一章"绪论"包括五节内容，分别是全面发展的幼儿教育、幼儿教育的原则、幼儿园教育工作的内容、幼儿教育实施的方式、幼儿园的教养员。第二章"幼儿体育"包括七

---

① 中国学前教育研究会：《百年中国幼教(1903—2003)》，105～106 页，北京，教育科学出版社，2003。

② 黄人颂：《幼儿教育的理论与实践》，前言，江苏人民出版社，1954。

节内容，分别是幼儿体育的意义和任务、幼儿身体发展的特点、幼儿体育实施的原则和内容、幼儿园的园地房舍和设备、幼儿的作息制度与生活习惯和卫生习惯的培养、幼儿动作的发展、幼儿身体的锻炼。第三章"幼儿智育"包括三节内容，分别是幼儿智育的意义和任务、幼儿智育实施的原则和方式、幼儿智育实施的内容和方法。第四章"幼儿德育"包括八节内容，分别是幼儿德育的意义和任务，幼儿德育实施的原则、方法和内容，幼儿爱国主义教育，幼儿劳动教育，幼儿集体主义的教育，幼儿自觉纪律的教育，幼儿爱护公共财物的教育，幼儿意志与性格的教育。第五章"幼儿美育"包括两节内容，分别是幼儿美育的意义、任务和原则，幼儿美育实施的内容和方法。第六章"结尾"没有分节，总结了幼儿体、智、德、美四育的统一性，四育在幼儿园中的体现，以及幼儿园各项教育工作的系统性和统一性。附录部分是此书主要的参考资料，共有十二条。

该书六章的内容基本是围绕幼儿全面发展的教育展开的，反映了当时的教育方针和教育内容，具有时代性，为如何实施全面发展教育及如何培养幼儿园的教养员提供了较为系统和全面的资料。

五、形式多样的短期培训充实幼教师资队伍

新中国成立初期，许多事业的发展基础都很薄弱，正规师范教育也不例外，当时师范学校的毕业生在整个幼教师资队伍中只占很小的比例。师范学校不可能在较短时间内培养出托幼机构所急需的大量师资，因此，对有一定文化基础的人才进行短期训练，使其进入托幼机构任教养员，或者对已被招进托幼机构的人员进行有针对性的指导，就成为培养幼儿教育师资的重要渠道，当时的做法主要有以下三种。

一是举办初级幼儿师范学校，培养基本合格的教养员。1956 年6 月，教育部发布的《关于大力培养小学教师和幼儿园教养员的指示》

指出，幼儿教育紧跟着社会主义工业化和农业合作化事业的迅速前进，也将有很大的发展；为了满足幼儿园对教养员的大量需要，各地应更多地举办初级幼儿师范学校，作为过渡办法，以培养较为合乎规格的教养员；必须在又多、又快、又好、又省的方针下，及时地完成培养小学教师和幼儿园教养员的任务。在大力发展幼儿教育师资精神的指导下，各级政府开始重视对幼儿园师资的培养，采取了切合实际需要的多种政策，使正规幼儿师范学校与各种培训相结合，并产生了良好的社会效益，培养了大批幼儿教师。1960 年，初级幼儿师范学校在校生人数首次超过中级幼儿师范学校，呈现出以初级幼儿师范学校为主的局面。随着后期的调整和整顿，到 1965 年，幼儿园教师的培养层次才由以初级为主转变为以中级幼儿师范学校为主。

二是正规幼儿师范学校主办短训班。教育部发布的《关于大力培养小学教师和幼儿园教养员的指示》指出，一方面要大力发展幼儿师范学校，另一方面要采取短期训练的措施，补充师资缺员；明确要求各地举办"短期幼儿师范班，招收高级小学毕业生，予以一至二年的业务训练，使担任教养员的工作"；对这一类短训班的招生名额，中央不设限制，由各地根据实际需要编列计划，但要求短期训练培养出来的师资也要具备一定的规格，至少具有初中一年以上的文化程度、一定的政治觉悟和一定的业务知识技能，以保证小学教育、幼儿教育的质量。

三是开展其他形式的短训班。除了幼儿师范学校主办的短训或速成班外，还有多种渠道、多种形式的培训，以提高在职幼儿教师专业知识水平。1956 年颁发的《教育部、卫生部、内务部关于托儿所幼儿园几个问题的联合通知》提出，对在职幼儿园园长和教养员的培养与提高，采取在职学习、轮训、夜校、函授、业务讲座、幼儿教育研究会及互相观摩等方式进行短期培训。各地先后举办了多种类型的业余或脱产培训班，一方面，招收城市失业知识分子和家庭妇女；另一方面，从已有教师中选拔优秀教养员，加以训练提高。培训通过分析在职教养员思想和业务的实际水平确定培训内容，注重实效性和针对性。短期培训班时间短，收效快，解决问题有针对性。短训班针对不同的对象采用不同的训练形式，对年轻的教养员进行集中训练，对年老的教养员做到训练"送上门"。训练时间也很灵活，有的培训半天，有的每晚两小时并持续几个晚上。培训的方法也多种多样，在思想教育方面，除了请党委书记做报告，还组织教养员进行辩论，让他们发表对一些问题的看法，从而形成新的认识，提高工作的积极性；在业务培训方面，除了在课堂上讲授一些指导思想、基本理论、工作原则，还重视实际操作训练、现场讨论漫谈、观摩交流经验、肯定成绩以树立信心等形式。短训班的业务教育注重结合实际、便于运用，如农村短训班指导教养员组织幼儿班各个环节的工作，还教授一些儿歌、故事、游戏等，使教养员掌握幼儿教育的一些基本方法和基础知识，有办法、有本领地组织幼儿教育活动。这些具有"短平快"特点的短期培训收效很明显，受过培训的教养员通常能很快进入角色，独立做好工作。这些非正规的培训为托幼机构补充了大量师资。

六、改造中等幼儿师范学校课程体系

(一)课程体系改造的历程

幼儿师范教育的发展促进了学前教育学的发展。1949—1965年学前教育学学科建设的成就主要表现在幼儿师范学校的课程开设方面。为彻底改造旧教育，1952年7月，教育部制订了独立幼儿师范学校的教学计划，规定幼儿师范学校学制为3年，设置了相应的课程。1953年7月，教育部又对该计划进行了修订，增加或减少了一些课程的课时，还增加了一些课程门类。随着社会主义改造的完成，根据苏联专家的意见，1953 年的教学计划存在两个问题：一是体现全面发展教育方针不够，二是专业课程所占比例太小。于是，教育部组织专家对 1953 年的教学计划进行了调整，于 1956 年正式颁发《幼儿师范学校教学计划》。教育部规定，该教学计划是幼儿师范学校教学工作的基本依据，要求各幼儿师范学校努力贯彻执行。自此，政府关于幼儿师范学校课程的规定与各幼儿师范学校的教育实践结合起来，这与新中国成立前的教育行政部门制定的幼师课程计划对幼儿教师培养机构的影响不大的状况相比有很大区别，有利于教育行政部门对中等幼儿师范教育的统一管理和指导。1957 年，教育部在《1957—1958 学年度幼儿师范教学计划》中提出，教学计划是临时性的调整，调整的主要目的是将压在学生肩上的学习负担减轻，同时提高教学质量。教育部在肯定了之前教育改造与发展大好势头的基础上，号召教育事业在保证质量的原则下持续发展。

1958 年 5 月，在党的八大二次会议上，"鼓足干劲，力争上游，多快好省地建设社会主义"总路线被提出。在总路线精神的指导下，我国整个教育体系为适应社会主义建设的要求，进行了大刀阔斧的改革。改革过程中受到"反右倾"斗争和"大跃进"运动的影响，教育事业被要求突破"保守思想"、大干快上地发展。此时，我国对基础教育师资的需求不断加大，并出现供不应求的局面，为了解决师资匮乏的问题，师范教育必须多快好省地发展。中等师范学校也根据多快好省的原则，掀起勤俭办学、勤俭生产、勤工俭学的热潮，重新印发了幼儿师范学校教学计划，规定各地因地制宜，进行相应调整。1958 年 9 月，《中国共产党中央委员会、国务院关于教育工作的指示》指出，党的教育工作方针是教育为无产阶级的政治服务，教育与生产劳动结合；为了实现这个方针，教育工作必须由党来领导；同时要求，必须在党的领导之下，团结全国的工农劳动群众和广大的知识分子，同为"教育而教育""劳心与劳力分离""教育只能由专家领导"的资产阶级思想进行坚决的斗争。党的教育工作方针同资产阶级教育工作方针之间的斗争，按性质来说，是社会主义道路和资本主义道路两条道路之间的斗争。此后，我国掀起了"教育大革命"，对师范教育的教学改革也做出了具体要求，极力批判心理学和教育学，把体现师范教育特点的主要教育学科批判为资产阶级的"伪科学"，彻底改变了教育课程的内容。从 1958 年开始，在"大跃进"运动的背景下，我国中等幼儿师范教育的发展偏离了稳步增长的轨道，走上了盲目发展的道路，进入迅速膨胀的状态。

　　1960 年，师范教育改革座谈会就师范教育教学改革提出了初步意见，提出因为教育工作中存在资产阶级思想，存在为教育而教育的资产阶级教育思想，以及对毛泽东教育思想认识不够，所以教育出现少慢差费的现象；课程门类设置过多且主次不分，过度重视教育课程；课程内容严重过时，与现实生活、生产和政治脱节。针对幼儿师范教育脱离政治、脱离实际、脱离生产、过多重视教育课程的问题，《师范教育改革座谈会关于改革幼儿师范教育的初步意见(草稿)》下发，对幼儿师范学校课程体系进行了改革。1961 年，教育部针对当时教育领域操之过急的问题召开了全国师范教育会议，根据党中央"调整、巩固、充实、提高"的八字方针，对三年制中等幼儿师范学校的教学计划进行了调整，对课程的制定给出新的思路：以"教养并重"为方针，幼儿教师毕业之后必须在幼儿园教育、养护幼儿，同时从事教学工作，为幼儿德、智、体、美的全面发展提供帮助。但是这一教学计划最后并没能很好地实施。

　　教育部对三年制中等幼儿师范学校教育计划进行调整后，1962年，幼儿师范学校减少为 22 所，比 1960 年减少了 367 所。随着"文化大革命"开始，全国幼儿师范学校几乎全部停止招生，中等幼儿师范教育损失惨重，直到 1978 年，幼儿师范教育才迎来了新的曙光。

（二）培养目标的改造

1956 年，教育部对中等幼儿师范学校的培养目标进行了调整，要求对幼儿教师的思想道德教育必须以政治要素为主：树立高尚的社会主义的政治觉悟，秉承坚定的辩证唯物主义的世界观，坚持崇高的共产主义道德。同时增加了关于幼儿教师身体健康的表述，拓展了对教师专业素质的要求。此时，幼儿教师培养目标的重点是加强思想政治教育，对教师专业素质的要求并不高。新中国成立之初，国家根基尚不稳固，党的领导还须加强，因此对民众的思想政治教育必须加强，尤其是对教师的思想政治教育，因为教师的水平决定着教育的水平。加上当时教育基础薄弱，幼儿师资匮乏，对幼儿教师的培养还处于不断改进的阶段。

1957 年颁发的《1957—1958 学年度幼儿师范教学计划》为了减轻学生的学习负担，减少了学科门数和每周上课的时数；各年级均开设政治课，目的是加强师范生的思想政治教育。

1958 年召开的第四次全国教育行政会议明确要求，各级师范学校必须在积极的改进中发展又红又专的工人阶级教师队伍。"又红又专"这一新的培养目标，反映了教育要在社会主义建设的国情下密切联系生产劳动，并且与政治相互渗透。

在 1960 年的《师范教育改革座谈会关于改革幼儿师范教育的初步意见（草稿）》中，三年制幼儿师范教育除生产劳动课外只开设了 10 门课程，而每年的劳动时间不少于 60 天。这是新中国成立后幼儿师范教育课程门类和时数最少、劳动时间最长的教学计划。

1961 年 10 月，教育部对三年制中等幼儿师范学校的教育计划进行了调整，重新对幼儿教师的培养目标做出规定，要求幼儿教师培养既重视政治思想的教育，也重视与实践的结合。

（三）课程体系的改造

从幼儿师范学校课程设置来看，1949—1965年的幼儿师范学校的课程结构变动较大。1952年，我国首个独立幼儿师范学校的教学计划对幼儿师范学校课程进行了规定，主要有四类：通识课程、教育专业课程、艺体技能课程及教育实践课程。1956年，《幼儿师范学校教学计划》对幼儿师范学校课程的设置进行了很大的修改，加强了基本生产技术教育和专业教育，主要是为了调节和平衡教育专业课和文化课的比例。1956年的《幼儿师范学校教学计划》显示：幼儿师范教育的专业课——"三学"（幼儿教育学、幼儿心理学、幼儿卫生学）与"五法"（语言教学法、认识自然教学法、体育教学法、音乐教学法、绘画手工教学法）——已具雏形，与20世纪八九十年代的"三学六法"相比，只缺计算教学法一门课程；文化基础课程门类较多，所占课时比教育专业类课程多。总之，经过20世纪50年代的重建和调整，我国中等幼儿师范学校课程体系基本确立。

从1956年以后的课程结构上看，理论课被大幅改造，课程压缩，课时减少，学生实践课的学习得到重视，出现了实践课远远多于理论课、用生产劳动代替社会实践课的现象。1956年后的实践课不同于之前的教育实践，只是单纯的生产劳动，让幼儿师范学校学生在不断的生产和劳动过程中获得思想和政治方面的教育。虽然1961年重新开设了教育实践课，但实践内容仍然以生产劳动为主，将社会实践融入生产劳动过程，让学生在生产实践中获得能力、思想政治水平的提高。1949—1965年，针对中等幼儿师范教育课程体系的规定与调整共有七次，具体课程设置变化见表1-1。

表 1-1　1949—1965 年中等幼儿师范教育课程设置变化

时间	内容	通识课程	教育专业课程	艺体技能课程	教育实践课程
1952 年	课程设置	语文及语言教学法，数学（代数、几何、三角）及计算教学法，理科（物理、化学、达尔文理论基础），文科（地理、历史、政治）	幼儿教育，幼儿心理，幼儿卫生及生活管理，体育及教学法，音乐及教学法，美工及教学法，认识环境教学法	体育，音乐，美工	参观实习
	特点	1. 所有课程均为必修 2. 各科教学法由各科教员担任，结合本学科及幼儿教育实际需要进行教学 3. 通识课程在总课时中占很大的比例，受重视程度很高 4. 对文科的教学比较重视 5. 教育专业课程没有得到应有的重视			
1953 年	课程设置	语文及语言教学法，数学（代数、几何）及计算教学法，理科（物理、化学及矿物学、达尔文理论基础、人体解剖生理学），文科（地理、历史、政治）	幼儿教育，幼儿心理，幼儿卫生及生活管理，体育及教学法，音乐及教学法，美工及教学法，认识环境教学法	体育，音乐，美工	教育参观实习
	改造内容	1. 减少了化学、时事政策的课时 2. 增加了几何、物理的课时	增加了幼儿教育的课时		
	特点	1. 教育专业课程所占比例太小 2. 减少了通识课程的课时，更加注重幼儿教师的全面发展 3. 分离教法课和通识课			

续表

时间	内容	通识课程	教育专业课程	艺体技能课程	教育实践课程
1956 年	课程设置	语文（汉语、文学及儿童文学），数学（代数、几何），理科（物理学、化学及矿物学、植物学、动物学、人体解剖生理学、达尔文主义基础），文科（地理、中国历史、政治）	幼儿教育学，幼儿心理学，幼儿卫生学，语言教学法，认识自然教学法	体育及体育教学法（体育、幼儿园活动性游戏体操及其教学法），音乐及音乐教学法，绘画手工及绘画手工教学法，钢琴（选修）	教育实习
	改造内容	1. 将部分教法课与文化课分离 2. 增加植物学和动物学 3. 取消世界近代史 4. 减少了数学、物理等科的教学时数	1. 取消计算教学法、生活管理 2. 将认识环境教学法改为认识自然教学法，其中认识社会部分通过语言教学法来完成。 3. 增加幼儿教育学、语言教学法的时数	增加钢琴选修科	增加教育实习的时数
	特点	1. 教育专业课程在总课程中所占的比例仍不高，但幼儿师范学校教育专业课程"三学五法"已具雏形并相对稳定 2. 艺体技能和艺体教法相融合，但重视技能、忽视教法 3. 增加教育实践学时			

续表

时间	内容	通识课程	教育专业课程	艺体技能课程	教育实践课程
1957 年	课程设置	语文（汉语、文学），数学（代数、几何），理科（物理学、化学及人体解剖生理学、达尔文主义基础），文科（地理、中国历史、政治）	幼儿教育学，幼儿心理学，幼儿卫生学，语言教学法，认识自然教学法	体育及体育教学法（体育、幼儿园活动性游戏体操及其教学法），音乐及音乐教学法，绘画手工及绘画手工教学法，钢琴（选修）	教育实习
	改造内容	1. 停开矿物学、植物学、动物学、儿童文学 2. 合并自然地理、外国地理 3. 语文和政治学时增加 4. 化学学时减少	1. 幼儿教育学学时增加 2. 幼儿卫生学学时减少 3. 语言教学法学时减少 4. 认识自然教学法学时增加	1. 体育学时减少 2. 音乐学时减少 3. 绘画学时减少	教育实习学时减少
	特点	1. 减少了学科门数，减少了每周上课的时数 2. 各年级均开设政治课，加强师范生的思想政治教育			
1958 年	课程设置	语文（汉语、文学），数学（代数、几何），理科（物理学、化学及人体解剖生理学、达尔文主义基础、生物），文科（地理、中国历史、政治）	幼儿教育学，幼儿心理学，幼儿卫生学，语言教学法，认识自然教学法	体育及体育教学法（体育、幼儿园活动性游戏体操及其教学法），音乐及音乐教学法，绘画手工及绘画手工教学法，钢琴（选修）	生产劳动课
	改造内容	1. 增设生物课程 2. 化学学时增加 3. 中国历史学时减少	1. 认识自然教学法学时增加 2. 幼儿教育学学时减少	1. 体育学时增加 2. 绘画学时增加	1. 实践课彻底被改为了生产劳动课 2. 学时大量增加

续表

时间	内容	通识课程	教育专业课程	艺体技能课程	教育实践课程
1960年	课程设置	政治，语文，数学，物理，化学	幼儿卫生学，幼儿教育学	体育，音乐，美工	生产劳动课
	改造内容	课程课时大量缩减	大量课程被裁撤	艺体教法课全部被裁撤	每年劳动时间不少于60天
	特点	新中国成立以来课程门类和时数最少而劳动时间最长的课程设置			
1961年	课程设置	政治，语文，数学，物理，化学，生物，历史	幼儿教育学，幼儿心理学，幼儿卫生学，幼儿认识环境教学法，语言教学法	体育及体育教学法、音乐及音乐教学法、美工及图画手工教学法	重新开设了教育实习课，每个学年均设置了实习课，共234学时
	改造内容	恢复生物、历史课程	恢复"三学五法"	艺体技能课程和艺体技能教学法相融合	内容主要是生产劳动
	特点	1. 教育专业课重新得到重视 2. 实践课远远多于理论课，用生产劳动代替社会实践课			

经过对课程体系的不断调整，幼儿师范学校学前教育学学科体系的结构主要有以下特点。

1. 重视必修课，忽视选修课。在1952年的《师范学校暂行规程（草案）》中，必修科目有16门，对选修科目没有规定。1953年，教育部在《幼儿师范学校教学计划（修订草案）》中对必修科目进行了一些调整，总数增加为17门，而关于选修科目仍只字未提。直到1956年的《幼儿师范学校教学计划》才规定设"钢琴"选修科目，且仅此一门，而此时必修课增加到了20门。可以看出，我国当时对幼儿师资的培养过于重视知识的基础性和完整性，忽视知识的广博性和前瞻性，这与当时的国情是分不开的。新中国刚刚成立，幼儿师范教育的改造也刚刚起步，对幼儿师资的培养要求还处在基础阶段；另外，当时我国的教育总体来说还处在思想比较封闭的阶段，对外来文化和知识所知甚少，因此知识的广博性和前瞻性受到了一定的限制。

2. 通识课程比例大，教育专业课程比例小。通识课程体现幼儿教师的学术性和基础性，也就是幼儿教师的文化水平。新中国成立初期，我国幼儿师范学校教学计划中的通识课程一直占很大的比例，虽然 1956 年的教学计划缩减了一些通识课程的课时，但通识课程的门类增加了，相较于其他课程其所占比例依旧很大。教育专业课体现幼儿教师的专业性和师范性，培养幼儿教师将文化知识有效地教给幼儿的能力。然而，虽然幼儿师范学校教学计划进行了几次改革，但"三学五法"在整个课程体系中所占的比例始终很小，没有受到应有的重视。

3. 重视艺体技能课程，忽视艺体教法课程。艺体技能课程对幼儿教师的重要性显而易见，各个教学计划中艺体技能课程所占的比例一直很大，但指导师范生将艺体技能运用到教学实践中的艺体教法课却相对匮乏。幼儿教师能说会画、能歌善舞，可对幼儿心理所知甚少，对如何将知识传授给幼儿感到茫然无措，这势必会影响幼儿教育的发展。

4. 以理论课为主，实践课为辅。在我国幼儿教师教育课程体系中，理论课居重要地位，占总课时的 90%，教授通识文化知识、教育理论知识、教学法知识等。而实践课的学习时数却很少，内容主要是配合保育员处理一些日常事务并听课。后来，随着我国幼儿教师培养目标中理论联系实际原则的提出与践行，实践课占总课程的比例增加，但相比于理论课，实践课时数还是偏少的，而且因为理论知识与教育实习分离，所以实践产生的作用一直甚微。虽然 1960 年后实践课的课时数超过专业理论课，但实践课主要进行生产劳动教育，而非围绕理论课程在幼儿园进行相应的教育实践，对教育实践能力的培养作用较小。

第四节　学前教育学的停滞

1966 年 5 月—1976 年 10 月，我国进行了史无前例的"文化大革命"。整个国家遭受了新中国成立以来最严重的挫折和损失，全国人民承受了严重的灾难和创伤。教育领域是"文化大革命"的重点对象之一，所遭受的破坏也是史无前例的，学前教育也不例外。"文化大革命"期间，我国学前教育学学科建设，特别是学前心理学理论的研究与实践，遭受了极大的破坏，一些开展学前教育科研工作的研究院所、高等院校中的学前教育专业等被撤销或停办，学前教育学理论研究人员和实践工作者被分流或转岗，大批幼儿园被撤销、解散。党的学前教育事业方针遭到歪曲，学前教育管理体制和幼儿园所遭受破坏，学前教育课程设置偏离了科学轨道，学前教育师资储备和培训制度被取消，学前教育受到空前的批判与打击。可以说，学前教育学因"文化大革命"而受到的创伤是前所未有的。

一、否定学前教育路线

1966 年 5 月，"文化大革命"拉开帷幕，否定了新中国成立后制定的学前教育路线，甚至将它批判为"一条极力反对毛主席的无产阶级革命教育路线的、妄图复辟资本主义的资产阶级反动路线"[①]；严重歪曲全面发展的学前教育方针并对其进行批判，将其批判为资产阶级的教育方针，如解放妇女劳动力和教育幼儿的双重任务被批判为"脱离阶级斗争，单纯以生产为中心"，学习苏联学前教育理论被批判为"大肆吹捧、贩卖修正主义货色"，整顿、巩固、提高公社幼儿园被批判为"强调物质设备，鼓吹业务精神，吹捧资产阶级知识分

---

① 　唐淑：《学前教育史》，206 页，北京，人民教育出版社，2007。

子的作用"。①

二、学前教育突出政治性和阶级斗争

1966 年 3 月，教育部、全国教育工会发出关于在教育战线上掀起活学活用毛主席著作新高潮的通知，要求学校教师"以政治统帅业务""狠抓教育战线上的阶级斗争"；受此影响，幼儿园教育工作也突出了"政治"和"阶级斗争"。② 适合幼儿年龄特点的体、智、德、美全面发展的教育方针被批判为"忽视德育"，"四育"的任务和内容也遭到全面批判。

体育、智育、德育、美育全面发展是学前教育全面发展的教育方针，也是学前教育学学科的重要研究内容。如何理解体、智、德、美的内涵、内容及表现直接影响着学科建设的发展。受到政治背景的影响，"文化大革命"期间学前教育学的主要内容带有浓厚的政治性和阶级斗争色彩。

在体育和生活保教方面，科学的体育内容遭到批判，原先科学、合理的种种体育设施和措施都被当作资产阶级生活方式而受到批判。游戏、音乐、美术都被视为资产阶级思想和情调的表现，取而代之的是违反幼儿教育科学的措施。幼儿园原先各项科学合理的规章制度大多被叫停，取消了合理的作息制度、科学的生活管理制度。不再做对幼儿的体格检查，体育锻炼也停止了；不计算营养量，不制定食谱；卫生保健制度被取消；连一人一巾及饭、菜、汤分盛的做法也被取消，而用"盖浇饭"代替；以匙代筷，取消餐点；饭后用餐巾擦嘴及漱口也被视为资产阶级生活方式而停止。幼儿生活无常规可循。幼儿的体育活动和基本动作训练被"集体放羊"取代，供成人观赏的大型团体操表演和大型运动会风行一时。

---

① 唐淑：《学前教育史》，207 页，北京，人民教育出版社，2007。
② 刘小红：《中国百年幼儿园课程的价值审思——基于课程文本的分析》，89 页，重庆，西南师范大学出版社，2015。

在智育方面，传授知识、认识环境和发展智力均被作为"智育第一"而遭到批判，传统的和国外的优秀儿歌、故事、童话等均被视为"封资修"的糟粕被禁止在幼儿园传播。幼儿园几乎没有适合幼儿身心发展的教育内容，教学实践不引导幼儿观察周围环境与生活，也不启发幼儿进行智力活动，导致幼儿生活空洞贫乏，其全面发展受到阻碍，特别是幼儿的智力发展受到阻碍。

在德育方面，政治教育代替了德育的全部内容，政治口号代替了日常行为规范。幼儿园德育的政治思想性集中体现在幼儿参与成人的阶级斗争活动。幼儿园增设了政治课，主要教材是《毛主席语录》等。

在美育方面，美育被视为资产阶级思想和情调的表现，幼儿教育中凡涉及美的教育的内容都被禁止。幼儿对美丑的辨别能力和对美的感受力、创造力得不到应有的培养和发展，这严重违背了幼儿的身心发展规律。

三、幼儿教育机构遭到破坏

"文化大革命"期间，各级幼儿教育行政单位被撤销，一些致力于幼儿教育实验的幼儿园遭到批判，不少幼儿园遭受重创，有的被解散，有的师资被下放，无法开展正常的教育教学工作。例如，北京六一幼儿院遭到了严厉的批判；南京市鼓楼幼儿园的教师被下放，有的举家到农村务农，有的转行到商店当营业员，还有的到煤店打煤饼。幼儿园的教育实验基本停止。

幼儿园园长被视为"走资本主义道路的当权派"而遭受了批斗，如北京师范大学实验幼儿园园长周南就是被批斗的园长之一，搞幼儿教育实验是她的一大罪状。一些园内优秀教师也遭到了人身攻击。一些幼儿园取消了岗位和分工，因为幼儿园教师和保育员进行合理分工的做法也受到了批判。幼儿园取消了规章制度，勤杂工、保育员、教养员、园长轮流换班，这使幼儿园陷于混乱局面，幼儿园失去了有效领导和管理。

一些幼儿园的园舍、场地被挤占，作为幼儿伙伴和学习材料的玩具、教具与幼儿读物被销毁或禁止，不少幼儿园被迫解散。"文化大革命"期间，南京市的幼儿园被削减掉 1/3，吉林省和龙县有 90％以上的幼儿园被解散。直至 20 世纪 70 年代初，各地幼儿园才逐渐恢复，但增长速度较缓慢。1973 年，全国幼儿园数约为 4.6 万所，是 1965 年的 2.4 倍；1975 年，全国有幼儿园约 17.2 万所，是 1973 年的 3.7 倍；1976 年约为 44.3 万所，比 1975 年增加了约 1.6 倍，此时在园幼儿数增加到近 14 万人。

总之，在"文化大革命"中，农村幼儿园几乎全部被解散，城市幼儿园也失去控制，幼儿教育专业人员大范围流动，不合格人员进入幼儿教育领域，幼儿园的教育性质被曲解，教育质量急剧下降，幼儿园的各项工作可谓一盘散沙。"文化大革命"使我国幼儿教育事业遭到空前的破坏和挫折。

四、学前教育师资培训制度的取消与缓慢恢复

"文化大革命"期间，全国原有的幼儿师范学校几乎全部停止招生，有的停办，有的改为普通中学，房舍被占，图书、钢琴等教学设备被毁，教师被迫改行，只有浙江幼儿师范学校举办短期培训班。正规的中级幼儿教育师资培养自此中断了 10 多年。至于高等师范院校学前教育专业，虽都保留，但绝大部分停止招生、全面停课；只有南京师范学院保留了全部人员并于 20 世纪 70 年代初深入工厂和农村，培训幼儿教育师资。可见，学前教育师资培养工作几乎"全军覆没"。

值得欣慰的是，有些地区即使面对重重困难，仍然本着对幼教事业的忠诚，坚持正确的办园道路。随着计划生育政策的执行，优生优育与学前教育事业联系起来，促进了学前教育事业的区域发展。1975 年，卫生部妇幼局在江苏省如东县召开了妇幼保健、优生优育、

幼儿教育座谈会，此后在江苏省乃至全国推广了如东县三项工作一齐抓的工作经验。江苏省委宣传部指令南京师范学院幼儿教育系教师赴如东县辅导和培训幼教师资，该县幼儿入园率达到 80%，成为全国农村幼儿教育发展的一面旗帜。又如，江苏省常州市总结推广"厂园挂钩"经验，既解决了中小型工厂职工子女的入园困难问题，又解决了长期以来街道幼儿园的经费困难问题。该市还把 1958 年创办的 22 所民办幼儿园全部改为区直属集体所有制幼儿园，根本上解决了民办教师的工资和福利问题，使民办幼儿园得到了巩固和发展。到"文化大革命"后期，有的地方开始逐渐恢复或重建幼儿师范学校，如北京市幼儿师范学校于 1975 年得到恢复。

五、民间儿童游戏研究的发展

尽管"文化大革命"时期学前教育学的理论研究几乎停滞，但对儿童游戏的探索却没有停止，特别是民间游戏，它在儿童身心发展过程中起到了在一定程度上替代幼儿园教育的作用。民间儿童游戏是民间创编并在民间代代流传的儿童喜闻乐见的活动，是我国优秀传统文化的组成部分，体现着中华民族所拥有和崇尚的行为、思维、感情和交流模式，许多经典的、优美的游戏给儿童带来了快乐，民间儿童游戏有其自身的特点和独特的教育价值。

"文化大革命"期间，我国大部分幼儿无法接受正规的学前教育，他们的幼年是在"以大带小"模式下在民间儿童游戏中度过的。民间儿童游戏以其独特的优势，在幼儿的身心发展中发挥了举足轻重的作用，不仅为幼儿带来了无穷的乐趣，其自身也在继承传统的基础上发展起来。因此，"文化大革命"时期是民间儿童游戏凸显的时期，在其他学前教育学理论研究彻底停滞甚至被批判的情况下，学前教育工作者借助我国优秀传统文化，在游戏课程方面积累了丰富的资料和实践经验，这可以说是学前教育学学科探索的奇迹。

六、对"文化大革命"期间我国学前教育学发展的思考

我国学前教育学在"文化大革命"期间根本谈不上学科建设。"文化大革命"对新中国成立后建立起来的学前教育学学科进行了破坏，这种破坏的最大后果就是造成了我国学前教育学时空上的断裂，严重地阻碍了我国学前教育学的建设和发展。因此，对于"文化大革命"，我们要进行的就是深刻反思、吸取教训。

毋庸置疑，马克思列宁主义、毛泽东思想是我们进行学前教育学学科建设的指导思想，学科的建设必须确立马克思列宁主义、毛泽东思想的指导地位。这应体现为充分发挥马克思列宁主义、毛泽东思想方法论意义上的指导功能，这也是我国学前教育学建设需要思考并尽快完成的重要课题。

在"文化大革命"中，随着阶级斗争的不断升级，很多学科都不再对自身发展规律进行探求，学前教育学也仅跟着教育政策走、仅为教育政策服务，造成了学科发展史的时空断裂。以此为鉴，我国学前教育学的建设必须重视对学科自身的本体研究，确立学科的研究对象、任务、体系、范畴、内容和研究方法等，并把本学科的研究和教育实践紧密结合起来，这样才有助于学科建设的发展。[①]

---

① 侯怀银：《中国教育学之路》，42～43页，合肥，安徽教育出版社，2009。

第二章

学前教育学的恢复重建
(1977—2000 年)

　　学前教育是中国特色社会主义教育事业的重要组成部分，也是《中华人民共和国教育法》明确规定的国家学校教育制度的第一阶段。党的十一届三中全会之后，各行各业开始拨乱反正，一度停滞的科学文化教育事业也重新起步。1978 年后，党的历次全国代表大会都强调发展教育：党的十二大做出了把教育列为经济发展战略重点之一的决策；党的十三大提出，百年大计，教育为本，必须把发展教育事业放在突出的战略位置，加强智力开发；党的十四大确定了建立社会主义市场经济体制的改革方向，提出必须把教育摆在优先发展的战略地位，努力提高全民族的思想道德和科学文化水平，这是实现我国现代化的根本大计；党的十五大提出要实施科教兴国战略。可以说，在 20 世纪八九十年代，"百年大计，教育为本"的口号响彻中华大地，成为激发广大理论工作者努力探索新时期学前教育理论的积极性、推动我国学前教育事业发展的强大力量。建设具有中国特色的社会主义学前教育学成为这个阶段我国学前教育学工作者的重要目标和任务之一。

第一节　学前教育学恢复重建的背景与历程

党的十一届三中全会确立了解放思想、实事求是的思想路线，做出了改革开放的重大决策，使我国的学前教育迎来了百花齐放的春天。随着经济的发展和社会的进步，人民对发展学前教育提出了新的要求，在"三个面向"的要求下，在科教兴国发展战略的指引下，学前教育逐渐摆脱无序发展的状态，肩负起"使幼儿获得体、智、德、美全面发展""让每个儿童都有更好未来"的历史使命。党中央、国务院把学前教育列入重要发展规划并提上重要议事日程，有力地推动了学前教育发展。以有关学前教育的重要法规和政策为线索，1977—2000 年我国学前教育发展的历程可以大致分为三个阶段：第一阶段(1977—1981 年)是以拨乱反正、恢复重建为主要特征的制度建构阶段；第二阶段(1982—1989 年)是以理顺体制机制、依法依规发展为主要特征的法治化建设阶段；第三阶段(1990—2000 年)是以加强制度建设、深化改革为主要特征的改革深化阶段。

一、拨乱反正、恢复重建阶段(1977—1981 年)

这一阶段里推进我国学前教育发展的政策法规文件主要有：1979 年 10 月发布的《全国托幼工作会议纪要》，1979 年 11 月教育部颁布的《城市幼儿园工作条例(试行草案)》，1980 年 10 月发布的《教育部关于印发中等师范学校教学计划试行草案和幼儿师范学校教学计划试行草案的通知》，1981 年 10 月教育部制定的《幼儿园教育纲要(试行草案)》。其中《幼儿园教育纲要(试行草案)》是改革开放后制定的第一个幼儿园课程标准，使在"文化大革命"中遭受挫折的幼儿园教育教学有章可循，起到了拨乱反正、规范发展的作用。

　　(一)重视学前教育，加强组织领导，学前教育迅速恢复并初步
发展

　　1978 年，教育部恢复了幼儿教育处，以加强对全国学前教育的
指导。随后一些省(自治区、直辖市)的教育行政部门也陆续恢复，
一些地区新建了学前教育行政机构和教研机构，配备了专职或兼职
的学前教育行政干部和教研人员，逐渐形成自上而下的统一领导、
分级管理的学前教育领导管理体制。

　　1979 年 6 月 18 日，第五届全国人民代表大会第二次会议审议通
过的《政府工作报告》指出，要十分重视发展托儿所、幼儿园，加强
幼儿教育。这是在"文化大革命"后，国务院首次把发展学前教育纳
入政府工作计划。

　　1979 年 7 月 24 日—8 月 7 日，全国托幼工作会议召开，会议按
照将全国工作重点转移到社会主义现代化建设上来的要求，根据五
届人大二次会议精神，分析研究了全国托幼工作的情况，交流了经
验，讨论了当时托幼工作中迫切需要解决的几个问题，并通过了《全
国托幼工作会议纪要》。会议建议国务院设立托幼工作领导小组，由
教育部、卫生部、计委、建委、农委、财政部、商业部、民政部、
劳动总局、城建总局、全国总工会、全国妇联、中国人民保卫儿童
全国委员会等单位的负责同志组成，由国务院分管教育的副总理任
组长，办事机构设在全国妇联。[1] 1979 年 10 月，中共中央、国务院
转发了《全国托幼工作会议纪要》，由国务院副总理率领政府有关部
门共同协商托幼事业的发展分工等问题。这在新中国学前教育史上
是第一次，表明党中央、国务院高度重视学前教育发展。该文件首
次确立了由政府牵头、各部门共同管理的学前教育管理体制，把学
前教育纳入政府重要议事日程，确定了学前教育"两条腿走路"的发

―――――――――――

　　① 　中国学前教育研究会：《中华人民共和国幼儿教育重要文献汇编》，117 页，北
京，北京师范大学出版社，1999。

展方针。以此为标志，我国学前教育进入迅速恢复并初步发展的时期。在党和政府的关怀领导下，我国学前教育事业迅速脱离了"文化大革命"造成的混乱无序状态。

（二）制定政策法规，保证学前教育正常有序发展

1979年11月，教育部颁布了《城市幼儿园工作条例（试行草案）》。作为改革开放以来第一个学前教育规范性文件，《城市幼儿园工作条例（试行草案）》对学前教育的发展方针、教育目标、教育内容和管理制度做出了详尽的规定，对于指导幼儿园工作人员把握方向、分辨是非以及较为迅速地恢复幼儿园的正常工作秩序起到了重要指导作用。

1980年11月，卫生部颁发《城市托儿所工作条例（试行草案）》，共5章28条，内容包括总则、婴幼儿的卫生保健工作、婴幼儿教养工作、组织编制及工作人员职责、房屋和设备。该文件规定托儿所是3岁前儿童集体保教机构，负有教养3岁前婴幼儿及解放妇女劳动力的双重任务；婴幼儿应按年龄分班，乳儿班为10个月及以前，小班为11～18个月，中班为19个月至两周岁，以上各班以15～18名儿童为宜；大班为2～3周岁，每班以20～25名儿童为宜；规模较小的托儿所或哺乳室也可编成混合班分组教养；保障婴幼儿健康是托儿所的首要任务，并对婴幼儿施行合理的教养。1981年1月，卫生部发布《三岁前小儿教养大纲（草案）》，首次就0～3岁婴幼儿的集体教育工作做出明确规范。

1981年10月31日，教育部发布《幼儿园教育纲要（试行草案）》，作为幼儿园教育教学工作的依据。《幼儿园教育纲要（试行草案）》共三部分，从幼儿的年龄特点出发，提出了向幼儿进行初步的德、智、体、美全面发展教育的具体任务；从生活卫生习惯、体育活动、思想品德、语言、常识、计算、音乐、美术八个方面，分别对小班、中班、大班提出了教育内容与要求；并且在教育手段与注意事项里

明确提出，幼儿园的教育任务、内容与要求是通过游戏、体育活动、上课、观察、劳动、娱乐、日常生活等各种活动完成的，不可偏废，强调幼儿园教育要防止小学化、成人化。[①] 这是我国改革开放后第一个幼儿园课程标准，它继承了 20 世纪 50 年代《幼儿园暂行规程(草案)》《幼儿园暂行教学纲要(草案)》的基本思想，吸纳了国内外幼儿生理学、心理学的理论和研究成果，使幼儿园教育教学工作更加具有科学依据，更加结合幼儿园教学实际，并且有章可循，起到了拨乱反正、提高教育质量的作用。教育部组织力量编写了与《幼儿园教育纲要(试行草案)》配套的幼儿园教材，共七类九册，这是中华人民共和国成立以来第一次全国统一编写幼儿园教材，进一步规范了全国幼儿园的教材应用。随着分科课程教材的印行和广泛采用，"文化大革命"中被打乱的幼儿园教学工作秩序被重新建立起来，但当时的幼儿教师大多没接受过专门训练，过分强调各科自身的系统性，这便导致了各科之间的割裂，模糊了幼儿园与小学的界线，导致出现幼儿园教学"小学化"倾向，产生了重智轻德、重知轻能、重上课轻游戏的现象。随着国外先进的儿童发展理论、教育理论、课程理论及课程模式逐渐被引入我国，当时的幼儿园课程设置受到了极大冲击，幼儿园课程改革势在必行。

(三)幼儿师范学校恢复招生，规范师范学校教学计划

1978 年 10 月，教育部颁发《关于加强和发展师范教育的意见》，要求认真办好已有师范学院，努力办好中等师范学校，积极办好幼儿师范学校，为幼儿教育培养骨干师资；原本有学前教育专业的师范院校应积极办好这个专业，扩大招生名额，为各地幼儿师范培养

---

① 中国学前教育研究会：《中华人民共和国幼儿教育重要文献汇编》，168～196 页，北京，北京师范大学出版社，1999。

师资。① 幼儿师范学校和高校的学前教育专业陆续恢复招生。党和政府高度重视幼儿师范学校以及高校学前教育专业的发展，对其学科建设、课程设置等都提出了明确要求。

1980 年 8 月，《教育部关于办好中等师范教育的意见》颁发，指出"幼儿教育是整个学校教育的基础"，要"积极办好幼儿师范教育"，"要做好幼儿师范学校的发展规划"。该文件规定，幼儿师范学校的任务是培养幼儿园师资，培训在职保教人员，有条件的学校还应积极开展学前教育科学研究；三年或四年制，招收初中毕业生和具有同等学力的女青年和在职的年轻保教人员。该文件明确中等师范教育的任务是培养具有社会主义觉悟、辩证唯物主义世界观、共产主义道德品质和从事小学或幼儿教育工作必备的文化与专业知识、技能，热爱儿童，全心全意为社会主义教育事业服务，身体健康的小学或幼儿园师资。②

1980 年 10 月，《教育部关于印发中等师范学校教学计划试行草案和幼儿师范学校教学计划试行草案的通知》下发，这是自 1968 年后教育部颁发的第一个幼儿师范学校教学计划，一方面积极鼓励创办幼儿师范学校或幼师班来保证保教队伍的专业性，另一方面加强对幼儿师范学校的教学管理，提高其教育质量。此时，全国已有幼儿师范学校共 28 所。在这一阶段，在党和政府的高度重视和引导下，社会大众对学前教育重要性的看法也发生了改变。但由于先前发展的不足，人们对学前教育还不是特别了解，对学前教育的目标、任务、内容及科学性等的认识仍不够清晰。

二、理顺体制机制、依法依规发展阶段(1982—1989 年)

这一阶段推进我国学前教育发展的主要法规制度有：1985 年 5

---

① 中国学前教育研究会：《百年中国幼教(1903—2003)》，112～113 页，北京，教育科学出版社，2003。

② 唐淑：《中国学前教育史(第三版)》，404 页，北京，人民教育出版社，2015。

月教育部在修订 1980 年《幼儿师范学校教学计划试行草案》的基础上颁发的《幼儿师范学校教学计划》，1986 年 6 月《国家教育委员会关于进一步办好幼儿学前班的意见》，1988 年国务院办公厅转发的国家教委等八个部门《关于加强幼儿教育工作的意见》，1989 年国家教育委员会发布的《幼儿园工作规程（试行）》和《幼儿园管理条例》。其中，《幼儿园工作规程（试行）》和《幼儿园管理条例》作为两个法规性文件，标志着我国学前教育发展步入法治化轨道，推动了学前教育学学科建设的全面发展。

（一）强化薄弱环节与师资培养，逐步规范农村幼儿教育和中等师范教育

20 世纪 80 年代初，我国学龄前儿童的主体分布在农村，为推动农村学前教育较快发展，1983 年，教育部颁布《关于发展农村幼儿教育的几点意见》，提出创造条件、有计划地发展农村教育，恢复和发展教育部门在农村办的幼儿园，采取多种形式开办幼儿园，基础好的地方要基本满足学前一年幼儿入园的要求；同时提出，各地要有计划地发展幼儿师范教育，力争大多数省、自治区、直辖市在 1985 年左右至少办起一所幼儿师范学校，高等院校要为各地幼儿师范学校和教师进修学校培养专业师资，以满足各地对专业幼儿教师的迫切需求；要求妥善解决农村幼儿教师的待遇问题，要求其待遇应与当地民办教师或社队企业职工相当，或有不低于当地农民实际收入的平均水平。该文件有力地推进了农村学前教育的发展，也推动了幼儿师范学校的发展。1985 年，教育部在修订 1980 年《幼儿师范学校教学计划试行草案》的基础上，颁布了《幼儿师范学校教学计划》，对幼儿师范学校的课程设置进行了调整，明确指示各地可根据本地区实际情况对教学计划做适当调整，同时允许有条件、有基础的学校自行拟定教学计划，进行改革试验。这是中华人民共和国成立以来教育部首次对中等师范学校的课程设置进行放权。至此，学前教

育界常说的"三学六法"结构已定型，我国学前教育的组织、管理、师资等各方面都有了政策和制度保障，学前教育初步发展起来。

1986 年，《国家教育委员会关于进一步办好幼儿学前班的意见》颁布，强调在我国"大部分地区幼儿教育尚不够发达的情况下，举办学前班是现阶段发展农村幼儿教育的一条重要途径；在城镇地区，也是满足群众送子女接受学前教育要求的一种教育形式"。文件对学前班的办班指导思想、教育活动的内容与组织、教师培训、办班条件、领导管理等方面做出了明确细致的规定，提出了因地制宜、利用已有教育资源发展学前教育的新思路，推动了学前教育的健康稳步发展。学前班发展至今仍然是幼儿园与小学对接的主要办学形式。

以上述文件为标志，我国的学前教育发展步入科学化、正规化道路。这一时期的学前教育改革侧重制度构建，重点在于逐步填补学前教育在师资、教育内容、教育要求、教育形式等方面的制度空白，目的是构建学前教育制度框架。

（二）理顺管理体制机制，形成推进学前教育发展的合力

从 20 世纪 80 年代中后期开始，在教育体制改革的大背景下，学前教育的管理体制也发生了重大变革。在 20 世纪 80 年代初的机构改革过程中，全国托幼工作领导小组及其办事机构被撤销，该机构的工作任务由哪个部门接手一直没有明确，造成学前教育管理工作分工不清、职责不明，影响了学前教育的发展。

针对这种状况，1987 年 10 月，全国幼儿教育工作会议在北京召开，会后国务院办公厅转发了国家教育委员会等部门《关于明确幼儿教育事业领导管理职责分工的请示》，将发展幼儿教育事业提到了与民族素质密切相关的战略高度，明确幼儿教育既是教育事业的一个重要组成部分，又具有福利事业的性质，必须在政府的统一领导下，遵循"地方负责，分级管理"和各有关部门分工负责的原则，明确规定了教育、卫生、计划、财政、劳动人事、城乡建设环境保护、轻

工、纺织、商业等部门在学前教育工作方面的职责，进一步明确由国家教育委员会主管全国的幼儿园管理工作，由地方各级人民政府的教育行政部门主管本辖区内的幼儿园管理工作。此后，大多数地区设立了学前教育专门管理机构，各级教育行政部门配备了专职人员，并建立起省地县乡四级学前教育行政管理、教研、科研、培训网络。这种自上而下的统一领导、分级管理、分工负责的学前教育管理新体制的建立，实现了学前教育管理地方化；办学权力被下放到基层，除地方政府举办幼儿园外，主要依靠各部门、单位和集体、个人等方面的力量发展学前教育事业；尤其在农村，县、乡政府和村委会把学前教育事业作为自身的重要工作职责，同时发挥相关部门和妇联、工会的积极作用，极大地调动了群众的办园积极性。该文件对理顺关系、明确分工、加强领导、积极发展幼儿教育具有极为重要的意义。至此，我国的学前教育被纳入了各地的经济和社会发展规划，全国学前教育管理体制基本理顺。

(三)依法依规管理，学前教育初步明确依法治教的发展方向

在这一阶段，依法治教是建设具有中国特色的现代化的社会主义学前教育的重要内容之一，我国政府先后颁布了一系列管理制度及法规。

1982 年 12 月 4 日，第五届全国人民代表大会第五次会议通过了《中华人民共和国宪法》，其中第十九条规定："国家发展社会主义的教育事业，提高全国人民的科学文化水平。国家举办各种学校，普及初等义务教育，发展中等教育、职业教育和高等教育，并且发展学前教育。"第四十六条规定："中华人民共和国公民有受教育的权利和义务。国家培养青年、少年、儿童在品德、智力、体质等方面全面发展。"在宪法层面确立了学前教育的地位。受此影响，一些地方政府开始进行地方性学前教育立法工作。例如，1986 年 6 月，江苏省第六届人民代表大会常务委员会通过了《江苏省幼儿教育暂行条

例》，规定幼儿教育是国民教育的组成部分，是提高民族素质、培养一代新人的基础，也是与人民切身利益密切相关的一项社会福利事业；明确了幼儿教育在国民教育中的重要地位，就幼儿教育的性质、办学体制、教育管理、办学形式、幼儿园建设、教师培养和待遇等方面做出了具体规定。这是我国首个地方性学前教育法规，不仅推动了江苏省学前教育的发展，而且促使各地更加重视学前教育法规建设。

1987 年 3 月，劳动人事部、国家教育委员会颁发了《全日制、寄宿制幼儿园编制标准(试行)》，规定了幼儿园班级规模和主要教职工的配置比例，如大班教职工与幼儿的比例在全日制幼儿园中是 1：7～1：6，宿舍制幼儿园中是 1：5～1：4。这是幼儿园管理规范化、法治化的重要文件。1987 年 9 月，城乡建设环境保护部、国家教育委员会发布《托儿所、幼儿园建筑设计规范》；1988 年 7 月，《城市幼儿园建筑面积定额(试行)》发布。此外，还有与教玩具目录等有关的法规和制度。这些法规和制度使我国学前教育各项工作做到更加科学化、规范化。

1989 年 8 月 20 日，国务院批准了新中国第一个学前教育行政法规——《幼儿园管理条例》，明确了地方人民政府发展和管理学前教育的职责，提出地方各级人民政府可以依据该条例举办幼儿园，并鼓励和支持企业事业单位、居民委员会、村民委员会和公民举办幼儿园或捐资助园；规定地方各级人民政府应当根据本地区社会经济发展状况，制定幼儿园的发展规划；幼儿园的管理实行地方负责、分级管理和各有关部门分工负责的原则。需要特别强调的是，《幼儿园管理条例》首次以教育法规的形式提出国家实行幼儿园登记注册制度，各级教育行政部门应当负责监督、评估和指导幼儿园的保育教育工作。

1989 年 6 月，国家教育委员会发布《幼儿园工作规程(试行)》，在重申 1981 年《幼儿园教育纲要(试行草案)》基本精神的基础上,规定了国家对幼儿园的基本要求和管理的基本原则,对幼儿园的各项保教工作做出了全面、系统的规定,从 1990 年 2 月起试行。《幼儿园工作规程(试行)》的内容包括:总则,幼儿园的招生、编班,幼儿园的卫生保健,幼儿园的教育,幼儿园的园舍、设备,幼儿园的工作人员,幼儿园的经费,幼儿园与幼儿家庭,幼儿园的管理工作,附则,共十章。

《幼儿园管理条例》和《幼儿园工作规程(试行)》这两个法规性文件,标志着我国学前教育进入法治化轨道,推动了学前教育的全面改革。为保证这两个法规落到实处,各级政府和教育部门从本地实际出发,制定了地方性行政法规和实施细则,在加强科学管理、转变教育观念、全面提高教育质量方面取得显著成效,我国的学前教育管理从此走上了依法治教的道路。

三、加强制度建设、深化改革阶段(1990—2000 年)

在这一阶段推进我国学前教育发展的主要法规制度有:1993 年中共中央、国务院发布的《中国教育改革和发展纲要》,1993 年 10 月第八届全国人民代表大会常务委员会第四次会议通过的《中华人民共和国教师法》,1995 年 3 月第八届全国人民代表大会第三次会议通过的《中华人民共和国教育法》,1995 年国家教育委员会发布的《三年制中等幼儿师范学校教学方案(试行)》,1996 年 3 月国家教育委员会发布的《幼儿园工作规程》,1997 年 7 月国家教育委员会下发的《全国幼儿教育事业"九五"发展目标实施意见》。

(一)通过制度建设,规范学前教育管理

1994 年 10 月,全国人大通过了《中华人民共和国母婴保健法》。1994 年 12 月,卫生部、国家教育委员会颁发《托儿所、幼儿园卫生保健管理办法》。1995 年 3 月,第八届全国人民代表大会第三次会议通过了《中华人民共和国教育法》,第十七条规定:"国家实行学前教育、初等教育、中等教育、高等教育的学校教育制度。"《中华人民共和国教育法》明确了学前教育是国家教育制度的起始阶段，明确规定了各级政府对发展学前教育事业的职责，使学前教育在国家教育体系中的性质、地位、任务等有了法律保障。

随着我国改革开放的日益深入和社会主义市场经济体制的建立，学前教育工作面临一些新情况和新问题，特别是在企业转换经营机制的过程中，出现了企业不重视幼儿园、把幼儿园当作"包袱"甩掉的现象。为保证学前教育的健康发展，1995 年 9 月，国家教委等部门联合下发《关于企业办幼儿园的若干意见》，强调幼儿教育关系到千家万户，国家、集体、企事业和公民个人对该项事业的发展都承担着义不容辞的责任和义务；提出要坚持依靠社会力量发展学前教育的方针，有条件的企业应继续办好幼儿园；要深化改革，积极稳妥地推进学前教育逐步走向社会化；各级政府和教育行政部门要加强对企业办园的业务指导；在城市规划建设中，要安排好幼儿园规划和建设；要加强社区对学前教育的扶持与管理。

1996 年 3 月，国家教育委员会发布了《幼儿园工作规程》，对领导体制、教育目标、工作人员、园内管理、经费来源与管理、园舍设备、卫生保健、家庭社区等各个方面都做了明确规定，使幼儿园教育与管理有章可循、有规可依，是学前教育领域的一个法规性文件。《幼儿园工作规程》对教育目标的要求既指明了学前教育事业发展的方向，也直接影响了学前教育学的学科建设，特别是高校和幼儿师范学校的专业设置、课程开发等。

1997 年 7 月，国家教委下发《全国幼儿教育事业"九五"发展目标实施意见》，提出了"九五"时期我国学前教育事业的发展目标，体现了国家对学前教育发展数量与质量并重的要求。该文件首次提出"幼儿教育发展方向应该是建立以社区为依托的、适应当地经济和社会发展的、正规与非正规相结合的组织形式"，提出应积极稳妥地进行幼儿园办园体制改革，进一步明确各级政府责任。该文件还针对"九五"期间经济体制和教育体制改革的背景提出了目标实施的具体措施，包括切实加强学前教育的领导和管理、深化幼儿园办园体制改革力度、深化教育教学改革、加强师资队伍建设、拓宽学前教育经费渠道、加大投入力度等。但是，"九五"期间正是我国加大经济体制改革力度、建立社会主义市场经济体制的关键时期，国有企事业单位剥离了教育职能，城市和农村学前教育在发展过程中遇到了一些新困难和新问题，这导致"九五"期间我国学前教育事业未能完成规划目标。

（二）通过制度建设，提高学前教育师资队伍素质

1993 年 10 月，第八届全国人大常委会第四次会议通过了《中华人民共和国教师法》，从教师的权利和义务、资格和任用、培养和培训、考核、待遇、奖励、法律责任等方面对包括幼儿园教师在内的教师队伍建设提出了明确的要求。《中华人民共和国教师法》明确提出适用的各级各类学校包括实施学前教育的学校即幼儿园，首次以法律的形式对教师的权利和义务等做出规定，明确了幼儿教师的从业标准，首次为规范公办幼儿园教师队伍建设、保障公办幼儿园教师权益提供了明确的法律依据，为幼儿教师专业化拉开了立法保障的序幕。在师资素质方面，《中华人民共和国教师法》第十一条规定："取得幼儿园教师资格，应当具备幼儿师范学校毕业及其以上学历。"这一法律规定在广大幼儿教师中掀起了一股"学历热"，促使幼儿教师重视学习培训、自觉追求高学历教育，提高了幼儿教师的文化素质和专业素质。1995 年 3 月颁布的《中华人民共和国教育法》，再次以法律的形式重申了国家实行教师资格和教师聘任制的规定，不仅明确了学前教育是国家学制体系的一部分，而且通过对教师的专门规定为幼儿教师专业化发展奠定了法律基础。这两部法律的颁布，使学前教育进入国家法律体系，可以说给广大幼儿教师吃了一颗"定

心丸"。1995 年 12 月，国务院发布《教师资格条例》，重申了幼儿园教师资格必须符合《中华人民共和国教师法》的相关规定。

1996 年 3 月发布的《幼儿园工作规程》对幼儿园所有工作人员，包括园长、教师、保育员、医务人员等的任职资格、主要职责等都做了明确规定，要求幼儿教师必须具有《教师资格条例》所规定的幼儿园教师资格，要求幼儿园园长应具备幼儿师范学校（包括职业学校幼儿教育专业）毕业及以上学历，这些都属于硬性指标。幼儿教师队伍愈发重视学历教育和专业技能培训，这助推了整个学前教育师资队伍素质的提高。

一系列政策与法律陆续颁布后，幼儿教师的资格和任用终于有章可循，我国逐步建立起了相对完整的幼儿教师职业法律保障体系，幼儿教师职业准入门槛提高，对专业素质的要求有法可依。对学前教育教师的素质要求逐渐全面化，包括心理素质、科研能力和语言表达能力等，学前教育教师素质向综合型方向发展。当时学前教育学界有一种观点，认为 20 世纪 90 年代后期是跨世纪的关键时期，跨世纪的幼儿教师要有吸纳与转换技能的能力以及与时代精神相通的教育理念，面对知识日新月异、信息爆炸的时代，能不断地进行学习，不断地吸收和接纳新知识、新观点，这是培养学前教育师资需要把握的重要内容。

可以肯定的是，20 世纪 90 年代出台的一系列学前教育政策与法律明确了幼儿教师能力的培养应注重从实践经验出发、加强实践环节、培养教师的实践和动手能力的导向，也营造了重视学前教育发展、提高幼儿教师社会地位、保障幼儿教师合法权益的社会氛围，这有利于学前教育师资全面性、综合性的培养。

对幼儿教师素质提出的新要求自然带来对幼儿教师业务培训的新要求。1991 年 9 月 4 日通过的《中华人民共和国未成年人保护法》第三十五条规定："各级人民政府和有关部门应当采取多种形式，培养和训练幼儿园、托儿所的保教人员，加强对他们的政治思想和业务教育。"1993 年 2 月，《中国教育改革和发展纲要》提出要进一步加强师资培养培训工作。1996 年 1 月，国家教育委员会颁发《关于开展幼儿园园长岗位培训工作的意见》，为确保园长培训质量，国家教育委员会同时制定并颁布了《全国幼儿园园长岗位培训指导性教学计划（试行草案）》，并由基础教育司组织编写了幼儿园园长岗位培训的教学大纲及教材。国家教育委员会还颁布了《全国幼儿园园长任职资格、职责和岗位要求（试行）》，将之作为选拔、任用、考核、培训幼儿园园长的基本依据。在素质教育的大背景下，1999 年的《中小学教师继续教育规定》提出，要以提高教师实施素质教育的能力和水平为重点，对取得教师资格的中小学在职教师（包括幼儿园教师）进行思想政治和业务素质的培训。

总之，随着我国学前教育事业的发展和学前教育改革的深入，幼儿园教师教育逐步实现了正规培养与非正规培训、职前培养与职后培训的初步结合，并朝着多元化、高层次、高质量的方向发展，一个比较完善的幼儿园教师教育体系快速形成。

（三）通过制度建设，深化幼儿园课程和教学改革

1996 年正式施行的《幼儿园工作规程》原则上强调了幼儿园教育内容的综合性、活动性、生活性，同时就幼儿园工作中的教师资质、教育内容、教育形式和安全问题做出说明并形成法规。在这一时期，国家对学前教育教学的关注从完善五大领域教学活动，渐渐扩大到其他层面的教学活动，如心理活动、游戏教学活动等，要求增强学前教育课程的综合性，体现出体、智、德、美诸方面的相互渗透和有机结合，要服务于幼儿的全面发展。《幼儿园工作规程》规定幼儿园以游戏为基本活动，游戏在整个幼儿教育活动中的主导地位从而得到进一步明确。也有学者建议把游戏作为幼儿园的一种课程模式来进行实验研究。幼儿园游戏理论和实践的迅速发展，既对幼儿教

师的儿童观、教育观、组织指导游戏的能力等提出更高的要求，也对游戏教学提出了新的挑战。但受分科教学的影响，科学的游戏在实践中应用得较少，依然停留在理论层面。

1998 年 12 月 24 日，教育部制定的《面向 21 世纪教育振兴行动计划》提出："实施素质教育，要从幼儿阶段抓起，要用科学的方法启迪和开发幼儿的智力，培养幼儿健康的体质、良好的生活习惯、活泼开朗的性格与求知的欲望。"在这个阶段，国家对学前教育的认识可以说是拨开云雾、看到曙光，学前教育实践重点把握了教学活动的完整性和全面性，课程的综合性也持续增强。

这一时期的学前教育政策法律法规是对前一阶段政策框架的补充，在前一阶段的基础上充实内容，构建政策体系，但在具体的教育实践上还处于逐步探索阶段。随着学前教育科学理念的传播和政策的实施，学前教育受到更大的重视。

第二节　学前教育学恢复重建的特点

党的十一届三中全会以来，随着我国教育学学科建设得到前所未有的发展，学前教育学作为我国新时期教育学学科体系中的一个重要分支，也得到了重建和发展，并形成了众多分支学科，初步构成了以学前教育学为主干的学科体系。

一、学前教育学学科建设体现出改革开放的时代精神

改革开放是党的十一届三中全会后我国社会发展的主旋律。学前教育学能在 20 世纪 80 年代快速恢复并逐渐走向成熟，初步形成以其为主干的学前教育学学科体系，一个重要原因就是我国的学前教育工作者秉持改革开放的时代精神，努力建设并发展我国学前教育学学科。正因为我国学前教育工作者具有改革开放的时代精神，较充分地把握了时代的脉搏，才能面向我国新时期的学前教育改革

实践，寻找学前教育学学科的生长点和发展动力；才敢于"向外看"，多渠道、全方位地引进和吸收国外学前教育研究的新成果，寻找学前教育学学科生成和发展的参照模式；才勇于"回头看"，反思总结我国老一辈教育学者的学前教育思想与实践，从中汲取符合本土化方向的养分与能量，进而推动学前教育学学科在我国的恢复、成熟和发展。随着改革开放的深入、国际视野的拓展、国内学前教育实践的积累，社会各界对学前教育价值的认识不断更新并逐渐深化，人们不仅认识到学前教育促进儿童发展的价值，而且认识到其在推动社会发展、促进社会和谐方面不可忽视的重要作用；认识到高质量的学前教育不仅是个体终身学习和终身发展的重要基础，而且是缩小社会差异、改善社区环境、增强国民素质、提高国家经济实力的重要战略措施之一，也是政府教育投资回报率最高的阶段；学前教育学学科建设应不仅以师范教育为阵地，而且以幼儿园教育实践为基础，以培养高素质的幼儿园教师和学前教育学理论工作者为目标。这些认识为学前教育学学科的中国化建设奠定了坚实的思想基础。

二、学前教育学在国际比较借鉴中推进，注重中国特色

学前教育学的学科建设直接影响学前教育的发展，不仅关系到我国学前教育学的理论研究与成果水平、学前教育师资水平和学前教育质量，而且关系到儿童身心发展水平和民族素质的提高。党的十一届三中全会召开后，学前教育界在反思总结新中国成立以来学前教育学学科建设的经验教训的同时，扩大视野，广泛接触国际上先进的学前教育学思想、理论及实践经验，通过引进教材、翻译论著、自编教材、开展课程改革试验、参加国际学术交流等方式，全方位地学习、有选择地吸收西方发达国家学前教育学学科建设的先进经验，并根据我国学前教育学学科建设的实践进行改造与吸收。在改革开放的背景下，我国政府从我国国情和各地实际出发，积极制定学前教育政策法规，理顺机制，完善制度，加大资金投入，使我国学前教育在恢复重建的基础上开始持续快速发展，并取得突出成就。在改革开放初期，尽管学前教育学学科建设引进、借鉴了国外学前教育的研究成果，但绝非全盘照搬、生搬硬套，而是有选择地吸收，并结合我国实际进行改造与应用。在党和国家的政策引领下，在我国学前教育事业快速发展的背景下，我国学前教育学工作者结合引进的国外学前教育学理论、实践及课程模式等，继续探寻学前教育学学科建设的中国化道路。

这一时期我国学前教育学的学科建设是在学前教育事业快速、健康发展的环境中开展起来的，学前教育学工作者一直把建设具有中国特色的社会主义学前教育学科作为基本目标，立足于我国学前教育事业改革发展的实践，同时把对国外学前教育研究成果的引进和吸收与使其中国化的过程结合起来，探索学前教育学的学科建设。可以肯定地说，我国的学前教育学学科是基于中国本土产生与发展起来的，而不是从国外照搬的。这种中国化不是拒绝与世界学术界的对话、另创一套，而是在遵守国际学术规范的前提下，在我国学前教育发展的土壤上，在课程内容、学科群体系等方面努力形成具有中国特色的思想和理论，建立起中国学前教育学学科自身的知识体系和理论架构。也就是说，我国学前教育学学科建设在参照国际情况的同时努力追求中国特色，目的就是为解决中国学前教育改革实践中出现的问题服务，积极参与进而影响国际学前教育学学科的发展与走向。

三、学前教育学出现既分化又综合的发展趋势

邓小平同志提出科学技术是第一生产力。在这一时期，世界范围内的科学技术呈现突飞猛进的趋势，为适应科学技术的快速发展，学前教育学衍生出不少新兴交叉学科。我国新时期学前教育学学科体系中的学科可分为三类：第一类是从学前教育学这门主干学科分化出来的分支学科，如学前课程论、学前教育评价、学前儿童健康教育、学前儿童语言教育、学前儿童科学教育、学前儿童社会教育、学前儿童艺术教育、学前家庭教育学等；第二类是学前教育学与其他学科结合而产生的交叉学科，如学前教育管理学、学前卫生学等；第三类是应用学前教育学理论来研究不同类型的学前教育而形成的学科，如成人学前教育等。学前教育是一个多学科的研究领域，须广泛吸收其他学科的研究成果，不断加强与其他学科的联系，进行跨学科研究。因此，这一时期的学前教育学学科建设逐渐形成充实、衍生学前教育学交叉学科这一主要特点，这是为了适应科学技术既分化又综合的发展趋势、彻底突破"就学前教育论学前教育"的思维局限的必然结果，大大拓展了学前教育学的学科领域，确立了学前教育学与其他学科广泛沟通交流的基本形式，形成了学前教育学学科发展的多元化格局。学前教育学交叉学科的独特结构和功能奠定了其在学前教育学学科建设中的地位和坚实的生存基础，而且使其对整个学前教育事业的改革实践发挥着巨大的指导作用。然而，学前教育学交叉学科在我国的创建和发展还存在着照搬模仿其他学科的内容，在学科定位、学科属性、基本概念、研究范围、研究方法等方面定位不准、性质不明、对象不清、边界模糊，以及研究内容不确定等问题，这影响和阻滞了学前教育学交叉学科在我国的建设和发展。这启示我们，在推进学前教育学学科建设的过程中，必须认真审视学前教育学交叉学科生成和发展的条件、机制和动力，加强各学科研究组织、研究人员之间的沟通协作，共同探讨学前教育学交叉学科新的组织方式和新的运作形式。

四、对学前教育学自身理论建设的思考

学前教育学成为独立的学科后，就开始关注自身的理论建设。1984 年，潘洁发表了《当前学前教育中的几个理论问题》一文，在文中对学前教育的性质、学前教育的重要性、智力开发和全面教养等问题进行了探讨，关于学前教育的性质文章写道："学前教育是一门教育科学，是基础教育的基础。"文章指出，学前教育是终身教育的第一个环节，学前教育的教育内容经历了从重视健康、保健到重视认知发展、智力刺激再到全面教养的转变；应加强学前教育的教育职能，不能片面地将之看作福利措施、补偿教育。

1994 年，北京师范大学于京天的《对学前教育研究自身去向的思考》一文提出，学前教育学研究要针对自身存在的问题，如对研究对象的事实把握不清、基础理论研究薄弱、基础理论研究和应用理论研究分离及教育技术使用意识淡薄等问题，从学前儿童发展研究、学前教育基本事实研究、学前教育基础理论研究、学前教育应用理论研究及学前教育技术领域研究五个方面进行进一步的思考。"任何一门学科的研究总要首先把握研究对象的基本情况，要弄清事实，这是前提。作为一种社会实践科学研究，学前教育研究尤其要注意这方面的工作。前一个时期，我们多是开展急功近利式的'怎样教育'的研究，而比较缺乏理论上'为什么要这样教育'的探讨；现在我们在研究上逐渐把重点转向了理论建设，但常常忽视了理论建设的前提，即对学前教育领域的基本事实、基本状况的发现、确认、归纳、总结。"[1]文章提出，对学前教育领域基本事实的探讨就是解决研究对象的问题。"学前教育基础理论研究的直接目的是要探究学前教育领域中的基本现象，事实背后的原因，寻找规律性的东西，从而解释和说明现象和事实。"[2]文章同时指出，当时的学前教育基础理论研究的科学性和概括性不足，没有形成较完善的理论框架，没有形成学前教育基础理论的严密体系，需要大力加强对哲学、系统科学及有关边缘科学（如生物学、医学、社会学、历史学、人类学、生态学、管理学、人体科学等）研究结果的吸收、利用、借鉴。

---

①②   于京天：《对学前教育研究自身去向的思考》，载《学前教育研究》，1994(2)。

另外，南京师范大学潘冬芳于 1994 年发表的《对学前教育研究的思考》也针对当时我国学前教育研究的状况总结了其特点，如学前教育的研究呈现出"百花齐放、万木竞秀"的繁盛景象，但争鸣的气氛不够热烈；学前教育研究的有关著述颇丰，但缺乏严密的逻辑体系，理论的概括和抽象程度较低；学前教育研究的课题趋于专门化、小型化和具体化，各项研究活动和课题之间的逻辑联系不够密切。文章提出，不应忽视对学前教育基础理论的研究，应加强学科自身的横向、纵向联系和贯通，应遵循科学性、客观性和教育性的原则；指出学前教育的研究应有开放的胸襟，积极大胆地吸收其他相关学科的最新成果，并创造性地运用它们，以丰富自身的理论体系。"它既需要教育学、心理学、生理学、文化学、人类学、社会学等学科的知识基础建立自己的理论体系，又需要控制论、系统论、信息论、模糊数学和统计学等有关的知识来更新改进自身，丰富自己的理论体系。学前教育的研究应注重利用其他各种社会力量的积极作用，使它们与教育力量彼此协调配合。"①

以上两个研究既提出了当时学前教育学研究存在的问题，也进行了原因分析，同时提出了自己的思考，为此后学前教育学基本概念、基本内容和理论体系的建构明确了方向，可以说对于当时及现在学前教育学的发展都有很重要的指导意义。

五、学前教育学与学前教育改革实践相伴而行

纵观 1977—2000 年我国学前教育的发展，一方面，学前教育实践改革逐步向纵深推进，教改试验、课程改革等为学前教育学学科建设提供了丰富的养分；另一方面，学前教育学学科建设略有滞后，无论是研究广度还是研究深度，对学前教育改革与发展实践遇到的问题还不能及时有效地予以解答。这提醒我们应努力将学前教育实

---

① 潘冬芳：《对学前教育研究的思考》，载《学前教育研究》，1994(3)。

践与学前教育学学科建设统筹考虑，防止出现理论与实践脱节的现象，确保学前教育学理论与学前教育实践相辅相成、并行同向发展。

学前教育学及其分支学科都属于应用学科，具有极强的实践性，除了学前教育史、比较学前教育学等学科，其他学科与实践都有着直接的联系。我国学前教育学学科体系在这一阶段的建设和发展基本是围绕学前教育改革与发展中的实际问题进行的，并较好地总结了学前教育改革中的实践经验，但随着社会主义市场经济体制的建立与完善，我国学前教育改革实践中仍存在着许多令人疑虑、困惑的问题，需要学前教育研究做出解答，如学前教育与社会主义市场经济体制的关系、学前教育发展的规模和速度、适宜的学前教育课程观、学前教育管理体制改革、幼儿园教学改革、全面提高幼儿园教育质量、幼儿园以游戏为基本活动等。在对这些问题的研究和争论中，我国学前教育学学科建设获得了丰富的资源与养分。

任何学科都有其自身的逻辑体系，任何学科的发展都有其自身的特有规律。该时期我国学前教育学的学科建设一方面以解决学前教育改革实践中遇到的问题为目的，努力充分发挥自身对学前教育实践的解释、指导和预测功能；另一方面学前教育学学科群的发展重视"体系意识"，具体来说，就是学前教育学学科建设不但注意与时俱进地发展学前教育学这门学科，而且考虑以这门学科为主干衍生出来的分支和交叉学科的发展，在学前教育学学科的视角和层面上，努力解决好学前课程论、学前教育评价、学前儿童健康教育、学前儿童语言教育、学前儿童科学教育、学前儿童社会教育、学前儿童艺术教育、学前家庭教育学、学前教育管理学、学前卫生学、成人学前教育等学科的基本问题，既关注学前教育学学科本身的发展，也关注其他相关学科的发展，不断增强学前教育学学科的中国特色。

六、学前教育学探索并尝试解决科学化问题

在我国学前教育学学科建设和发展的过程中，学科建设的科学化问题很早就被提出,有不少学者尝试去解决这一问题。我国学前教育学及其分支学科在这一阶段虽得到了很大的发展,但仍处于摸索前行的阶段,科学化水平还不高,具体表现在四个方面。一是从研究对象来看,任何一门学科都具有自己独特的研究对象,对研究对象把握得如何直接影响着整个学科的发展方向。当时我国学者对学前教育学及其分支学科的研究对象并没有达成共识,研究对象尚未完全确定。二是从学科的概念来看,一门独立学科确立的重要标志之一就是该学科有自己的概念和概念体系,明确概念和学科术语是学前教育学学科发展的必然要求。但当时学前教育学学科体系内的各个学科存在着概念内涵模糊、定义违反逻辑规则、个别学科盲目引进其他学科概念、滥造新词等问题,尚未形成独立、明确、成体系的概念。三是从学科的构建过程来看,形成完整的理论结构或体系是一个学科成熟并走向完善的主要标志。我国当时的学前教育学学科虽然已显现了一定的体系性,但还不够成熟和完善。作为母学科的学前教育学并没形成完整的科学理论体系,基本上是普通教育学与学前教育事业特点的简单相加,存在着把普通教育学简单延伸至学前教育领域的做法。四是从研究方法来看,具有独特的研究方法是一个学科成熟的标志。学前教育学学科在幼儿师范学校和高等院校学前教育专业中生成,其科学性在幼儿园教育实践中得到检验,同时要接受国家学前教育政策法律法规的指导与约束。可以说,学科建设既要考虑理论性与学术性,也要考虑实践性与政策性,难度较大,因而要注重用科学的方法进行研究。但当时学前教育学的学科建设缺乏对科学研究方法的深入探讨,没有从学前教育问题的特殊性出发,没能有效借鉴其他学科的研究方法并加工改造,因而没有形成学前教育学学科独特的研究方法。

造成我国当时学前教育学学科建设的科学化水平不高的原因有多个方面,如很多分支学科才刚刚建立,学前教育基础理论研究薄弱，研究视野狭窄，不能很好地借鉴相关学科的研究成果，等等。对学前教育学学科的性质、对象、体系、研究方法，学前教育学学科与其他学科的关系，学前教育学学科发展的历史等问题的研究还不够深入。针对这些原因，当时的学前教育工作者积极地采取措施，在深入研究的基础上，努力形成一套具有中国特色的、比较系统的、比较成熟的学术规范和学科体系，努力形成学前教育学学科独特的研究对象、概念或范畴、原理、研究方法和手段，从而使学前教育学学科逐渐成熟和完善，在现代教育学学科体系中牢牢占据一席之地；不断推进学前教育学学科的改造、建设和发展，不断提高我国学前教育学学科建设的科学化水平。

七、幼儿师范学校的培养目标引起重视

究竟应培养什么样的幼儿教师？新中国成立以来对幼儿师范学校培养目标的深入研究十分缺乏，导致课程设置的变化比较盲目；研究这一问题就是为幼儿师范学校课程的设置提供理论依据。培养目标可极大地影响幼儿教师教育课程的设置及各类课程的比重，由于目标不明确，培养学生时便缺乏针对性和重点，导致许多幼儿师范学校毕业生走上工作岗位后还需较长时间的锻炼才能胜任工作。在这一阶段，有学前教育学工作者提出幼儿师范学校的培养目标应参照专业化幼儿教师的标准来确定。虽然幼儿师范学校毕业生还不能达到专业化幼儿教师的水平，但幼儿师范学校应为其学生成为专业化幼儿教师做好各方面的准备、打好基础。专业化幼儿教师应该是热爱儿童，热爱幼儿教育事业，具有较高的文化和艺术修养，有很强的自我发展意识，善于学习和钻研，具有较高的教育教学智慧的人，其中教师的教育教学智慧是教师专业能力的集中体现。幼儿师范学校的课程设置应突出培养幼儿师范学校学生教育能力的课程，从而使其毕业后能很快适应幼儿教育改革的需要。幼儿师范学校课程设置的以下方面在此阶段受到重视。

一是文化基础类课程与教育类课程在课程体系中所占的比例。在幼儿师范学校有限的教学时间中平衡文化基础类课程与教育类课程的比例始终是一件十分困难的事。两类课程对幼儿教师的培养来说都是重要的，但教育类课程更加体现教师专业化的要求。因此，在此阶段有学者提出教育类课程应该成为幼儿师范学校课程体系的核心，教育类课程的比重应该加大；为了保证学生的文化水平，幼儿师范学校可采取招收初中毕业生但延长学制的做法，也可招收高中毕业生，这涉及了中等幼儿师范教育的发展方向。同时，有学者提出文化基础类课程的开设应考虑如何适应实际需要的问题，应从实际需要出发选择文化基础类课程的门类及教学内容。

二是艺体技能课在课程体系中的地位。艺体技能课历来受到重视。幼儿师范学校学生具备较强的艺体技能是十分必要的，但单纯地进行艺体技能训练而不结合幼儿园教育的实际需要是不可取的。因此有学者提出，对于幼儿教师来说，如何根据幼儿身心发展的规律和艺体技能发展的特点促进幼儿在艺体领域的发展，比教师自身艺体技能水平的提升更为重要，因为学前阶段并不是培养专门人才的阶段，而是培养幼儿对艺体活动的兴趣和艺术想象力的阶段；教师自身艺体技能的高低并不能决定幼儿在该领域发展水平的高低，教师的艺体教育技巧才是影响幼儿在该领域发展的直接因素；不应过分强化艺体技能类课程，艺体教法课的地位应高于单纯的艺体技能课。

三是教育实践类课程课时的分配。新中国成立前，各类幼儿教师培训机构普遍采用边学习边实践的方式培养幼儿教师。1977—2000 年这一时间段出现了学前教育学者对恢复这一做法的呼吁，因为这种方式可以极大地提高学生的实践能力，增强其学习专业理论的兴趣，培养其热爱儿童的品质。新中国成立后，幼儿师范学校的见习、实习都被安排在二、三年级，虽然 1995 年的中等幼儿师范学校课程计划规定一年级也设一周的教育实践课，但这与边学习边实践的方式仍有一定差距，仍有理论脱离实践的可能。因此有学者提出，幼儿师范学校一、二年级的教育实践课程应更分散一些，应考虑各门课程的学习如何与教育实践结合；要借鉴新中国成立前的做法，实践基地的规划、建设是十分重要的，实践基地的工作如何与幼儿师范学校的工作协同配合也需要进一步研究。

八、学前教育学学科建设形成研究团体

以中国教育学会幼儿教育研究会（1992 年升级为中国学前教育研究会）为代表的学前教育研究团体在推进课题研究、开展教改试验、凝聚研究队伍等方面，对我国学前教育学学科建设的中国化探索起到了无可替代的作用。这一阶段我国学前教育研究团队的发展有以下特征。

一是重视学前教育研究团体的建设，发挥团体组织在学前教育改革发展中的举旗定向作用。新中国成立前，在内忧外患的形势下，学前教育学学科建设迫切需要充分的决策分析和理论分析，但当时没有专门的国家教育科研机构来完成这一任务，且当时的教育行政能力不强，学前教育行政的有效性微乎其微，于是，推进学前教育事业发展的责任落到了学前教育社团的肩上，这使近代中国学前教育事业的发展与学前教育社团的发展休戚相关。新中国成立后，国家建立了强有力的教育行政系统，学前教育事业按照党和国家的教育方针快速发展，但在"文化大革命"时期，学前教育研究出现了许久的沉寂。党的十一届三中全会后，随着教育科学春天的到来，学前教育研究团体不断涌现，相互争鸣，不断探索，在促进学前教育事业决策民主化和科学化方面发挥了重要作用。

二是发挥学前教育研究团体荟萃精英、凝聚人才的功能，激起学前教育研究者参与教育科研的热情。中国近代的学前教育研究团体凭着对学前教育事业探索的勇气，有效汇聚了学前教育界的精英。

正是在由陶行知、陈鹤琴、张雪门、张宗麟等人领衔的学前教育研究团体的引领下，近代学前教育工作者为中国学前教育的发展做出了巨大贡献。新中国成立后，学前教育界一度取消了研究团体，造成学术研究门庭冷落，缺少活力，缺乏学术和争鸣气氛，广大学前教育工作者丧失了研究热情，学前教育质量和科研水平裹足不前。鉴于此，改革开放以后，国家为调动学前教育工作者和研究者的积极性、活跃学术气氛，广泛开展了学术争鸣活动，鼓励支持学术研究团体发挥自身功能，促进学前教育研究健康发展。

三是发挥研究团体刊物的阵地作用。研究团体刊物是理论普及和学术争鸣的阵地，是向社会展示研究成果的平台，是研究团体不可或缺的部分。1987 年，中国教育学会幼儿教育研究会创办了会刊《学前教育研究》。在此之前，一些地方性学前教育刊物如《幼儿教育》《江苏幼教》《湖南幼教》也已创办。学前教育刊物的创办使学术交流有了阵地，促进了研究者的思考、争鸣，有利于学前教育科学知识的普及。这些刊物刊发优秀的研究成果，发掘优秀的研究人才，引领学前教育学的研究方向，对学前教育的改革和发展起着导向性作用。刊物还帮助研究团体成员提高理论修养，增强其参与科研的意识和团体的凝聚力，从而促进学前教育团体的发展。

四是学前教育研究团体紧跟时代、紧贴实际，深入开展实验研究工作。进行教育实验、开展教育研究是学前教育团体存在的基础和前提。党的十一届三中全会后，随着教育科学春天的到来，学术界重新出现百花齐放、百家争鸣的局面，各种学前教育研究团体也如雨后春笋般纷纷建立起来。这些原有或新成立的学前教育研究团体十分注重教育实验研究的质量，如中国教育学会幼儿教育研究会在其章程中指出，学会的宗旨是研究幼儿教育的理论和实际问题，要求会员大胆实验。

总之，以中国教育学会幼儿教育研究会(中国学前教育研究会)

为代表的学前教育研究社团具有组织理论研究并集中攻关、协调课题方向以避免重复、积聚人才队伍使优势互补、开展深度研究以出好成果等功能，在学前教育学学科建设中国化的道路上发挥着越来越重要的作用。

第三节　学前教育学恢复重建的成就

20 世纪 80 年代，世界发达国家的学前教育目标出现了一个明显的变化，那就是由智育中心向注重整体发展转变。20 世纪 60 年代，美国、苏联等国在冷战和"知识爆炸"等因素的压力下，都以高、新、难等为原则进行中小学课程改革。美国心理学家布鲁姆关于儿童早期智力发展的观点受到许多国家的重视，加强早期智力开发成为美国、苏联、日本、德国等国家教育改革的重要内容之一。在这种情形下，人们倾向于把早期教育理解为早期智力开发，导致智育中心形成，学前儿童社会性和情感的发展被忽视。随着冷战结束和人文主义教育观的回归，20 世纪 80 年代，各国教育工作者开始呼吁纠偏。

改革开放之初，为弥补"文化大革命"给我国学前教育造成的损失，与国际学前教育接轨，推动学前教育学学科建设走上科学化、规范化、国际化的道路，许多学者从不同角度对如何构建新的学前教育学学科提出了许多意见、建议，对如何构建具有中国特色的学前教育学学科进行了比较广泛的思考与探索，并取得了较为一致的认识，即中国特色社会主义学前教育学学科要涵盖三个方面：第一，体现"中国特色"，要从中国的国情出发，汲取传统文化、民族心理等的养分，总结、借鉴古今中外先进的学前教育经验和研究成果；第二，体现"社会主义"特征，要以马克思列宁主义、毛泽东思想、邓小平理论为指导，研究社会主义的性质和发展规律，以此作为学前教育学学科的基础；第三，学前教育学学科要突破传统、封闭的教育学学科体系，顺应科学发展分化与综合的趋势，建立宏观与微观相统一的学前教育学学科。[①] 在这一共识的推动下，学前教育学研究摆脱了新中国成立初期全盘学习苏联的束缚，从我国实际出发，开始建设具有中国特色的社会主义学前教育学学科，展开对本学科的研究对象、学科任务、研究方法、学科体系以及某些特定概念、范畴、规律、观点等自身建设问题的探讨，并对学前教育学学科在国外的发展状况进行了介绍，逐步建设和发展我国学前教育学学科。尽管此时我国的学前教育学尚不够成熟，学科体系建设处于不完善的发展状态，研究成果、文献数量还不充足，在国际交流中仍处于追赶西方发达国家的被动地位，但可喜的是，在国内学前教育领域专家学者的共同努力下，1983 年，学前教育学与普通教育学、高等教育学、成人教育学等学科一起，被正式列入国务院学位委员会的学科专业目录，这是学前教育学学科建设规范化、制度化迈出的关键一步。

一、幼儿园课程改革试验的成就

学前教育是全面发展的教育。从世界学前教育目标的发展趋势来看，20 世纪 60 年代注重智力开发，70 年代强调创造力的培养，80 年代重视个性、情感和社会性的发展，人们逐渐发现儿童的发展应该是全方位的。进入 20 世纪 90 年代，世界各国越来越认识到学前教育的根本目的在于促进幼儿全面和谐发展。自 20 世纪 80 年代，加强学前教育成为世界各国教育的主要任务之一，许多国家把学前教育作为整个教育的基础，并依据教育学、心理学、生理学和保健学等方面取得的科研成果，尝试新的改革，以促进本国学前教育的发展；学前教育逐渐被纳入义务教育和终身教育体系，在学前教育

---

① 侯怀银：《中国教育学之路》，152 页，合肥，安徽教育出版社，2009。

的目标、制度、内容、方式和方法等方面都出现了一些新的趋势，如学前教育中心的转移、尝试不分年级的教育等，这些趋势也影响了我国学前教育的课程改革。

幼儿园是将学前教育学学科理论应用于实践的重要机构。改革开放后，我国学前教育事业的发展受到党和政府的高度重视，幼儿园课程改革也成为这一阶段学前教育学的新兴热门话题。20 世纪 80 年代的幼儿园课程改革试验，从改革的动力来说，是为了解决实践中遇到的问题并探索幼儿园课程本土化，是研究者自发进行的；从研究的组织性来说，还没有形成全国范围内有计划、有组织的研究态势，是零散的、片段的；从改革的内容来说，是针对分科教学存在的问题、朝着综合课程的方向进行的。针对当时幼儿园课程实践中重知识传授轻能力培养、重上课轻游戏、六大科目相互割裂等弊端，一些学前教育学理论工作者和幼儿园教育实践工作者自发联手合作，开展了课程改革试验。

1983 年，南京师范学院(1984 年改为南京师范大学)和南京市实验幼儿园合作，率先开展了幼儿园综合教育结构试验，提出了综合课程问题，引起了巨大反响。该试验由赵寄石教授主持，其成果获得了全国首届教育科学研究优秀成果二等奖。1984 年，中央教科所与北京市第五幼儿园及崇文区第二幼儿园共同开展了以常识教育为核心的综合教育课程试验。1985 年，上海市长宁区教科所和愚园路第一幼儿园合作进行了幼儿园综合性主题教育试验。这三项教育试验开幼儿园课程整体改革之先河，为幼儿园课程设置的实践探索开辟了道路。此外，值得一提的是，为了加强各地课程改革的交流、推动改革进程，1985 年，中国教育学会幼儿教育研究会第二届理事会成立了"幼儿园课程结构改革"课题组，此后，有更多的幼儿园参与了课程改革的试验，如湖州市实验幼儿园进行了发展能力课程试验，南京市鼓楼幼儿园开展了单元教育课程试验，武汉、天津、重庆等地也纷纷开展了幼儿园综合教育试验，南京师范大学学前教育专业还进行了农村学前一年综合教育课程试验，可以说，此时改革试验更加普遍，广度不断拓展，深度不断增加。

除综合课程试验外，还出现了活动课程、游戏课程、发展课程、合作课程等改革，每一类型又有多种模式，而且改革的重点逐渐走向幼儿园整体课程改革，从教学内容选择、教学计划制订到课程的目标、内容、活动、评价，课程改革要求全方位、完整地把握课程结构和课程体系。这些改革试验从探索幼儿园各科的教材教法扩展到探讨幼儿园课程整体结构，从研究城市幼儿园课程改革扩展到研究农村学前课程改革，取得了丰硕成果，形成了不同的课程模式。例如，针对分科教学中各科之间缺少联系、相互脱节、彼此重复等弊病，综合教育课程模式被提出，力图实现教学内容、教学手段、教学过程三方面的综合，实现主题活动、一日活动、个别活动三层次的综合，初步探索了如何打破分科界限，把各种教育因素组成一个整体，以发挥幼儿园教育的整体效应；针对重知识技能传授轻幼儿发展、重教师安排轻幼儿自主活动、重看听说模仿与练习轻幼儿直接与环境和材料相互作用等弊病，活动教育课程模式出现，它通过组织区域活动、小组活动和集体活动进行教育，采用"幼儿在前、教师在后"的方法，使教育过程成为教师不断了解儿童、促进儿童发展的动态过程；针对重知识传授轻能力发展的弊病，发展能力课程模式被发展起来，它以发展幼儿的认知能力、社会行为能力等基本能力为目标来组织课程。虽然试验各有侧重，但都强调课程的整体性、联系性，重视幼儿的主动活动，强调幼儿的主动性和教师主导作用的共同发挥，等等。20 世纪 80 年代的幼儿园课程改革试验打破了自 20 世纪 50 年代以来分科课程"一统天下"的局面，开创了幼儿园课程综合化的新局面，具有明显的开拓性，对学前教育课程论理论体系的完善和内容的丰富以及学前教育学的中国化起到了推动作用。

　　为满足学前教育发展的要求，在总结 20 世纪 80 年代我国学前教育学研究者和一线教师开展的幼儿园课程改革成果的基础上，1989 年国家教育委员会颁布了《幼儿园工作规程（试行）》，为后来课程改革的进一步深化提供了指导思想，标志着有计划、有组织、大规模的全国幼儿园课程改革拉开了帷幕。虽然《幼儿园工作规程（试行）》没有提及"课程"一词，但其精神实质表明，幼儿园一日生活的各项活动都是课程，环境也是幼儿园课程的重要组成部分。此外，"教育活动"概念的提出，逐渐改变了过去以"上课"为主的课程模式。《幼儿园工作规程（试行）》所体现的新教育观，如一日生活各项活动都是教育的途径，幼儿教育要充分考虑幼儿的年龄特点和个体差异，促进每个幼儿在不同水平上得到发展，引导幼儿个性健康发展，幼儿园以游戏为基本活动，寓教育于各项活动之中，等等，引发、催生了幼儿园课程和教学改革。在实践过程中，各地紧紧围绕着《幼儿园工作规程（试行）》的要求，开展了以转变教育思想为核心的、以奠定人的整体素质基础为目标的教育改革。20 世纪 90 年代，除一些在 20 世纪 80 年代开始的课程改革试验继续进行外，新的课程改革试验也相继启动，并逐渐形成了多样化的幼儿园课程模式，如南京师范大学开发的五大领域课程，无锡市实验幼儿园开发的"生活・学习・做人"课程模式，上海市宝山区幼儿园开发的情感课程模式、活动课程模式，袁爱玲建构的学前创造教育课程模式，等等。在农村一年制学前班课程改革方面，长沙师范学校农村学前班课程研究组经过研究，提出了农村幼儿园课程设置的新模式。此外，涉及社会、自然、艺术、健康、语言、认知等各个领域的课程改革，明确了课程以教育活动为基本的组织形式，把学前教育与中小学教育区分开来，促使学前教育创设开放的教育环境，使幼儿在主动、积极的自我探索过程中获得经验，形成可持续发展的素质基础。教师的观念也从以教师为中心转变为以儿童为中心，从重视知识的传递转变为关注教育过程，从关注幼儿的技能培养转变为关注幼儿情感和能力的培养，并强调在教育过程中师生之间积极互动的作用，从强调幼儿的共性行为转变为培养幼儿良好的个性特征。

与 20 世纪 80 年代的课程改革相比，90 年代的幼儿园课程改革具有大规模、有组织、自觉开展等特点，从课程改革试验的参与者来看，学前教育理论工作者、广大一线教师、教研员和教育行政人员都参与了幼儿园课程改革试验和研究，探索出多种课程模式，形成了百花齐放的局面。

综观 1977—2000 年学前教育学的发展，分科课程在此阶段初期的学前教育课程中占主导地位，从 20 世纪 80 年代开始的改革则开创了幼儿园课程综合化的新局面，具有开拓性和整合性。

二、幼儿师范学校课程改革取得的成就

改革开放后，中等幼儿师范教育得到恢复。作为学前教育学学科的主要发展阵地之一，幼儿师范学校的发展得到党和政府的重视。1993 年《中华人民共和国教师法》的颁布更加巩固了幼儿师范学校在培养幼儿教师方面的中心地位。到 2000 年，全国独立幼儿师范学校发展到 55 所。除了在数量上显著增长外，中等幼儿师范教育的发展也体现在结构类型的多样化上。除独立的幼儿师范学校外，普通师范学校附设的幼儿师范班和职高附设的幼儿师范班都分担着培养幼儿教师的任务。20 世纪 90 年代后期，随着社会对教师要求的提高，一些中等幼儿师范教育机构开始寻求更高层次的发展。有些幼儿师范学校在此时期升格为大专，或与高等师范院校的学前教育专业合并，培养大专或本科层次的幼儿园教师。在此过程中，幼儿师范学校教学计划的三次变化可以反映出学前教育学学科体系发展的过程，具体内容如表 2-1 所示。

表 2-1　1977—2000 年幼儿师范学校教学计划的三次变化

时间	文件	内容	通识课程	教育专业课程	艺体技能课程	教育实践课程
1980年	《幼儿师范学校教学计划试行草案》	课程设置	政治、语文、数学、物理学、化学、生物学、历史、地理、外语（四年制有条件的开设）	幼儿教育学、幼儿心理学、幼儿卫生学、计算教学法、体育及体育教学法、音乐及音乐教学法、美工与美工教学法、语言及常识教学法	三年制：体育、美工、舞蹈、音乐（包括乐器演奏）四年制：体育、美工、舞蹈、音乐（包括乐器演奏）	教育实习、生产劳动
		课时比例	三年制约占总课时的 53%，四年制约占总课时的 54%	"三学"约占总课时的 11%，"五法"约占总课时的 6%	约占总课时的 30%	
		修改内容	课程门类进行了很大程度的整合和简化；通识课程课时显著减少；通识课程中尤其重视语文、数学两个基础学科的教学；增加了理科的课时，文科的课时有所缩减	教育专业课程占比上升；将语言教学法和常识教学法合二为一；计算教学法重新成为一门独立课程	体育、美工、音乐三门艺体技能课与其教学法相融合，注重学与教的统一；乐器演奏被加入音乐课，同时增添了舞蹈课	将教育实习和生产劳动进行结合；课时数有所缩减
		特点	1. 培养目标是培养合格的幼儿园教养员，修业年限分三年和四年两种 2. 课程内容的设置沿袭了"文化大革命"以前的四种类型 3. 形成了"三学五法" 4. 以必修课为主导，选修课萌芽			

续表

时间	文件	内容	通识课程	教育专业课程	艺体技能课程	教育实践课程
1985年	《幼儿师范学校教学计划》	课程设置	政治、语文、数学、物理、化学、生物、历史、地理	幼儿教育学、幼儿心理学、幼儿卫生学、幼儿计算教学法、体育及幼儿体育教学法、音乐及幼儿音乐教学法、美术及幼儿美术教学法、幼儿常识教学法、幼儿语言教学法	三年制：体育、音乐、美术、舞蹈 四年制：体育、音乐、美术、舞蹈 选修（四年制）：外语、儿童文学概论、口语教程等	教育实习、劳动技术
		课时比例	三年制占总课时的48%，四年制占总课时的49%	三年制占总课时的19%，四年制占总课时的16%	三年制占总课时的32%，四年制占总课时的35%	
		修改内容	减少了物理、化学课的课时，比原计划少一半	教育专业课程的课时稍有增加	艺体技能课的课时稍有减少，四年制增设了选修课	教育实习时间增加了一周，共有三周实践课，可以分散使用，也可以集中使用
		特点	1. 缩减了总教学时数，三年制总时数由3131减为2660，四年制由3982减为3310 2."三学六法"结构基本定型 3. 体育、音乐、美术三科的技能训练与教法教学结合 4. 选修课的开设围绕幼儿园教育工作的需要，各学校可自定 5. 扩充选修课的门类，压缩必修课的课时 6. 课程设置的权力被下放到幼儿师范学校			

续表

时间	文件	内容	通识课程	教育专业课程	艺体技能课程	教育实践课程
1995年	《三年制中等幼儿师范学校教学方案(试行)》	课程设置	思想政治、生物、数学、语文、历史、化学、物理、地理、电教基础、教师口语	幼儿卫生保育教程、幼儿心理学、幼儿教育概论、幼儿园教育活动的设计与指导 选修:教育理论等	音乐、美术、舞蹈、体育、劳动技术 选修:艺术、体育等	参观幼儿园、观察幼儿、教育见习、教育实习、教育调查、为幼儿园服务等 课外活动:兴趣小组、社团、社会调查等活动
		修改内容	政治的名称改为思想政治;增加了电教基础和教师口语课程。	"六法"的内容一部分融入通识课程和艺体技能课程,一部分改为"幼儿园教育活动的设计与指导"	增加选修课	对教育实践的内容有详细的规定;新设课外活动
		特点	1. 增加了选修课比例,确定了选修课在课程中的地位,丰富了幼师课程的结构 2. 形成了必修课、选修课、教育实践、课外活动四位一体的课程结构 3. 音乐、美术、体育不再包含教法的训练,成为纯粹的技能技巧课,并且所占课时比重较大 4. 幼儿师范学校获得了较大的课程自主权			

（一）幼儿师范学校教学计划的变迁

随着时代的变化和对幼儿教师要求的变化,幼儿师范学校的教学计划在 1977—2000 年发生了三次较大变化。

第一次是在 1980 年，教育部重新制定颁发了全国统一的《幼儿师范学校教学计划试行草案》，规定幼儿师范学校的培养目标是培养合格的幼儿园教养员，修业年限分三年和四年两种，招收初中毕业的女学生。这一教学计划对课程门类和课时数进行了适当的调整，适应了当时幼儿教育的需要，对各地幼儿师范学校实现拨乱反正、恢复正常教学秩序、提高教学质量起到了积极作用。然而，这一教学计划也出现了诸多问题，如课时数太多，学生压力太大，学生的自学时间和课外活动时间过少，这些问题严重阻碍了学生的智力和能力发展。

第二次是在 1985 年，教育部颁布《幼儿师范学校教学计划》，对 1980 年的教学计划做了必要的修订。修订的依据是当时我国幼儿教师教育发展的实际情况，对幼儿教师教育的课程结构、课程内容等方面进行了调整，目的是为学生减压，提升学生的智力和能力。《幼儿师范学校教学计划》的培养目标依然是培养合格的幼儿园教养员，最明显的变化是缩减了总教学时数，另一个重要变化是教育部在关于颁发该教学计划的通知中指出："各省、自治区、直辖市教育厅（局）可根据本地区实际情况对上述教学计划作适当调整。同时，也允许有条件有基础的学校自行拟定教学计划，进行改革试验。"这是新中国成立以来教育部首次对中等幼儿师范学校的课程设置放权，充分调动了各幼儿师范学校参与课程改革的积极性。

第三次是在 1995 年，国家教委发布《三年制中等幼儿师范学校教学方案（试行）》，该方案首次对培养规格做出了十分详细的规定。培养目标的表述改为培养幼儿园教师，培养规格涉及三大方面：思想品德，知识、技能及基本能力，身心素质。这些规格体现了新时期对幼儿教师素质的全面要求，有利于指导幼儿师范学校的教育教学活动。除对 1985 年《幼儿师范学校教学计划》中不适应当时教育形势的内容进行了大刀阔斧的修改与调整外，该方案还结合当时的形势增加了新的课程体系内容，对课程设置也有很大调整。该方案规定课程设置是由必修课、选修课、教育实践和课外活动四部分组成的有机整体。教育部特别指出，这个教学方案是国家对中等幼儿师范学校教育教学活动的基本要求，各地各校可根据实际情况有所调整。由此可以看出，自 20 世纪 80 年代中后期开始，各地幼儿师范学校逐渐获得了较大的自主权，各地幼儿师范学校的课程改革逐步深化。

（二）幼儿师范学校课程体系的科学化

在此阶段，幼儿教师教育课程体系在恢复的基础上谋求发展。在"文化大革命"中，幼儿教师教育课程体系遭到严重破坏；改革开放后，教育界开始拨乱反正，幼儿教师教育也开始全面恢复，力求达到"文化大革命"前的水平，并且在恢复的基础上有所发展。此阶段不论是培养目标的界定，还是课程体系的建构，都有了很大的发展。

第一，培养目标从关注政治性转变为关注专业性与人文性，越来越趋向幼儿教育的本质。

"文化大革命"结束后，幼儿教师教育开始重建，具有方向性和指导性的幼儿教师培养目标被重新制定。1980 年和 1985 年的教学计划都要求幼儿教师要"教养结合"，做合格的幼儿园教养员；1995 年的方案中的培养目标是培养德智体全面发展的合格的幼儿园教师。同时，这些文件一改之前极重视幼儿教师政治性培养的惯例，开始重视其专业性和人文性，要求幼儿教师除具备从事幼儿教育工作必备的文化与专业知识和技能外，还须具备终身学习的教育理念，以适应幼儿教育变革与发展的要求，还要热爱儿童，这表明对幼儿教师的培养目标越来越趋向幼儿教育的本质。

第二，教育专业课程体系的建构稳步推进。

1980 年的教学计划所规定的教育专业课程有：幼儿教育学、幼儿心理学、幼儿卫生学、计算教学法、体育及体育教学法、音乐及音乐教学法、美工与美工教学法、语言及常识教学法。幼儿教育学课讲授的内容主要有：普通教育学概念(包括幼儿教育史)，幼儿社会教育的任务，幼儿的德育、智育、体育，幼儿园的活动和教育工作，托儿所、幼儿园、小学之间的衔接，幼儿园的家长工作和幼儿园的组织领导，等等。该计划注重培养师范生组织幼儿教育教学活动的能力。

1985 年的教学计划所规定的教育专业课程有：幼儿教育学、幼儿心理学、幼儿卫生学、计算教学法、体育教学法、音乐教学法、美术教学法、幼儿常识教学法、幼儿语言教学法。幼儿教育学课讲授：普通教育学的基础知识和幼儿教育学的一般原理，关于幼儿的德育、智育、体育、美育的内容，幼儿的教育活动，幼儿园的管理，幼儿园与家庭的配合，幼儿园与托儿所、小学的衔接关系，等等。该计划注重培养学生实际运用这些知识的能力。

1995 年的教学方案所规定的教育专业课程有幼儿卫生保育教程、幼儿心理学、幼儿教育概论、幼儿园教育活动的设计与指导。幼儿教育概论课主要讲授幼儿卫生、保育、心理和教育的基本知识、基础理论和基本方法，培养学生热爱幼儿的情感以及开展幼儿保育和教育工作应具有的基本知识、技能和能力。

第三，课程结构逐步完善，力求适应幼儿教育发展。

随着不同时期教学计划的改革，幼儿教师教育课程结构得到初步优化。特别是 1995 年的教学方案，它根据当时幼儿教育改革与发展的需要，适当调整了通识课程、教育专业课程和艺体技能课程的比例，并合理安排了各类课程的教学时数。整体而言，通识课程占比下降，教育专业课程和艺体技能课程占比上升，教育专业课程得到一定程度的重视。四年制的课程设置围绕幼儿园教育工作的需要，扩充了选修课的门类和课时，并正式确立了选修课在课程中的地位，与必修课共同组成幼儿教师教育课程体系。另外，课外活动也被重视起来，强调增加学生自由支配的时间，与课堂教学相结合促进学生的发展。随着选修课和课外活动课地位的确立，选修课与必修课、理论课与实践课、课堂教授与课外活动长期不平衡的关系得到调整。

第四，开始重视科学研究，这是走中国特色幼儿教师教育道路的关键。

拨乱反正、解放思想后，我国广泛吸收外国教育的思想成果。在幼儿教师教育课程体系上，除了学习外国经验，我国也走上了自主科研的道路。幼儿师范学校设立教研组和科研组，研发符合我国国情的幼儿教师教育课程体系，从而提高幼儿教师教育的质量、培养优质的幼儿园师资。

三、高等院校学前教育专业课程及教学改革的成就

新中国成立初期，学前教育学学科使用的是苏联模式，照搬照抄、生搬硬套的结果是出现不服水土，因为苏联模式与我国学前教育的发展有一定差异。随着改革开放的深入、学前教育的发展，建设有中国特色的学前教育学学科与理论体系成为必然要求，而这在当时是比较难的，对学前教育学界来说是一个很大的挑战。

高等师范院校学前教育专业恢复招生时，国家并没有对学前教育专业的课程设置做出规定，各校在 20 世纪 50 年代学前教育专业课程设置的基础上，结合自身的特点，进行了一些调整。进入 20 世纪 90 年代，学前教育专业不再局限于为幼儿师范学校培养专业课教师，培养目标呈现多样化。在以传统的"三学六法"为中心的课程基础上，出现了一些新的课程，如学前教育科研方法、幼儿园课程论、幼儿园游戏论、幼儿教育评价、幼儿园管理、比较学前教育、儿童营养学、儿童行为矫正等。这不仅显示了学前教育理论的发展、研究领域的扩展和深化，而且反映了学前教育学课程体系的充实、丰

富和完整。

在 20 世纪八九十年代，北京师范大学学前教育专业教研室对学前教育学学科进行了改革。一些教师发挥懂俄语、懂英语的优势，在主讲学前教育心理学等基础课程时吸收了很多国外学前教育学、学前心理学的前沿理论，结合教学实践不断深化课程改革。为建设有中国特色的学前教育学学科，北京师范大学学前教育专业教研室组织师生一方面认真学习西方的学前教育学理论，另一方面学习我国老一辈教育家们的学前教育思想与理论。当时在课程方面的一个重要变化就是将儿童游戏等设为独立的课程，增加了许多新的内容。北京师范大学学前教育专业教研室在改革的过程中增加了 11 门新课，如比较教育学、科研方法、家庭教育、学前教育管理学等，这些课程的教材都是在 1980—1989 年编写并出版的，同时面向全教育系开设了 20 多门选修课。改革过程中，北京师范大学学前教育专业教研室注重加强学生能力的培养，主要培养四种能力：一是自学能力，主要在一年级培养；二是研究能力，在二年级开始培养，如要求每个学生选择一个研究对象，到幼儿园进行为期一年的观察、记录、研究等；三是论文写作能力，这是从二年级下学期开始培养的能力，每个学生都有教师指导；四是实践能力的培养，时间为从三年级第二学期开始到四年级结束，如要求学生去幼儿园实习、做社会调查等，了解幼儿园实践及社会状况。到 20 世纪 80 年代后期和 90 年代，北京师范大学学前教育专业教研室还在办学模式改革上开拓创新，从单一的招收本科生变成多种模式办学，学前教育专业于 1984 年开始招收和培养硕士研究生，并举办研究生班；1993 年，北京师范大学学前教育专业又设立了博士点。北京师范大学学前教育专业在培养高素质人才方面迈出了比较大的一步。另外，北京师范大学学前教育专业还举办了多种形式的在职成人教育，如夜大、函授大学等，以满足教师的学习需求。20 世纪 90 年代，北京师范大学开始探索境外办学，如与新加坡合作开办教育学院，至今已经运行了 20 多年。与国外高校合作开展境外办学是学前教育学学科建设国际合作的开始，也是历史性的突破。

据北京师范大学冯晓霞教授回忆，她在北京师范大学上学期间，印象比较深的是梁志燊老师整天带着他们去各种各样的幼儿园观摩、调查；印象也比较深的是教育系主任采用了一种在今天看来也非常有意义的方式，为了让学生深刻地了解和认识中国学前教育发展的历史脉络，这位老主任先提纲挈领地讲解，提供线索，再指导学生自己查阅资料、整理资料，最后，在这门课结束时，师生共同完成一本《中国学前教育史稿》，这样的教育方式让学生受益终身。学前教育学学科群的发展、学前教育学的学科建设就像一棵大树，此时最基本的主干和主枝已经苗壮生长，距离枝繁叶茂也不会太久。

北京师范大学学前教育专业教研室在学前教育学学科建设方面的努力探索起到了示范作用，带动了全国高等院校学前教育工作者在明确人才培养方向、开展科学研究、重视教学实习等方面的积极跟进，许多高校学前教育专业的教师不只教一门课，而是教两三门课，师生合力，干劲儿十足。学前教育专业的教师希望通过这些改革，让学生打下扎实的理论基础，为学前教育学学科建设中国化找到出路。

华东师范大学学前教育与特殊教育学院创建于 1997 年 9 月，下设学前教育系和特殊教育系等。学前教育系是由上海幼儿师范高等专科学校和华东师范大学教育学系学前教育专业合并而成的，承担培养专科、本科、硕士和博士层次的学前教育师资以及科研、管理人员的任务；本科为四年制，专科为两年制；开设必修课 25 门，包括教育评价、教育研究与方法、幼儿心理学、学前教育学、幼儿教育心理学、幼儿卫生学、幼儿园课程、幼儿园管理、儿童文学、计算机辅助教育导论、教育传播学、中国幼儿教育史、幼儿音乐教育、幼儿语言教育、幼儿体育、幼儿发展理论、外国幼儿教育概况、比较教育、幼儿美术教育、幼儿数学教育、幼儿科学教育、幼儿游戏理论、幼儿家庭教育等；专业选修课为 22 门。

随着改革开放的深化、国际视野的开拓，以学前教育学为主干学科的学前教育学学科群的建设开展起来，其基本特征主要有两方面。一是分化，从学前教育学中分化出学前教育原理、学前教学论、学前课程论、学前教育史、比较学前教育等；学前教学论学科又分化出分科教学法，如学前儿童语言教学法、学前儿童数学教学法、学前儿童常识教学法、学前儿童音乐教学法、学前儿童美术教学法等。二是综合，与相关学科交叉，形成了若干交叉学科，如学前教育管理学、学前教育心理学、学前教育评价、学前心理学、学前卫生学等。学前教育学学科在适应现代科学分化和综合趋势的基础上，朝着几个方向同时前行。

四、学前教育学学科概念的确立

虽然有关学前教育的思想、实践及研究可追溯到几千年前，但学前教育学成为科学意义上的学科的历史并不久远，尚属一门新兴学科。新中国成立以来，学前教育学得到高度重视和长足发展，特别是改革开放以后，在我国发展社会主义市场经济的条件下，学前教育学在教育学领域占据了重要地位，成为一门重要的独立学科，也是幼儿师范学校和本科学前教育专业课程设置中的基础学科和关键课程。1983 年，国务院学位委员会将学前教育学与普通教育学、高等教育学、成人教育学等学科一起正式列入学科专业目录。深入开展学前教育学理论研究对党和国家制定出台学前教育方针政策、法律法规有着重要的参考借鉴作用，同时也能有效指导学前教育实践活动，推动学前教育事业科学发展。

改革开放后，学前教育学的重要性逐渐被人们认识、理解，并受到高度重视，也取得了很大的发展，研究、著述等方面的成果不断涌现。但不可否认的是，此阶段学前教育学的学科建设仍处于发展之中，还有许多问题尚未解决，许多领域仍需开拓和研究。

　　长期以来，我国学前教育学存在这样一个问题，即"学前教育"与"学前教育学"两个概念模糊不清、边界不明。不少研究者将学前教育学理解为学前教育，将二者混为一谈，这是由学前教育学学科概念不明所造成的。判断一门学科是否独立的一条重要标准，就是这门学科的研究对象、研究内容是否确定。学前教育学的研究对象，涉及学前教育学研究边界的问题，是学前教育学不可忽视的基础理论建设的重要部分。明确学前教育学的研究对象就是回答学前教育学研究什么这一问题，该问题直接关系到学前教育学学科内容和理论体系的构建，是学前教育学的基本理论问题，也是衡量学前教育学发展成熟度的重要标志。① 在 1977—2000 年出版的关于学前教育学的教材中，黄人颂将学前教育规律作为学前教育学的研究对象；② 李生兰认为学前教育学专门研究学前教育现象和学前教育规律。③ 这两种具有代表性的观点提出了学前教育学的研究对象，它们深受同期教育学研究对象界定的影响，是同期教育学研究对象观在学前教育学领域的演绎，没有考虑到学前教育学和普通教育学的差异。1984 年南京师范大学教育系编写的《教育学》正是从教育规律的角度确定教育学的研究对象的。④ 把学前教育现象作为研究对象，虽然有一定的道理，但现象是外部表现形式，具有客观性，而"对象"始终是被意识到的客观存在，如果客观的学前教育现象没有被研究主体意识到，那么它就不能成为研究对象。把所有的学前教育现象当作学前教育学的研究对象，无疑扩大了研究的范围，也有一定的不

---

① 张利洪、李静：《学前教育学的研究对象》，载《学前教育研究》，2011(9)。
② 黄人颂：《学前教育学》，1 页，北京，人民教育出版社，1989。
③ 李生兰：《学前教育学》，6 页，上海，华东师范大学出版社，1999。
④ 南京师范大学教育系：《教育学》，1 页，北京，人民教育出版社，1984。

足之处。除上述两种观点外，此时期还存在着其他各种观点，对于学前教育学的研究对象学前教育学界此时未能形成统一认识，有的研究者甚至对此闭口不谈。

需要指出的是，尽管学术界对学前教育学的研究对象存在一些分歧，但有一方面的认识是一致的，即学前教育学最终是为学前儿童的发展服务的，研究的都是有关学前儿童各方面的内容，其重要性不言而喻。而且，从发展的眼光看，一门学科的研究对象总是随着社会历史的发展进步而有所微调的，研究对象会随着研究的开展而不断变化，且学前教育学的研究对象本身也在学前教育学的研究范围内，学术争鸣带来的是学前教育学科学研究的兴盛，这本身也是一件好事，有利于学前教育学学科建设的本土化探索。

总之，此时期的学者大多认为学前教育学是研究学前教育现象和学前教育规律的科学，是以开展学前教育理论探究与学前教育实践总结为重点任务的基础学科，是学前教育专业的基础理论课，也是学前教育学学科建设的"龙头课程"。学前教育学应以教育学和心理学为基础，在研究方法上应借鉴哲学、历史学、社会学、数学等学科的方法，在研究内容上应涵盖学前教育的研究对象、研究方法、学习目标、基本框架等学前教育活动的各个组成要素，应通过对学前教育活动各个组成部分的研究，揭示学前阶段(一般指 0～6 岁)儿童教育的规律。学前教育学是教育学的一个重要分支学科，是在教育学内部根据学前教育实践的发展，对教育现实中的某个专门问题或领域进行研究而形成的学科。学前教育学学科的产生和发展反映了中华人民共和国成立以来教育学研究领域的具体化和专门化，表明开始由传统的理论教育学向实践教育学渗透，这也拓宽了学前教育学的研究领域，有助于学前教育学研究实践价值的提高。作为教育学的二级学科，学前教育学自身还处于逐步成熟完善的过程中，同时面对学前教育实践的现实需要，学前教育学的发展与其他当代科学一样，出现了既分化又综合的发展趋势。

五、学前教育学作为一门独立学科的学科地位凸显

首先，幼儿师范学校及高等院校的学前教育专业得到重视和发展。作为学前教育学学科建设的主要阵地——幼儿师范学校与高校学前教育专业的发展受到党和政府及社会各界的重视。在幼儿师范学校方面，1980 年，教育部印发《幼儿师范学校教学计划试行草案》，这是 1968 年后教育部颁发的第一个幼儿师范学校教学计划。1985年，教育部颁发了《幼儿师范学校教学计划》，自此，学前教育界常说的"三学六法"结构初步定型。教育部在颁发该计划的通知中明确指示，此教学计划只提供一个框架，各学校可以根据本校实际有所改变，也可进行修改、进行实验，此计划的灵活性很高。这是中华人民共和国成立以来教育部首次对中等幼儿师范学校的课程设置放权。1995 年，国家教育委员会印发《三年制中等幼儿师范学校教学方案（试行）》，对人才培养的规格首次做出了详细规定。

高等院校的学前教育专业也逐渐发展壮大起来。1978 年，教育部《关于加强和发展师范教育的意见》指出："原有学前教育专业的师范院校，应积极办好这个专业，扩大招生名额，为各地培养幼师师资。"原有的六所高等师范院校学前教育专业在 1978—1979 年陆续恢复招生。20 世纪 80 年代初，华东师范大学、陕西师范大学以及一些省（自治区、直辖市）的省级师范院校增设了学前教育专业。到 1987年，共有 22 所师范院校设置了学前教育专业。20 世纪 90 年代，由于社会对幼儿教师的学历要求提高，学前教育事业发展对高层次学前教育专业人才的需求增加，以及中等幼儿师范学校的结构进行了调整，高等师范院校学前教育专业的数量有了较大增长。到 21 世纪初，已有 30 多所高校有学前教育专业，数量呈现上升趋势。20 世纪80 年代初，我国学前教育专业研究生教育得到发展，包括硕士和博士两个层次，主要培养高校教师和其他类型的高层次学前教育专业

人才。1984 年，北京师范大学学前教育专业开始招收和培养硕士研究生，这标志着学前教育专业研究生教育启动。1986 年，南京师范大学获得了幼儿教育学硕士学位授予权，到 90 年代末又增加了华东师范大学、西北师范大学、西南师范大学等五个硕士点。到 21 世纪初可以招收学前教育专业硕士研究生的高校有北京师范大学、南京师范大学、华东师范大学、西北师范大学、西南师范大学、辽宁师范大学、东北师范大学、华南师范大学等。1993 年，北京师范大学学前教育专业开始招收和培养博士研究生；1994 年，南京师范大学学前教育专业拥有了我国第一个幼儿教育学博士点；1998 年，我国产生了第一位进博士后流动站研究学前教育的学者。高校学前教育专业的快速发展标志着我国学前教育学的科学性、独立性明显加强，学科地位和人才培养的层次明显提高，学前教育学的重要性得到学术界、教育界的一致认可。

其次，高等师范院校学前教育专业的教师在建立我国学前教育学体系、结合教研与科研、促进高等师范院校教学与幼儿园实践的互动作用等方面做出突出贡献。例如，1977—2000 年，理论著作《学前教育学》有六种版本，其中由高等师范院校教师撰写的有五种；《中国学前教育史》有三种版本，其中由高等师范院校编写的有两种；将学前教育的研究范围前推至 0 岁所产生的研究成果，几乎全部都是高等师范院校教师将教学与实际指导相结合的产物；将学前教育的研究范围后延至与小学教育的衔接所进行的研究，参与力量也几乎全部来自高等师范院校学前教育专业。高等师范院校学前教育专业教师的科研项目已具有明显的前瞻性和理论价值。

再次，学前教育学作为一门独立学科在高校中的学科地位提升。在这个时间段，高校中关于学前教育学的课题不断开展，硕博士学位论文数量增加，高等师范院校主持的部委级及以上的科研项目有所增加。在全国教育科学"七五"规划中，有关学前教育的两项课题中有一项是由高等师范院校学前教育专业教师主持的（由赵寄石主持的"农村幼儿教育课程研究"）；到"八五"规划和"九五"规划时，高等师范院校学前教育专业教师主持的课题均占学前教育课题总数的约50%，包括"我国幼儿家庭教育研究""儿童早期艺术教育的改革与研究""中国幼儿园课程政策研究""我国幼儿园课程体系的研究""学前儿童审美教育学"等，学术成果显著。学前教育学的科学性、客观性不断加强，学科体系日益成熟，形成了具有自身特色的理论研究方法。

作为一门独立学科，学前教育学的重要性不断凸显，成为幼儿师范学校与高校学前教育专业的核心课程。许多升格后的幼儿师范学校及新成立的本科学前教育专业都把"学前教育学"列为基本理论课程中的专业主干课程。1997 年，华东师范大学学前教育专业和心理系特殊教育学院、上海南林师范学校、上海幼儿师范高等专科学校合并成立华东师范大学学前教育与特殊教育学院，成为全国学前教育领域率先成立的二级学院，学前教育学成为其专业核心课程。同时，原有的高等师范院校本科学前教育专业也开始重视学前教育学学科的学习，并加入培养幼儿教师的行列。幼儿师范学校转型，原有高等师范院校加入，再加上地方综合性大学和其他高等院校也参与进来，且各类院校都注意将学前教育学纳入专业主干课程，这些都使得全国幼儿教师培养的层次和水平快速显著提高。

六、学前教育学学科体系的建设

学科体系与学科研究范围密不可分。改革开放后，学前教育学经过不断的探索与发展，研究范围逐步扩大。在内容上，除研究社会主义条件下学前教育的一般原理外，还包括学前教育的内容、方法、原则、任务等，涵盖学前教育的各个组成要素、学前教育活动的各个环节。学前教育学的科学研究既有分化性研究，也有综合性研究；既有关于儿童观、教育观、师资、课程、政策法规等学前教育学所涵盖的各个模块的研究，也有对学前教育学本学科的元研究。研究对象上，研究的儿童年龄从 3～6 岁向 3 岁以前延伸。

我国学者对学前教育学学科体系建设的努力主要体现在其所编写的学前教育学著作中。1977—2000 年，我国学者所出版的学前教育著作主要有以下几种。

一是黄人颂主编的《学前教育学》(1989 年，人民教育出版社)。它是我国出版的第一本高等师范院校《学前教育学》教材，全书内容共 15 章，重点阐述了从出生至 6 岁儿童教育的基本理论，并结合了我国教育改革的实际情况，较多地反映了国内外学前教育理论的新成就。具体内容包括：学前教育学的对象、任务及发展，学前教育与社会的关系，学前教育与儿童身心发展的关系，教育目的与学前教育任务，婴儿教育，幼儿体育，幼儿智育，幼儿德育，幼儿美育，幼儿园的游戏，幼儿园的教学，幼儿园与小学的衔接，托儿所、幼儿园与家庭，学前教师及其培训，学前教育的科学研究。黄人颂版《学前教育学》主要供高等师范院校的学前教育专业和学前教育函授班以及幼儿师范学校附设的学前教育大专班使用，也为广大学前教育工作者提供学习参考。黄人颂版《学前教育学》的出版是学前教育学学科建设的一个重要事件，为建设具有中国特色的学前教育学学科打下了基础。

二是梁志燊主编的《学前教育学》(1990 年，北京师范大学出版社)。内容包括：学前教育理论的建立及主要流派，学前教育的社会因素分析，现代社会与学前教育，学前教育与儿童发展，学前教育的新观念，学前各年龄儿童的心理特征与教育要领，托儿所的保育与教育，幼儿园教育，幼儿园的活动，学前儿童家庭教育，学前教育社区化的发展趋势，我国幼儿德育研究的新进展，幼儿德育技术介绍。

三是虞永平编著的《学前教育学》(1996 年，江苏教育出版社)。

内容包括：学前教育的历史发展与价值，儿童观、教育观、教师观，生态环境与幼儿教育，学前教育目标，学前儿童体格、体能发展与教育，学前儿童智能发展与教育，学前儿童社会性发展与教育，学前儿童的美感发展与教育，学前课程，学前教育活动，学前儿童的游戏。

四是刘焱编著的《幼儿教育概论》(1999 年，中国劳动社会保障出版社)。内容包括：幼儿教育的意义与历史发展，我国幼儿教育制度与基本理论，幼儿的全面发展教育，幼儿教师，幼儿园的环境与制度，幼儿园的教育活动，教育的衔接与合作、教师工作计划。

五是刘晓东著的《儿童教育新论》(1998 年，江苏教育出版社)。内容包括：儿童观，教育观，儿童的身体与儿童教育，儿童的哲学与儿童哲学教育，儿童的科学与儿童科学教育，儿童的伦理学与儿童道德教育，儿童的艺术与儿童艺术教育，儿童的语言与儿童语言教育，儿童教育的整体构型。

六是李生兰著的《学前教育学》(1999 年，华东师范大学出版社)。内容包括：导论，学前儿童观，学前教育观，学前教育的课程，幼儿园的社会教育，幼儿游戏，幼儿园家庭教育的指导，幼儿教师。

学前教育学内容广泛，其学科体系的建立是一个复杂庞大的工程，虽然艰难，但学前教育学学科体系的建立对于学前教育学学科的科学性、独立性具有重要意义，是学前教育学成为一门成熟、独立学科的必要条件，这也是该时期学前教育学工作者共同努力做好学前教育学学科体系建设工作的原因。

七、出版学前教育学以及分支学科的教材

1977 年后，特别是进入 20 世纪 80 年代，学前教育学学科体系的恢复重建加快，学前教育学学科体系的中国化得到重新思考。我国学者在重视国外学前教育学的引进、介绍以及借鉴国外学前教育学学科成果的同时，结合我国的实际，植根于我国学前教育改革的伟大实践，在我国学前教育学学科发展上取得了一定的成果。我国学者编写的教材和专著的数量逐渐增加，一些分支学科的成果也越来越多。北京师范大学学前教育专业组织力量完成了一套学前教育专业教材，北京师范大学与南京师范大学合作撰写了三部大型幼儿教育辞书——《教育大辞典·第 2 卷·师范教育、幼儿教育、特殊教育》《幼儿教育百科辞典》《中国学前教育百科全书》。各高校学前教育专业的教师全力推进改革，努力提高学前教育教学质量，成为学前教育学学科建设的领军者。

根据收集到的文献，1977—2000 年我国引进的国外教材和专著共 25 本；而我国自己出版的教材和专著共 62 本，在数量上远远超过了引进的，其中独立著作为 26 本，编著为 11 本，编写为 25 本，这在一定程度上可以说明我国学者在探索学前教育学学科体系中国化的道路上迈出了很大的一步。在 62 本教材和著作中，学前教育学有 16 本，中国幼儿教育史有 8 本，外国幼儿教育史有 3 本，儿童游戏有 8 本，幼儿健康教育有 9 本，幼儿语言教育有 3 本，幼儿科学教育有 3 本，幼儿数学教育有 2 本，幼儿美术教育有 5 本，幼儿音乐教育有 3 本，学前教育课程论有 1 本，学前教育评价有 1 本。几乎包含学前教育学所有重要的分支学科。

(一)国外引进的教材和专著(合计 25 本)

[苏]亚德什科、索欣主编，北京师范大学外国教育研究所译:《学前教育学》，人民教育出版社，1981 年版。

[苏]恰鲍夫斯卡娅著，高维汉、王秀钟、宋盛绪译:《学前儿童卫生保健基础》，人民教育出版社，1981 年版。

[美]黛安·E. 帕普利、萨莉·W. 奥尔兹著，华东师范大学外国教育研究所《儿童世界》翻译组译:《儿童世界——从婴儿期到青春期(上册)》，人民教育出版社，1981 年版。

[苏]列乌申娜著，曹筱宁、成有信、朴永馨译:《学前儿童初步

数概念的形成》，人民教育出版社，1982 年版。

〔日〕松本喜一郎、山根薰编著，李长声译：《学龄前幼儿教育》，吉林人民出版社，1982 年版。

〔日〕山下俊郎著，骆为龙、陈耐轩译：《独生子女的心理与教育》，上海教育出版社，1982 年版。

〔日〕秋山和夫、小田丰、牧文彦编著，魏嘉媛、刘翠荣译：《幼儿教育论》，吉林人民出版社，1983 年版。

〔苏〕马尔科娃（又译马尔柯娃）主编，杭志高、王春明等译：《幼儿园和家庭》，北京出版社，1983 年版。

〔美〕莫里斯·L. 比格著，张敷荣、张粹然、王道宗译：《学习的基本理论与教学实践》，文化教育出版社，1983 年版。

〔法〕G. 米拉雷特著，刘幸宇译：《世界各国学龄前教育动向》，吉林人民出版社，1983 年版。

〔美〕黛安·E. 帕普利、萨莉·W. 奥尔兹著，曹秋平、陈曦红、潘建平译：《儿童世界——从婴儿期到青春期（下册）》，人民教育出版社，1984 年版。

〔日〕藤永保编，莫伽译：《创造性幼儿教育》，吉林人民出版社，1984 年版。

〔苏〕阿瓦涅索娃等编著：《学龄前儿童教育》，教育科学出版社，1984 年版。

〔苏〕查包洛塞兹、马尔科娃主编，李子卓、佘星南、杨慕之、黄坤坊译：《学前教育学原理》，人民教育出版社，1984 年版。

〔苏〕涅切耶娃、马尔柯娃编，黄希庭、时勘译：《幼儿园的道德教育》，甘肃人民出版社，1984 年版。

〔苏〕德廖莫夫等著，吴式颖、臧仲伦、方苹译：《美育原理》，人民教育出版社，1984 年版。

〔苏〕克涅曼、胡赫拉耶娃著，徐志文、吴建军、冯育民译：《学前儿童体育的理论和教学法》，人民教育出版社，1984 年版。

[日]小口忠彦著，李秀英译：《游戏的心理和指导》，人民教育出版社，1984 年版。

[日]日本世界教育史研究会编：《世界幼儿教育史(上下册)》，吉林人民出版社，1986 年版。

[美]波拉·波尔克·里拉德著，刘彦龙、李四梅译：《现代幼儿教育法》，明天出版社，1986 年版。

[苏]格·木·莲明娜主编，杜志英、白铬欣译：《0—3 岁婴幼儿的教育》，教育科学出版社，1986 年版。

[美]伯顿·L. 怀特著，刘庆衍等译：《一生的头三年》，北京出版社，1987 年版。

[日]滝沢武久著，李静译：《孩子思维与认识能力的发展》，中国国际广播出版社，1988 年版。

[美]凯塞琳·里德、琼·帕特森著，卢乐珍、汪爱丽、黄人颂、屠美如译：《美国幼儿教育的理论和实践》，江苏教育出版社，1990 年版。

[日]清水骁著，陈源明译：《幼儿教育指引》，世界图书出版公司，1993 年版。

(二)国内出版的学前教育学教材(合计 16 本)

人民教育出版社《外国教育丛书》编辑组：《学前教育》，人民教育出版社，1980 年版。

单传英编著：《幼儿教育学》，湖南教育出版社，1983 年版。

华东七省市、四川省幼儿园教师进修教材协编委员：《幼儿教育学》，上海教育出版社，1987 年版。

黄人颂主编：《学前教育学》，人民教育出版社，1989 年版。

北京师范大学教育系学前教研室编：《学前教育学参考资料》，北京师范大学出版社，1990 年版。

梁志燊编著：《学前教育学》，北京师范大学出版社，1990 年版。

卢乐山主编：《学前教育原理》，北京师范大学出版社，1991 年版。

高岚、申荷永主编：《学前教育学——原理与运用》，中国和平出版社，1991 年版。

梁志燊著：《现代学前教育》，教育科学出版社，1993 年版。

焦健、任致文、李辉编著：《学前教育学》，科学普及出版社，1994 年版。

虞永平编著：《学前教育学》，江苏教育出版社，1996 年版。

王丽璇主编：《学前教育学》，东北师范大学出版社，1996 年版。

梁志燊编著：《学前教育学》，北京师范大学出版社，1998 年版。

刘焱编著：《幼儿教育概论》，中国劳动社会保障出版社，1998 年版。

刘晓东著：《儿童教育新论》，江苏教育出版社，1998 年版。

李生兰著：《学前教育学》，华东师范大学出版社，1999 年版。

（三）国内出版的其他分支学科的教材和专著（合计 46 本）

1. 中国幼儿教育史（8 本）

乔卫平、程培杰著：《中国古代幼儿教育史》，安徽教育出版社，1989 年版。

李定开编著：《中国学前教育》，西南师范大学出版社，1990 年版。

何晓夏主编：《简明中国学前教育史》，北京师范大学出版社，1990 年版。

孙爱月著：《当代中国幼儿教育》，福建人民出版社，1991 年版。

唐淑、钟昭华主编：《中国学前教育史》，人民教育出版社，1993 年版。

陈汉才著：《中国古代幼儿教育史》，广东高等教育出版社，

1996 年版。

杜成宪、王伦信著：《中国幼儿教育史》，上海教育出版社，1998 年版。

唐淑、何晓夏主编：《学前教育史》，辽宁师范大学出版社，2001 年版。

2. 外国幼儿教育史(3 本)

杨汉麟、周采著：《外国幼儿教育史(修订本)》，广西教育出版社，1993 年版。

唐淑主编：《外国学前教育史(近现代部分)》，苏州大学出版社，1994 年版。

周采、杨汉麟主编：《外国学前教育史》，北京师范大学出版社，1999 年版。

3. 儿童游戏(8 本)

天津市先学前教育研究室：《婴幼儿益智游戏》，天津科学技术出版社，1989 年版。

黄人颂主编：《幼儿园游戏》，苏州大学出版社，1995 年版。

李淑贤、姚伟主编：《幼儿游戏理论与指导》，东北师范大学出版社，1995 版。

刘焱著：《儿童游戏的当代理论与研究》，四川教育出版社，1998 年版。

华爱华著：《幼儿游戏理论》，上海教育出版社，1998 年版。

刘焱著：《幼儿园游戏教学论》，中国社会出版社，1999 年版。

曹中平著：《儿童游戏论——文化学、心理学和教育学三维视野》，宁夏人民出版社，1999 年版。

许政涛、陈宪主编：《幼儿游戏观察指导》，上海社会科学院出版社，1999 年版。

4. 幼儿健康教育(9 本)

李林静编著：《学校卫生学》，西南师范大学出版社，1986 年版。

李美筠编著：《儿童营养学》，教育科学出版社，1987 年版。

朱家雄等编著：《幼儿卫生学》，江苏教育出版社，1990 年版。

万钫编著：《学前卫生学》，北京师范大学出版社，1994 年版。

朱家雄编著：《学前儿童心理卫生》，人民教育出版社，1994 年版。

张慧和、顾荣芳主编：《健康》，南京师范大学出版社，1996 年版。

顾荣芳著：《学前儿童卫生与健康教育》，江苏教育出版社，1997 年版。

郑晓边主编：《现代幼儿心理保育与教育》，武汉水利电力大学出版社，1999 年版。

肖文娥主编：《学前卫生学》，河北教育出版社，1999 年版。

5. 幼儿语言教育（3 本）

周兢著：《幼儿园语言文学教育活动》，中国广播电视出版社，1992 年版。

赵寄石、楼必生主编：《学前儿童语言教育》，人民教育出版社，1995 年版。

周兢主编：《幼儿园语言教育活动设计与组织》，人民教育出版社，1996 年版。

6. 幼儿科学教育（3 本）

王志明编著：《幼儿科学教育》，江苏教育出版社，1990 年版。

王月媛著：《幼儿的科学启蒙教育》，北京教育出版社，1992 年版。

刘占兰著：《幼儿科学教育》，北京师范大学出版社，2000 年版。

7. 幼儿数学教育（2 本）

肖湘宁编著：《幼儿数学活动教学法》，南京大学出版社，1990

年版。

林嘉绥等著：《学前儿童数学教育》，北京师范大学出版社，1994 年版。

8. 幼儿美术教育(5 本)

陈鹤琴著：《儿童绘画之研究》，上海教育出版社，1986 年版。

张念芸编著：《学前儿童美术教育》，北京师范大学出版社，1997 年版。

孔起英著：《学前儿童美术教育》，南京师范大学出版社，1998 年版。

朱家雄等编著：《学前儿童美术教育》，华东师范大学出版社，1999 年版。

楼必生、屠美如著：《学前儿童艺术综合教育研究》，北京师范大学出版社，1997 年版。

9. 幼儿音乐教育(3 本)

许卓娅著：《幼儿园音乐教育活动指导》，人民教育出版社，1990 年版。

许卓娅主编：《幼儿园音乐教育活动》，人民音乐出版社，1995 年版。

李晋媛著：《幼儿音乐教育》，北京师范大学出版社，1998 年版。

10. 学前教育课程论(1 本)

石筠弢著：《学前教育课程论》，北京师范大学出版社，1999 年版。

11. 学前教育评价(1 本)

霍力岩著：《学前教育评价》，北京师范大学出版社，2000 年版。

1989 年，在教育部委托北京师范大学和南京师范大学两校教育系的部分教师编写的讲义的基础上，由黄人颂教授为主编，结合当时的教学实践和学科理论发展成果，经多次审稿和修改，增删、调整、改编了一些章节，充实、更新了内容，正式出版了教材《学前教育学》。这是我国出版的第一本高等师范院校《学前教育学》教材，及时满足了当时学前教育专业教学的急需。

受此影响，1990—1991 年，北京师范大学出版社先后出版了由北京师范大学教育系学前教研室编写的《学前教育学》、梁志燊编著的《学前教育学》、卢乐山主编的《学前教育原理》三本学前教育学教材；中国和平出版社出版了高岚与申荷永主编的《学前教育学——原理与运用》。这些学前教育学专业教材和专著，从不同视角深入研究了学前教育学的基本理论，完善了我国学前教育学的教材体系，凸显了学前教育学学科建设的中国化特色。此后，学前教育学专业教材和著作如雨后春笋般涌现。尽管受限于当时的思想认识与客观条件，这些教材在学前教育学的学科定位、学科性质、目标任务及一些基本概念上还有各自的看法，一些观点也有较明显的差异，但并不能因此否定这些教材和专著对推进学前教育学学科建设中国化发展的贡献，至少这些教材的出版使我国学前教育学彻底告别了缺教材、特别是缺本土教材的现象，并为促进学前教育学学科建设中国化奠定了教材基础。

八、开展学前教育课题研究

党的十一届三中全会召开后，经过几年的恢复与调整，学前教育学的学科发展走上正轨，研究工作全面开展，学科研究任务、研究目的等初步确立，学前教育学的学科框架被重新构建，学前教育学的理论研究成果如雨后春笋般涌现。但是，在改革开放最初的几年里，由于"文化大革命"刚刚结束，学术界百废待兴，学前教育虽然得到党和政府的高度重视，也初步开启了学科建设的新局面，但仍跌跌撞撞、摇摆前行，此时的学前教育学仍是一门尚未成熟的新兴学科。经过几年的恢复与建设，我国的学前教育学由调整与恢复阶段走向了积极发展阶段，并且顺应教育全球化趋势，吸收和借鉴国外先进经验,学前教育学的学科建设步入正轨,科研水平相比前一阶段有了很大的提高。

(一)关于幼儿心理和生理发展的课题研究

1978 年 7 月,国务院批准《教育部关于重建中央教育科学研究所的请示报告》。当年 10 月,国家重建了在"文化大革命"中被解散的中央教育科学研究所,幼儿教育教研室也在不久后成立。《1979—1985 教育科学发展规划纲要(草案)》指出,需加强教育科学各门基础理论研究,为编写教育学、心理学、中外教育史、各科教学法、幼儿教育学等打下科学基础;并为研究各种教育的实际问题,提供基础理论的指导。[①] 1983 年 9 月,全国教育科学规划小组组长何东昌在《有中国特色的社会主义教育需要有中国特色的教育科学》讲话中指出:"需要从当前和今后一段时期我们能够预见到的,教育事业发展中间的重大问题出发进行科学研究……提出理论上的依据,然后再根据这个理论来制定方针政策。"[②]并指出幼儿园阶段更多是"心理的"。中央教科所幼儿教育研究室根据以上精神分析了当时的学前教育状况,认为学前教育学研究的课题应立足于幼儿,对幼儿的生理学和心理学进行研究,因此主持开展了一系列相关的课题。1979 年的"3～6 岁幼儿言语发展特点的调查研究"是中央教科所幼儿教育研究室主持的第一个项目,该研究后来成为全国教育科学"六五"规划国家重点课题"儿童心理发展与教育"的一个子课题,其成果被列入成果集内。"六五"期间,中央教科所幼儿教育研究室与 16 个省(自治区、直辖市)的幼教工作者协作,进行了"我国幼儿形态、机能、基本体育活动能力的调查研究",收集了 3 万多名幼儿的 58 万条有关数据,为我国幼儿生理素质发展的有效教育行为提供了可靠依据,

---

① 唐淑、何晓夏:《学前教育史》,282 页,大连,辽宁师范大学出版社,2001。

② 杨莉君:《学前教育政策法规概论》,44～45 页,长沙,湖南师范大学出版社,2008。

该成果后获全国首届教育科学研究优秀成果一等奖。与此同时，中央教科所和陕西师范大学共同主持了有关幼儿观察力的调查，广州市教科所主持了对广州、深圳幼儿个性品质现实的调查，河北张家口市教委主持了幼儿创造性思维发展的研究，等等，这些均为我国幼儿园教育实践提供了幼儿心理发展规律依据。根据健康第一的精神和幼儿园实际需要，中央教科所幼儿教育研究室从 1980 年开始，在北京、广州、南京、重庆等地的幼儿园进行了幼儿营养调查和实验，其成果汇集于 1985 年教育科学出版社出版的由郝秀真编著的《学龄前儿童膳食与营养》一书中。与此同时，围绕幼儿园幼儿的生活制度和幼儿"三浴"锻炼等，华东师范大学和一些地区组织了专题研究，收集和积累我国幼儿发展的第一手资料。

（二）关于农村幼儿教育的课题研究

为了帮助广大幼儿教育工作者澄清思想认识、正常开展工作，中央教科所幼儿教育研究室开展了"建国 32 年来幼儿教育的历史经验和教训"课题研究，研究成果提到了开展幼儿教育学术研究必须坚持历史唯物主义和辩证唯物主义态度等。北京师范大学、南京师范大学、陕西师范大学等师范大学的学前教育研究室对我国学前教育所走过的曲折道路也进行了历史性研究，这些课题对于学前教育学的课题研究明确了指导思想。

1985 年的《中共中央关于教育体制改革的决定》和 1987 年的全国第三次教育科学规划会议对"七五"期间的教育科研工作提出了要求——要更明确地为中国特色社会主义建设服务，并要求幼儿教育科学研究在立题、制定方案、研究手段和方法运用方面更加注意适应形势需要、保证成果质量。在此要求下，中央教科所幼儿教育研究室开启了"如何适应我国新时期的特点提高幼教质量"这一全国教育科学"七五"规划课题，以了解在当时的幼儿生存和学习主要环境中关于奠定良好素质基础的有利和不利因素，从而找准切入点，有的放矢地为幼儿素质培养创造良好的后天环境。在此研究的基础上，"八五"全国哲学社会科学基金项目"适应我国国情，提高幼儿素质实验研究"开展，其成果在国内得到广泛传播。

与此同时，为了改善广大农村幼儿的生存和学习条件、为幼儿奠定良好的素质基础，由南京师范大学幼儿教育系主持的"农村幼儿教育研究"成为列入全国教育科学"七五"规划的第一个农村幼教研究课题。通过在江苏为期三年的教育实验，南京师范大学幼儿教育系制定了我国第一个农村幼儿园教育大纲，其成果《农村学前一年综合教育课程设计》于1993年由教育科学出版社出版。

中央教科所幼儿教育研究室在20世纪80年代初开展的调查华东和华北地区地理、经济、文化背景不同的农村幼儿发展情况的研究的基础上，申请了全国教育科学"八五"规划课题"农村幼儿教育体系"。1998年5月，在国家教育委员会基础教育司和联合国儿童基金会联合召开的农村早期儿童发展项目经验交流会上，该项目组成员做了大会报告，对我国农村幼儿教育的发展提出了有价值的意见。南京师范大学的"学前儿童多种保教形式的研究"课题组探索，以幼儿园为核心的多种学前儿童保教形式，取得了关于农村学前一年教育和贫困农村学前教育进一步开拓资源以创造不同教育模式的创造性研究成果。中国福利会确立了扶贫项目，采取培训、资助、探索规律等方法，在广西、内蒙古、新疆等地的农村进行了长期研究。

(三)关于幼儿园教育教学改革的课题研究

北京市教科所与北京市幼儿师范学校合作进行的"幼儿玩具系列化促进幼儿智力发展的实验研究"，发现了玩具结构类别与幼儿年龄智力发展的关系，对指导幼儿园小、中、大班玩具的设置和操作起了理论指导作用。北京师范大学教育系学前教育专业进行的"幼儿园教育大纲实验研究"，为国家教育委员会办公厅颁发《关于在幼儿园加强爱家乡、爱祖国教育的意见》进行了贯彻落实的思想认识和教育行动的准备。中央教科所幼儿教育研究室主持的"幼儿园认识自然"和"幼儿园课程结构改革"实验研究对幼儿园科学教育的实践起了促进作用。该类课题涉及了促进幼儿园全面发展教育的目标、内容、手段、方法等课程改革的内容，显示了幼教工作者开创幼儿教育现代化新局面的科学态度和积极行动。

1998 年，由北京市教委学前教育处负责、北京市教育科学研究院等单位参与的北京市教育科学"九五"规划重点课题"北京市幼儿园课程方案实验研究"，为北京市幼教界贯彻国家教育委员会颁布的《幼儿园工作规程》的基本精神提供了具有本地区特色的指导教育实践活动的依据。上海市教委于 1999 年颁发的《上海市学前教育纲要》，是由上海市委、上海市教科所、华东师范大学、长宁区实验幼儿园等单位的工作人员共同组成的上海市中小学课程教材审查委员会学前教育分会的科研产物。

天津市和平区第十一幼儿园为使自身整日制和寄宿制两类班级的幼儿均得到良好发展，对两类班级的课程分别做了研究；上海市特级教师李慰宜根据个人在幼儿绘画教学中深入幼儿内心世界并予以发掘提炼的经验，通过专著《走进幼儿绘画世界》，将使绘画活动成为促进幼儿整体素质发展的有力手段的经验上升为理论。中国福利会幼儿园的"生存课程研究"、宋庆龄幼儿园的"多元文化幼儿教育研究"等都是根据各自条件、切合时代精神的专题研究。

（四）全国教育科学规划课题

在这一阶段，全国教育科学规划课题申报逐渐步入正轨，学前教育课题申报数量逐渐增多，在"六五""七五""八五""九五"规划中，学前教育申报的课题如表 2-2 所示。

表 2-2　"六五"至"九五"规划期间(1980—2000 年)学前教育立项课题

时间	课题名称	课题负责人	工作单位	课题类别
"六五"规划	没有专门的学前教育课题立项,"3～6 岁幼儿言语发展特点的调查研究"是国家重点课题"儿童心理发展与教育"的子课题			
"七五"规划	农村幼儿教育研究	赵寄石	南京师范大学	国家教委重点
	如何适应我国新时期的特点提高幼教质量	史慧中	中央教科所	国家教委重点
"八五"规划	关于"适应我国国情提高幼儿素质"的实验研究	史慧中	中央教科所	中华社科基金
	我国幼儿家庭教育的研究:一部分地区幼儿家庭教育指导模式的探索	李洪曾	上海市教科所	国家教委重点
	农村幼儿教育体系	沈芝莲	中央教科所	国家教委重点
	儿童早期艺术教育的改革与研究	屠美如	南京师范大学	国家教委重点
	当代学前教育原理	周欣	南京师范大学	青年专项
	四省城乡幼儿园教育评价研究	项宗萍	中央教科所	青年专项
	社会主义市场经济条件下幼儿教育目标研究	李俊杰	深圳市南山区教育局蛇口幼儿园	青年专项
	提前识字、计算促进幼儿智能发展实验研究	王超美	浙江省教科局	青年专项
	我国幼儿家庭教育研究	陈帼眉	北京师范大学	规划研究

续表

时间	课题名称	课题负责人	工作单位	课题类别
"九五"规划	提高我国幼儿师资素质的研究	项宗萍	中央教科所	教育部重点
	研究当代幼儿教育，建设中国特色的幼教理论体系	陈帼眉	北京师范大学	教育部重点
	新时期幼儿社会性行为健康发展的教育研究	庞丽娟	北京师范大学	教育部重点
	中国幼儿园课程政策研究	冯晓霞	北京师范大学	教育部重点
	东西方文化中幼儿艺术教育的比较研究	祝士媛	北京师范大学	教育部重点
	幼儿园教学、游戏活动中师幼互动研究	卢乐珍	南京师范大学	教育部重点
	我国幼儿教育课程体系的研究	唐淑	南京师范大学	教育部重点
	我国贫困农村地区幼儿教育现状调查和对策研究	徐子煜	中国福利会	教育部重点
	儿童个性发展与培养的实验研究	杨丽珠	辽宁师范大学	教育部重点
	学前儿童审美教育学	屠美如	南京师范大学	教育部重点
	幼儿园学具教学的理论与实践	李忠臣	中央教科所	教育部重点
	中部地区农村社会变迁与幼儿教育发展关系问题的研究	孙民从	华中师范大学	教育部重点
	儿童道德发生新论及其教育学意义	刘晓东	南京师范大学	青年专项

注：表格信息来源为全国教育科学规划领导小组办公室编：《中国教育科学规划回顾与展望——从"六五"到"十五"》，教育科学出版社，2006 年版。

　　在全国教育科学"六五"规划课题中没有关于学前教育的单独项目，但史惠中主持的"3～6 岁幼儿言语发展特点的调查研究"是国家重点课题"儿童心理发展与教育"的子课题。

　　全国教育科学"七五"规划共确定课题 148 项，其中国家重点课题 29 项，国家教委重点课题 89 项，其他中央部委重点课题 27 项，另有 3 项课题虽被列为国家重点课题，但不申报相应基金。148 项课题中，学前教育立项课题有 2 项，仅占立项课题总数的 1.35%。课题的立项单位是南京师范大学和中央教科所，一个是研究实力较为雄厚的高校，一个是专门做教育研究的机构。从立项课题的主题来看，课题突破了"六五"期间仅有的关于幼儿心理的主题，开始围绕幼儿教育本身开展课题研究。

　　"八五"期间，全国教育科学规划各级各类课题共 527 项，其中重大课题 1 项，国家重点课题 20 项，中华社科基金课题 23 项，青年基金课题 20 项，国家教委重点课题 148 项，其他部委重点课题 49 项，国防军事学科研究课题 80 项，青年专项课题 73 项，规划研究课题 113 项。527 项课题中，学前教育立项课题有 9 项，占立项课题总数的 1.71%，较"七五"规划多了 7 项，实现了数量上的增长。其中有一项是中华社科基金课题，占到中华社科基金课题总数的 4.35%，在课题分量上有了大的突破。课题的主题涉及了幼儿素质的研究、幼儿教育体系的研究、学前教育原理、幼儿教育目标和评价的研究、幼儿家庭教育的研究等，开始注重学科自身体系和理论的研究，研究成果的学术价值提升。此外，立项课题还关注了幼儿艺术教育等以往研究关注较少的研究范畴。"七五""八五"学前教育立项课题所属的单位，仍集中于北京师范大学、南京师范大学和中央教科所这 3 个具有较强研究实力和学科发展基础的学校和单位。

　　"九五"期间，全国教育科学规划各级各类课题共 840 项，其中国家重点课题 34 项，青年社科课题 16 项，社科一般课题 31 项，教育部重点课题 431 项，青年专项课题 147 项，规划课题 181 项。在 840 项课题中，学前教育立项课题 13 项，约占立项课题总数的 1.55%，较"八五"规划立项课题数多了 4 项，数量上略有增长。课题的主题涉及了幼儿师资素质研究、幼儿教育课程体系研究、幼儿教育理论体系研究、幼儿园课程政策研究、农村幼儿教育研究、儿童发展研究、幼儿教育教学研究等，学科自身体系和理论研究明显增多，13 项课题中有 3 项，学科建构意识明显增强，研究成果对于学科发展的学术价值越来越大。"九五"学前教育立项课题的所属单位仍集中于北京师范大学、南京师范大学和中央教科所这 3 个具有较强研究实力和学科发展基础的学校和单位，13 项课题中有 10 项课题属于这 3 个单位，而其他学校只有 3 项。此时其他学校在已有的研究成果、研究队伍等的基础上，还须加强自身学前教育学学科的研究实力。

总之，经全国教育科学研究规划组批准立项的学前教育科研课题，数量上由"六五"的没有单独课题发展到"七五"的 2 项、"八五"的 9 项和"九五"的 13 项；研究领域上从幼教机构扩展至家庭，从城市扩展至农村，从幼儿发展扩展至幼儿园师资；研究内容上从单一走向综合；研究方法上从侧重调查研究发展至以实验研究为主；研究结论的获取上从重视定性分析发展至定量和定性分析兼顾；研究主持者上从专职研究人员发展至各层面的幼教工作者，从以中年、老年研究者为主发展为中年、青年研究者居多。

九、学前教育学学术研究内容的深化

改革开放之初，学前教育学的研究内容主要集中在学前教育的重要性以及学前教育的政策、经费、师资、课程等方面。1984 年，《华东师范大学学报(教育科学版)》刊载了潘洁的《当前学前教育中的几个理论问题》，探讨了早期教育的意义与托幼数量不足的问题。1989 年，《玉溪师专学报》刊载了孙汉的《重视学前教育，发展幼教事业》一文，这篇文章也提及了学前教育的重要性，呼吁加强政策扶持，加大资金投入，建设高质量、高水平的师资队伍。1994 年，《学前教育研究》刊载了詹龙泽的《学习〈中国教育改革和发展纲要〉促进学前教育健康发展》一文，论及了教师队伍建设、教育经费及当时特殊的一年制学前教育即学前班的办学问题。尽管现在看来这些研究略显简单，但在当时起到了使人们重视学前教育学学科建设、重视学前教育改革发展的启蒙作用。1977—2000 年，我国学前教育学的研究内容主要有以下几方面。

（一）陈鹤琴、陶行知、鲁迅、福禄培尔等人的学前教育思想重新得到重视

"文化大革命"期间，许多儿童教育家的教育思想受到批判。改革开放后，学术界开始拨乱反正，一些教育家的学前教育思想重新得到研究，其学术价值得到发掘与肯定，这对于学前教育学基础理论建设有着重要的推动作用。陈鹤琴"现代儿童教育家"的学术地位就是在拨乱反正后得到恢复的，陈鹤琴教育思想的研究也在全国开展起来。1985 年起，江苏、北京、浙江、湖南、上海、江西、安徽等地陆续成立了陈鹤琴教育思想研究会，并共同发行会刊《鹤琴之声》。各地积极整理和出版陈鹤琴先生的学术著述，如北京出版社出版了《陈鹤琴教育文集》，江苏教育出版社出版了《陈鹤琴全集》。1987 年，陈鹤琴诞辰 95 周年之纪念会在上海举办，此后，又分别在南京、上海、厦门召开了全国性的纪念陈鹤琴先生诞辰 100 周年、105 周年、110 周年学术研讨会。1991 年 11 月，中国教育学会幼儿教育研究会还在浙江宁波举办了陶行知、陈鹤琴、张雪门、张宗麟幼儿教育思想研讨会。在这一时期，有关陈鹤琴教育思想研究的著作也相继出版，如黄书光著的《陈鹤琴与现代中国教育》(1998 年，上海教育出版社)，王伦信著的《陈鹤琴教育思想研究》(1995 年，辽宁教育出版社)，南京师范大学、江苏省陈鹤琴教育思想研究会编的

《陈鹤琴教育思想研究文集》(1997 年，人民教育出版社)。1981 年，《南京师院学报(社会科学版)》刊登了钟昭华的《陈鹤琴教育思想与江西实验幼师——中国学前教育史研究之二》；1982 年，《齐鲁学刊》刊登了夏泳久的《陈鹤琴〈家庭教育〉述评》；1982 年，《幼儿教育》刊登了《幼儿教育的福音——陈鹤琴教授名著〈家庭教育怎样教育小孩〉修订重版》；等等。这些都显现出改革开放后学前教育学界理论工作者对陈鹤琴思想的重新审视。

与此同时，关于陶行知教育思想的论文，如 1979 年《吉林师大学报》刊登的李桂林和赵家骥的《试评陶行知的生活教育》、1982 年《宁夏教育》刊登的望春的《六个解放——陶行知谈儿童教育》、1982 年《父母必读》刊登的言午的《陶行知提出儿童教育的"六个解放"》等，也相继亮相，推动了我国教育学者关于陶行知儿童教育思想的研究。我国著名文学家、思想家鲁迅的儿童教育思想也重新受到学界重视，如 1982 年《渤海大学学报(哲学社会科学版)》刊载的许其端的《"将来是子孙的时代"——谈鲁迅的教育思想》、1983 年《教育论丛》刊载的叶忠根的《新中国儿童教育心理学思想的几点浅识》、1984 年《益阳师专学报》刊载的陈华栋的《鲁迅的儿童教育观》等论文，深度挖掘了鲁迅先生的儿童教育思想。此外，为学前教育学从普通教育学中分化出来做出巨大贡献的"幼儿教育之父"德国教育家福禄培尔的思想也重新得到研究，相关论文有 1981 年《江西教育》刊载的张兴荣的《幼儿教育理论的奠基者——福禄培尔》，1983 年《幼儿教育》刊载的李柏梁的《福禄培尔和幼儿园》、单中惠的《世界上最早的幼儿园》，等等。研究对象扩大到国外著名教育学家的学前教育思想，拓展了学前教育学学科建设的国际视野。

(二)对儿童观的研究和认识逐步深入

20 世纪 80 年代以来，世界发达国家的学前教育目标有一个明显的变化，就是由智育中心向注重整体发展转变。20 世纪 60 年代，美国、苏联等国在冷战和"知识爆炸"等因素的影响下，都以高、新、难等为原则进行中小学课程改革，教学内容逐级下放。美国心理学家布鲁姆关于儿童早期智力发展的观点受到许多国家的重视，加强早期智力开发成为美国、苏联、日本、德国等国教育改革的重要内容之一。在这种情形下，人们倾向于把早期教育误解为早期智力开发，导致出现智育中心现象，忽视了学前儿童社会性和情感的发展。随着冷战的结束和人文主义教育观的回归，20 世纪 80 年代，各国教育工作者呼吁纠偏。1985 年 6 月，在日本召开了日、美、欧幼儿教育保育会议，该会议的中心内容就是要求从智育中心转向幼儿个性的全面发展。人们意识到，各育之间是相互联系的，社会性和情感发展应被视为智能发展的一个重要组成部分。然而，智育中心的问题在当时并没有得到根本的解决，由于家长望子成龙心切，社会也需要高层次的人才，成人仍对幼小的孩子寄予过高的期望。在儿童很小的时候，成人就对他们进行某一学科或某一方面如计算、阅读、体操、芭蕾、钢琴、健美、武术等的教育。这种单一的技能技巧训练有着明显的片面性，并且教学过程无视儿童的兴趣，过于正规和严格，给儿童个性的发展带来不良影响。因此，当时各国教育专家认为，尊重、研究和了解幼儿的特点，提供适合他们发展的教育，仍然是摆在学前教育工作者面前的一项重要任务。他们主张让儿童通过自然经验、社会交往和游戏等方式自发地、自主地学习。

改革开放后，我国出台了许多保护儿童的政策与法律法规，客观上促使人们重视儿童，更加科学地看待儿童，特别是 1981 年 10 月出台的《幼儿园教育纲要(试行草案)》。该文件将 1952 年《幼儿园暂行教学纲要(草案)》中的"教学纲要"改为了"教育纲要"，虽仅有一字之差，但充分体现了根据幼儿的年龄特点开展幼儿园教育的要求，突出幼儿园的主要工作是"教育"，而不是"教学"。

20 世纪 80 年代，我国在儿童研究、儿童观建构方面的成果还比较薄弱，但该阶段在儿童观研究发展中起到了重要的承前启后作用。教育学家胡克英于 1988 年在《教育研究》上发表了《儿童观与教育问题》一文，文章揭示并批评了将儿童看作家庭和家族的隶属品的错误观点，强调儿童应该有独立自主的人格。这篇文章启发了更多学前教育学工作者投身于对儿童世界的探究，为我国幼儿教育现代化夯实了思想认识基础。

20 世纪 90 年代，世界各国开始关注儿童的生存、发展和成长，对儿童的主体地位空前重视。1990 年 4 月，日本开始实施新修订的《幼儿园教育要领》，明确地将人际关系、环境、表现列入幼儿园的教育内容，以纠正偏重智育的倾向，促使幼儿在天真、活泼、幸福的气氛中得到良好的发展。美国幼儿教育界也普遍重视通过社会教育促进幼儿智力、社会交往能力、价值观和自我意识的发展。1990年，联合国召开了世界儿童问题首脑会议，通过了《儿童生存、保护和发展世界宣言》和《执行九十年代儿童生存、保护和发展世界宣言行动计划》两个国际性文件。前一文件指出："世界上的儿童是纯洁、脆弱、需要依靠的。他们还充满好奇，充满生气，充满希望。儿童时代应该是欢乐、和平、游戏、学习和成长的时代。他们的未来应该在和谐和合作之中形成。他们应该在拓宽视野、增长新的经验的过程中长大成人。"1990 年 8 月，我国政府正式签署了联合国《儿童权利公约》，再加上于 1989 年颁布的《幼儿园管理条例》和 1996 年颁发的《幼儿园工作规程》，一系列关于学前教育的行政法规和文件为尊重儿童、保护儿童、教育儿童提供了强有力的支持。这些政策法规文件都充分体现了对儿童发展与教育的重视，充分体现了儿童作为独立的主体应该享有的权利和地位。1992 年 2 月 16 日，国务院颁发了《九十年代中国儿童发展规划纲要》，指出："今天的儿童是二十一世纪的主人，儿童的生存、保护和发展是提高人口素质的基础，是人类未来发展的先决条件。"可以说，无论是国际还是国内，这一时

期对儿童身心发展的重视达到了前所未有的高度，人们对儿童的生
存、发展、成长给予关注。一系列政策法规文件反映出此时我国政
府对幼儿教育问题的认识开始转向尊重儿童，正在形成以儿童为本
位的儿童观。

　　我国学前教育领域的专家学者对儿童观的关注逐渐增加，并围
绕这一主题发表了一系列学术论文。例如，《学前教育研究》1994 年
第 1 期发表了王志明的《关于儿童观的研究》，同年第 4 期发表了刘
晓东的《中国传统文化中的儿童观及其现代化》；《现代教育论丛》
1994 年第 5 期刊登了刘晓东的《论胚胎学思想对儿童观演进所产生的
影响》；《学前教育研究》1995 年第 3 期刊登了虞永平的文章《论儿童
观》，同年第 5 期发表了卢乐珍、刘晓东的《当前幼儿教师儿童观、
德育观的调查分析》。学前教育领域理论工作者试图从多学科的视角
（哲学、人类学、文化学、生物学、心理学等）对儿童观（儿童或童
年）展开逻辑研究、历史研究及实证研究，从而研究儿童、了解儿
童、熟悉儿童，向建构科学的儿童观迈进。1999 年，南京师范大学
出版社出版了刘晓东所著的《儿童精神哲学》一书，该书对儿童精神
世界进行了哲学研究，受到儿童文学界及儿童教育界学者的关注。

　　此外，从硕士和博士学位论文选题上看，选题数量有所增加，
质量不断提高。丰新娜、刘晶波在《1996—2006 年我国学前教育领域
关于"儿童发展"选题的研究状况与分析——基于三所高校硕士、博
士学位论文的研究》一文中指出，南京师范大学、华东师范大学、北
京师范大学的学前教育专业在 1996—2006 年共有 273 篇硕士、博士
学位论文，专门探讨儿童发展的论文有 81 篇，有关儿童发展方面的
选题主要有儿童心理、五大领域与儿童、特殊儿童、家长教师与儿
童 4 个主题；其中 1996—2000 年关于儿童发展选题的论文共 16 篇，
儿童心理有 9 篇，其他为 7 篇，儿童心理成为儿童发展选题的热点，
儿童认知成为学者关注的内容，对儿童认知与社会交往等方面关注

不够。①

总之，这一时期我国学者对儿童观的研究选取了哲学、人类学、文化学、生物学、心理学等多种学科的视角，采用了包括逻辑研究、历史研究、实证研究等的多种研究手段和研究范式，为儿童观研究搭建了基本架构，逐渐形成一支以中青年学者为主的研究队伍，获得了一些令人瞩目并与国际接轨的研究成果，也使得尊重儿童、以儿童为本的理念成为学前教育改革的出发点和落脚点。

（三）对幼儿园课程本质的认识进一步深化

早在 20 世纪 20 年代，幼儿园课程就是学前教育领域一个重要研究课题。新中国成立后，在全面向苏联学习的历史背景下，幼儿园教育引进了苏联的学前教育理论，强调通过"作业"进行系统教学，"课程"一词在学前教育领域停止使用。

改革开放初期，学前教育面临的较大问题之一是教材的选用。1981 年 10 月，教育部颁发了《幼儿园教育纲要（试行草案）》，该文件继承了 1952 年《幼儿园暂行规程（草案）》和《幼儿园暂行教学纲要（草案）》的基本思想，规定幼儿园教育内容为生活卫生习惯、体育活动、思想品德、语言、常识、计算、音乐、美术八个方面，并强调通过游戏、体育活动、上课、观察、劳动、娱乐和日常生活等各种活动完成教育任务。幼儿园的教育教学继续采用分科教育模式。

在党和政府关于基础教育优先发展、重视和发展学前教育方针的指引下，20 世纪 80 年代，我国学前教育学工作者会同幼儿园一线教师，开始自发开展幼儿园课程改革试验；进入 20 世纪 90 年代，受《幼儿园工作规程（试行）》的影响，我国学前教育教改试验呈现出大规模、有组织的特征，学前教育学建设的中国特色愈发明显。同

---

① 丰新娜、刘晶波：《1996—2006 年我国学前教育领域关于"儿童发展"选题的研究状况与分析——基于三所高校硕士、博士学位论文的研究》，载《学前教育研究》，2007（11）。

一时期，我国学前教育界积极进行体制改革，探索适应社会主义市场经济的办园模式和内部管理机制。幼儿园课程也以新的儿童观、课程观、教学观、知识观为指导，开始全面改革。这一时期的研究主要是在批评分科教学弊端的基础上，强调在健康、语言、社会、科学、艺术等领域促进幼儿全面发展。

1982 年，南京师范大学学前教育专业科研小组发表了《挖掘幼儿智力潜力，促进幼儿智力发展——幼儿园课程研究三年小结》一文，"课程"一词重新出现在学前教育领域，幼儿园课程再次成为幼儿园教育领域的重要研究课题。随着研究的深入，幼儿园课程的内涵也逐渐发生变化。赵寄石、唐淑、卢乐山、王月媛、冯晓霞、李季湄、刘焱、虞永平等学者都根据自己的理解对幼儿园课程进行了定义，主要有三种取向：第一种是学科取向，即课程是系统的学科知识；第二种是活动取向，即课程是有计划、有组织的活动；第三种是经验取向，即幼儿园课程是为了实现一定的教育目标，对幼儿在多样化的活动中所应获得的经验的设定。在改革开放初期，幼儿园课程主要采纳学科取向的定义，后逐渐转变为经验取向的定义。

改革开放以后，学前教育课程经历了从分科课程、主题综合课程、五大领域课程到主题网络课程再到课程游戏化的发展，完成了从单一的分科课程模式到多种课程模式并存的转变。对课程模式的研究主要有三种路径：第一种是引进国外先进的学前教育课程模式，如班克街早期教育方案、蒙台梭利课程模式、直接教学模式、海伊斯科普课程、方案教学、瑞吉欧教育体系、苏联的幼儿知识系统化等；第二种是研究我国已有的学前教育课程模式，如"五指"活动、行为课程等；第三种是在借鉴和吸收国内外先进课程模式和课程理论的基础上，自主研发适合国情、地情和园情的学前教育课程模式，如幼儿园综合教育课程、幼儿园渗透式领域课程、单元教育课程、生态融合课程、田野课程、活动整合课程、发展课程、学前教育创造课程、发展能力课程等。

为总结和推广幼儿园课程改革成果，满足社会发展要求，1989年，国家教育委员会颁布了《幼儿园工作规程（试行）》，这标志着有计划、有组织的全国大规模幼儿园课程改革正式开始。该文件是对我国学者和一线教师在 20 世纪 80 年代开展的课程改革的总结，为后来的课程改革提供了思想指导、操作指南。此外，"教育活动"概念的提出逐渐改变了过去以"上课"为主的课程模式，除了一些始于 20 世纪 80 年代的课程改革试验继续推进外，新的课程改革试验也相继启动，并逐渐形成了多样化的幼儿园课程模式。在关于农村一年制学前班的课程改革方面，长沙师范学校农村学前班课程研究组经过研究，提出了"综合性主题教学、分科教学和综合"的农村学前班课程模式。

1996 年，《幼儿园工作规程》正式实施，掀起了新一轮幼儿园课程改革探索。与 20 世纪 80 年代的课程改革相比，90 年代的幼儿园课程改革具有广泛性和自觉性，教育理论工作者、一线教师、教研员和教育行政人员都积极参与课程改革和研究，探索出多种课程模式，形成了百花齐放的生动局面。

此外，从硕士和博士学位论文选题上看，选题数量有所增加，质量不断提高。王磊、刘晶波在《1996—2006 年我国学前教育领域关于"课程"选题的研究状况及分析——基于三所高校硕士、博士学位论文的研究》一文中指出，南京师范大学、华东师范大学、北京师范大学的学前教育专业在 1996—2006 年共有 273 篇硕士、博士学位论文，专门探讨课程的论文有 48 篇，有关课程的选题主要涉及教学与反思、课程元研究、课程设计、课程与教师、园本课程开发、课程整合、潜课程等 8 个主题。其中，1996—2000 年关于课程选题的论文共 8 篇，1996—1997 年的论文关注课程设计，1998—2000 年的论文关注课程元研究，而对其他 6 个方面没有涉及，这说明当时学者开始关注课程的基本问题。[①]

（四）重视对幼儿教育师资队伍的研究

教育领域是"文化大革命"的重灾区。幼儿教师队伍受"文化大革命"的冲击非常大，不少人被下放或被迫改行，离开了教师队伍。改革开放之初，由于政策没有落实，加上社会上存在一些偏见，当时的幼儿教师普遍不安心从事幼儿教育工作，更谈不上参加学前教育学学科建设。改革开放后，党和政府高度重视幼儿教师队伍建设，通过一系列法规初步建立了包括教师资格、职称评聘、工资待遇等较为规范的幼儿园师资队伍管理制度。学前教育学学科建设必须基于幼儿教育实践，而在幼儿教育实践过程中起主导作用的就是幼儿教师，可以说，只有掌握幼儿教师的价值观念、所思所盼、心理活动、专业成长，研究他们的个性特征、行为方式、兴趣爱好、心理过程等，才能从根本上明确学前教育学学科建设的客观规律、前进方向以及弱点难点。因此，随着幼儿园师资队伍管理制度的落实，学前教育学界的专家学者瞄准了幼儿园教师这一主题，开展了深入研究，取得了一大批研究成果。

从硕士和博士学位论文选题上看，选题数量有所增加，质量不断提高。刘晶波、孙永霞、王磊在《1996—2006年我国学前教育领域关于"教师选题"的研究状况与分析——基于三所高校硕士、博士学位论文的研究》一文中指出，南京师范大学、华东师范大学、北京师范大学的学前教育专业在1996—2006年共有273篇硕士、博士学位论文，专门探讨教师的论文有63篇，有关教师方面的选题主要涉及教师观念与行为、教师心理、教师专业成长、教师职业知识与能力、师幼互动、教师与家长互动及其他7个主题。其中，1996—2000年

---

① 王磊、刘晶波：《1996—2006年我国学前教育领域关于"课程"选题的研究状况及分析——基于三所高校硕士、博士学位论文的研究》，载《学前教育研究》，2008(2)。

关于教师选题的论文共 9 篇，教师观念与行为有 6 篇，教师专业成长有 1 篇，师幼互动有 2 篇。教师观念和行为成为教师选题中最受关注的内容，这从另一角度印证了教师的观念和行为是影响学前教育质量发展的关键因素。[①]

通过对百度学术和中国知网的论文进行检索，剔除不符合要求的论文，共收集到 1982—2000 年有关幼儿教师的期刊论文 86 篇，1982—1988 年有 8 篇，1989—2000 年有 78 篇，因此可以说，关于幼儿教师的研究成果在 20 世纪 90 年代呈现了喷涌而出的局面。值得一提的是，幼儿教师队伍建设的法治化、规范化在促进幼儿教师队伍稳定发展的同时，客观上使幼儿教师成为学前教育学学科建设的主要力量之一，他们的教学实践、保教经验、游戏感悟等成为学前教育学学科建设的重要素材。在检索到的论文中，有不少论文的作者是在幼儿园一线工作的幼儿教师，他们在当时已成为我国学前教育学研究队伍的重要组成部分。

(五)学前教育政策法规研究

自 20 世纪 60 年代起，世界学前教育进入了一个高速发展的时期，在这一背景下，我国 20 世纪 90 年代的学前教育发生了一系列变革，在借鉴国外学术成果的同时，结合我国国情进行了大量的探索和以课程为核心的实验研究，出台了一系列学前教育法规和纲领性文件。1989 年的《幼儿园管理条例》、1996 年的《幼儿园工作规程》等的颁布，标志着我国学前教育政策法规框架形成，并与世界学前教育发展的法治化接轨。我国于 1995 年提出了科教兴国战略，1997年有人提出了"幼儿教育社会化"的口号，幼儿园办园体制在此背景下发生了深刻变革。这一时期关于学前教育政策法规的研究成果较

---

① 刘晶波、孙永霞、王磊：《1996—2006 年我国学前教育领域关于"教师选题"的研究状况与分析——基于三所高校硕士、博士学位论文的研究》，载《学前教育研究》，2007 (10)。

为丰富，既包括对政府关于学前教育事业的发展导向、政策法规、管理体制、经费保障等宏观政策的研究，也包括对办学机制、幼儿园管理、师资评聘、教师资格等微观政策的研究。

(六)学前教育观念研究

1977—2000 年关于学前教育观念的研究有三个方面的突出特征：一是提倡以幼儿的探究学习为核心的科学教育，强调让幼儿主动探究，设计开放性的教学活动；二是更加强调游戏的重要地位，把游戏作为幼儿园教育的基本方法和手段；三是幼儿素质教育改革进入高潮，注重全面培养幼儿素质，同时强调提高家长的育儿素质与教师的专业素质。在学前教育观念研究中，关于一日主题活动和幼儿游戏的研究成果比较多。

(七)家庭教育研究

家庭作为儿童最初的社会化场所，对于儿童的社会化进程有着重要影响。有效的家庭教育能促进儿童掌握社会生活的基本行为规范，能使儿童获得亲社会行为、正确的角色意识、良好的同伴关系、独立人格等，且家庭环境、同伴关系都会对幼儿心理产生重要影响。这一时期以学前教育学、学前心理学、发展心理学等为理论支撑的家庭教育研究成果逐渐增多。

十、学前教育学的研究阵地初步建成

1978 年 7 月，国务院批准重建中央教育科学研究所，不久后便设立了幼儿教育研究室，这是我国第一个国家级学前教育研究机构。此后，有关学前教育学的研究逐步开展起来，相关的论文著作也陆续发表出版。新中国学前教育科学研究在"文化大革命"后重新起步，在调整与恢复中探索前进。1979 年 3 月 23 日—4 月 13 日，教育部、社会科学院在北京联合召开第一次全国教育科学规划会议。由此，学前教育被纳入全国教育科学研究规划，在"七五"规划中出现第一

批独立的学前教育研究课题。

1979 年 11 月，中国教育学会幼儿教育研究会在南京成立并召开第一届年会。大会推荐著名儿童教育家陈鹤琴为名誉理事长，左淑东为理事长；大会制定了研究会章程，指出将"组织幼儿教育科研队伍，研究幼儿教育理论和实践问题，发展我国幼儿教育科学，提高我国幼儿教育工作质量，为实现我国社会主义四个现代化做出贡献"作为研究会的宗旨。大会确定了我国幼儿教育此后一段时间的科研方向和任务：一要认真总结幼儿教育的历史经验，重点总结新中国成立后正反两方面的经验教训；二要进行科学实验，进一步了解和探索我国儿童身心发展的客观规律，用以指导实践；三要研究中外幼儿教育理论。中国教育学会幼儿教育研究会的第一届年会是新中国成立以来学前教育工作者的一次盛会，它对我国学前教育界组织科研队伍、认真总结经验、深入开展科学研究起到了不可替代的作用。

中国教育学会幼儿教育研究会是我国幼儿教育领域第一个全国群众性学术研究团体，随后，各地相继成立幼儿教育研究会，开展学前教育科研活动，探索学前教育的发展规律，推动学前教育的全面改革和发展。学前教育研究团体形成了自上而下的三级网络。在中国教育学会幼儿教育研究会的带动下，各省（自治区、直辖市）的幼儿教育研究会、师范院校和教育研究机构积极地开展了学前教育科研活动，成果倍出。这些研究对促进我国学前教育质量不断提高、对国家出台一系列学前教育文件和指示产生了很大的影响。

1992 年，中国教育学会幼儿教育研究会晋升为国家一级学会，更名为中国学前教育研究会，并于 1995 年召开了第一次代表大会，设置了学前教育事业发展、游戏与玩具、学前教育课程、学前教育管理、学前健康教育五个专业委员会，各专业委员会在各自的领域里开展实验研究，取得了丰硕成果，特别是学前教育课程领域的实验研究。研究会的升格及专业委员会的设置促使我国群众性学前教育科学研究向更加深入、专业化和高层次迈进，加快了我国学前教育科研的发展。

　　1985 年 5 月，北京师范大学成立了中国第一个儿童心理研究所（于 1987 年更名为发展心理研究所），并创办了我国第一份公开发行的儿童心理和教育学术杂志《心理发展与教育》。1987 年 1 月，中国教育学会幼儿教育研究会与湖南长沙师范学校联合创办了《学前教育研究》(双月刊)，作为研究会会刊在全国公开发行。《学前教育研究》于 1994 年被评为"全国中文核心期刊"，于 1996 年被国务院学位委员会评为"全国学前教育理论核心期刊"，成为我国重要的学前教育学研究阵地。《学前教育研究》以探索、研究学前教育理论为主，是国内学前教育理论研究及科研成果的主要发表平台，有较强的学术性。另外，一度停刊的《幼教通讯》于 1980 年在北京复刊，1984 年更名为《学前教育》；由浙江教育报刊社主办的《幼儿教育》于 1982 年创刊；《早期教育》创刊于 1983 年。除上述期刊外，《幼教园地》《上海托幼》等也都是国内比较知名的学前教育刊物 ，为广大学前教育工作者进行学术和经验交流提供了很好的平台。[1]

十一、学前教育学学术交流日益频繁

　　学术交流的频次和质量是学科发展的重要指标。改革开放后，中国学前教育开始走向世界，出席国际学前教育会议和举办国际学前教育会议的次数越来越多，参加会议的人数、学术交流内容的广泛性都是改革开放之前无法比拟的。对此时期我国学前教育界参与的学术交流活动进行总结，可以看出交流的内容在推动学科发展方面所发挥的作用。学术交流活动包括与联合国儿童基金会的合作项目、我国代表出席的国际学前教育会议、中国教育学会幼儿教育研

---

[1]　唐淑：《中国学前教育史(第三版)》，380 页，北京，人民教育出版社，2015。

究会开展的国际学术交流活动、国家教育委员会举办的国际学前教育会议、由大学主办的国际学前教育会议、世界学前教育组织（OMEP）中国委员会的活动等。

（一）与联合国儿童基金会的合作项目

1977—2000 年，我国与联合国儿童基金会合作的项目有五项。

第一个项目是 1982—1984 年我国和联合国儿童基金会合作开展的"学前教育师资培训"项目第一期，由南京师范学院承担，这是我国与联合国儿童基金会在学前教育领域开展的首次合作。1985—1989 年，该项目由北京师范大学、华东师范大学、东北师范大学、华中师范大学、西北师范大学、陕西师范大学、西南师范大学、南京师范大学 8 所高等师范院校的学前教育专业和 17 所幼儿师范学校承担，后来又有内蒙古师范大学、福建师范大学、安徽师范大学、云南师范大学和 10 多所幼儿师范学校参加。该项目通过聘请世界一流学前教育专家讲学、选送教师出国进修、举办幼教师资专修科、召开幼儿教育国际会议等方式，提高了教师的学术水平，对学前教育改革起到了积极的推动作用。

第二个项目是 1990—1994 年的由教育部幼教处处长朱慕菊主持的"幼儿园与小学衔接的研究"。该研究在全国 8 个城乡实验点进行，对 88 所教育机构的 2189 名儿童进行了调查，在 16 所小学和幼儿园进行了实验，同时选择了 16 所小学和幼儿园作为实验的对比班。其成果"幼儿园与小学衔接的研究"丛书（共 7 册）由中国少年儿童出版社出版。

第三个项目是 1991—1993 年的联合国儿童基金会资助项目"中国社区学前教育研究"，由北京师范大学梁志燊主持，内蒙古师范大学、福建师范大学参加，在上海、河北、内蒙古、福建等地的街道、农村、牧区进行，其成果《正在兴起的中国社区学前教育》由北京师范大学出版社出版。

第四个项目是 1994—1996 年的联合国儿童基金会科研项目"学前教育机构一体化教育的教学策略",由南京师范大学周兢教授牵头承担,对不同地区、不同类型的学前教育机构进行研究。参加研究的单位有陕西师范大学,江苏省南京市实验幼儿园,江苏省无锡市实验幼儿园,江苏省无锡市华庄中心幼儿园,江苏省武进市奔牛实验幼儿园,广东省深圳市华侨城马荣教育机构,陕西省兰田县华胥乡中心小学学前班,陕西省兰田县汤裕镇张坡小学学前班、高堡小学学前班、石门小学学前班,西北工业大学幼儿园,西安交通大学幼儿园,等等。该研究从不同角度探讨了学前儿童一体化的教学策略、工作模式等。

第五个项目是 1994—1995 年"促进贫困地区初等教育"项目中的"早期儿童发展"项目。该项目在安徽和广西的 8 个县进行试验,全社会广泛参与,形成了家庭、社区和教育机构之间稳定有效的联系机制,多种形式地发展了贫困地区的幼儿教育。该项目的研究成果于 1996—2000 年在西北、西南地区 11 个省(自治区、直辖市)的 32 个国家级贫困县进行了推广,继续探索灵活多样的教育形式,有效地进行了社会动员,组织社区、家庭、教育机构共同参与,为更多幼儿提供优质教育的机会。

(二)我国代表出席的国际学前教育会议

1977—2000 年,学前教育界代表频繁地出席国际学前教育会议,进行学术交流。

1983 年 11 月,亚非儿童游戏研讨会在印度新德里召开。卢乐山等中国代表赴会,并展示了中国玩具。

1986 年,澳大利亚童年早期工作协会召开第十七届全国年会,主题是"童年早期(8 岁以下儿童)工作的理想与现实"。来自澳大利亚各地以及日本、美国、英国、中国等国的近 600 名代表出席了会议。南京师范大学赵寄石教授、时任教育部幼教处处长魏振高等代表中国参加了此次年会。

1986 年 11 月 3—7 日，联合国教科文组织在巴黎总部召开了一次国际学前教育专家会议。来自澳大利亚、爱尔兰、苏里南、中国等 8 个国家的 11 位代表出席了会议，其中中国代表 3 人，分别是北京市教育局的胡润琴、全国妇联的贾淑勤及南京师范大学的赵寄石。会上，赵寄石教授递交的论文《幼儿园综合教育结构的探讨》作为会议交流材料被介绍，给参会代表们留下了深刻的印象。胡润琴以北京市为例，介绍了我国贯彻"两条腿"走路方针的情况和经验。

1987 年 10 月 3—8 日，主题为"幼儿的发展与教育——智力发展和课程"的幼儿教育专家会议在朝鲜平壤召开。主办单位是联合国儿童基金会东南亚地区办事处。南京师范大学赵寄石教授以咨询专家的身份出席了会议，并在会上做了题为《论幼儿园教育结构》的报告。

1987 年 11 月 13—20 日，澳大利亚新南威尔士州召开了第三届东半球研讨会。有来自英国、美国、意大利、澳大利亚、中国等 18 个国家的 30 名代表出席了会议，其中中国代表为中央教科所的沈芝莲和南京师范大学的赵寄石。会议的主题为"边远儿童——对父母、社区及专业人员的挑战"。中国代表在会上介绍了中国农村幼儿教育的状况。

1988 年 9 月 3—8 日，世界未来研究联合会第十届大会在北京召开。世界未来研究联合会是一个国际性学术团体，成立于 1973 年，由来自近 80 个国家的会员组成，总部设在罗马。此届大会是由该联合会与中国科学院、中国社会科学院等单位共同主办的。中央教科所的项宗萍、中国儿童发展中心的方意英和南京师范大学的赵寄石应邀出席了会议，并参加了"儿童的未来"议题的小组讨论。

1996 年 6 月，北京师范大学刘焱教授在瑞典参加了国际玩具研讨会。

1996 年 11 月，南京师范大学屠美如教授参加了在瑞士召开的为纪念皮亚杰诞辰一百周年举办的"心智的成长"国际研讨会，并发表了论文《儿童透视画发展的阶段和结构》。

1999 年夏，南京师范大学周兢教授在西班牙塞巴斯蒂安参加了国际儿童语言大会。

2000 年 7 月，华东师范大学朱家雄教授出席了在日本神户召开的环太平洋地区幼儿教育协会第一届年会并发言。

另外，北京师范大学的陈帼眉教授在 20 世纪八九十年代曾多次参加有关早期教育的国际学术会议：出席了巴布亚新几内亚全国学前教育研讨会；受联合国儿童基金会的邀请，以国外专家的身份参加了朝鲜早期儿童发展与教育咨询会议；受联合国妇女地位委员会的邀请，作为唯一的中国代表，出席了联合国妇女地位委员会第四届会议，并做了题为《儿童抚养和男女共同分担责任》的专题报告。

除高校及科研机构的学者外，此时期基层幼儿教育工作者参加国际会议的机会也明显增加。例如，1995 年在日本横滨举行的第 21 届 OMEP 世界大会上，我国有来自上海、南京、青岛、大连等地的 12 名幼教一线工作者代表参加；1993 年，在日本大阪举行的亚太地区促进学前教育和保育发展国际研讨会上，有北京、湖北、上海、河北、山西、内蒙古等地的 16 名幼教一线工作者代表参加。参加各种学术会议在一定程度上对我国学前教育工作理论和研究水平的提高产生了积极作用。

（三）中国教育学会幼儿教育研究会开展的国际学术交流活动①

1985 年 7 月，时任研究会名誉理事长左淑东、时任副理事长陈俊恬赴日参加日本保育学会第 38 届大会，并做了题为《中国幼儿教育现状》的报告。

1986 年 10 月，时任研究会副秘书长胡润琴赴朝鲜，参加由联合

---

①　中国教育学会幼儿教育研究会于 1992 年更名为中国学前教育研究会，因 1992—2000 年不再有国际学术交流活动，故此处使用"中国教育学会幼儿教育研究会"这一名称。

国儿童基金会在朝鲜平壤召开的幼儿教育现场会。

1988 年 7 月，时任研究会理事长孙岩赴日本参加私立幼稚园联合召开的"迎接 21 世纪幼儿教育国际会议"，并做了题为《中国幼儿教育现状》的报告。

1988 年 11 月，研究会邀请联合国儿童基金会驻中国代表团项目官员考特尼女士和美国帕特森教授在"幼儿园课程改革研讨会"上讲学。

1989 年 7 月，时任研究会理事长孙岩赴香港参加"21 世纪幼儿教育与发展"国际学术研讨会，在会上做了题为《中国幼儿教育的发展与展望》报告。

（四）国家教育委员会举办的国际学前教育会议

1989 年 10 月，为纪念国际儿童年设立 40 周年以及联合国儿童基金会与中国合作 10 周年，国家教育委员会在南京主办了幼儿教育国际研讨会。来自美国、英国、苏联、日本、澳大利亚及中国的 145 名专家学者围绕幼儿园课程这一中心议题进行了广泛深入的交流和探讨。这是我国主办的第一个幼儿教育国际会议，也是大陆与台湾幼儿教育工作者在 1949 年后的第一次聚会和交流。它向世界展示了我国幼儿教育改革在理论和实践上取得的成绩，表明我国幼教已迈入国际行列，并具有组织国际交流和研讨活动的能力。

1993 年 5 月，联合国儿童基金会和国家教育委员会在广东江门联合举办了"幼儿的教育与发展——对九十年代的挑战"国际研讨会，将国家政策与事业发展、幼儿保育与教育、师范教育、家庭与社区参与幼儿发展列为会议专题，就中国幼儿教育的问题和对策进行了研讨，以促进我国幼儿教育的发展。

（五）由大学主办的国际学前教育会议

1993 年 10 月，北京师范大学主办了中美幼儿教育研讨会。

1995 年 9 月，北京师范大学主办了亚太地区国际幼教会议。

2000 年 10 月，南京师范大学主办了基础教育、师范教育改革国际会议。

（六）世界学前教育组织（OMEP）中国委员会的活动

世界学前教育组织于 1948 年成立，总部设在挪威奥斯陆，是与联合国教科文组织有咨询关系的非政府机构。OMEP 主席古他和副主席依娅分别于 1981 年和 1986 年会见了时任中国教育学会幼儿教育研究会理事长孙岩，热情表示欢迎中国参加 OMEP。OMEP 中国委员会于 1988 年 9 月作为团体会员加入 OMEP。

1989 年 4 月，旧任中国教育学会幼儿教育研究会副理事长李道佳和时任江苏省幼儿教育研究会理事长卢乐珍赴日本大阪，参加 OMEP 日本委员会举办的主题为"亚洲学前教育相互了解与今后发展"的研讨会，并分别做了《提高独生幼儿的同伴交往能力》和《大班幼儿做做玩玩活动的研究》发言。

1989 年 7 月，华东师范大学张人杰教授代表 OMEP 中国委员会参加了在伦敦召开的 OMEP 第 19 届世界大会。

1992 年 8 月，时任 OMEP 中国委员会副主席林嘉绥等人参加了在美国举办的第 20 届 OMEP 世界大会，做了《中国幼儿教育的十年发展和国家政策》《早期数学教育与儿童思维发展》等专题发言。

1993 年 8 月，时任 OMEP 中国委员会副秘书长庞丽娟及陈志超等部分省代表共 16 人参加了在日本大阪举行的亚太地区促进学前教育和保育发展国际研讨会，做了题为《中国幼儿教育内容与方法的改革》《中国幼儿师范教育的历史、现状和未来发展》等发言。

1995 年 8 月，南京师范大学唐淑教授、上海市教科所郑美玲研究员等 12 人参加了在日本横滨召开的第 21 届 OMEP 世界大会，做了《多种学前教育组织形式》《幼儿园教师自我评估》等发言。

1998 年 8 月，北京师范大学林嘉绥教授参加了在丹麦召开的第 22 届 OMEP 世界大会暨 OMEP 成立 50 周年大会。

2000 年 6 月，OMEP 中国委员会邀请 OMEP 主席柯蒂斯教授考察访问中国幼儿教育，并做了《当前世界学前教育》主题报告。这是 OMEP 主席第一次应邀考察访问中国。

总之，改革开放后的国际学术交流对我国学前教育学的理论研究和学科的恢复重建发挥了重要作用。

第三章

学前教育学的规范发展
(2001—2010 年)

　　20 世纪初，瑞典作家、妇女运动活动家爱伦·凯在《儿童的世纪》中提出，如果实现了教育改革，20 世纪则是"儿童的世纪"。改革开放后，我国加入了联合国《儿童权利公约》；1992 年 2 月，国务院颁发了《九十年代中国儿童发展规划纲要》。无论是国际还是国内，这一时期对儿童身心发展的重视达到了新的高度，人们关注儿童的生存、发展和成长。同时也要看到，尽管在 20 世纪八九十年代世界各国政府和国际组织出台了许多文件，但这些文件规定的培养目标所折射出的儿童观对儿童的独立、自主、主动、创造等个性特征并没有充分地尊重。进入 21 世纪，随着我国社会主义市场经济体制的完善，党和政府对学前教育事业更加重视，出台了一系列重要法规，推动社会各界对学前教育重要性的认知与理解不断深化。一些学者从心理学、教育学、文化学、社会学、伦理学等视角提出了"向儿童学习"的观点，主张教师乃至整个成人社会都应认识儿童、尊重儿童，建立更为民主的师生关系以及更广泛的儿童与成人之间的关系；认为学前教育培养的儿童应该具备良好的交往和合作能力以及自主、自信等社会性人格素质。2001—2010 年，伴随着我国学前教育事业的大发展，学前教育学的学科地位得到明显提升，学科的独立性、科学性日益提高；尤其在科学研究的层次和成果方面，关于学前教育学学科体系的研究种类增加,学位论文包罗万象,相关论著不断发表出版,并逐渐从大量吸收借鉴国外理论向重视我国本土理论建设转变,学前教育学学科建设的中国化探索取得了较大发展。

第一节　学前教育学规范发展背景概述

20 世纪 90 年代,国家颁布了《幼儿园工作规程》等一系列关于学前教育的行政法规,且《中华人民共和国教师法》和《中华人民共和国教育法》先后颁布实施,幼儿教师的身份地位、工作职责、工作流程、工资待遇等逐渐得到规范。这既稳定了幼儿教师队伍,也使学前教育学学科建设有了坚强的法律后盾和强大的政策法规助推力,保障并推动了学前教育学学科稳步发展。需要指出的是,虽然 1977—2000 年我国在出台学前教育政策法规,开展学前教育课程改革试验,出版学前教育学教材论著,加强幼儿教师队伍建设,以及深化儿童观、课程观、教师观研究等方面,取得了十分明显的进步,但面对 21 世纪的新形势,面对我国社会主义市场经济体制的逐步完善,再加上我国经济发展水平、社会民生条件、教育科研状况以及人们观念与认识等的局限,我国学前教育学学科发展仍面临着不少问题与挑战,如对学前教育的性质、功能、目标等的认识存在偏差,对学前教育学的学科定位、学科性质、学科体系建设等的认识仍然不完全一致,在加强领导、政策规范、法律保障等方面还有不少待改进之处,等等。这些思想认识和实践所存在的问题亟待解决。进入 21 世纪,随着 2001 年 5 月国务院颁布《中国儿童发展纲要(2001—2010 年)》,2001 年 7 月教育部颁布《幼儿园教育指导纲要(试行)》,2003 年 3 月国务院转发了教育部等十部门(单位)联合发布的《关于幼儿教育改革与发展的指导意见》,国家有关学前教育的政策法规进一步完善,学前教育事业呈现蓬勃发展的局面。经过改革开放后的探索与发展，在国家学前教育政策的指引下，我国的学前教育学学科建设中国化道路的探索逐渐向纵深发展。

一、儿童成为发展的核心要素

2001 年 5 月，根据我国儿童发展的实际情况，以促进儿童发展为主题，以提高儿童身心素质为重点，以培养和造就 21 世纪社会主义现代化建设人才为目标，国务院颁布了《中国儿童发展纲要（2001—2010 年）》，从儿童与健康、儿童与教育、儿童与法律保护、儿童与环境四个领域，提出了 2001—2010 年儿童发展的目标和策略措施。

《中国儿童发展纲要（2001—2010 年）》指出，儿童期是人的生理、心理发展的关键时期，为儿童成长提供必要的条件；给予儿童必需的保护、照顾和良好的教育，可为儿童一生的发展奠定重要基础。《中国儿童发展纲要（2001—2010 年）》的总目标要求坚持"儿童优先"原则，保障儿童生存、发展、受保护和参与的权利，提高儿童整体素质，促进儿童身心健康发展，并提出儿童健康的主要指标要达到发展中国家的先进水平。该文件要求国家在制定相关法律法规和政策时要体现"儿童优先"原则，在全社会树立尊重儿童、爱护儿童、教育儿童的良好风尚，保障儿童参与的权利，优化儿童的成长环境，同时要逐步完善保护儿童的法律法规体系，依法保障儿童权益，使困境儿童受到特殊保护。

《中国儿童发展纲要（2001—2010 年）》提出，要把提高儿童整体素质作为人才战略的基础工程，保障儿童的受教育权利，提高儿童的受教育水平，确保适龄儿童基本能接受学前教育；要合理规划并办好教育部门举办的示范性幼儿园，同时鼓励社会多渠道、多形式发展幼儿教育，积极探索非正规教育形式，满足边远、贫困地区及少数民族地区幼儿接受学前教育的需要，大中城市和经济发达地区适龄儿童基本能接受学前 3 年教育，农村儿童学前 1 年受教育率有较大提高；要重视儿童体育，培养儿童良好的体育锻炼习惯，重视儿童心理卫生知识的普及，在学校开设心理健康课程，逐步在大中城市和其他有条件的地方建立儿童心理咨询和矫正服务机构；学校、托幼园所的教职工要爱护、尊重儿童，维护儿童的人格尊严，不得歧视、体罚或变相体罚儿童；要发展 0～3 岁儿童早期教育，建立并完善 0～3 岁儿童教育管理体制。

《中国儿童发展纲要(2001—2010 年)》强调要重视儿童身心发展的特点，依据儿童的个性成长规律进行教育，将儿童的教育与社会主义现代化建设紧密联系起来。按照这一要求，一批学者从心理学、教育学、文化学、社会学、伦理学等视角提出了"向儿童学习"的观点，呼吁教师乃至整个成人社会真正认识儿童、尊重儿童，建立新型师生关系以及儿童与成人关系。2001—2010 年，学前教育学理论工作者围绕"尊重儿童，爱护儿童，促进儿童身心健康发展"等主题展开了深入研究，研究的关注点更加具体，例如，对儿童教育的研究开始关注儿童的身心发展，强调从儿童的角度出发，以儿童为本进行教育；有学者提出应针对不同的儿童进行不同的学前教育，开展了针对农村儿童学前教育的研究、针对特殊儿童学前教育的研究等。

2001 年，教育部颁布了《幼儿园教育指导纲要(试行)》，也充分体现了尊重儿童、重视儿童的理念，强调幼儿园应为幼儿提供健康、丰富的生活和活动环境，满足他们多方面发展的需要，使他们在快乐的童年生活中获得有益于身心发展的经验；强调幼儿园教育应尊重幼儿的人格和权利，尊重幼儿身心发展的规律和学习特点，以游戏为基本活动，保教并重，关注个别差异，促进每个幼儿富有个性的发展。

2003 年，国务院转发了由教育部等 10 个部门(单位)联合发布的《关于幼儿教育改革与发展的指导意见》，该文件强调："要尊重儿童的人格尊严和基本权利，为儿童提供安全、健康、丰富的生活和活动环境，满足儿童多方面发展的需要；尊重儿童身心发展的特点和规律，关注个体差异，使儿童身心健康成长，促进体智德美等全面发展。"可以看出，以尊重儿童为核心的儿童观已经成为政府制定学前教育政策文件的基本出发点，并逐渐成为全社会的共识。

在这些政策法规和规范性文件的指导下，我国学前教育学学科建设逐渐回归教育的原点。课程设置改革也呈现出尊重儿童、爱护儿童的特点；首先，把学前教育作为一个人终身学习的奠基阶段，要求促进幼儿情感、态度、能力和知识等的全面发展；其次，以素质教育和幼儿主体观念为指导，要求课程的组织和实施注重趣味性和活动性，鼓励幼儿探究和富有个性地创造，在教育评价中防止只重视知识和技能，避免用整齐划一的标准评价不同的幼儿，关注幼儿的发展速度、特点和倾向等。这对于 21 世纪的学前教育实践具有积极的指导意义。学前教育学学科发展开始重新审视儿童，儿童观逐渐更新，这带动了学科建设中针对儿童的大量研究的开展。

二、加强对学前教育事业发展的领导

进入 21 世纪，随着社会主义市场经济体制改革的深化，党和政府加快推行农村教育管理体制改革、中小学教育资源调整、国有企事业单位教育职能剥离等教育改革，社会各项事业全面转型。然而，与各项事业转型相适应的学前教育事业发展与管理新体制在当时还没有建立起来，学前教育的发展因此受到冲击，面临着不少困难和挑战。在政府精简机构的背景下，一些地区的教育行政部门对学前教育的重要性缺乏认识，对发展学前教育事业为个体成长和国家教育事业发展所做出的贡献缺乏重视，因而在其当时的工作计划中基本不提或根本不提学前教育，这使得这些地区学前教育的发展缺乏领导机构与计划的保障。在企业改制转轨的过程中，一些幼儿园被当作包袱"甩掉"，这些幼儿园的发展遇到不少困难。在国家政策的鼓励下，民办幼儿园数量增多，但针对其的监管没有跟上，造成了幼儿园教育质量无法得到保证。

针对这些问题，为进一步贯彻第三次全国教育工作会议和 2001 年全国基础教育工作会议精神，落实《国务院关于基础教育改革与发展的决定》，理顺学前教育事业管理体制机制，推进幼儿园实施素质教育，全面提高幼儿园教育质量，2001 年，教育部在青岛召开了全国幼儿教育工作座谈会，会议就学前教育取得的成绩和发展前景进行了全面总结和深刻分析，就当时学前教育事业发展存在的问题及如何推动"十五"期间学前教育事业的发展提出了改革思路，尤其就政府加大投入、改革收费办法、发挥示范园的作用、建立以社区为基础发展早期教育的模式等重大问题提出了具有突破性的改革意见。此次会议的成果得到了国务院的高度重视，中央有关部委积极配合教育部，认真分析和确定了各自在学前教育事业发展中的任务和改革办法，在此基础上，教育部等十个部门（单位）联合发布了《关于幼儿教育改革与发展的指导意见》；2003 年 3 月，国务院转发了这个意见，作为指导 21 世纪我国学前教育事业发展、理顺学前教育管理体制机制的重要政策依据。

教育部等部门（单位）联合发布的《关于幼儿教育改革与发展的指导意见》的主要内容可以被概括为以下几点。

一是落实各级政府的责任，完善"地方负责、分级管理"的管理体制。《关于幼儿教育改革与发展的指导意见》首次明确了从中央、省、地（市）、县、乡（镇）级政府到村民自治组织应承担的具体职责和任务，明确了农村学前教育的管理体制为：由县级人民政府负责举办公办园，乡（镇）级人民政府负责举办乡镇中心园，村民自治组织要发展多种形式的学前教育，包括幼儿班、非正规的教育形式，形成"三级办学，二级管理"的管理体制。二是明确了各部门对学前教育事业的管理职能及重点工作内容。其中关于幼儿园收费的问题，该文件首次提出在坚持学前教育公益性本质的基础上实行"按成本合理收费"的办法，即按每一个幼儿园的实际合理需求核定成本进行收费管理，这既规范了收费行为，又保证了幼儿园的经费有合法来源，并非改变收费管理不力的状况。三是提出了建立新的学前教育发展模式。《关于幼儿教育改革与发展的指导意见》明确了此后五年的发展目标是建立以社区为基础、以示范园为中心、能利用社区多种资源、灵活多样、正规和非正规形式相结合的学前教育服务网络；明确了为 0～6 岁儿童家长提供保教服务的任务，把提高家长的科学育儿能力作为学前教育事业发展的重要目标之一，学前教育工作范围和职责都扩大了。四是强调保护国有资产不流失的原则。五是要求办好示范园，发挥其示范、培训、管理等多种功能。六是强调保障幼儿教师的合法权益。七是要求推进学前教育均衡发展，加大对农村和贫困地区学前教育的支持力度。八是首次明确由各级政府建立学前教育评价制度，发挥督政和督学相结合的评价监督管理机制的作用。

《关于幼儿教育改革与发展的指导意见》是在全面深入把握当时我国学前教育事业发展的状况与问题的基础上出台的，以解决当时学前教育发展中出现的一系列重大问题为中心，明确了此后五年我国学前教育改革与发展的目标，并提出了实现目标的抓手：进一步完善学前教育管理体制和机制；加强管理，保证学前教育事业健康发展；全面实施素质教育，提高学前教育质量；加强师资队伍建设，努力提高幼儿教师素质；加强领导，保证学前教育改革与发展的顺利进行。

《关于幼儿教育改革与发展的指导意见》的出台，明确了我国学前教育事业发展的基本原则，较好地解决了学前教育事业在社会主义市场经济体制改革进程中遇到的问题，推动了学前教育事业的稳步发展；并且，在推动学前教育事业发展的同时带动了学前教育学学科的发展，这一时期学者们也围绕学前教育管理体制、幼儿教师队伍建设、学前教育质量发展等问题进行了大量深入研究。

三、出台《幼儿园教育指导纲要(试行)》

2001 年 7 月，国家教育部发布了《幼儿园教育指导纲要(试行)》。《幼儿园教育指导纲要(试行)》指出，幼儿园的教育内容是全面的、启蒙性的，可以相对划分为健康、语言、社会、科学、艺术五个领域，也可进行其他不同的划分，这五个领域的内容相互渗透，从不同的角度促进幼儿情感、态度、能力、知识、技能等方面的发展；并对幼儿园教育活动的组织与实践、教育评价等都提出了明确要求，推动了我国学前教育事业朝着更加健康、正确的方向前进。《幼儿园教育指导纲要(试行)》对幼儿园教育五个领域的教育目标、内容要求、指导要点都做了明确表述。该文件的特点主要有以下几方面。

（一）体现了终身教育、以人为本、面向世界的教育理念

《幼儿园教育指导纲要(试行)》的内容体现了终身教育的理念。由联合国教科文组织提出的终身教育理念要求 21 世纪的基础教育把每个学生的潜能开发，健康的个性发展，以及为适应未来社会发展变化所必需的自我教育、终身学习的愿望和能力的初步形成，作为最重要的任务，这与传统教育把基础定位于基础知识、基本技能和技巧的训练有很大区别。终身教育认为新基础不仅包括基本的读、写、算能力以及基本的操作技能，还包括生存的基础、做人的基础、做事的基础和终身学习的基础；换言之，就是为受教育者奠定一生持续发展的基础。终身教育要求基础教育不能仅限于教孩子们读书、写字和算术，还应当教导他们学会做人、学会学习、学会与他人共同生活。终身教育更重视赋予学生学习的兴趣和乐趣、学会学习的能力及好奇心，并把获取、更新和使用知识作为必须在教育过程中阐明的三种功能。《幼儿园教育指导纲要(试行)》总则第二条指出："幼儿园教育是基础教育的重要组成部分，是我国学校教育和终身教

育的奠基阶段。城乡各类幼儿园都应从实际出发,因地制宜地实施素质教育,为幼儿一生的发展打好基础。"终身教育理念是新基础教育观的精髓,新基础教育观洋溢着时代的精神,其丰富的人文内涵将基础教育(当然也包括幼儿教育)的意义提升到新的高度,揭示了基础教育应有的核心价值追求,幼儿教育质量观应当而且必须与新基础教育观保持一致。

《幼儿园教育指导纲要(试行)》的内容也体现了以人为本的理念。《幼儿园教育指导纲要(试行)》旗帜鲜明地倡导尊重幼儿、保障幼儿权利、促进幼儿全面和谐发展的儿童观,进一步扩展和深化了《幼儿园工作规程》提出的"促进每个幼儿在不同水平上的发展"的思想。《幼儿园教育指导纲要(试行)》关注幼儿终身可持续发展所需要的最基本的、最重要的素质,如积极主动的态度、强烈的学习兴趣、有效地与环境互动的能力,初步的合作意识与责任感等,这是衡量幼儿教育质量的重要指标。

另外,《幼儿园教育指导纲要(试行)》立足于我国学前教育的现实基础,面向世界学前教育的发展方向,注意吸收国际上现代学前教育科学研究的成果,倡导对幼儿身心发展规律的尊重、对教育规律的尊重等。其内容反映了世界学前教育科学研究的诸多成果,体现着世界学前教育共同的发展趋势,体现了面向世界的科学的幼儿教育理念。

(二)推进学前教育课程体系改革

随着社会主义市场经济体制改革的深化,各地以幼儿园课程改革为主要内容的教改试验不断推进,但当时我国的学前教育仍面对着一些问题:如雨后春笋般出现的民办幼儿园课程设置比较随意、科学性不足;一些企业厂矿主办的幼儿园受企事业单位改制的影响不得不转轨,这使其课程设置缺乏统一规范;包括家长、教师等在内的社会各界关于学前教育的性质、功能还存在着不少不适应时代要求的观念与想法，如忽视幼儿良好行为、习惯、情感、态度、自主性、社交能力等的培养；由于传统、历史和现实因素，学前教育学界在学前教育的目标、内容、学科性质与定位等方面还有不少不一致的看法；社会上还较普遍地存在重智轻德、重认知教育轻社会性和人格培养的现象。《幼儿园教育指导纲要（试行）》就是针对这些问题制定的。

《幼儿园教育指导纲要（试行）》彻底摆脱了自 1952 年《幼儿园暂行教学纲要（草案）》开始并沿袭了近半个世纪的分科教学模式，从社会对个体综合素质能力的要求出发，根据幼儿认识的整体性特征，把幼儿园教育内容划分为五大领域，并要求教学过程注意五大领域内容的相互渗透、相互促进。《幼儿园教育指导纲要（试行）》以"指导"为名，强调自身是指导性文件，要求教师创造性地开展工作。为防止机械套用，该文件对五大领域只提出了目标、内容与要求、指导要点，而没有对各年龄班做出具体规定，留给实践的伸缩空间比较大，为教师自主开发课程和幼儿园选择教育内容留下了极大的创新空间，也为学前教育学学科体系的建设和学科群的建设打开了新的大门，是我国学前教育发展史上一份真正具有"指导"意义的规范性文件。受此影响，学前教育学中原来的"六大教学法"全部改为了"五大领域教育"，这不仅是名称的改变，而且表现了对学科更为精确的把握，促进了学前教育学学科向科学化方向发展。

（三）明确幼儿园教育的基本定位

《幼儿园教育指导纲要（试行）》明确了幼儿园教育的性质：是基础教育的重要组成部分，是我国学校教育和终身教育的奠基阶段。该文件指出我国幼儿园教育的根本任务是"为幼儿一生的发展打好基础"；指明了幼儿园教育自身的特点即幼儿园不同于小学的特点，强调幼儿园是通过创设健康、丰富的生活和活动环境来帮助幼儿学习的，幼儿是通过在环境中与他人共同生活来获得经验的，他们在生活中发展，在发展中生活，而不像小学生那样主要通过学科教学来获得间接知识；明确了幼儿园教育过程必须遵循的基本原则，如尊重幼儿的人格和权利，尊重幼儿身心发展的规律和学习特点，以游戏为基本活动，保教并重，关注个别差异，等等，并提出了"促进每个幼儿富有个性的发展"的要求。《幼儿园教育指导纲要(试行)》给出了幼儿教育活动的含义，指出幼儿园的教育活动是教师以多种形式有目的、有计划地引导幼儿生动、活泼、主动活动的教育过程，强调幼儿教育活动目标的制定要以《幼儿园工作规程》和《幼儿园教育指导纲要(试行)》所提出的各领域目标为指导，并结合本班幼儿的发展水平、经验和需要。

（四）明确幼儿园教育活动的实施原则

《幼儿园教育指导纲要(试行)》明确规定了幼儿园教育组织与实施的注意事项与基本原则，强调幼儿园教育是为所有在园幼儿的健康成长服务的，要为每一个幼儿，包括有特殊需要的幼儿，提供积极的支持和帮助，这是幼儿教育实施的根本原则；并要求幼儿园教育要与 0～3 岁婴幼儿的保育教育以及小学教育相衔接。该文件强调，幼儿教育活动的组织与实施过程是教师创造性地开展工作的过程，教师要根据该文件，从本地、本园的条件出发，结合本班幼儿的实际情况，制订切实可行的工作计划并灵活地执行。该文件强调，幼儿教育活动内容的选择应依据五大领域的有关要求，同时把握三个原则：既适合幼儿的已有水平，又有一定的挑战性；既符合幼儿的现实需要，又有利于其长远发展；既贴近幼儿的生活、选择幼儿感兴趣的事物和问题，又帮助幼儿拓展经验和视野。《幼儿园教育指导纲要(试行)》要求，幼儿教育活动内容的组织应充分考虑幼儿的学习特点和认识规律，各领域的内容要有机联系、相互渗透，注重综合性、趣味性、活动性，寓教育于生活、游戏中。

（五）明确教师的职责和作用

《幼儿园教育指导纲要（试行）》提醒教师注意科学合理地安排和组织一日生活，要努力做到以下四点。一是教师制定的时间安排应有相对的稳定性与灵活性，既有利于形成秩序，又能满足幼儿的合理需要、照顾个体差异。二是教师直接指导的活动和间接指导的活动应结合起来，保证幼儿每天有适当的自主选择和自由活动时间；教师直接指导的集体活动要能保证幼儿的积极参与，避免时间的隐性浪费。三是教师应尽量减少不必要的集体行动和过渡环节，减少、消除消极等待现象。四是教师应建立良好的常规，避免不必要的管理行为，逐步引导幼儿学习自我管理。

《幼儿园教育指导纲要（试行）》要求教师成为幼儿学习活动的支持者、合作者、引导者，以关怀、接纳、尊重的态度与幼儿交往。耐心倾听，努力理解幼儿的想法与感受，支持、鼓励他们大胆探索与表达；善于发现幼儿感兴趣的事物、游戏以及偶发事件所隐含的教育价值，把握时机，积极引导；关注幼儿在活动中的表现和反应，敏感地察觉他们的需要，及时以适当的方式回应，形成合作探究式的师生互动；尊重幼儿在发展水平、能力、经验、学习方式等方面的个体差异，因材施教，努力使每一名幼儿都能获得满足感和成功；关注幼儿的特殊需要，包括各种发展潜能和发展障碍，与家庭密切配合，共同促进幼儿健康成长。

（六）规范对幼儿园教育的评价

《幼儿园教育指导纲要（试行）》强调了教育评价对幼儿园教育的重要性，明确指出教育评价是幼儿园教育工作的重要组成部分，是了解教育的适宜性和有效性、调整和改进工作、促进每一名幼儿发展、提高教育质量的必要手段；要求幼儿园教育工作评价体系化、制度化，并对评价主体、评价方法、评价原则进行了详细规定。

《幼儿园教育指导纲要（试行）》强调幼儿园教育评价主体的多元

化，提出管理人员、教师、幼儿及其家长都是幼儿园教育评价工作
的参与者，评价过程是各方共同参与、相互支持与合作的过程。教
育评价的过程既是幼儿园教师运用专业知识审视教育实践，发现、
分析、研究、解决问题的过程，也是其自我成长的重要途径。通过
科学的教育评价，幼儿园教师不但可以改进教学实践，而且可以促
进自我成长。该文件指出，教育评价应自然地伴随着整个教育过程
进行，如在就餐、游戏活动、午休等过程中，而不仅在课堂上，并
且应综合采用观察、谈话、作品分析等多种方法。

　　《幼儿园教育指导纲要(试行)》强调，幼儿的行为表现和发展变
化具有重要的评价意义，教师应将之视为重要的评价信息和改进工
作的依据。幼儿教师可以从幼儿的行为表现和发展变化等方面对幼
儿的发展状况进行评价，但要注意五条原则：一是明确评价的目的
是了解幼儿的发展需要，提供更加适宜的帮助和指导；二是评价幼
儿时要体现全面性，要全面了解幼儿的发展状况，防止出现片面性
评价，尤其要避免只重知识和技能而忽略情感、社会性和实践能力
的倾向，促进幼儿综合素质的发展；三是尽量不要设置特定的情境
来进行观察和评价，对幼儿的评价要在日常活动与教育教学过程中
采用自然的方法进行，平时观察所获得的具有典型意义的幼儿行为
表现和所积累的各种作品等是评价的重要依据，自然的评价方式更
能反映幼儿的真实发展水平；四是承认和关注幼儿的个体差异，避
免用整齐划一的标准评价不同的幼儿，对幼儿须慎用横向比较，也
就是说在评价幼儿时不要武断地用一样的标准来评价幼儿，而要因
材施教、因人而异，开展有针对性的评价；五是要以发展的眼光看
待幼儿，既要了解现有水平，也要关注其发展的速度、特点和倾向
等，要进行发展性评价，不要只着眼于幼儿现阶段的水平。

　　可以说，《幼儿园教育指导纲要(试行)》的颁布是 21 世纪初我国
学前教育事业发展的重要事件，将我国改革开放后积累的学前教育

实践经验提升到规范性文件的高度。该文件不仅对此前我国学前教育工作者的实践探索给予了充分肯定，而且对 21 世纪我国学前教育事业的科学化发展、规范化发展、与国际接轨发展以及学前教育学学科建设的中国化探索都起到巨大的推动作用。《幼儿园教育指导纲要（试行）》在相当长的一段时间里对学前教育学的发展产生了深远的影响。

四、探索建立幼儿教师资格制度

为尽快适应我国经济、社会和教育改革发展的需要，满足高素质专业化教师队伍建设的需要。2001 年，教育部成立教师资格认定指导中心，它是我国在实施教师资格制度过程中承担政策咨询、调查研究、人员培训、信息系统管理和维护等重要职能的唯一常设性机构，为幼儿教师资格制度提供了组织保证。随着我国教育事业的大发展，面对新形势和新要求，教师资格制度在学历规范、资格证书的分类与融通性、认定规范的水平与灵活性、有效期、资格考试的内容和形式、申请人的能力考察等方面出现了一些新问题。2005年 5 月 11—12 日，教育部教师资格认定指导中心组织专家在北京召开了《教师资格条例》修订工作会议，完成了《〈教师资格条例〉修订稿（征求意见）》和《〈教师资格条例〉修订论证报告》初稿。教师资格制度的全面实施，在优化幼儿教师队伍结构、严把幼儿教师队伍的入口、拓宽幼儿教师来源渠道、提高幼儿教师社会地位和整体素质等方面都发挥了重要作用。

第二节　学前教育学规范发展的特点

2001—2010 年是我国学前教育学学科规范发展的阶段，关于学前教育的课题不断开展，硕士、博士学位论文数量增加，学术成果显著，学前教育学的科学性、客观性不断加强，学科体系日益完善，形成了具有自身特色的理论研究方法。

一、注重对学科自身建设的研究

进入 21 世纪后，研究者更加关注对学前教育学学科自身发展问题的思考，对学科概念及体系、学科性质和使命、学前教育价值、学科发展的问题和方向进行了深入的研究。

(一)关于学科概念及体系

学科概念和学科体系是学前教育学学科建设要解决的基础性的问题。学前教育学学科概念必须准确、清楚，学科边界必须清晰、明确，对研究对象必须有确切的界定，这对于学前教育学学科建设、学科性质的确定、学科研究的深入开展具有重要意义。长期以来，我国不少研究者将学前教育学理解为学前教育，将二者混为一谈，这就可归因于学前教育学学科概念不明。在这一阶段，有学者围绕这一问题进行了研究。宋辉的《关于学前教育学学科建设的两点思考》提出，要建立和发展科学而成熟的学前教育学学科，就有必要先对这门学科的概念及其体系进行研究，并努力建立概念明确、逻辑严谨的学科体系，这是学前教育学学科成熟与否的一个基本标志；应该重视对学前教育学学科概念的研究，处理好借鉴其他学科的概念与建立自己的专有概念之间的关系，注意严格区分常识与科学概念之间的差别，概念及其表述要严密、准确、单一，只有这样才能确保学前教育学学科的独立性和科学性。该文章还提出不能把学前教育学教材当作学前教育学，不能把学前教育学教材体系视为学前教育学学科体系，学科体系应关注学科内在的逻辑性和科学性。该文章还提出，学科体系应该有严密的逻辑性和高度的理论概括性，有内在的推演性和自我论证性，同时要注意体系的开放性，多种体系的存在是学科健康发展的保证，是使学科体系科学化的有效途径。[1] 孙晓轲在《关于学前

---

① 宋辉：《关于学前教育学学科建设的两点思考》，载《山西煤炭管理干部学院学报》，2007(1)。

教育学历史使命的思考》中提出，学前教育学作为一个独立的学科，其理论问题的探讨是不能从其他学科移植的，虽然学前教育学有必要从教育学、心理学、生物学、人类学和社会学中引入某些研究技术，但那不能构成学前教育学的基础；学前教育学要想和其他学科平等对话，首先要做的就是建构和丰富自己独立的理论体系。①

(二)关于学科性质和使命

关于学前教育学的学科性质，有的学者强调其理论性，有的学者强调其实践性。孙晓轲是典型的强调理论性的学者，他在《关于学前教育学历史使命的思考》一文中按照教育科学的功能，把教育科学划分为基础理论学科和应用学科两类，并认为学前教育学作为整个教育科学的一个分支学科，是一门基础理论学科，符合基础理论学科的研究目的；认为学前教育学是描述、解释事物的现象和过程，探索和揭示事物运动本质的、普遍的规律的学科；学前教育学有自己独特的理论建构任务，不能仅是一门师资培训类课程，而应是一个关注"学前教育是什么"的学术性学科。② 王颖蕙也肯定了学前教育学作为教育学类理论学科的地位。③ 而姜勇的《理论困境与学前教育学的实践转向》则强调，学前教育学在注重理论性的同时也不能忽视实践性，特别在当时应向实践性转向。他提出："随着人类学、现象学、存在论哲学等思潮的兴起，人们日益认识到，学前教育学不仅具有'理论'品性，而且具有'实践'品性。但在当前，学前教育学的'实践'品性有被忽视的倾向，我们要么仅仅关注学前教育学的理论层面，要么将其视为一种普通的技术知识。呼唤学前教育学的'实践'品性，是要突出学前教育学的人文伦理性、现场情境性和生成实

---

①② 孙晓轲：《关于学前教育学历史使命的思考》，载《幼儿教育(教育科学版)》，2008(7、8)。

③ 王颖蕙：《关于幼师院校"学前教育学"课程教学改革的思考》，载《成都大学学报(教育科学版)》，2008(2)。

践性。"①

在对学科性质进行界定的基础上，孙晓轲在《关于学前教育学历史使命的思考》中也对学前教育学的使命也进行了分析。他认为，学前教育学研究主要分为基础理论研究、政策和制度研究、幼儿园的实践研究三类；根据这三类研究可以分出三类研究学者——理论型、政治型和技术型；从这三类研究学者出发，又可以发展出三种价值观和使命观。基础理论研究往往具有理论突破性、知识创新性和国际前沿性特点。政策和制度研究更加注重学前教育学的实用价值，注重其对政府制定政策的参考作用，幼儿园的实践研究注重的则是教什么和怎样教的学问或艺术。政治型学者感兴趣的是学前教育学的实用价值，他们记录和提供有关学前教育现象的调查、统计数据，其动机或许并不是直接促进儿童的发展，而是给政府制定政策提供参考或依据。技术型学者感兴趣的是学前教育学的使用价值，通常情况下关注的是幼儿园教什么和怎样教。而作为一门基础理论学科，学前教育学的学术研究理应是以基础理论研究为主的，理论型学者应该担起学前教育学的主流使命，旨在发现学前教育的普遍规律。学前教育学的主流使命是理论研究，只有站得高才能看得远，才能更好地为政府决策服务，才能更好地指导实践。三类学者及其使命的划分也表明了学前教育学所承担的三重历史使命，而学前教育学三重历史使命的共同本质在于不断推动学前教育研究走向科学化，推动学前教育学学科建设的中国化和科学化。②

(三)关于学前教育价值

对学前教育价值的研究是学前教育学研究很重要的一个方面，不同学者从不同角度对此问题进行了一系列研究，丰富了对学前教

---

① 姜勇：《理论困境与学前教育学的实践转向》，载《学前教育研究》，2008(1)。

② 孙晓轲：《关于学前教育学历史使命的思考》，载《幼儿教育(教育科学版)》，2008(7、8)。

育价值的探讨，有助于促进学科的深入发展。王春燕从教育与生活的关系的角度提出，学前教育的价值取向应为关注幼儿的生理、心理发展及幼儿的特点，倡导以幼儿生活为特征的教育，主张幼儿教育与生活相融合。[1]庞丽娟等认为，学前教育价值显现在两大方面：一是学前教育对于人的发展的价值，二是学前教育对于教育事业、家庭和社会的价值。[2] 黄英提出，作为基础教育的"基础"的学前教育，是为受教育者的身体成长、个性发展及其一生打基础的，应着眼于幼儿未来的可持续发展，应面向幼儿的生活，应尊重幼儿的主体性。[3] 李生兰从儿童发展这一层面谈及学前教育两方面的价值：一是能保证胎儿健康出生，为其日后接受教育提供最初的良好基础；二是能保证婴儿及时地成长，保证幼儿迅速地发展。[4] 李克勤、张晓辉以在中国知网上能检索到的 1979—2007 年的与学前教育价值研究相关的文献为基础，从学前教育价值的历史脉络、学前教育价值的主要影响因素、学前教育价值的具体体现这三个维度入手，对学前教育价值研究进行了综述。[5] 李克勤、罗先华认为学前教育的价值体系由宏观、中观、微观三个层面构成：宏观层面指在社会大系统里学前教育这个子系统与其他子系统的价值关系，中观层面指学前教育与家庭之间的价值关系；微观层面指学前教育系统内儿童个体这一主体与其他要素之间的价值关系。这些价值主要体现在显性价值和隐性价值两个维度，体系内各价值具有彼此关联影响、发展

---

① 王春燕：《幼儿教育新的价值取向：幼儿教育与生活的融合》，载《学前教育研究》，2001(5)。

② 庞丽娟、胡娟、洪秀敏：《论学前教育的价值》，载《学前教育研究》，2003(1)。

③ 黄英：《终身教育理念下学前教育的价值思考》，载《科学咨询(教育科研)》，2005(10)。

④ 李生兰：《学前教育学(修订版)》，41 页，上海，华东师范大学出版社，2006。

⑤ 李克勤、张晓辉：《学前教育价值研究综述》，载《当代教育论坛(校长教育研究)》，2008(1)。

变化等特征。^① 康建琴、李志宇在讨论实现理论和实践层面价值取向的融合时提出，理论工作者不能仅是理论的介绍者，还应该是理论的创造者、生成者；实践工作者不能仅是理论的践行者，还应该是行动的研究者；管理工作者不能仅是政策的传话者，还应该是政策的研究者、理论的解释者、地方课程建构的组织者和协调者；最终，这三个角色应结合在一个基本点上，合力完成适宜的幼儿教育工程图的绘制，真正实现理论与实践的融合。^②

（四）关于学科发展的问题和方向

学者们不仅对学前教育学的基础——如学科性质、学科体系等——进行了深入探讨，而且对学前教育学学科发展中存在的问题进行了回顾反思和深刻分析，并提出学前教育学的发展路向。刘晓东在《学前教育理论发展存在的问题与未来的路向》中提出，改革开放使学前教育的理论发展和观念变革取得了巨大成就，但在学前教育学术界还存在着忽视、轻视甚至敌视理论研究的情况。学前教育学学科应当加强理论建设，尤其是基础理论建设，努力形成学术共同体，形成自己的理论话语体系。学前教育学学科应当与学前教育实践密切联系，更要对学前教育现实有所反省、有所批判、有所改造。中国教育的现代化离不开教育理论的现代化，离不开对西方教育的现代观念和现代立场的学习与改造；同时也要注意，中国传统文化中有丰富的思想资源可以接引、支援学前教育的现代观念和立场。^③ 姜勇、邓素文提出，学前教育学的每一环节均渗透、体现着特定的文化与价值，只有从文化视角出发审度学前教育学，才能改变中国的学前教育学无"中国味"的状况，才能对中国学前教育学的

---

①　李克勤、罗先华：《学前教育价值体系建构初探》，载《学前教育研究》，2008(5)。
②　康建琴、李志宇：《我国学前教育理论和实践层面价值取向的冲突与融合》，载《教育理论与实践》，2008(6)。
③　刘晓东：《学前教育理论发展存在的问题与未来的路向》，载《教育学报》，2010(5)。

根本问题与特有现象形成比较完整且深刻的理解。为此，学前教育工作者需要建设具有文化自觉意识、回归民族传统、走向世界文化的学前教育学。① 学前教育学的中国化必须要注重中国传统文化的渗透和影响。朱家雄的《从对科学主义的崇拜到主张学前教育走向生态——对学前教育理论和实践的反思》则站在研究方法的角度对学前教育理论和实践进行了反思，提出学前教育发生在活生生的情景中，而发生在真实情景中的学前教育具有很大的关联性、多元性、差异性和不确定性；应该将学前教育放置于生态背景中考察和研究；应该从科学主义的实证研究转向社会生态学研究。②

二、学前教育学学术研究的深化

进入 21 世纪后，学前教育的科研工作引起更多教育学界学者的重视，学前教育界重实践经验轻学术理论的传统被重新审视。庞丽娟等的《当前我国学前教育事业发展的问题与建议》明确提出了学前教育开展科学研究的重要性，并提出学前教育工作者应充分认识与重视学前教育的科学性，应加强对新形势下儿童心理与行为发展规律，早期环境、教育与儿童发展的关系及其作用机制，学前教育的目标、内容、过程和方法，学前教育质量评价等的研究，应深入探讨儿童早期发展和学前教育的独特性与规律性，从而更科学地按照个体发展规律与教育规律进行教育。③

学前教育学学科经过不断的探索与发展，研究范围逐渐扩大，研究主题逐渐丰富，不但数量十分可观，而且内容有深度。该阶段可收集到的研究主题多达 41 种。在内容上，除研究社会主义学前教

---

① 姜勇、邓素文：《本土困境与学前教育学的文化转向》，载《学前教育研究》，2008(4)。
② 朱家雄：《从对科学主义的崇拜到主张学前教育走向生态——对学前教育理论和实践的反思》，载《学前教育研究》，2007(11)。
③ 庞丽娟、胡娟、洪秀敏：《当前我国学前教育事业发展的问题与建议》，载《学前教育研究》，2002(1)。

育的一般原理外，还包括学前教育的内容、方法、原则、任务等，涵盖了学前教育的各个组成要素、学前教育活动的各个环节。学前教育学科学研究中既有分化性研究，又有综合性研究；既有关于儿童观、教育观、师资、课程、政策法规等学前教育学模块的研究，也有对学前教育学本学科的元研究。

随着研究的进步，学前教育学的相关课题日趋丰富多样，内容涉及高等师范院校改革、农村学前教育、幼儿教师培养、幼儿教师薪酬、幼儿园教育质量、学前儿童的年龄特点、学前教育政策发展、学前教育改革等多方面。例如，2001 年西北师范大学郑名负责的国家级课题"西北贫困地区农村幼儿教育发展的现状与对策研究"，详细阐述了对西北贫困地区农村学前教育问题的看法及建议；2006 年中央教育科学研究所刘占兰主持的国家级课题"幼儿园教育质量的发展现状与促进研究"，探讨了幼儿园教育质量问题。

学前教育学学术研究的热点主要集中在以下四个方面。

一是农村学前教育。我国地域广阔，城乡、地区差异较大。长期以来，我国农村学前教育发展缓慢、资源匮乏、普及率低，农村学前教育成为我国学前教育事业发展的重点和难点。这一时期关于农村学前教育的研究集中在基础资源、环境建设、教师素质、经费支持等方面，为提高农村学前教育的普及程度、着力保证留守儿童入园、发挥乡镇幼儿园对村幼儿园的示范作用、支持贫困地区发展学前教育事业等方面提出了不少可行的意见和建议。

二是幼小衔接。幼小衔接是我国基础教育领域一直关注的热点问题，幼小衔接工作可直接影响儿童进入小学后的成长。这一时期，学前教育学工作者从入学准备、早期阅读、语言准备、儿童社会化等不同角度考察了家长、教师及儿童作为利益相关者对幼小衔接的认知、情感和态度。此外，虽然做好幼小衔接是幼儿园和小学两个教育阶段共同的任务，但幼儿园的小学化倾向很严重，单向衔接的局面长期存在。对于幼儿园开设小学化课程的弊端与危害，这一时期的学前教育学者进行了充分的揭示与严肃的批评，如杨文、张传燧对园本课程背景下我国幼儿教师专业发展存在的问题及原因进行了深入分析。[①]

三是政府职责。学前教育的发展受到多种因素的影响，重要因素之一是政府的支持和投入。这一时期我国学者对学前教育政府职能的研究侧重于财政投入体制、政府职责等方面，如蔡迎旗、冯晓霞对我国幼儿教育财政体制的沿革与创新展开了研究；[②] 虞永平对政府在幼儿教育发展中的作用进行了全面论述，提出了明确政府职责，建立政府主导、社会参与、公办民办并举的办园体制，加大政府投入和宏观指导等方面的建议，他还强调幼儿教育公平是教育公平和人生公平的起点，应把促进公平作为国家基本教育政策。[③]

四是教师专业发展。从 20 世纪 80 年代起，有关幼儿园教师素质的讨论一直没有停止，幼儿园教师发展成为幼教改革和师资培训关注的焦点问题。在针对该方面的研究中，对研究性学习、园本课程与园本培训背景下幼儿园教师专业发展的探讨最具代表性，如彭琦凡对研究性学习与幼儿教师专业发展的关系进行了深入探讨。[④]这一时期的学前教育学研究者也提出了应对幼儿园教师职业倦怠的一些意见与建议，包括严格制定幼儿园教师资格标准，加强幼儿园教师培养培训，提高幼儿园教师队伍整体素质，等等。

对于学前教育学的学术研究内容的深化，此处以儿童观的研究为例进行说明。

---

① 杨文、张传燧：《园本课程背景下我国幼儿教师专业发展存在的问题及原因探析》，载《学前教育研究》，2008(4)。

② 蔡迎旗、冯晓霞：《我国幼儿教育财政体制的沿革与创新（上）》，载《学前教育研究》，2006(1)。

③ 虞永平：《试论政府在幼儿教育发展中的作用》，载《学前教育研究》，2007(1)。

④ 彭琦凡：《研究性学习与幼儿教师专业发展》，载《学前教育研究》，2002(5)。

进入 21 世纪，学前教育领域从政策制定和学术思考上进一步深入对儿童观的研究，这在 2001 年教育部出台的《幼儿园教育指导纲要(试行)》、2003 年十部门(单位)联合出台的《关于幼儿教育改革与发展的指导意见》等政府文件中均有明显体现。《幼儿园教育指导纲要(试行)》明确指出："幼儿园教育应尊重幼儿的人格和权利，尊重幼儿身心发展的规律和学习特点，以游戏为基本活动，保教并重，关注个别差异，促进每个幼儿富有个性的发展。"《关于幼儿教育改革与发展的指导意见》也强调要尊重儿童的人格尊严和基本权利，尊重儿童身心发展的特点和规律，使儿童身心健康成长。这一时期关于儿童观的研究成果主要体现在对儿童或童年的本体诠释、对儿童精神世界的探讨、对中国传统文化中的儿童观的反思等几个方面。如孙云晓在解读《中华人民共和国未成年人保护法》时指出，现代的儿童观与我国传统的儿童观的根本区别在于，它不仅重视儿童对于社会的价值，看到儿童因弱小而需要保护的事实，而且不因儿童弱小而轻视他们，而把儿童看作有能力的、积极主动的权利主体，儿童拥有权利并可以行使自己的权利。孙云晓还归纳出联合国《儿童权利公约》倡导的八大新型儿童观，即价值观、权利观、亲子观、健康观、发展观、学习观、养育观、性别观。[①]刘晓东在《儿童文化与儿童教育》一书中提出，儿童是人，但不是小大人，儿童是探索者和思想家，儿童是艺术家、梦想家和游戏者，儿童是自然之子、历史之子，儿童是成人之父、成人之师，儿童也是文化的创造者。[②] 姚伟的《儿童观及其时代性转换》一书从人文哲学的角度为构建科学儿童观的理论体系进行了开拓性的探讨。[③] 南京师范大学有一系列博士

---

① 孙云晓：《什么是现代儿童观？》，http://blog.sina.com.cn/s/blog_475b166401000 az7.html，2019-03-12。

② 刘晓东：《儿童文化与儿童教育》，38～41 页，北京，教育科学出版社，2006。

③ 姚伟：《儿童观及其时代性转换》，代序 4 页，长春，东北师范大学出版社，2015。

学位论文探究儿童世界、研究儿童观、讨论儿童教育，如 2006 年，侯莉敏的《儿童生活与儿童教育》对儿童的生活世界进行了研究；① 2008 年，王喜海的《论回归童年的儿童教育》对童年的起源、价值、特征进行了考察；② 2008 年，苗雪红的《论儿童的精神成长》对儿童精神成长的内在潜能、自然步骤及动力机制进行了探究。③ 与此同时，对儿童的研究也更加深入。姚伟在 2003 年发表的《以人的方式理解儿童——儿童观的方法论思考》在探寻儿童本质的同时，在学前教育领域较早地关注了认识儿童的方法论问题。④ 刘晓东也提出儿童世界的诗性本质决定了对儿童世界的认识不应是进行理论思维的认识，还应进行诗学的探究。⑤ 此外，鄢超云对儿童朴素理论的研究⑥，杨宁对儿童早期学习的研究⑦，黄进对儿童游戏精神的哲学思考⑧，边霞对儿童艺术的发生机制的探讨⑨，丁海东对儿童诗性逻辑的论述⑩，以及南京师范大学儿童哲学、儿童教育哲学方向的硕士学位论文对"儿童天性""童心""诗性智慧""童谣""儿童成长"等儿童精神现象的阐释等，使儿童观的研究越来越丰富、越来越深入。

联合国所倡导的以人为本的儿童观要求保护儿童的生命与健康，为他们提供基本的营养、居住、娱乐和医疗的条件，教育机会均等，使每一名儿童都能受到提高其一般教养的良好教育，获得体、智、德、美各方面的和谐发展；认为儿童是学习的主体，教育者和儿童在人格

---

① 侯莉敏：《儿童生活与儿童教育》，博士学位论文，南京师范大学，2006。
② 王喜海：《论回归童年的儿童教育》，博士学位论文，南京师范大学，2008。
③ 苗雪红：《论儿童的精神成长》，博士学位论文，南京师范大学，2008。
④ 姚伟：《以人的方式理解儿童——儿童观的方法论思考》，载《学前教育研究》，2003(5)。
⑤ 刘晓东：《儿童文化与儿童教育》，77 页，北京，教育科学出版社，2006。
⑥ 鄢超云：《儿童的朴素理论及其学前教育意义》，载《上海教育科研》，2003(4)。
⑦ 杨宁：《对儿童早期学习的某些初步认识》，载《学前教育研究》，2006(6)。
⑧ 黄进：《论儿童游戏中游戏精神的衰落》，载《中国教育学刊》，2003(9)。
⑨ 边霞：《论儿童艺术的发生》，载《学前教育研究》，2002(5)。
⑩ 丁海东：《论儿童精神的诗性逻辑》，载《学前教育研究》，2005(7－8)。

上是平等的，教育者虽然受社会委托对儿童进行教育，但必须尊重儿童的人格、意愿和兴趣，不得任意处置儿童；要求保护儿童免受任何形式的虐待、歧视和剥削。这些要求构成了当代民主化儿童观的基本内容。学前教育是塑造幼儿灵魂的神圣事业。作为学前教育实践活动的主导因素，教师要有高度的理智和丰富的情感，必须树立以儿童为本的新型儿童观，主要包括以下四个方面。第一，儿童是社会的人，生来就有做人的尊严和价值，应该享有人的一切权利，这是儿童观的核心思想；因为儿童生来就有尊严和价值，教师应该把他们看作一个处在生命的最初阶段、发展完整的人。第二，儿童是发展的人，有自己的内心世界，可塑性极强，需要成人给予精心呵护和细致照料；面对每个不同的幼儿，教师应该努力寻求最适合其的教育方式，只有适宜的教育对儿童的发展才是有效的。第三，儿童应该享有童年的快乐和幸福，儿童期是为成人期准备的过程，不仅要为将来而活，而且要为现在而活；教师不应凌驾于儿童之上，应俯下身来跟他们一同成长，用爱包容儿童的一切。第四，儿童是有主体意识的人，具有很强的个性特点和自主意识，有自身的潜力，有内在的能动性，在成长过程中要学会自理、自立、自强，而这需要外部环境和教师来进行调整。了解儿童是教育儿童的前提，尊重儿童是教育儿童的基础。

综合起来，这一时期关于儿童观的研究成果可以被归纳为以下几点。一是教师的儿童观以意识或潜意识的形式存在着，能够深刻影响教师的教育行为，因此，树立积极的、民主的儿童观是幼儿教师矫正自身教育行为的前提条件。二是儿童是独立的主体，有独立的人格，有被爱、被肯定、被尊重的心理需要；教师要尊重儿童，平等地对待每个幼儿，充分认识心理伤害的严重后果。三是教师必须根据每个儿童的兴趣、爱好、个性特点及个人的发展需要坚持因材施教，努力追求实现每个儿童个人的、自由的、充分的发展，真正实现全面发展的教育目标，切忌"一刀切"。四是教师必须加强对自我情绪的调节，做自己情绪的主人，要加强道德修养，以理制情，决不能迁怒于儿童；要加强业务知识学习，自觉地控制自己的情绪；要用意志克服困难，在困难和挫折面前始终保持乐观心态；要给予儿童主动活动、自由活动和充分活动的机会，了解儿童的兴趣，尊重儿童的兴趣，并为儿童提供学习、探索的条件；要认识到每一个儿童都有闪光点，都可以成才，相信儿童的能力，为他们独立生活创造机会，提供一个丰富多彩、有利于儿童成长的环境和空间。这些关于儿童观的研究成果与认识，使学前教育学学科建设的中国化探索明确了以尊重儿童身心发展规律为目标的发展方向，同时也为发现儿童教育的真谛提供了丰富的养分。

三、学前教育学的研究范式和研究方法的多样性

学前教育学作为一门发展中的学科，是一个复杂的、多层次结构的开放系统，需要在研究范式和研究方法上不断探索和创新。

此阶段的学前教育学研究，有的以构建学科体系为目标，采用的"体系范式"；有的密切联系实际，大力开展应用研究，采用"实效范式"；还有的采用解决学科归属问题的"文化范式"；等等。研究范式的演变体现着学前教育学研究的时代特征。刘晓东提出，学前教育学术界应当加强理论建设，尤其是基础理论建设，努力形成学术共同体，形成自己的理论话语体系，形成自己的学科范式；这一范式对于那些没有相关学科素养、没有对学前教育学进行深入了解的人来说是封闭的，但对于那些对学前教育有深入见解、对相关学科背景有所了解的人来说则是开放的。对于那些对学前教育学学科有基本了解、对相关学科知识有基本了解、有良好的学术素质的人来说，学前教育学学科是敞开大门的；对于那些对学前教育学学科一无所知，仅凭借一点点教育经验就试图对学前教育学学科指手画脚的人来说，学前教育学学科则是封闭的。[1] 学前教育学学科体系的研

---

① 刘晓东：《学前教育理论发展存在的问题与未来的路向》，载《教育学报》，2010(5)。

究范式体现着学前教育学学科的专业性，关注学科的内在逻辑性，在更高的境界上更有效地指导实际教育工作。

对于学前教育学的研究方法问题，在此阶段学者们形成了两种不同的认识：一种主张学前教育学没有自身独特的研究方法，其理由是学前教育是一个复杂、多层结构的开放系统，必须通过不同的学科观点、运用不同的学科方法才能比较全面和深入地理解学前教育，如可以借鉴史学、哲学等学科的观点，对学前教育进行全面深入的研究；另一种主张学前教育学应有特殊的研究方法，其理由是学前教育学有特殊的研究对象(0～6 岁的儿童)，他们不同于在校学生，研究方法应该适合研究对象，因此研究方法应该有其特殊性。

关于研究中运用的具体研究方法，由于学前教育学的研究对象、研究内容及学科性质有特殊性，研究者采用的研究方法则表现出多样性，且研究领域及研究层次的差异也影响研究方法的选择。刘晶波等的《1996—2006 年我国学前教育领域研究方法的运用状况与分析——基于三所高校硕士、博士学位论文的研究》将学前教育领域运用的研究方法分为思辨法、文献法、质的方法、量的方法、行动研究法、混合方法。该文章指出，在 273 篇硕士、博士学位论文中，混合方法、质的方法、量的方法是运用比例最高的三种研究方法；思辨法和量的方法是学前教育领域最基本的研究方法，每年都有相当数量的学位论文运用这两种方法；行动研究法于 2000 年首次在学位论文中被运用，之后作为一种新的研究方法在硕士、博士学位论文中得到较为广泛的运用；文献法在学位论文中一直属于运用比例较低的研究方法。在硕士学位论文中，运用最多的是质的方法，其次是混合方法，最少的是文献法；在博士学位论文中，运用最多的是混合方法，其次是思辨法，最少的是行动研究法。当然研究方法的使用与研究的选题有密切关系，该文章对此也进行了分析。五大领域、教师、教育社会、教育方法、教育评价、师幼互动这六个研究领域运用混合方法的比例最高；儿童这个研究领域运用量的方法的比例最高；课程、国外研究、教育管理这三个研究领域运用质的方法的比例最高；教育哲学这个研究领域运用思辨法的比例最高；教育历史这个研究领域运用文献法的比例最高；游戏这个研究领域运用量的方法、混合方法的比例最高；0～3 岁教育这个研究领域运用质的方法、混合方法的比例最高。①

朱家雄的《从对科学主义的崇拜到主张学前教育走向生态——对学前教育理论和实践的反思》一文专门论述了学前教育的研究方法，提出质的研究方法是未来的研究方向。文章指出，随着学前教育理论研究的深入，同时受到社会生态学理论的影响，在学前教育理论和实践的研究中，观察、记录、参与、解释、对话、反思、叙事、话语、自然主义、教育真实情景、行动研究、实践性知识、研究型教师、教师专业成长等明显带有生态学取向的词汇被人们使用的频率越来越高；这些词汇被人们频繁运用，说明质的研究方法已逐渐得到学前教育研究的重视，并呈现纷繁复杂的状态；在未来，质的研究对学前教育领域来说可能会变得非常重要，这是因为研究与学前教育有关的各种问题是不可能脱离背景的，任何问题都与各种生态有着不可分割的联系。②

四、重视对学前教育学学科与学前教育实践的关系的深入探讨

要建设科学而成熟的学前教育学学科，就必须正确认识学前教育学理论与实践的关系，深刻理解和贯彻理论联系实际的原则。长期以来，受主客观条件的影响，学前教育学理论与实践割裂成为一个普遍现象，一时难以解决，成为影响学前教育学学科建设的重要因素。

---

① 刘晶波、丰新娜、李娟：《1996—2006 年我国学前教育领域研究方法的运用状况与分析——基于三所高校硕士、博士学位论文的研究》，载《学前教育研究》，2007(9)。

② 朱家雄：《从对科学主义的崇拜到主张学前教育走向生态——对学前教育理论和实践的反思》，载《学前教育研究》，2007(11)。

理论与实践的关系问题首先表现在不同性质的院校对理论和实践的要求不一致，导致理论与实践失衡。课程设置中理论与实践的合理分配是学前教育学学科研究的一个重要方面，对于学前教育人才的培养具有现实意义。幼儿师范学校的课程设置偏重实践，重视学生教育教学技能的培养，相对地轻视学生基础理论的学习。而在高校学前教育专业的课程设置中，情况则与之相反，学生的学习主要为基础理论学习，采用传统的课堂模式，学科见习和实习时间相对不足。这便造成了幼儿师范学校"重实践、轻理论"和高等院校学前教育专业"重理论、轻实践"的现象，导致了学前教育学学科理论与实践应用失衡的局面。理论与实践的失衡，一方面使高校的理论研究无法及时广泛传播到学前教育一线，导致学前教育实践的时代性、科学性不足；另一方面使高校无法及时了解学前教育实践情况，造成理论研究的应用性不足，对教育实践的指导意义不明显。这样一来，学前教育学理论与实践割裂的局面则更严重。

对此，许多研究者提出要平衡各类院校中学前教育理论的学习与实践的开展，以促进实践与理论结合，密切二者间的关系。有的学者提出要培养有坚实理论知识基础和较高综合实践能力的、与时代特色相适应的应用型人才；有的提出要防止学前教育课程改革出现过度实践化的倾向；有的提到要重视学前教育学的理论价值，同时加强学前教育实践；有的呼吁学前教育人才培养进行实践转向，要重视学前教育的实践性。学前教育学既是一门基础理论学科，又是一门应用型学科，如何将理论与实践结合，让理论成为指导实践的依据，让实践成为理论发展的基础，这是该阶段学前教育学学科发展的重要问题之一。

理论与实践的关系问题其次表现在理论研究者和实践工作者对于理论和实践关系的认识不一致。从事实践工作的教育者认为，学前教育学的理论太空泛、抽象，脱离实际，应用性及实践性都不强，

对其实际工作没有什么具体帮助；认为学前教育理论应能解决实践
中的问题，能提高学前教育质量，否则理论就是不切实际的、抽象
的空论。这其实是对理论的不恰当的理解，是对理论的一种不切实
际的期望。而许多从事理论工作的研究者也觉得理论苍白无力，没
有发挥提高认识、指导实践的功能，并为此而自责。实际上，该阶
段学科建设中存在的学前教育学概念及其体系方面的问题以及其他
基本问题都与没能正确把握和处理理论与实践的关系有关，与没有
正确理解理论有关，与没有正确理解理论的本质特征和价值有关。
没有正确理解和全面把握理论与实践的辩证统一关系，对理论与实
践的本质特征及其各自的局限性缺乏深入的认识，对理论联系实际
原则的含义也缺乏全面的认识，这便导致了对学科的理论性和实践
性出现了理解上的误区。

　　宋辉的《关于学前教育学学科建设的两点思考》一文专门对学前
教育学理论与实践的关系所存在的问题进行了分析，并提出了自己
的建议。文章提出，理论指导实践并不意味着理论被直接运用于实
践，理论之所以能指导实践，不是因为它有具体性和直接性，而是
因为它有概括性和普遍性；学前教育学理论并不提供实践中的具体
问题的现成答案，而提供认识问题的角度和基本观点，使人们形成
正确的教育信念和正确的教育观，使人们具有一定的教育视野；至
于如何运用理论来取得实际效果，这不是理论力所能及的。文章还
提出，正是因为学前教育学学科的理论性太差、概括性不强、普遍
性不高，其才难以发挥深化认识、指导实践的功能。此外，文章指
出，我们对实践的理解也不够全面，我们强调实践是基础，但实践
并不等同于个人的现实感性活动，实践是理论的源泉和基础，是针
对人类认识活动的整体而言的，而且实践作为人类的能动活动具有
前后相继、不断超越自身的特点；前代人或同代人的实践成果及其
提出的问题，构成后代人或同代人的条件和基础，人类的认识正是
在这样的前后相继中发展提高的；研究前人或他人在实践中提出而

没有很好解决的问题，也体现了理论与实践的结合。文章还指出，研究者没有深入一线、亲身实践并不代表其缺乏实践基础。这样来理解实践有助于促进学前教育学学科理论的成熟。①

同时，理论界对学前教育学到底要研究什么存在认识上的模糊，这也导致了该阶段对学科理论性的忽视。刘晓东在《学前教育理论发展存在的问题与未来的路向》一文中指出，学前教育理论发展存在的问题是简单地认为研究学前教育就是研究幼儿园里的现实问题，这便忽视了对幼儿园背后隐藏的文化、政治、经济等因素以及历史层面的研究，这种忽视直接影响了学前教育学的学科建设，那种认为理论没有用、不懂理论依然可以做模范教师、不懂"大本本"照样可以教书等的反智主义论调对于学前教育学的学科建设是有害无益的。刘晓东认为，学前教育学学科与学前教育实践一方面要密切联系，另一方面又必然保持一定距离，只有这样，学前教育学术界才能对学前教育现实有所反省、有所批判、有所改造；不是研究者全部深入一线才能和实践对接，也不是所有的理论成果都直接服务于一线工作者，有些理论研究是服务于学术界的，对于这些理论成果一线教师虽不能理解，但不会对学前教育实践的发展产生消极影响；学前教育学不能只面向幼儿园，还需要走出去，着眼于相关学科；学前教育学学术界内部要形成一个良序的、有良好生态效应的学术环境，只有这样才能赢得相关学科的关注、尊重，才能壮大学前教育、儿童教育的学术队伍，才能实现学前教育学的学术繁荣和理论大发展；学前教育学学术界应当加强理论建设，尤其是基础理论建设，努力形成学术共同体，形成自己的理论话语体系，形成自己的学科范式，只有理论研究达到一定的高度，才可以在更高的境界上更准确、更有力、更有效地指导实际教育工作。②

---

① 宋辉：《关于学前教育学学科建设的两点思考》，载《山西煤炭管理干部学院学报》，2007(1)。

② 刘晓东：《学前教育理论发展存在的问题与未来的路向》，载《教育学报》，2010(5)。

第三节　学前教育学规范发展的成就

2001—2010 年，我国的学前教育学的学科建设虽仍不尽完善，但在调整与恢复以及改革开放初期的探索与发展的基础上，逐步提高并走向成熟。2001 年《幼儿园教育指导纲要(试行)》的颁布，使社会各界对于学前教育学的认知、理解不断深化，对其重要性的认识不断增加，学前教育学的学科地位得到了明显提升，学科体系建设取得了极大进步，学科的独立性、科学性日益提高。在科学研究的层次和成果上，学前教育学也颇有建树，研究课题种类增加，学位论文包罗万象，相关论著不断发表出版，并从大量吸收借鉴国外理论向重视我国本土理论建设转型。

进入 21 世纪后，学前教育学学科发展取得的成就主要表现在以下几方面。

一、学前教育学的学科体系构建

自学科建立之初，我国学前教育学者就不仅从理论上积极探索了学科体系，而且在编写教材的过程中初步构建了学前教育学的学科体系。2001—2010 年，我国学者对学前教育学学科体系建设的实践努力也主要体现在学者们编写的学前教育学教材和著作上。该阶段我国学者所构建的体系主要有以下几种。

高岚的《学前教育学》(2001 年，广东高等教育出版社)，内容包括：现代幼儿教育的基本观念，现代幼儿教育的理论基础，现代幼儿教育的目标，幼儿的全面发展教育，幼儿园的课程，幼儿园的教学，幼儿园的游戏，幼儿园的学习环境，幼儿园的教师，学前教育与心理教育。

刘晓东、卢乐珍等著的《学前教育学》(2004 年，江苏教育出版社)，内容包括：绪言，百年中国学前教育，儿童观，儿童与教育，家庭、社区与学前教育，托幼机构的环境和设备，学前教育机构中教师与幼儿的相互作用，学前儿童体育，学前儿童语言教育，学前儿童认知教育，学前儿童社会性教育，学前儿童道德教育，学前儿童审美教育，学前儿童的游戏，学前课程，学前教育研究方法，21世纪中国学前教育展望。

郑健成主编的《学前教育学》(2007 年，复旦大学出版社)，内容包括：绪论，学前教育概述，教育机构里的学前教育，学前教育课程的基本问题，学前教育课程的目标、内容与组织，学前教育课程的实施与评价，日常生活活动，游戏，教学活动，其他形式的活动，领域与主题活动，区域活动，学前儿童班级保教工作管理，学前教育机构与家庭、社区和小学，学前教育典型课程方案简介。

傅建明主编的《学前教育学》(2007 年，中央广播电视大学出版社)，内容包括：学前教育学概述，学前教育的功能与效益，学前教育与儿童发展，学前儿童的全面发展教育，幼儿园的教育活动，幼儿园环境设计，幼儿园教师，幼儿园的家庭、社区工作，幼儿园与小学的衔接。

魏建培主编的《学前教育学》(2008 年，科学出版社)，内容包括：绪论，学前教育主要理论流派，现代社会中的儿童，学前教育与儿童的发展，学前教师，幼儿园课程设计，幼儿园班级管理，幼儿园环境的规划和组织，幼儿园与家庭、社区的合作，对学前儿童的评价。

江东秋编的《学前教育学》(2009 年，江西高校出版社)，内容包括：学前教育目标，学前教育活动的基本原则与方法，幼儿园教育要素，学前儿童全面发展教育，学前教育活动，学前教育科学研究等。

综合分析可以发现，这一时期学前教育学学科体系建设具有以下四个特点：一是学前教育学教材以合著、合编为主，独著为辅；二是学前教育学教材涉及的主题广泛性有余，集中度不够；三是学前教育学教材的学科意识初现，但研究有待展开；四是学前教育学教材的学术水平有待提高，学术服务意识需要加强，高等学校学前教育学课程论在此时仍待成为一个被关注和研究的领域。①

　　基于对以上体系的考察，关于该阶段学前教育学学科体系建设可以得出以下结论。

　　第一，构建学科体系已成为我国学者发展学前教育学的重要目标。虽然学前教育学学科体系的建立不可能通过一本著作或教材来实现，但学者们通过自己独特的研究视角，搭建了学前教育学学科体系的基本框架。不管是从逻辑起点来构建学科体系，还是以问题系统来构建体系，或者从方法论的角度来构建体系，再或于范畴水平来构建学科体系，最终都使学前教育学的学科体系基本确立，这对我国学前教育学的发展起到了推动作用。

　　第二，学科体系的理论基础还比较薄弱，学者们较多讨论学前教育实践的理论基础，但很少对学前教育学的学科体系进行理论上的思考。由于缺少学科基本理论研究这一构建学科体系所必要的基础，学者们在构建体系时往往根据的是学前教育实践的需要和具体活动，所形成的学科体系经验成分比较大，基本上属于实践体系，与理论体系还有一定的距离。

　　第三，学者们对编写学前教育学教材目的的表述基本上为"供高等师范院校学前教育专业和学前函授班，以及幼儿师范学校附设学前教育大专班使用""可以用作大、中专层次的幼儿教育、学前教育专业教材，亦可供幼儿园教师职前培训或在职进修、业务培训和高等教育自学考试学员使用""高校学前教育专业的教科书，也可用作教育学研究人员和学前教育工作者的参考资料"这几种。学前教育学主要作为高校的一门课程或教学科目而形成和发展起来，更多被视为一门课程，而未被真正视为一门学科。我国学者所建立的学前教育学体系实际上是教材体系而不是学术体系，编写教材成为学前教

---

　　①　夏巍、张利洪：《近二十余年我国学前教育学教材的内容分析》，载《四川教育学院学报》，2012(10)。

育学学科发展的重要方式。

二、以学前教育学为主干的学科群建设

学前教育学的发展与其他许多当代科学一样，出现了既分化又综合的发展趋势。作为教育学的二级学科，教育学有什么分支学科，学前教育学基本上也有相应的分支学科。20 世纪 80 年代后，以学前教育学为主干的学前教育学学科群逐渐建立起来，其基本特征主要有两点：一是分化，从学前教育学中分化出了学前教育原理、学前课程论、学前教育史、比较学前教育等；二是综合，与相关学科相互交叉，形成了若干交叉学科，如学前教学论、学前教育管理学、学前教育心理学、学前教育评价、学前心理学、学前卫生学等。其中，学前教学论学科先分化出分科教学法，后来由于受到 2001 年《幼儿园教育指导纲要(试行)》的影响，幼儿园的教育内容被划分为健康、语言、社会、科学和艺术五大领域，原来的"六大教学法"的提法不再使用，统一改为"五大领域教育"，分别为学前儿童健康教育、学前儿童语言教育、学前儿童科学教育(包括学前儿童数学教育和学前儿童科学教育)、学前儿童艺术教育(包括学前儿童美术教育和学前儿童音乐教育)、学前儿童社会教育，这是适应现代科学分化和综合趋势、朝着几个方向同时前进的结果。这个发展趋势反映在 2001—2010 年出版的相关学科的教材和著作上。

这一阶段学前教育学在自身的体系构建和研究领域上都有了较大的发展，我国普通高校和高等教育自学考试学前教育专业使用的教材明显增多。这一时期主要相关教材和著作如下。

(一)学前教育学类(11 本)

高岚著：《学前教育学》，广东高等教育出版社，2001 年版。

潘扬主编：《学前教育学》，河海大学出版社，2001 年版。

邱云、林少玉编著：《学前教育学》，福建教育出版社，2001 年版。

刘焱主编：《学前教育原理》，辽宁师范大学出版社，2002 年版。

刘晓东、卢乐珍等著：《学前教育学》，江苏教育出版社，2004年版。

蔡迎旗著：《学前教育概论》，华中师范大学出版社，2006年版。

桂景宣主编：《学前教育概论》，高等教育出版社，2007 年版。

郑健成主编：《学前教育学》，复旦大学出版社，2007 年版。

傅建明主编：《学前教育学》，中央广播电视大学出版社，2007年版。

魏建培主编：《学前教育学》，科学出版社，2008 年版。

江东秋主编：《学前教育学》，江西高校出版社，2009 年版。

（二）学前课程论类（9 本）

冯晓霞主编：《幼儿园课程》，北京师范大学出版社，2001 年版。

何幼华主编：《幼儿园课程》，北京师范大学出版社，2001 年版。

虞永平著：《学前课程价值论》，江苏教育出版社，2002 年版。

朱家雄著：《幼儿园课程》，华东师范大学出版社，2003 年版。

虞永平等著：《幼儿园课程评价》，江苏教育出版社，2006 年版。

虞永平等著：《学前课程的多视角透视》，江苏教育出版社，2006 年版。

王春燕主编：《幼儿园课程概论》，高等教育出版社，2007 年版。

王玉华主编：《幼儿园课程》，辽宁大学出版社，2009 年版。

朱家雄等著：《幼儿园课程的理论与实践》，华东师范大学出版社，2010 年版。

（三）学前教育史类（6 本）

唐淑、何晓夏主编：《学前教育史》，辽宁师范大学出版社，2001 年版。

陈文华主编：《中外学前教育史》，科学出版社，2007 年版。

唐淑主编：《学前教育思想史》，人民教育出版社，2009 年版。

唐淑主编：《学前教育史》，人民教育出版社，2009 年版。

周玉衡、范喜庆主编：《学前教育史》，复旦大学出版社，2009年版。

刘彦华编著：《中国学前教育史》，光明日报出版社，2010 年版。

(四)学前儿童游戏类(6 本)

邱学青著：《学前儿童游戏》，江苏教育出版社，2001 年版。

丁海东编著：《学前游戏论》，山东人民出版社，2001 年版。

刘焱著：《儿童游戏通论》，北京师范大学出版社，2004 年版。

郑名主编：《学前游戏论》，甘肃人民出版社，2006 年版。

杨枫主编：《学前儿童游戏》，高等教育出版社，2006 年版。

柳阳辉、张兰英主编：《学前儿童游戏》，郑州大学出版社，2009 年版。

(五)学前儿童五大领域教育类(13 本)

张明红编著：《学前儿童语言教育》，华东师范大学出版社，2001 年版。

王志明主编：《学前儿童科学教育》，南京师范大学出版社，2001 年版。

张慧和主编：《学前儿童数学教育》，东北师范大学出版社，2001 年版。

屠美如主编：《儿童美术欣赏教育研究》，教育科学出版社，2001 年版。

陈淑琴著：《幼儿游戏化音乐教育》，上海社会科学院出版社，2002 年版。

顾荣芳著：《学前儿童健康教育论》，江苏教育出版社，2003 年版。

梁旭东主编：《学前儿童语言教育》，中央广播电视大学出版社，

2007 年版。

施燕主编：《学前儿童科学教育》，中央广播电视大学出版社，2007 年版。

黄瑾编著：《学前儿童数学教育》，华东师范大学出版社，2007 年版。

刘占兰著：《学前儿童科学教育》，北京师范大学出版社，2008 年版。

许卓娅著：《学前儿童艺术教育》，华东师范大学出版社，2008 年版。

朱海琳主编：《学前儿童语言教育》，科学出版社，2009 年版。

孙汀兰主编：《学前儿童数学教育理论与实践》，科学出版社，2009 年版。

这些教材和著作的出版表明进入 21 世纪后学前教育学学科体系已初步形成，并逐渐走向成熟。无论是作为学科群主干的学前教育学还是其他分支学科，在数量和内容上都比上一阶段完善，教材和著作越来越多，对学前教育学的思考也越来越深入，特别是与课程、游戏相关的教材和著作明显增多。

三、学位论文和期刊论文的发表

（一）关于儿童的选题

以"儿童"为关键词，在百度学术和中国知网上检索有关儿童研究的论文，通过辨析，剔除不符合要求的和无关的论文，可收集到 2001—2010 年的论文共 58 篇，其中期刊论文 34 篇，学位论文 24 篇。关于"学前儿童"的选题共有 12 项国家级重点研究项目立项，"儿童"依然是课题研究的核心。从硕士和博士学位论文选题上看，根据丰新娜、刘晶波的《1996—2006 年我国学前教育领域关于"儿童发展"选题的研究状况与分析——基于三所高校硕士、博士学位论文的研究》，南京师范大学、华东师范大学、北京师范大学的学前教育专业在 2001—2006 年有 65 篇硕士、博士学位论文以儿童发展为研究问题，占学位论文总数的 80.25％，而且不同高校、不同级别的学位论文都十分重视关于儿童的选题研究。关于儿童选题的学位论文主要涉及四个维度：儿童心理，五大领域与儿童，家长、教师与儿童，特殊儿童。[①]

（二）关于幼儿园课程的选题

通过对百度学术和中国知网的论文进行检索，剔除不符合要求的论文，从文献的数量来看，2001—2010 年关于幼儿园课程的期刊论文共有 22 篇；关于幼儿园课程的国家课题立项较少，只有 1 项。这表明，随着幼儿园课程改革的推进，虽然高校学前教育专业课程应如何设置成为研究的重要方面，但关于幼儿课程的理论研究数量很不足。

从硕士和博士学位论文的选题上看，根据《1996—2006 年我国学前教育领域关于"课程"选题的研究状况及分析——基于三所高校硕士、博士学位论文的研究》一文，南京师范大学、华东师范大学、北京师范大学的学前教育专业在 2001—2006 年有 40 篇硕士、博士学位论文以课程为研究问题，研究内容涉及教学活动与反思、课程元研究、课程设计、课程与教师、园本课程开发、课程整合、潜课程等主题。其中，关于教学活动与反思的研究数量最多，一定程度上反映了由关注课程本身到关注影响课程的因素，由关注国家课程到关注幼儿园园本课程，由关注单一领域的课程到关注课程整合等研究取向上的变化。[②]

（三）关于幼儿园教师的选题

通过对百度学术和中国知网的论文进行检索，剔除不符合要求

---

① 丰新娜、刘晶波：《1996—2006 年我国学前教育领域关于"儿童发展"选题的研究状况与分析——基于三所高校硕士、博士学位论文的研究》，载《学前教育研究》，2007(11)。

② 王磊、刘晶波：《1996—2006 年我国学前教育领域关于"课程"选题的研究状况及分析——基于三所高校硕士、博士学位论文的研究》，载《学前教育研究》，2008(2)。

的论文，共收集到 2001—2010 年的关于幼儿园教师的期刊论文 168
篇，其中 2010 年有 32 篇发表，是改革开放后这一选题发表论文篇
数最多的一年，由此佐证 2010 年是学前教育发展的转折点。研究内
容涉及教师观念与行为、幼儿教师职业认同和职业倦怠、教师专业
成长及幼儿教师流动。

从硕士和博士学位论文选题上看，数量大幅增加，质量不断提
高。《1996—2006 年我国学前教育领域关于"教师选题"的研究状况与
分析——基于三所高校硕士、博士学位论文的研究》一文指出，南京
师范大学、华东师范大学、北京师范大学的学前教育专业在 2001—
2006 年专门探讨教师的论文有 54 篇，有关教师方面的选题主要涉及
教师观念与行为、教师心理、教师专业成长、教师职业知识与能力、
师幼互动、教师与家长互动及其他七个主题，其中教师观念与行为
及教师专业成长是研究的重点和热点。[①] 教师观念和行为、教师专
业成长成为教师选题中最受关注的内容，这从另一角度印证了教师
的观念和行为是影响学前教育质量发展的关键因素。

四、学前教育学的课题成果

进入 21 世纪后，学前教育学的课题无论是在数量上还是在申请渠
道上都有了较大变化，下面从全国教育科学规划课题、教育部人文社
会科学研究一般项目及中国学前教育研究会课题三方面加以分析。

（一）全国教育科学规划课题

2001—2010 年，全国教育科学规划课题申报逐渐步入正轨，学
前教育课题申报数量逐渐增多，"十五""十一五"规划期间学前教育
立项课题情况如表 3-1 和表 3-2 所示。

---

① 刘晶波、孙永霞、王磊：《1996—2006 年我国学前教育领域关于"教师选题"的研
究状况与分析——基于三所高校硕士、博士学位论文的研究》，载《学前教育研究》，2007
（10）。

表 3-1 "十五""十一五"规划期间(2001—2010 年)学前教育立项课题

时间	课题名称	课题负责人	工作单位	课题类别
"十五"规划2001年度	0—3 岁婴幼儿早期关心与发展的研究	张民生	上海市教育委员会	国家重点
	儿童个性发展特点及其影响因素的研究	杨丽珠	辽宁师范大学	国家一般
	西北贫困地区农村幼儿教育发展的现状与对策研究	郑名	西北师范大学	国家一般
	改善在职幼儿教师培训过程与方式的研究	刘占兰	中央教育科学研究所	教育部重点
	学前双语教育师资培训研究(中加合作研究)	孟吉平	教育部语言文字应用管理司	教育部重点
	幼儿园游戏玩具与游戏材料的开发利用的系统研究	刘焱	北京师范大学	教育部重点
	21 世纪中国幼教管理体系与政策研究	冯晓霞	北京师范大学	教育部重点
	幼儿园幼儿科学探究性活动及指导策略研究	姚伟	东北师范大学	教育部重点
	学前全语言创造教育软件研发	袁爱玲	华南师范大学	教育部重点
	贯彻幼儿园教育指导纲要行动计划	李季湄	华东师范大学	教育部重点
	黑龙江省农村学前教育的发展研究	崔永平	黑龙江省教育科学研究院	教育部重点
	培养双语教育幼儿教师的理论与实践研究	杜秀花	佳木斯大学	教育部重点
	幼儿园教师教育观念向教育行为转化的研究	封莉容	中国福利会	教育部重点
	计算机信息技术在幼儿园游戏课程中的应用的研究	汪荃	北京教育科学研究院	教育部重点
	儿童文化及其教育学意义	刘晓东	南京师范大学	教育部重点

续表

时间	课题名称	课题负责人	工作单位	课题类别
"十五"规划2001年度	生活化游戏化的幼儿园课程研究	虞永平	南京师范大学	教育部重点
	玩具及操作性学习方式与幼儿创新能力发展关系的研究	何建闽	教育部教学仪器研究所	教育部重点
	3 至 6 岁盲童学校教育实验研究	彭霞光	中央教育科学研究所	教育部重点
	幼儿素质教育中民间艺术教育体系的研究	赵玉兰	南京市梅花山庄幼儿园	教育部重点
	儿童游戏活动中的学习机制研究	郭力平	华东师范大学	教育部青年专项
	角色游戏与儿童性别社会化的实证研究	李少梅	陕西师范大学	教育部青年专项
	百年中国幼儿教育变革与发展研究	牟映雪	重庆师范学院	教育部青年专项
	幼儿自我价值感的培养研究	刘丽	北京教育科学研究院	教育部青年专项
	环境与玩具对幼儿身心发展的作用	许鸿	东北师范大学	规划
	幼儿园问题行为游戏矫正实验研究	庞霭梅	河南大学	规划
	促进师幼共同成长的研究性活动探索	陆娴敏	南京市第一幼儿园	规划
	推行 0—3 岁幼儿家庭教育中对家长的指导	杨卫国	天津师范大学、天津幼儿师范学校	规划
	提高农村 0—6 岁儿童教养质量对策的研究	王化敏	中央教育科学研究所	规划
	现代幼儿园启蒙教育活动研究	王纬虹	重庆市教育科学研究所	规划

续表

时间	课题名称	课题负责人	工作单位	课题类别
"十五"规划2001年度	幼儿园学具教学法实验	李忠忱	中央教育科学研究所	规划
	贫困地区幼儿教育模式的研究与实践	裴秀芳	山西省教育科学研究所	规划
	田野课程的理论与实践	臧勤	南京市太平巷幼儿园	规划
"十五"规划2003年度	利用幼儿发展评价信息改进教育实践的研究	白爱宝	北京教育科学研究院	教育部重点
	儿童书面数符号表征能力的社会性建构的研究	周欣	华东师范大学	教育部重点
	促进幼儿创造人格与创造能力发展的行动研究	王小英	东北师范大学	教育部重点
	亲子园与社区学前教育资源的有效互动研究	张燕	北京师范大学	教育部重点
	"心智美育"幼儿课程理论研究	陈伟军	山东泰山学院	教育部重点
	幼儿园教师专业发展的组织形态及行动策略的研究	刘明远	江苏省教育科学研究院	教育部重点
	创设儿童个性发展环境的实践研究	赵赫	上海市长宁实验幼儿园	教育部重点
	幼儿园课程与游戏的实施策略和评价研究	白燕	天津教育科学研究院	教育部重点
	学前特殊儿童融合教育的比较研究	周念丽	华东师范大学	教育部重点
	幼儿健康教育系统理论与实践的研究	欧新明	湖南师范大学	教育部重点
	幼儿双语素质启蒙教育研究	朱希祥	华东师范大学	自筹经费
	充分利用社区资源开放幼儿健康教育的研究	赵维娟	天津市华夏未来和平幼教集团	自筹经费

续表

时间	课题名称	课题负责人	工作单位	课题类别
"十五"规划2003年度	高素质婴幼儿教师教育培养方案研究	但菲	沈阳师范大学	自筹经费
	促进幼儿获得愉快学习经验的实践研究	李淑英	天津市南开区第一幼儿园	自筹经费
	幼儿全语言发展中的教育与心理实践研究	王家骏	天津市教育科学研究院	自筹经费
	幼儿园环境教育地方课程建设的实验研究	林炎琴	温州师范学院	自筹经费
	母语教育的幼小衔接的研究	戴汝潜	中央教育科学研究所	自筹经费
"十五"规划2004年度	西北回族幼儿家庭教育的现状与对策研究	谢秀莲	西北师范大学教育科学学院	自筹经费
	中部地区农村幼儿教育发展研究	陈蜀江	江西省宁都师范学校	自筹经费
	幼儿园课程资源开发与教师专业成长行动研究	刘延梅	山东省教育科学研究所	自筹经费
"十五"规划2005年度	"儿童读经运动"的教育学省思	刘晓东	南京师范大学	国家一般
	儿童审美素质及其培养研究	孔起英	南京师范大学	国家一般
	社会学视野中的学前教育研究	王海英	南京师范大学	国家青年基金
	学前儿童的视频经验研究	郭力平	华东师范大学	教育部重点
	学前教育专业专科人才培养研究	彭世华	长沙师范学校	单位资助
	以民间游戏和玩具为中介的幼儿创造力的探究	支秀凤	北京市延庆县第三幼儿园	单位资助
	混龄游戏促进幼儿社会性发展的研究	邢保华	昆明市人民政府机关幼儿园	单位资助

续表

时间	课题名称	课题负责人	工作单位	课题类别
"十五"规划 2005 年度	3—6岁幼儿探索型体育活动的实践活动	丁凤娣	上海市卢湾区奥林幼儿园	单位资助
	促进儿童多元化能力发展的研究	邢少颖	山西大学	单位资助
"十一五"规划 2006 年度	3—6岁儿童学习与发展标准的研究	姜瑾	教育部基础教育司	国家一般
	幼儿园教育质量的发展现状与促进研究	刘占兰	中央教育科学研究所	国家一般
	幼儿认知发展中大众传媒的影响机制研究	左志宏	华东师范大学	国家青年基金
	幼儿教师胜任力模型构建和实践验证	葛列众	浙江理工大学	教育部重点
	新形势下幼儿教育事业发展中教育行政职能的研究——绵阳县域个案	车明全	四川省绵阳市教育局	教育部重点
	儿童早期道德情感发展的家庭教育机制研究	赵石屏	重庆师范大学	教育部重点
"十一五"规划 2007 年度	西北民族幼儿教育改革与发展研究	郑名	西北师范大学	教育部重点
	幼儿园综合课程文化的再构	曲新陵	南京市实验幼儿园	教育部重点
	新农村建设视野下的农村幼儿教育发展策略与模式研究	吕苹	浙江师范大学	教育部青年专项
"十一五"规划 2008 年度	儿童观：文化传统的省思与现代化改造研究	刘晓东	南京师范大学	国家一般
	学龄前儿童软性健身器材及其多元应用方法研究	王凯珍	首都体育学院	国家一般
	幼教师资准入制度研究	易凌云	中央教育科学研究所	国家青年基金

续表

时间	课题名称	课题负责人	工作单位	课题类别
"十一五"规划2008年度	中部地区农村幼儿教育事业发展的现状及对策研究	杨莉君	湖南师范大学	教育部重点
	发达地区幼儿园园本研修的理论与实践研究	张克勤	宁波教育学院	教育部重点
	幼儿情绪能力培养研究	王芳	浙江师范大学杭州幼儿师范学院附属幼儿园	教育部重点
	学前儿童焦虑与气质、家庭背景的关系	王美芳	山东师范大学	教育部重点
	我国中部地区幼儿教师流动问题及对策研究	蔡迎旗	华中师范大学	教育部青年专项
"十一五"规划2009年度	学前一年教育纳入义务教育的条件保障研究	刘焱	北京师范大学	国家重点
	体育活动发展 3—6 岁幼儿亲社会行为的理论与实践研究	全海英	辽宁师范大学	国家青年基金
	幼儿园教师课程决策研究	陈蓉晖	东北师范大学	教育部重点
	中国民办示范性幼儿园的创建和评估研究	郭福昌	中国民办教育协会	教育部重点
	中美学前教育的跨文化比较研究	边霞	南京师范大学	教育部重点
	促进幼儿自我概念发展的教师评价行为研究	叶平枝	广州大学	教育部重点
	装扮游戏对促进智障儿童"心理理论"发展的研究	兰继军	陕西师范大学	教育部重点
	学前教育市场化改革的社会学研究	王海英	南京师范大学	教育部青年专项
	学前教育学费的成本定价机制研究	王寰安	首都师范大学	教育部青年专项

续表

时间	课题名称	课题负责人	工作单位	课题类别
"十一五"规划 2009 年度	学前教育机构管理政策研究	钱雨	华东师范大学	教育部青年专项
	学前教育课程发展指导框架的国际比较研究	李召存	华东师范大学	教育部青年专项
"十一五"规划 2010 年度	幼儿园教师资格考试制度研究	刘云艳	西南大学	国家一般
	学前教育成本分担机制研究	赵海利	浙江财经学院	教育部重点
	幼儿园教育质量评估指标体系研究	吴钢	上海师范大学	教育部重点
	儿童双语音乐教育整合课程研究	阮婷	华东师范大学	教育部青年专项

注：表格信息来源为全国教育科学规划领导小组办公室网站，http://ons-gep. moe. edu. cn/edoas2/website7/level2list2. jsp?infoid＝1335260046576122&firstId＝1335254793983223。

表 3-2　"十五"和"十一五"规划学前教育立项课题类型分布情况

时间		课题数量/项						
		国家重点	国家一般	国家青年基金	教育部重点	教育部青年专项	规划	合计
"十五"规划	2001 年度	1	2	0	16	4	9	32
	2003 年度	0	0	0	10	0	7	17
	2004 年度	0	0	0	0	0	3	3
	2005 年度	0	2	1	1	0	5	9
"十一五"规划	2006 年度	0	2	1	3	0	0	6
	2007 年度	0	0	0	2	1	0	3
	2008 年度	0	2	1	4	1	0	8
	2009 年度	1	0	1	5	4	0	11
	2010 年度	0	1	0	2	1	0	4

"十五"规划期间，全国教育科学规划各级各类课题共 2649 项，其中国家重点课题 54 项，国家一般课题 150 项，国家青年基金课题 49 项，教育部重点课题 1108 项，教育部青年专项课题 237 项，规划课题 1051 项。2649 项课题中，学前教育立项课题 61 项，约占立项课题总数的 2.30％，较"九五"期间多了 48 项，数量上有大幅度增长；从所占比例上来看，也比"八五"和"九五"规划期间有所提高。在 61 项课题中，国家级课题（包括国家重点课题、国家一般课题、国家青年基金课题）有 6 项，占到学前课题的 9.84％，国家级课题所占比例有所上升。从各年度来看，2001 年在教学上尤为突出，共立项 32 项，占到学前教育"十五"立项总数的 52.46％。从课题的主题来看，涉及了幼儿教师研究、儿童发展研究、幼儿教育理论研究、幼儿园课程研究、农村幼儿教育研究及游戏研究等，课题涉及的领域逐渐增多，特别是有了针对游戏的专门课题，且仅 2001 年就有 7 项。从"十五"规划学前教育立项课题所属单位来看，除了具有较强研究实力和学科发展基础的高校和中央教科所外，其他一般师范院校和地方教科所的课题数量也大幅度增加。以 2001 年为例，在 32 项课题中，高等师范院校共有 15 项，涉及 11 所院校；中央教科所及教育部相关单位共有 6 项；地方教科所及教委有 6 项；幼儿园有 3 项；其他院校有 2 项。这表明其他学校的研究基础、研究队伍逐渐壮大，学前教育学学科实力逐渐加强。

"十一五"期间，全国教育科学规划各级各类课题 1854 项，其中国家重点课题 43 项，国家一般课题 334 项，国家青年基金课题 205 项，教育部重点课题 801 项，教育部青年专项课题 470 项，其他 1 项。国家青年基金课题和教育部青年专项课题明显增多，国家重点课题比例下降。由于"十一五"规划课题总量减少，学前教育的课题比起"十五"有所降低。学前教育立项课题 32 项，约占立项课题总数的 1.73％，较"十五"规划期间立项课题数少了 29 项，比例也明显下降。从课题内容上看，学前教育理论、政策、改革类研究占比大，共有 15 项，占比 46.88％，其次是教师类和儿童类的研究。从研究单位来看，高等院校依然是研究的主阵地，共有 25 项，占比 78.13％，在高等院校中，以往集中在几所重点师范院校的局面也发生改变，参与的院校越来越多，类型也越来越多，包括综合大学、地方师范院校，还有幼儿师范学校，研究主体开始多元化。

(二)教育部人文社会科学研究一般项目

如果说全国教育科学规划课题是我国最高级别的教育类研究项目，代表着我国教育科学研究的方向和水平，那么教育部人文社会科学研究一般项目则代表着整个人文社会科学研究的方向和水平。学前教育学作为教育学的分支学科，在教育部人文社会科学研究一般项目中的立项可反映其在教育学科及人文社会科学中的地位，2001—2010 年学前教育在教育部人文社会科学研究一般项目中的立项情况具体见表 3-3。

表 3-3　2001—2010 年教育部人文社会科学研究一般项目立项课题情况

时间	所有立项课题数量/项	学前教育课题数量/项	学前课题所占比例/％
2001 年	1506	34	2.26
2002 年	2406	33	1.37
2003 年	2654	52	1.96
2004 年	3131	79	2.52
2005 年	3626	47	1.30
2006 年	3712	52	1.40
2007 年	3654	47	1.29
2008 年	1289	2	0.16
2009 年	2307	0	0.00
2010 年	4833	7	0.14

注：表中"所有立项课题数量"指规划基金、青年基金、自筹经费项目的立项数量。

从以上数据可以看出，从 2001—2010 年教育部人文社会科学研究一般项目共有立项课题 29118 项，2001—2006 年逐年增加，2007 年有所下降，2008 年和 2009 年课题数量大幅减少，特别是 2008 年，只有 1289 项，到 2010 年又猛增到 4833 项，创历史新高。从学前教育立项课题来看，2001—2010 年共有立项课题 353 项，占比 1.21%，与同期的全国教育科学规划立项课题数量相比，所占比例还是很小的，特别是 2008—2010 年只有 9 项，其中 2009 年为 0 项。所有项目的所属单位都是高等院校，高校学前教育专业仍是学前教育理论研究的核心。由此可以看出，学前教育学学科此时在整个人文社科领域中是比较薄弱的。

（三）中国学前教育研究会课题

中国学前教育研究会在"十五"期间开始有自己内部的课题，根据从中国学前研究会网站（http://www.cnsece.com）查到的信息，"十五"课题共有 264 项，"十一五"课题（包括 2006 年、2007 年、2008 年）共有 427 项，合计 691 项。从课题承担者来看，其主体为幼儿园，也有部分高等院校和教育行政部门参与；课题负责人所在单位主要位于沿海城市等发达地区或具有重视学前教育传统的地区；课题选题丰富，包括儿童、课程、教师、五大领域、0～3 岁教育、政策管理、农村教育、家园共育、幼儿园教科研等。因为幼儿园承担的课题较多，所以课题类型和内容的实践性、应用性较强，主要围绕幼儿园教育教学及幼儿园管理等方面进行探索和研究，为学前教育学学科发展提供了丰富的实践和经验材料。

五、高等师范院校学前教育专业学术研讨会

进入 21 世纪后，学前教育学学科建设成为学前教育学发展的核心任务。从 2004 年开始，为了形成浓厚的学术氛围，学界对学前教育学学科建设的关键问题进行广泛深入的交流和讨论，开创学前教育学学科建设的新局面，在中国学前教育研究会的组织下，全国高

校的学前教育专业的工作者聚集在一起，围绕学前教育专业发展进
行一系列的学术研讨，促进了高校学前教育专业的建设和院校之间
的交流和沟通，对我国学前教育学学科建设发挥了重要作用。各届
学术研讨会情况如表 3-4 所示。

表 3-4　2004—2010 年全国高校学前教育专业学术研讨会情况

时间	会议名称	承办单位	主题内容	参加人数
2004 年 3 月 5—6 日	高校学前教育专业学科建设学术研讨会暨中国学前教育研究会学术委员会扩大会议	北京师范大学	高校学前教育专业的学术研究和学科发展	60 余人
2005 年 3 月 5—6 日	第二届全国高校学前教育专业建设学术研讨会	南京师范大学	幼儿教师研究	100 余人
2006 年 6 月 7—8 日	第三届全国高校学前教育专业联谊会	华东师范大学	本科人才培养方案、学科建设和课程规划建设、专科课程设置	80 余人
2007 年 4 月 13—14 日	第四届全国高校学前教育专业联谊会	西南大学	培养目标和课程设置	60 余人
2009 年 7 月 12—14 日	第五届全国高等师范院校学前教育专业学术研讨会	东北师范大学	提升学前教育专业建设水平，夯实幼儿教师专业素质基础	130 余人
2010 年 9 月 18—20 日	中国学前教育研究会学前教育教师发展专业委员会首届年会暨全国高等师范院校学前教育专业第六届学术研讨会	陕西师范大学	落实《国家中长期教育改革和发展规划纲要(2010—2020 年)》精神，促进教师教育改革创新	260 余人

2004 年 3 月 5—6 日，中国学前教育研究会和北京师范大学教育学院在北京师范大学联合举办了"高校学前教育专业学科建设学术研讨会暨中国学前教育研究会学术委员会扩大会议"。这是首次针对高校学前教育专业学科建设的学术研讨会，来自全国 45 所高校学前教育专业的负责人和部分幼教科研机构的代表共 60 余人参加了会议。时任中国学前教育研究会理事长、北京师范大学学前教育系冯晓霞教授介绍了此次大会的背景和议题。围绕学前教育的学科建设，与会代表进行了广泛深入的研讨，达成了以下共识：第一，学前教育应加强理论研究，尽快构建自己的学科体系；第二，高校学前教育专业的课程设置和培养模式是 21 世纪学前教育学学科建设的关键，亟待改革和创新；第三，学前教育的研究方法应该从经验论走向科学化、规范化，建构一套有利于发现规律、形成学科概念的研究工具和分析范式；第四，学前教育学界应建立一个有效的合作和交流机制，加强合作和交流；第五，应积极开展与国外同行的交流，扩大中国学前教育研究的国际影响。①

2005 年 3 月 5—6 日，第二届全国高校学前教育专业建设学术研讨会在南京师范大学召开。来自全国 30 余所高校及研究所的教师和研究人员参会，相关出版社、杂志社也积极关注此次会议的议题与观点。南京师范大学教育科学学院许卓娅教授等人主持了会议，北京师范大学冯晓霞教授在开幕式上致辞，华东师范大学朱家雄教授对此次会议进行了总结。此次会议的中心议题为幼儿教师研究，并按照时间分为职前教师培养和在职教师职业发展两个阶段。职前教师培养议题涉及高校学前教育专业的课程设置与评估标准、学生的技能和科学文化素养、就业倾向与学习兴趣等方面，其中关注比较

---

① 叶平枝：《开创新世纪学前教育学科建设的新局面——"高校学前教育专业学科建设学术研讨会暨中国学前教育研究会学术委员会扩大会议"纪要》，载《学前教育研究》，2004(5)。

集中的问题有：社会发展与社会需求变化使高校学前教育专业的培养目标产生了极大的变化，对此课程设置和教学方法应如何及时调整和完善；对学生的实践技能、理论基础和科学文化素养等方面的关系应如何协调；等等。在职教师职业发展议题引起了与会人员的广泛讨论，不仅有对教师专业成长本质、何谓研究型教师、教师专业成长的多学科视角等理论问题的梳理，还对影响幼儿教师专业发展的因素，幼儿教师的职业需要、态度、动机，从传统到建构和反思过程中教师的转变，新知识观背景下教师的教育教学等问题进行了较为深入且实际的探讨。其中，在职教师培训成为研究者关注的话题，在反思传统教师培训弊端的基础上，有不少研究者对高效实用的培训课程进行了开发，提出了"园本培训"等理念。①

2006 年 6 月 7—8 日，第三届全国高校学前教育专业联谊会在华东师范大学学前教育与特殊教育学院举行，来自全国各地的 80 多名高校学前教育专业教师参加了此次会议。会议开幕式由时任华东师范大学学前教育与特殊教育学院副院长周兢教授主持。时任北京师范大学继续教育学院副院长俞启定教授做了题为《教师资格制度改进完善的热点问题》的报告；华东师范大学学前教育与特殊教育学院朱家雄教授做了题为《走向生态的幼儿园教师专业成长》的报告。分会场主要围绕高等师范院校学前教育专业本科人才培养方案、学前教育专业的学科建设和课程规划建设以及学前教育专业专科课程的设置等问题进行了讨论。最后，冯晓霞教授代表中国学前教育研究会将联谊会的会旗传递给了第四届的主办方西南大学，同时指出，每届联谊会都要确定一个主题，要把学术和联谊结合起来。②

---

① 黄进：《第二届全国高校学前教育专业建设学术研讨会综述》，载《学前教育研究》，2005(4)。

② 朱文佳、赵振国、姜勇：《第三届全国高校学前教育专业联谊会会议综述》，载《学前教育研究》，2006(7—8)。

2007 年 4 月 13—14 日，第四届全国高校学前教育专业联谊会在西南大学举行，来自全国各地师范院校学前教育专业的 60 多名教师出席了此次会议。会议开幕式由西南大学教育学院学前教育系杨晓萍教授主持。会议特邀香港中文大学教育学院李子建教授做了题为《香港的学前教育：现状及其发展趋势》的专题报告，与会代表和特邀幼儿园代表围绕本科生、专科生和研究生的培养目标及课程设置等问题进行了热烈的分场讨论，南京师范大学虞永平教授和浙江师范大学秦金亮教授分别代表两个分会场做了汇报发言。最后，刘云艳教授代表西南大学将联谊会的会旗传给了第五届的主办方东北师范大学的姚伟教授。①

2009 年 7 月 12—14 日，由中国学前教育研究会和东北师范大学教育科学学院共同主办的第五届全国高等师范院校学前教育专业学术研讨会在东北师范大学举行。来自全国各高等师范院校的 130 余名从事学前教育专业教学与研究的专家学者参加了此届会议。此届研讨会的主题是"提升学前教育专业建设水平，夯实幼儿教师专业素质基础"。会上，时任东北师范大学副校长柳海民教授做了题为《大学精神与大学制度》的学术报告；时任教育部师范司教师培养处副处长董萍做了题为《教育部师范司幼儿教师教育发展工作思路》的报告，分析了我国当时幼儿教师教育的重要性和紧迫性，提出了当时和之后一段时期的主要工作建议。在此次研讨会中，除中国学前教育研究会教师教育专业委员会委员就专业委员会的工作进行了专门讨论外，与会代表在五个分会场就社会转型期高等师范院校学前教育专业面临的问题与挑战、学前教育专业的课程设置与改革、幼儿教师专业素养的结构与培养等与学前教育专业建设相关的问题进行了热

---

① 苏贵民：《第四届全国高校学前教育专业联谊会会议综述》，载《学前教育研究》，2007(5)。

烈的分组讨论。①

　　2010 年 9 月 18—20 日，中国学前教育研究会学前教育教师发展专业委员会首届年会暨全国高等师范院校学前教育专业第六届学术研讨会在陕西师范大学隆重召开，260 多位代表出席了此届大会。大会主题为"落实《国家中长期教育改革和发展规划纲要(2010—2020年)》精神，促进教师教育改革创新"。开幕式上，北京师范大学教授庞丽娟指出，《国家中长期教育改革和发展规划纲要(2010—2020年)》将"大力发展学前教育"作为 10 年的基本教育国策，说明党和政府非常重视学前教育，学前教育将迎来发展的"春天"；时任教育部师范司师资培养处处长于兴国详细解读了《国家中长期教育改革和发展规划纲要(2010—2020 年)》中"积极发展学前教育"的丰富内涵，强调了幼儿园教师队伍建设在落实该文件中的重要作用；美国芝加哥大学埃里克森儿童发展研究院教授陈杰琦做了专题报告，从领域教学知识的角度分析了我国幼儿园教师教育改革中应注意的问题，为我国的幼儿园教师培养培训和教师队伍建设提供了新的视角。中央教育科学研究所刘占兰研究员介绍了对全国 11 个省份幼儿园教师素养的调查，提出了提高幼儿园教师专业素养的对策与建议。专题报告后，与会人员分成了四组，分别对教师教育政策和制度研究，教师教育体制和机制研究，教师教育模式、课程和方法研究，以及幼儿园教师队伍建设研究进行了专题研讨。②

　　高等师范院校学前教育专业作为学前教育学学科发展和建设的主要阵地，对学科发展起着举足轻重的作用。以上六次学术研讨会各有一个主题，围绕学前教育专业建设、人才培养、课程设置、政

　　①　吴琼、姚伟：《提升学前教育专业建设水平，夯实幼儿教师专业素质基础——第五届全国高等师范院校学前教育专业学术研讨会综述》，载《学前教育研究》，2009(12)。
　　②　中国学前教育研究会学前教育教师发展专业委员会秘书处：《中国学前教育研究会学前教育教师发展专业委员会首届年会暨全国高师院校学前教育专业第六届学术研讨会纪要》，载《幼儿教育》，2011(1、2)。

策解读、学术研究等方面进行了深入的讨论，促进了对学前教育学学科发展中的一些关键问题的思考，特别对学前教师教育的研究起到了重要的推动作用。

六、学前教育学国内和国际学术交流

进入 21 世纪后，我国学前教育学学者无论在国内还是在国外都积极开展了学术交流，特别是在国际学术交流方面，不仅参与国际学术会议的我国学者人数越来越多，而且我国独立举办的国际会议数也有所增加。

2003 年 10 月 15—18 日，由民进中央、全国妇联、共青团中央、少儿工委等主办，中国学前教育研究会、北京师范大学承办的中国幼儿教育百年纪念大会暨学术研讨会在北京人民大会堂举行，此次大会标志着对学前教育学学术研究的重视程度迈上一个新台阶。时任教育部基础教育司副司长朱慕菊做了题为《中国幼儿教育发展的回顾与展望》的主题报告。来自智利、英国、新加坡、日本及全国各地的 800 余名幼教代表齐聚一堂，缅怀历史，继往开来，共谋幼教发展大计，为实现中国化、大众化、科学化的幼儿教育献言进策。此次大会的目的是回顾我国幼儿教育的百年发展历程，总结历史经验，弘扬优良传统，探讨当时幼儿教育领域中存在的问题，展望中国幼教的发展前景。在主会场，代表们集中听取了 OMEP 西蒙思坦主席的《儿童观与学前教育发展趋势》、中国学前教育研究会史慧中研究员的《开拓新百年》、英国伦敦大学西拉杰-布拉奇福德教授的《学前期有效的教与学》、陈鹤琴先生的女儿陈秀云的《纪念中国幼教百年——陈鹤琴先生对现代中国幼儿教育的开创性贡献》、台湾幼儿教育协会苏爱秋女士的《开放教育在台湾施行的状况》、北京师范大学刘焱教授的《游戏的教育学研究——百年探索》、香港教育学院杨黄惠吟的《香港优质幼儿教育——过去、现在与前瞻》、北京师范大学王炳照教授的《中国近代教育思想的演变》等报告。这些报告促使与

会代表们在总结、回顾历史经验的基础上，对幼儿教育的功能定位、幼儿教育研究的目标定位以及幼儿教育评价等问题进行深层次思考。在 11 个分会场中，来自国内外的多位著名学前教育专家学者就社会发展和早期教育、社会变革时期幼教事业的发展和管理、以社区为基础的早期教育、幼儿园的组织与管理、幼儿园教育评价与课程改革、儿童的健康与安全、教师教育、幼儿园课程、儿童的学习与游戏、早期阅读、幼儿与艺术等议题做了精彩的专题报告。

2008 年 5 月，为落实中国共产党第十七次全国代表大会报告中"重视学前教育"的精神、贯彻国务院领导有关学前教育工作的批示，教育部成立调研组，在全国范围进行学前教育专项调研，为全面提高我国学前教育学科水平和幼儿园办园质量进行摸底，广泛征求意见，鼓励建言献策。

与此同时，中国学前教育参与国际学术交流也日益频繁，既有大量的高校教师、学生等去美国、日本等发达国家留学、访学和交流，引进各种先进的学前教育理论，出席各种国际会议，也有多国学前教育专家和相关人士来我国进行学术交流。其中，我国与联合国儿童基金会开展的多项学前教育合作项目十分突出，如 2001—2005 年在沈阳、天津等地开展的"早期儿童养育与发展"合作项目，2006—2010 年针对东部与西部地区、经济发达和欠发达地区之间的早期教育事业发展差异开展的"早期儿童发展"项目，它们为我国学前教育学理论的建构拓宽了视野，促进了学术研究水平的提高。

此外，OMEP 中国委员会积极参加 OMEP 世界大会，并在大会上发声，把中国学前教育介绍给世界各国。2001 年 7 月，时任OMEP 中国委员会主席庞丽娟等出席了在新加坡召开的 OMEP 第23 届世界大会，做了《中国幼儿教育改革发展趋势》等发言。2002 年6 月，OMEP 中国委员会在南京召开了"今日之儿童艺术教育"国际会议，有来自德国、美国及我国各地的近 100 位专家和教师参加了会议，交流了各自在艺术教育方面的研究成果，如"对话与艺术教育""人本·艺术·教育""游戏式创作思想中产生的创造力""我的儿童艺术观""从对儿童艺术的惊叹到支持儿童图画表现能力的发展""戏剧在台湾的发展"等主题。

2003 年后，OMEP 中国委员会坚持参加 OMEP 总部召开的世界大会以及 OMEP 亚太地区的各种研讨会，与 OMEP 总部和世界各地的 OMEP 委员会保持了密切的联系与交流。2003 年，应 OMEP 中国委员会和中国学前教育研究会的邀请，OMEP 主席西蒙思坦于 10 月来华访问，并出席了 10 月 15—18 日在北京举行的纪念中国幼教百年的盛大庆典和学术研讨活动。在 10 月 15 日人民大会堂的大会上，西蒙思坦主席做了题为《以改善儿童的生存质量为己任》的大会发言；他在 10 月 16 日的学术研讨会上又做了题为《儿童观与学前教育发展趋势》的主题报告。时任 OMEP 财政部部长拉奥，以及来自中国香港的学者孔美琪、杨黄蕙吟也出席了庆典及学术研讨活动。同年，OMEP 亚太地区理事会在中国召开，除讨论会务工作外，与会代表还在北京师范大学做了学术报告。

2004 年 6 月 4—8 日，OMEP 中国委员会在兰州召开西北幼儿教育改革与发展第二届研讨会，交流和展示了西北地区"十五"规划立项的研究会课题成果。

2006 年 7 月，时任 OMEP 中国委员会副主席周欣教授和时任秘书长叶子代表 OMEP 中国委员会参加了在挪威举行的 OMEP 年度工作会议暨国际学术会议，与各国代表进行了交流，介绍了中国的幼教事业，加强了和 OMEP 总部及其他国家 OMEP 委员会的联系与沟通，并寻求与有关机构的可能合作。

2007 年 9 月，经过精心准备与策划的 OMEP 中国委员会第四届西部幼儿教育研讨会在甘肃省兰州市召开，来自北京、上海、天津、湖南、湖北、重庆、辽宁、陕西、甘肃、宁夏、青海、新疆、香港、

台湾等地的 420 多名代表参加了会议，会议以"如何创设儿童学习与
发展的支持性环境"为主题，围绕怎样开发利用当地自然资源、西部
教师教育、有效的家园共育和社会的支持等问题做了专题讲座、研
讨和教学观摩。简楚瑛教授、刘占兰教授分别在大会上做了题为《21
世纪幼儿教育发展的趋势》《当前幼儿教育中的几个问题》的主题
报告。

　　2007 年 9 月 19—22 日，由 OMEP 中国委员会主办、江苏省教
科院幼教与特教研究所协办的幼儿教师专业成长专题研讨会暨高级
研习班在江苏南京召开，来自全国 19 个省(自治区、直辖市)的教研
员、幼儿园园长、骨干教师、幼儿师范学校教师等近 300 人参加了
会议。会议对幼儿教师的专业成长，特别是幼儿教师专业成长的理
念与培训方式、幼儿教师专业成长的有效支持机制以及幼儿教师的
观察与记录等问题进行了深入的探讨与研究。华东师范大学李季湄
教授做了题为《我国当前幼儿教师专业成长中的若干问题》的报告；
北京师范大学冯晓霞教授与香港耀中教育机构研究员李薇博士运用
对话的形式做了题为《课程的发展与教师的专业发展》的报告。

　　2008 年 5 月，OMEP 中国委员会组织新疆、青海、甘肃、四
川、广西、陕西六省(自治区)的十名幼儿教师赴香港交流学习，此
次学习的学员除在香港高校学前教育专业听讲座、去多所幼儿园参
观外，还应邀为香港的幼儿和幼儿家长围绕儿童水墨画、中国民族
舞、折纸、剪纸、泥塑、皮影等内容举办了学习班。学习期间，全
体学员参加了以"锐变中的幼儿教育"为主题的国际学术研讨会。学
员在"如何利用天然资源设计幼儿教学课程""以中国文化艺术促进幼
儿国情教育发展"两个分会场做了发言，并受到与会者的关注。时任
OMEP 中国委员会主席庞丽娟应邀就幼儿教育立法问题在大会上做
了主题报告，引起极大反响；时任副主席马以念应邀主持了"如何利
用天然资源设计幼儿教学课程"和"以中国文化艺术促进幼儿国情教

育发展"两个分会场的讨论，并做引言发言，受到了与会者的好评。

2009 年 5—6 月，OMEP 中国委员会与江苏教育研究院、中央教育科学研究所合作，在江苏南京召开了中美 0～3 岁婴幼儿早期教养学术研讨会，并在北京召开了学前教育评价国际研讨会。

概括起来，2001—2010 年我国学前教育学理论研究工作有四个特点。一是研究项目比较广泛，既有理论研究，也有实践研究；既有短期研究，也有长期研究；既有本学科领域内的研究，也有跨学科的研究。二是许多地方院校和科研机构的研究具有区域性，注重研究学前教育的区域特点，并为当地的学前教育发展和政府决策服务。三是形成了一定的研究热点，高校学前教育专业的课程设置和培养模式、幼儿创造力的培养、师幼互动、科学教育及幼儿教育体制改革等问题受到普遍关注。四是研究力量比较分散，各自为战的格局比较明显。

围绕学前教育学学科建设的中国化探索，该阶段学前教育学工作者认识到：第一，学前教育学应继续深化理论研究，着力构建具有中国特色的学前教育学学科体系；第二，高校学前教育专业的课程设置和培养模式是 21 世纪学前教育学学科建设中国化的关键，亟待改革和创新；第三，学前教育学的研究方法应该从经验论走向科学化、规范化，建构一套有利于发现规律、形成学科概念的研究工具和分析范式；第四，学前教育学界应建立一个有效的合作和交流机制，凝聚优秀人才，形成攻关合力，争取在学前教育学学科建设的中国化探索上取得突破；第五，学前教育学学科建设要积极开展与国外同行的交流，扩大中国学前教育研究的国际影响。

第四章

学前教育学的稳步发展
(2011—2019 年)

经过中华人民共和国成立后 70 年的积累，特别是改革开放 40 多年来的发展探索与实践积累，我国教育事业突飞猛进。2011—2019 年，无论是国家政策法规，还是学前教育实践；无论是学前教育理论研究，还是课程改革试验；无论是学前教育师资队伍建设与专业标准制定，还是学前教育领域课程设置与学前教育学学科建设；我国学前教育的各方面都继续深化完善，巩固快速发展，逐步深入提高，渐趋科学规范，努力开创具有中国特色的新时期。比如，在概念理念上，已从新中国成立初期简单的"托幼服务"转变为科学规范的"学前教育"；在学前教育事业的责任主体上，已从 20 世纪五六十年代的机关企事业单位转变为各级政府；在学前教育过程的重心上，已从"教师中心"转变为"儿童中心"；在学前教育工作者的称谓上，已从民国时期的"保姆"、20 世纪五六十年代的"阿姨"转变为负有专业职责的"教师"。历史是一面镜子，中华人民共和国学前教育事业发展的 70 年，全面反映出学前教育学学科建设中国化探索的曲折路径与丰硕成果。

第一节 学前教育学稳步发展背景概述

2010 年印发的《国家中长期教育改革和发展规划纲要（2010—2020 年）》规划了我国十年教育改革发展的宏伟蓝图，这是进入 21 世纪后我国的第一个教育改革发展规划，是指导我国学前教育改革发展的纲领性文件，为新时期学前教育发展实现质的飞跃奠定了基础。2011 年，《教育部 财政部关于实施幼儿教师国家级培训计划的通知》发布，开始有计划、有组织地对幼儿园教师开展培训和轮训，并于2012 年发布《"幼儿园教师国家级培训计划"课程标准》，对培训的目标、课程模块与具体内容、培训方式与效果评估等都进行了具体的规定，有效提升了全国幼教师资水平。为贯彻落实教育规划纲要，深化教师教育改革，全面提高教师培养质量，建设高素质、专业化的教师队伍，2012 年，教育部颁布了《幼儿园教师专业标准（试行）》，明确了国家对合格幼儿园教师专业素质的基本要求；并颁布了《3—6岁儿童学习与发展指南》，从健康、语言、社会、科学、艺术五个领域描述儿童学习与发展的 32 个目标，分别对处于 3～4 岁、4～5 岁、5～6 岁三个年龄段末期的幼儿应该知道什么、能做什么、大致可以达到什么发展水平提出合理期望。2013 年教育部颁布《幼儿园教职工配备标准（暂行）》，并于 2015 年颁布了《幼儿园园长专业标准》，这些标准性文件撑起了学前教育规范化建设的蓝天。2018 年，《教育部办公厅关于开展幼儿园"小学化"专项治理工作的通知》发布，就幼儿园教育小学化倾向予以专项治理，推动我国学前教育事业朝着中国化、科学化、规范化、国际化的方向迈进。2018 年 11 月，《中共中央 国务院关于学前教育深化改革规范发展的若干意见》发布，这是党和政府对新时代学前教育改革发展的顶层设计与重大部署，是贯彻落实党的十九大提出的"办好学前教育"、实现"幼有所育"的实际行动，进一步明确了学前教育公益普惠的基本方向和发展目标，进一步完善了学前教育的资源供给、经费投入、教师队伍建设等的政策保障，并完善了对监管体系、办园行为、办园质量等方面的规定要求。

一、实施学前教育三年行动计划，解决入园难问题

2011年起，国家以县为单位连续实施三期学前教育行动计划，使我国学前教育取得了历史性发展。2011—2013年第一期学前教育三年行动计划的重点是落实"学前教育国十条"中的要求，在扩大学前教育资源、解决"入园难"的同时坚持科学保教，促进幼儿身心健康发展。2014—2016年第二期学前教育三年行动计划把提高质量作为四大重点任务之一，主要采取四方面的措施：一是健全学前教育教研指导网络，二是加强区域教研和园本教研，三是构建保教质量评估体系，四是防止和纠正"小学化"。2017年开始实施的第三期学前教育三年行动计划的重点任务有三项：一是扩大普惠性资源，着力破解公办园少、民办园贵问题；二是完善体制机制，解决发展普惠性学前教育的条件保障问题；三是提升保育教育质量，解决学前教育内涵发展问题。

教育部规定，从2012年起，每年5月20日—6月20日为学前教育宣传月，在一个月的时间里宣传学前教育的正确理念，开展相应的活动，每年一个主题，已开展的主题有"快乐生活，健康成长""学习《3—6岁儿童学习与发展指南》，了解孩子""《3—6岁儿童学习与发展指南》——让科学育儿知识进入千家万户""给孩子适宜的爱""幼小协同，科学衔接""游戏——点亮快乐童年""我是幼儿园教师""科学做好入学准备"。学前教育宣传月活动在国家和各省市多个层面，利用多种渠道，通过各种形式，面向幼儿园教职工、家长和社会，开展灵活多样的系列宣传活动，旨在引导学前教育科学发展，提高保教质量，在实践中取得了明显效果。从学前教育宣传月主题

的变化上也可以看出学前教育不断地向内涵发展。

二、发布《3—6 岁儿童学习与发展指南》，为学前儿童学习与发展提供科学指南

面对 21 世纪第二个十年的教育改革与发展的历史重任，国务院颁布了《国家中长期教育改革和发展规划纲要（2010—2020 年）》，明确提出要把提高质量作为教育改革发展的核心任务，建立以提高教育质量为导向的管理制度和工作机制，这是指导各级各类教育管理和制度建设的总体方向和要求。《3—6 岁儿童学习与发展指南》正是在这样的新形势下应运而生的，为教师和家长了解幼儿的身心发展水平和特点提供了具体、可操作的依据和指导。

为深入贯彻落实《国家中长期教育改革和发展规划纲要（2010—2020 年）》和"学前教育国十条"，指导幼儿园和家庭实施科学的保育和教育，促进幼儿身心全面和谐发展，2012 年 10 月 9 日，教育部正式颁布《3—6 岁儿童学习与发展指南》，从健康、语言、社会、科学、艺术五个领域描述幼儿学习与发展的 32 个目标，分别对 3～4 岁、4～5 岁、5～6 岁三个年龄段末期的幼儿应该知道什么、能做什么、大致可以达到什么发展水平提出合理期望。同时，针对当时学前教育实践普遍存在的困惑和误区，特别是为防止和克服学前教育"小学化"现象，该指南为广大家长和幼儿园教师提供了具体、可操作的指导建议。

《3—6 岁儿童学习与发展指南》强调，要遵循幼儿的发展规律和学习特点，珍视幼儿生活和游戏的独特价值，充分尊重和保护其好奇心和学习兴趣，创设丰富的教育环境，合理安排一日生活，最大限度地支持和满足幼儿通过直接感知、实际操作和亲身体验获取经验的需要，严禁"拔苗助长"式的超前教育和强化训练；要关注幼儿身心的全面和谐发展，要注重学习与发展各领域之间的相互渗透和整合，从不同角度促进幼儿全面协调发展，而不要片面追求某一方面或某几方面的发展；要尊重幼儿发展的个体差异，既要准确把握幼儿发展的阶段性特征，又要充分尊重幼儿发展连续性进程中的个别差异，支持和引导每个幼儿从自身原有水平向更高水平发展，按照自身的速度和方式攀登发展"阶梯"，切忌用一把"尺子"衡量所有幼儿。

贯彻落实《3—6 岁儿童学习与发展指南》是普及科学育儿知识、防止和克服"小学化"倾向的有效手段。虽然广大家长对学前教育的重视程度不断提高，但他们普遍缺乏正确的教育观念和科学的引导，加上应试教育的影响和各种商业性宣传的误导，社会上信息不对称的问题越来越突出，很多家长使孩子失去了快乐的童年生活，盲目追求"提前学习""超前教育"，这不仅让幼儿"伤"在了起跑线上，也严重干扰了幼儿园的办园方向和正常的教育教学秩序。《3—6 岁儿童学习与发展指南》的出台，为广大家长科学育儿提供了权威性的参考和指导，对切实转变广大家长的教育观念、提高家长科学育儿的能力、创设有利于幼儿健康成长的良好社会环境具有重要的现实意义。

熟知幼儿的身心发展特点和行为表现是对每一个学前教育工作者最基本的专业知识和实践能力的要求。《3—6 岁儿童学习与发展指南》以为幼儿后继学习和终身发展奠定良好素质基础为目标，以促进幼儿体、智、德、美各方面的协调发展为核心，通过提出各年龄段儿童学习与发展的目标和相应的教育建议，全面、系统地明确各年龄段儿童在各个学习与发展领域的合理发展目标，也对实现这些目标的具体方法和途径提出了具体、可操作的建议，能够帮助幼儿园教师了解幼儿学习与发展的基本规律和特点，建立对幼儿发展的合理期望，实施科学的保育和教育，让幼儿度过快乐且有意义的童年。这一指南性文件对全面提高广大幼儿园教师的专业素质和教育实践能力具有重要的指导意义。

进入 21 世纪后，很多发达国家相继出台了早期儿童学习与发展指南，它们对有效转变公众的教育观念、有针对性地指导教师和家长、提高学前教育机构的保教质量发挥了重要作用。从这个意义上说，《3—6 岁儿童学习与发展指南》的出台反映了我国政府学前教育管理理念的转变和管理职能的创新，是"学前教育国十条"颁布后学前教育改革发展史上又一件具有里程碑意义的大事。可以说，《3—6 岁儿童学习与发展指南》吸收了我国儿童发展研究的最新成果，借鉴了国际上关于儿童发展的先进理念和经验做法，为学前教育学的科学发展提供了重要依据，也为幼儿师范学校课程设置和高等院校学前教育专业学科体系内容的充实与创新提供了参考，标志着我国学前教育管理制度的进一步健全与完善，促进了我国学前教育管理的科学化和规范化，对于推动学前教育学学科发展具有重要的历史意义。

三、颁布《教师教育课程标准（试行）》，学前教师教育课程体系走上规范化轨道

为贯彻落实《国家中长期教育改革和发展规划纲要（2010—2020年）》，深化教师教育改革，全面提高教师培养质量，建设高素质、专业化教师队伍，2011 年 10 月，教育部印发《教师教育课程标准（试行）》，该文件体现了国家对教师教育机构设置教师教育课程的基本要求。

《教师教育课程标准（试行）》的基本理念有三条：一是育人为本，二是实践取向，三是终身学习。该文件对幼儿园职前教师教育课程目标与课程设置进行了规定，明确幼儿园职前教师教育课程要帮助未来教师充分认识幼儿阶段的特性和价值，理解保教结合的重要性，学会按幼儿的成长特点进行科学的保育和教育；理解幼儿的认知特点和学习方式，学会把教育寓于幼儿的生活和游戏中，创设适宜的教育环境，保护与发展幼儿探究、创造的兴趣，让幼儿在愉快的幼儿园生活中健康地成长。该文件从三个领域提出了幼儿园职前教师教育课程目标。教育信念与责任领域的目标包括：具有正确的儿童观和相应的行为，具有正确的教师观和相应的行为，具有正确的教育观和相应的行为。教育知识与能力领域目标包括：具有理解幼儿的知识和能力，具有教育幼儿的知识和能力，具有发展自我的知识与能力。教育实践与体验领域的目标包括：具有观摩教育实践的经历与体验，具有参与教育实践的经历与体验，具有研究教育实践的经历与体验。

在课程设置方面，该文件针对儿童发展与学习、幼儿教育基础、幼儿活动与指导、幼儿园与家庭和社会、职业道德与专业发展这五个领域，提出了建议设置的课程模板，具体为：儿童发展，幼儿认知与学习，特殊儿童发展与学习，教育发展史略，教育哲学，课程与教学理论，学前教育原理，幼儿游戏与指导，教育活动的设计与实施，幼儿健康教育与活动指导，幼儿语言教育与活动指导，幼儿社会教育与活动指导，幼儿科学教育与活动指导，幼儿艺术教育与活动指导，0～3岁婴儿的保育与教育，幼儿园教育环境创设，幼儿园教育评价，教育诊断与幼儿心理健康指导，幼儿园组织与管理，幼儿园班级管理，家庭与社区教育，教育资源的开发与利用，幼儿教育政策法规，教师职业道德，教育研究方法，师幼互动方法与实践，教师专业发展，教师语言技能，音乐技能，舞蹈技能，美术技能，现代教育技术应用等。关于教育实践，该文件建议设置教育见习、教育实习等。该文件还明确了课程设置的学分要求与课时安排。

《教师教育课程标准(试行)》体现了国家对教师教育机构设置教师教育课程的基本要求，是制定学前教师教育课程方案、开发教材与课程资源、开展教学与评价以及认定幼儿教师职业资格的重要依据。

四、制定一系列幼儿教师制度，对幼儿园教师专业素质提出规范要求

随着《国家中长期教育改革和发展规划纲要(2010—2020年)》的

贯彻落实、"学前教育国十条"的颁发、各地学前教育三年行动计划的出台、国家学前教育重大项目的启动，大力发展学前教育已成为我国教育事业发展的一道亮丽风景线。学前教育发展不仅需要建设一大批优良的幼儿园，还需要建设一支师德高尚、业务精良的幼儿园教师队伍。实现"基本普及"的战略目标、满足人民群众对学前教育的热切需求，不仅意味着入园率要提高，而且意味着学前教育质量要提升，其中的关键与核心便是教师队伍专业水平的提升。2011—2019 年，我国出台了一系列政策为幼儿教师专业化发展保驾护航。

2011 年，《教育部 财政部关于实施幼儿教师国家级培训计划的通知》发布，启动了"幼儿教师国家级培训计划"（简称"国培计划"），同时组织有关专家学者制定了《"幼儿教师国家级培训计划"课程标准》，对培训的目标、课程模块与具体内容、培训方式与效果评估等进行了具体的规定。"国培计划"包含三项内容：一是针对农村幼儿教师开展短期集中培训，组织农村幼儿园骨干教师到省域内外高水平师范院校、综合大学、幼儿师范专科学校和教师培训机构进行短期集中培训，促进幼儿教师更新教育观念，着力解决幼儿教师在教育中面临的实际问题，提高幼儿教师的教育水平和专业能力；二是开展农村幼儿园"转岗教师"培训，充分利用省域内外高水平师范院校、综合大学、幼儿师范专科学校、幼儿师范学校和教师培训机构的资源，充分发挥县级教师培训机构的组织管理作用，采取集中培训、送培到县、送教上门、远程培训等多种方式，对农村幼儿园"转岗教师"进行 120 学时的岗位适应性培训；三是开展农村幼儿园骨干教师置换脱产研修培训，组织高年级学前教育专业师范生、城镇幼儿园教师到农村幼儿园顶岗实习或支教，置换出农村幼儿园骨干教师到高水平院校、幼儿师范专科学校和城市优质幼儿园进行三个月左右的脱产研修，全面提高农村幼儿园骨干教师的教育水平、专业能力和培训能力，为农村培养一批在促进学前教育发展、开展幼儿教师培训中发挥辐射带头作用的"种子"选手，促进幼儿教师教育改革。2011年后，每年教育部和财政部都下发关于"国培计划"的通知，重点关注未参训的农村幼儿教师；还组织开展了多种形式、各级各类的培训，如培训者培训、教研员培训、幼教管理者培训等，这些培训关注边远、贫困和民族地区，切实扩大培训受益面，努力实现对农村幼儿园的全覆盖，在全国掀起了大规模、高质量的幼儿教师培训热潮，极大地提高了幼儿教师的专业素质。

从国际幼儿教师专业发展的趋势看，目前欧美等发达地区均形成了各自的教师专业发展和评价体系，且教师专业标准体系在教师专业化中起到了重要作用。可以说，从国际经验的角度来看，提升教师队伍的专业化水平多是从教师专业标准的制定和实施入手的。《幼儿园教师专业标准(试行)》正是顺应国际幼儿园教师专业发展趋势，回应我国学前教育事业发展之需，在加快普及学前教育的新形势下，围绕保障教育质量和幼儿健康成长而出台的一个重要文件。该文件提出了衡量幼儿教师专业性的三个维度。一是专业理念与师德，包括职业理解与认识、对幼儿的态度与行为、幼儿保育和教育的态度与行为、个人修养与行为四个领域，共20条标准。二是专业知识，包括幼儿发展知识、幼儿保育和教育知识、通识性知识三个领域，共15条标准。三是专业能力，包括环境的创设与利用、一日生活的组织与保育、游戏活动的支持与引导、教育活动的计划与实施、激励与评价、沟通与合作、反思与发展七个领域，共27条标准。这是国家对合格幼儿园教师专业素质的基本要求，是幼儿园教师开展保教活动的基本规范，是引领幼儿园教师专业发展的基本准则，是幼儿园教师培养、准入、培训、考核等工作的重要依据。

2012年9月，《教育部 中央编办 财政部 人力资源社会保障部关于加强幼儿园教师队伍建设的意见》发布，从明确幼儿园教师队伍建设的目标、补足配齐幼儿园教师、完善幼儿园教师资格制度、完善幼儿园教师职务（职称）评聘制度、提高幼儿园教师培养培训质量、建立幼儿园教师待遇保障机制等八个方面提出了加强幼儿园教师队伍建设的具体措施，要求充分发挥地方政府发展学前教育的主体作用，健全各级教育、编制、财政、人力资源和社会保障等部门的联合工作机制，建立督促检查、考核奖惩和问责机制，确保各项措施落到实处。该文件特别强调，要全面实施幼儿园教师资格考试制度，印发幼儿园教师资格考试标准，深化教师资格考试内容改革；幼儿园教师须取得相应教师资格证书，具有其他学段教师资格证书的教师到幼儿园工作，应在上岗前接受教育部门组织的学前教育专业培训；强调全面落实幼儿园教师专业标准，提高教师专业化水平，办好中等幼儿师范学校，重点建设一批幼儿师范高等专科学校，办好高等师范院校学前教育专业，依托高等师范院校重点建设一批幼儿园教师培养培训基地；强调公办幼儿园教师执行统一的岗位绩效工资制度，享受规定的工资倾斜政策，企事业单位办、集体办、民办幼儿园教师工资和社会保险由举办者依法保障。这对落实《幼儿园教师专业标准（试行）》、进一步规范幼儿教师队伍建设起到了积极作用。

2013 年 1 月，为促进幼儿园教师队伍建设，确保幼儿接受基本的、有质量的学前教育，教育部印发了《幼儿园教职工配备标准（暂行）》，提出幼儿园应当按照服务类型、教职工与幼儿以及保教人员与幼儿的一定比例配备教职工，全日制幼儿园每班配备两名专任教师和一名保育员，或者配备三名专任教师；要求各地要高度重视幼儿园教师队伍建设，加快核定公办园教师编制，将该文件作为办园的基本条件之一，通过特岗计划、小学教师培训后转岗、接收免费师范生、公开招聘等多种途径充实幼儿园教师队伍，加强对各类幼儿园教职工配备情况的动态监管。

2015 年 1 月，教育部颁布《幼儿园园长专业标准》，对幼儿园园长的办园理念、专业要求等做了明确具体的规定。《幼儿园园长专业标准》要求幼儿园园长树立以德为先、幼儿为本、引领发展、能力为重、终身学习的办园理念，明确了幼儿园园长规划幼儿园发展、营造育人文化、领导保育教育、引领教师成长、优化内部管理、调适外部环境共六项专业职责，并从专业理解与认识、专业知识与方法、专业能力与行为三个维度提出了 60 项专业要求。《幼儿园园长专业标准》是对幼儿园合格园长专业素质的基本要求，是引领幼儿园园长专业发展的基本准则，是制定幼儿园园长任职资格标准、培训课程标准、考核评价标准的重要依据，是促进幼儿园园长专业发展、建设高素质幼儿园园长队伍的重要制度设计。从此，作为履行幼儿园领导与管理工作职责的专业人员和学前教育学学科建设的重要组织者，我国幼儿园园长有了自己的职责规范。

《幼儿园教师专业标准（试行）》《幼儿园园长专业标准》《幼儿园教职工配备标准（暂行）》三个标准性文件三足鼎立，搭建起我国幼儿教师师资专业化的框架结构，推动了幼儿教师向专业化的方向稳步前进。

五、修订《幼儿园工作规程》，规范幼儿园教育

2016 年 1 月，教育部发布修订后的《幼儿园工作规程》，在幼儿安全问题、幼儿身心健康、教职工任用标准、家园共育、幼儿园管理规范化、幼儿园经费等方面加强了管理，增加了细节要求。在幼儿身心健康方面，2016 年的《幼儿园工作规程》1996 年的修订后的《幼儿园工作规程》将 1996 年的"应充分尊重幼儿选择游戏的意愿，鼓励幼儿制作玩具，根据幼儿的实际经验和兴趣，在游戏过程中给予适当指导，保持愉快的情绪，促进幼儿能力和个性的全面发展"，修改为第二十九条中"幼儿园应当根据幼儿的年龄特点指导游戏，鼓励和支持幼儿根据自身兴趣、需要和经验水平，自主选择游戏内容、游戏材料和伙伴，使幼儿在游戏过程中获得积极的情绪情感，促进

幼儿能力和个性的全面发展"。修订后的《幼儿园工作规程》增加了对幼儿的实践活动的细化要求，如第二十六条规定："幼儿一日活动的组织应当动静交替，注重幼儿的直接感知、实际操作和亲身体验，保证幼儿愉快的、有益的自由活动。"增加了对教育活动的过程要求，如第二十八条规定："教育活动的过程应注重支持幼儿的主动探索、操作实践、合作交流和表达表现，不应片面追求活动结果。"增加了禁止幼儿园教育小学化的内容，如第三十三条规定："幼儿园不得提前教授小学教育内容，不得开展任何违背幼儿身心发展规律的活动。"在幼儿园规范化管理方面，修订后的《幼儿园工作规程》第十一条规定："幼儿园规模应当有利于幼儿身心健康，便于管理，一般不超过360人。"而1996年对幼儿园规模的规定为"不宜过大"。在提高教职工任用标准方面，2016年的《幼儿园工作规程》将1996年的幼儿园保育员"还应具备初中毕业以上学历"修改为"并应当具备高中毕业以上学历"。2016年的《幼儿园工作规程》基本遵循了1996年《幼儿园工作规程》的精神和内容，同时针对学前教育遇到的新情况、新问题更新了内容，对于规范幼儿园管理具有重要作用。

六、《中共中央 国务院关于学前教育深化改革规范发展的若干意见》发布，学前教育事业规范化发展受到党和政府高度重视

2018年11月，《中共中央 国务院关于学前教育深化改革规范发展的若干意见》印发，从总体要求、优化布局与办园结构、拓宽途径扩大资源供给、健全经费投入长效机制、大力加强幼儿园教师队伍建设、完善监管体系、规范发展民办园、提高幼儿园保教质量、加强组织领导这九方面对新时代学前教育的深化改革和规范发展做出了重大决策部署，进一步明确了学前教育改革发展的前进方向和重大举措。

该文件明确了新时代我国学前教育发展的指导思想："以习近平新时代中国特色社会主义思想为指导，全面贯彻党的十九大精神和党的教育方针，认真落实立德树人根本任务，遵循学前教育规律，牢牢把握学前教育正确发展方向，完善学前教育体制机制，健全学前教育政策保障体系，推进学前教育普及普惠安全优质发展，满足人民群众对幼有所育的美好期盼，为培养德智体美劳全面发展的社会主义建设者和接班人奠定坚实基础。"该文件提出了新时代学前教育事业发展应遵循的四条基本原则，一是坚持党的领导，二是坚持政府主导，三是坚持改革创新，四是坚持规范管理。

该文件提出了新时代学前教育事业发展的主要目标：到 2020年，全国学前三年毛入园率达到 85%，普惠性幼儿园覆盖率(公办园和普惠性民办园在园幼儿占比)达到 80%；广覆盖、保基本、有质量的学前教育公共服务体系基本建成，学前教育管理体制、办园体制和政策保障体系基本完善；投入水平显著提高，成本分担机制普遍建立；幼儿园办园行为普遍规范，保教质量明显提升；不同区域、不同类型城市分类解决学前教育发展问题，大型、特大型城市率先实现发展目标；到 2020 年，基本形成以本专科为主体的幼儿园教师培养体系，本专科学前教育专业毕业生规模达到 20 万人以上；建立幼儿园教师专业成长机制，健全培训课程标准，分层分类培训 150万名左右幼儿园园长、教师；建立普通高等学校学前教育专业质量认证和保障体系，幼儿园教师队伍综合素质和科学保教能力得到整体提升，幼儿园教师社会地位、待遇保障进一步提高，职业吸引力明显增强；到 2035 年，全面普及学前三年教育，建成覆盖城乡、布局合理的学前教育公共服务体系，形成完善的学前教育管理体制、办园体制和政策保障体系，为幼儿提供更加充裕、更加普惠、更加优质的学前教育。

《中共中央 国务院关于学前教育深化改革规范发展的若干意见》体现了公益普惠的学前教育性质与发展方向，这是新中国成立以来第一个以党中央和国务院名义发布的重要学前教育文件，第一次在中央文件中提出学前教育"普及普惠安全优质"的发展目标。公益普惠是新时代我国学前教育事业性质的定位与导向，非常重要，针对性非常强，是落实习近平总书记在党的十九大报告中强调的要"办好学前教育"、把实现"幼有所育"作为"七有"重大民生问题之首要求的具体体现，彰显了党中央、国务院对学前教育事业的高度重视和对广大学龄前儿童的深切关爱，表明了党和国家办好学前教育、建成公益普惠学前教育公共服务体系的决心，开启了新时代学前教育普及普惠安全优质发展的新征程。

该文件所提出的九个方面的重大政策举措，是以习近平同志为核心的党中央对学前教育事业做出的重大战略决策部署，是新时代学前教育深化改革规范发展的行动指南，对切实办好新时代学前教育、更好实现"幼有所育"、满足人民群众对幼儿接受有质量的学前教育的美好期盼发挥着极为重要的推动作用，对学前教育改革发展产生重大而深远的影响。

总之，这一时期我国学前教育事业发展呈现如下特点：一是学前教育政策法规更加完善和规范，从园长到教师、从管理到教学、从硬件到软件都有了专业标准；二是教育内容更加科学，目标更加明确，更加关注幼儿学习与发展的整体性，更加尊重幼儿发展的个体差异，更加强调理解幼儿的学习方式与特点，更加重视幼儿的学习品质；三是明确了发展学前教育的路径和措施，强调学前教育事业作为基础教育的重要组成部分，应广大民生所求，其所有制形式不再受限，鼓励社会办学力量发展学前教育事业，大力发展公办园，积极扶持普惠性民办园，提高幼儿入园率，使幼儿能够平等地享受优质的学前教育；四是教师队伍建设迈上了新台阶，幼儿园师资队伍总量持续增加，学历持续提升，队伍素质总体提高。

第二节　学前教育学稳步发展的特点

2011—2019 年,我国学前教育学的发展按照学科发展的内在规律,适应国家政策法规的要求,以我国学前教育事业改革发展的实践为导向,朝着不断拓展学科建设范围、不断完善创新学科建设体系、不断提升学前教育学学科建设质量的方向迈进。经过中华人民共和国成立 70 年来的积累,尤其是改革开放 40 多年来的探索,我国学前教育学的发展呈现出科研成果数量可观、质量稳步提升、可供高校选用的学前教育学教材品种丰富、学术理论的实践性增强等特点,学前教育学学科建设的中国化探索逐步向纵深推进,开始走向成熟阶段。在国际交流中,我国学前教育学由原来的被动追赶逐步转变为积极主动参与,在学习他国经验的同时,也为世界学前教育学的发展贡献了自己的研究成果,主体性不断加强,越来越具有中国特色。当然,时间永无止境,创新永无止境,学前教育学的研究还要不断进步,还有许多新的学科领域等着学前教育工作者开拓与探索,学前教育学学科建设的道路还很长,至今仍处于不断发展之中。

一、政策保障学前教育独立价值的回归

学前教育政策与制度是为完成学前教育任务与目标而规定的行动准则,对学前教育的改革发展起着保驾护航的作用。要实现学前教育独立价值的回归,就需要强化相关政策与制度的保障。要发挥政策与制度的保障作用,首先就要制定恰当的政策与制度。学前教育政策与制度的制定源于制定者对学前教育现实问题的确认,这也是制定政策与制度的首要环节。学前教育独立价值失落这一问题并非一出现就获得了政策制定者的确认,而是在教育理论和实践给予其充分关注和讨论之后,才逐渐得到政策制定者的关注。例如,针

对幼儿园教育"小学化"现象相对突出并影响了幼儿健康成长与发展的问题，2011 年 12 月，教育部下发了《教育部关于规范幼儿园保育教育工作防止和纠正"小学化"现象的通知》，明确提出幼儿园要遵循幼儿的年龄特点和身心发展规律，科学制订保教工作计划，合理安排和组织幼儿一日生活。该文件还规定："严禁幼儿园提前教授小学教育内容。幼儿园不得以举办兴趣班、特长班和实验班为名进行各种提前学习和强化训练活动，不得给幼儿布置家庭作业。"这些规定体现了学前教育自身特有的使命和任务，规范了幼儿园的办学行为，促使幼儿园将促进幼儿适宜的个性化发展放在首位。若想切实消除学前教育中的超前教育和强化训练等现象，则不仅要有规定不能做什么的政策与制度，还要有相应的明确应该做什么的学前教育政策与制度，从而有效引导教育者适宜的教育教学行为，促使学前教育独立价值回归。2012 年教育部公布的《3—6 岁儿童学习与发展指南》则具有这一功能。该文件描述了儿童在健康、语言、社会、科学、艺术五个领域的学习与发展，对每个领域又按照幼儿学习与发展最基本、最重要的内容划分为若干方面，每个方面由学习与发展目标和教育建议两部分组成。该文件的说明部分强调，要"尊重幼儿发展的个体差异"，幼儿园和家长要理解幼儿的学习方式和特点，严禁"拔苗助长"式的超前教育和强化训练。《3—6 岁儿童学习与发展指南》的内容体现了学前教育的独立价值，可有效引领幼儿园和家长建立起对幼儿发展的合理期望，并能有效引导教育者按照幼儿的身心特征实施科学的保育与教育，促进幼儿适宜的个性化发展。[①] 2016 年重新修订的《幼儿园工作规程》第二十五条明确提出，幼儿园教育"以游戏为基本活动，寓教育于各项活动之中"，体现了学前教育价值的"游戏性"。2018 年 7 月发布的《教育部办公厅关于开展幼儿园

---

① 田涛、吴定初：《学前教育独立价值失落与回归》，载《中国教育学刊》，2013(4)。

"小学化"专项治理工作的通知》发布，其旨在针对一些幼儿园违背幼儿身心发展规律和认知特点，提前教授小学内容，强化知识技能训练，"小学化"倾向比较严重的现象，对幼儿园小学化的问题进行专项治理。该文件提出五项治理任务：严禁教授小学课程内容，纠正"小学化"教育方式，整治"小学化"教育环境，解决教师资质能力不合格问题，小学坚持零起点教学。此文件进一步对幼儿园"小学化"问题提出治理措施，明确幼儿园和小学的教育任务不同，明确教育内容、教育方式、教育环境都不能"小学化"，幼儿园应该以游戏为基本活动，幼儿园不能向小学靠拢；在政策上保证了学前教育价值的独立性，特别是"小学坚持零起点教学"，这是学前教育"学前性"的重要保障。

二、更加注重对学科自身发展的研究

(一)对学前教育学的研究对象进行重新思考

学前教育学研究最基本的问题就是研究对象问题，自学前教育学成为一门独立的学科，这个问题就一直在被探讨。随着时代的变化和理念的更新，对学前教育学研究对象的探讨也在逐步深入。

张利洪、李静专门研究了学前教育学的研究对象，他们在《学前教育学的研究对象》一文中指出，探讨学前教育学的研究对象就是回答学前教育学研究什么的问题，该问题直接关系到学前教育学学科内容和理论体系的构建，是学前教育学的基本理论问题，也是衡量学前教育学发展成熟度的重要标志。他们对 2011 年前的 20 多年里出版的学前教育学教材中的研究对象进行了梳理和分析，发现主要有以下六种观点。第一种观点是零对象观，即没有讨论学前教育学的研究对象，这种没有对研究对象进行界定的教材难以形成相对稳定的理论体系，只是对经验的简单总结和事实描述。第二种观点是把学前教育的规律作为学前教育学的研究对象，其代表教材是黄人颂主编的《学前教育学》(1989 年，人民教育出版社)，这种观点的不足之处是混淆了研究起点与研究结果之间的关系。第三种观点是把学前教育现象作为学前教育学的研究对象，其代表教材是李生兰著的《学前教育学》(1999 年，华东师范大学出版社)，该教材指出学前教育学是专门研究学前教育现象、揭示学前教育规律的一门科学。第四种观点是把学前教育现象及问题作为学前教育学的研究对象。第五种观点是把学前教育现象、学前教育规律和学前教育理论等作为学前教育学的研究对象。第六种观点是把学前儿童、学前教师和学前教育影响因素及其相互关系作为学前教育学的研究对象。学前教育学研究对象的界定经历了"规律说——现象说——现象及规律说——综合说"的转变过程。在此基础上，张利洪、李静提出学前教育学研究对象的确立可以借鉴科学哲学中的"问题说"和教育学中的"问题说"，确定"学前教育问题"即学前教育的研究对象，这种对学前教育学研究对象的界定有利于指导学前教育事业的发展，有利于形成以"问题取向"为主的研究范式，有利于构建具有中国特色和中国风格的学前教育理论体系。这篇文章为我们认识学前教育学的研究对象打开了新思路。[①]

杨明权在《关于加强宏观学前教育学研究的思考》中提出，学前教育学科研究的对象及其基本内涵可以分为两个大领域：一个是研究探讨幼儿的培养和成长以及办好幼儿园的规律的，并渗透到各个层次、各类学科、各种形式中，可称之为微观学前教育学；另一个是研究探讨如何建设与一定经济社会要求和环境相适应的学前教育制度和体系以及如何对学前教育进行宏观管理的，并与不同国家或地区的经济、社会、文化、人口等背景联系起来，可称之为宏观学前教育学。这两个领域是相互联系、相互依存、相互渗透、密不可分的，联系的点就是教育同社会、人、文化的发展之间的关系。因

---

① 张利洪、李静：《学前教育学的研究对象》，载《学前教育研究》，2011(9)。

此可以认为，所谓宏观学前教育学是相对微观学前教育学而言的，它是研究学前教育与经济、社会、文化、人口及教育体制等的相互关系，揭示学前教育规律的一门科学，可被视为教育学的一个分支学科。①

(二)进一步探究学前教育学的学科使命

学前教育学的学科使命一直是学前教育学研究的很重要的内容。

王素梅认为，学前教育学的使命与其自身的性质和各类研究者所担负的历史使命有着密切关系。她首先明确学前教育学是一门解决"是什么"和"为什么"的基础理论学科；然后对研究学者进行了分类——基础理论研究者即理论类、政策和制度研究者即政治类、实践研究者即技术类；最后对学前教育学的历史使命加以细致分析，提出这一使命代表着学前教育界研究者的精神追求及对人类终极价值的追求，跨学科研究已成为学前教育学发展的必然趋势，并必将对学前教育研究产生重大而深远的影响。②

宋艳梅在《大学学前教育学科地位与使命的思考》中提出，学前教育学分支学科主要有：以幼儿园教育实践和幼儿教师培养的课程论和教学论为主线的"技能性学科"，以政策和制度研究为主线的"管理性学科"，以儿童身心发展基础理论研究为主线的"儿童发展性学科"。她认为，学前教育学有自身的历史使命，这一使命的本质就是推动学前教育研究不断走向科学化，与实践教学更紧密地结合在一起，并使实践教学更为合理，指引学术研究者在研究中、实践教学者在教学中更注重学前儿童的综合发展而非仅关注学科发展，打破学科内部壁垒导致的无法沟通的局面。学前教育学的学科性质决定

---

① 　杨明权：《关于加强宏观学前教育学研究的思考》，载《陕西教育学院学报》，2011(4)。
② 　王素梅：《思考：有关学前教育学使命的思考》，载《教育教学论坛》，2012(1)。

了学前教育学的主流使命应当是学前儿童身心发展的理论研究。[①]

以上两种观点并不矛盾，可以在发展中统一起来：把对人类终极价值的追求作为使命，是学前教育学学科发展的终极使命；而把学前儿童身心发展作为主流使命，是学前教育学学科发展使命的起点和过程，最终走向对人类终极价值的追求。

（三）深入思考学前教育的价值

学前教育的价值在这个阶段依然是学科发展不能回避的问题。田涛、吴定初在《学前教育独立价值失落与回归》一文中提出，学前教育的独立价值是学前教育在整个教育系统中不依附于其他层次和类型的教育而独立存在的价值，它表现为促进幼儿在学前教育阶段适宜的个性化发展。然而，在我国当下的学前教育实践中存在着若干独立价值失落的现象，例如，超前教育、强化训练及"小学化"问题就是对学前教育"基础性"的误读。学前教育的独立价值是学前教育价值的核心和根本，是学前教育独立性的根基和依据，在此意义上，这一价值亦可看作学前教育在应然状态下的根本价值，要实现学前教育独立价值的回归，还需强化相关政策与制度的保障。该文章还联系了具体的政策，如《3—6 岁儿童学习与发展指南》等，分析了政策的相关内容是如何保障学前教育学的独立价值的。[②]

苗曼在《论学前教育的"学前性"》一文中把学前教育学的学科性质定义为"学前性"，并具体分析了其三层含义：第一，在常识性的意义上，学前教育指上学之前的教育；第二，在更深一层的意义上，学前教育指正规的书本学习之前的教育；第三，学前教育之"学前性"还有一种隐而未显的理解——学前教育可以指所有学习之前的教育、不以任何性质的学习为重心的教育。学前教育应旗帜鲜明地彰

---

① 宋艳梅：《大学学前教育学科地位与使命的思考》，载《怀化学院学报》，2012(6)。
② 田涛、吴定初：《学前教育独立价值失落与回归》，载《中国教育学刊》，2013(4)。

显自身的"学前性",以其独具的"学前特质"堂堂正正地立于教育之林。学前教育有其自身不同于学校教育的特殊原理,只有对学前教育的"学前性"进行深入的理论探察,明确学前教育的"学前性"到底在何处,彻底完成对这一问题的理论回答,才能走出学前教育学学科独立品性不断丧失的困境,才能真正确立学前教育在整个国民教育体系中的应有地位。[①]

(四)回顾学前教育学学科发展的历程

2011—2019 年,经过实践探索和理论研究的成果积累,学前教育学学科发展进入了一个新的阶段。为了更好地向科学化的方向发展,学者们对以往的研究做了回顾和反思,以更好地从中吸取经验教训,为后续的发展奠定基础。这个阶段的研究有对学前教育价值取向的追思,对以往学前教育学教材的分析,对理论研究文献的综述,对以往高引文献的深度分析,以及对学前教育研究状况的总结与展望。

王春燕的《学前教育价值取向的百年追思与启示》对我国学前教育价值取向的历史进行了追寻,发现学前教育必须首先关注儿童个体身心健康和谐发展,学科知识取向、社会取向的价值观必须让位于儿童个体发展取向的价值观,只有这样才能保证儿童获得快乐的童年、健康的成长。在儿童个体发展取向的价值观引领下,学前教育必须以儿童独特的生命特征为基点,以实践活动为实施的通道,以培育和提升儿童的智慧为目标,最终涵养儿童的精神成长。[②]

夏巍、张利洪的《近二十余年我国学前教育学教材的内容分析》采用了内容分析法,对我国二十余年里学前教育学教材的建设进行

① 苗曼:《论学前教育的"学前性"》,载《教育发展研究》,2017(24)。
② 王春燕:《学前教育价值取向的百年追思与启示》,载《学前教育研究》,2011(9)。

了纵向研究和比较研究，最后总结出学前教育学教材建设的四个特点。①

周菁菁的《十年来我国学前教育理论研究文献综述》对我国学前教育理论研究文章进行了梳理，针对文献资料，从学前教育史、学前教育内容、价值取向、评价标准四个方面进行了具体分析，最后提出了在学前教育理论上可以开拓和继续发展的方向。②

李丽、王燕的《学前教育学 CNKI 高引文献的深度分析》分析了中国知网上学前教育领域被引用率最高的 50 篇文章，描绘出聚焦问题、分布期刊、发表时间等总体结构状态，进而运用引文分析法的文献测度将学前教育学与教育学及相邻学科进行比较，评价被引用去向。文章最终发现学前教育学领域的知识影响力整体偏弱，并提出在学前教育学的发展中，应在基本学术规范的基础上加强学术团体的建设，扩展学前教育的知识载体，培育独立思维方式，以建立学前教育学的学术共同体。③

杨琴、李姗泽的《我国学前教育研究的现状与展望——基于学前教育博士学位论文的统计与分析》以搜集到的 251 篇学前教育博士学位论文为研究材料，采用内容分析法，从博士学位论文的完成年份、完成单位、所属二级学科、研究主题和研究方法五个维度进行统计分析。研究发现，如何推进中西部地区院校学前教育博士点的建设、鼓励与引导医学类学科参与学前教育相关研究、加强质性研究方法的使用、拓展教育评价与儿童游戏等问题，都是学前教育研究者们

———————

① 夏巍、张利洪：《近二十余年我国学前教育学教材的内容分析》，载《四川教育学院学报》，2012(10)。

② 周菁菁：《十年来我国学前教育理论研究文献综述》，载《当代教育理论与实践》，2015(2)。

③ 李丽、王燕：《学前教育学 CNKI 高引文献的深度分析》，载《上海教育评估研究》，2015(1)。

理应关注的研究领域。①

全守杰、张恋的《中国学前教育学博士生导师队伍特征研究》提出，学前教育学博士生导师群体对学前教育学学科的发展及人才培养具有重要作用。文章从基本特征、教育背景、学术成果这三个维度对我国学前教育学博士生导师群体进行了研究，发现博士生导师主要分布在重点师范院校，以年龄较大的女性为主；导师大多本科毕业于师范类院校，获得博士学位的机构以重点高校或海外名校为主，专业背景均为文科；发表论文数量较多，科研成果丰硕。基于此，文章提出，教育行政部门和相关高校应加强青年导师队伍的建设与优化，注重男性导师队伍建设，既重视专业出身，又鼓励吸纳跨学科导师，并积极加强西北与东北地区学前教育学导师的储备。②

赵南的《学前教育学在我国的发展定位及其对学前教育事业的影响》提出，受历史与现实多重因素的影响，我国学前教育学基本上一直与"幼儿园教育学"等同，这对我国学前教育学的发展造成了认识上的限制，导致政府努力建构的学前教育公共服务体系仅针对3～6岁儿童，局限于幼儿园这一学前教育形式；政府不得不背负沉重财政负担的同时，那些有需要的年幼儿童及其家庭却并没能得到很好的支持。文章认为，父母的爱与陪伴是年幼儿童最为需要的，决定了学前教育只有在家庭不能很好地发挥养育与教育功能时才有必要提供，并以能否满足年幼儿童及其家庭的实际需要为标准来考虑和确定究竟提供何种形式的学前教育。为此，学前教育学需要研究学前教育如何真正成为对年幼儿童及其家庭的积极补偿，这就要求学前教育学朝着儿童教育发生学的方向迈进。对于政府构建由多元多

---

① 杨琴、李姗泽：《我国学前教育研究的现状与展望——基于学前教育博士学位论文的统计与分析》，载《江汉大学学报(社会科学版)》，2016(5)。

② 全守杰、张恋：《中国学前教育学博士生导师队伍特征研究》，载《教育与教学研究》，2018(1)。

样学前教育形式组成的、不同形式不论正规与否都依据年幼儿童及其家庭的实际需要提供服务且彼此相互补充的学前教育公共服务体系，学前教育学应能提供理论指导。①

三、学前教育学研究视野多维扩展

2011—2019年的学前教育学研究，从研究课题、期刊论文和学位论文的主持者或作者及其工作单位和所属学科、专业上看，还是以高等师范院校教育类专业尤其是学前教育专业为主，但也出现了教育类其他专业人员的研究，还有教育外其他专业（包括经济学、医学、人类学、历史学、哲学等）人员对学前教育学的研究。比如，教育史类学者研究学前教育史，发展与教育心理学学者研究学前儿童心理，经济类学者研究学前教育财政投入体制，等等。研究视野多维扩展，一方面体现为学前教育专业人员研究往纵深发展，另一方面体现为专业外人员站在自身专业的角度研究学前教育，为学前教育学的研究打开思路、开阔视野、扩大角度，促进学前教育学学科的发展。

杨琴、李姗泽对学前教育学博士学位论文进行了统计与分析，发现学前教育学博士学位论文中就体现上述趋势。在251篇学前教育学博士学位论文中，共有27个二级学科介入学前教育研究。学前教育学是最主要二级学科来源，其博士学位论文占全部博士学位论文的57.8%（145篇）；发展与教育心理学以27篇博士论文即10.8%的占比居学科排名的第二位；教育学原理的学前教育学博士学位论文的数量为22篇，居第三位；课程与教学论以7篇论文位居第四；教育史、比较教育学以5篇论文并列第五位。若将这27个二级学科按照其所属一级学科即教育学、心理学、医学和其他进行归类，可

---

① 赵南：《学前教育学在我国的发展定位及其对学前教育事业的影响》，载《教育发展研究》，2018(15—16)。

以看到教育学仍然是我国学前教育博士学位论文的主要学科来源，占 74.5％。心理学以 15.1％位居第二，医学产出了 15 篇相关的博士学位论文，其他学科共产出 11 篇论文。[①]

四、学前教育学研究方法集中和多元并存

研究方法也是学科发展的重要指标之一。分析期刊论文和学位论文所采用的研究方法，发现研究方法发展变化的特点和趋势，可以在一定程度上说明学科的发展变化。在这一时期的论文中，采用量化研究方法的较为集中，同时出现了思辨研究、质性研究、混合研究的多元化趋向。

以 2011—2017 年发表的期刊论文和硕博士论文为例，选取"儿童"主题的硕博士学位论文共有 59 篇；"教师"主题的期刊论文有 142 篇，硕博士学位论文有 44 篇。经过统计，"儿童"主题的硕博士学位论文采用量化方法的占 47.5％，思辨研究占 20.3％，质性研究占 20.3％，混合研究占 11.9％。"教师"主题的期刊论文中，量化研究占 64.1％，质性研究占 14.1％，混合研究占 11.3％，思辨研究占 10.5％；"教师"主题的硕博论文中采用量化方法的占 45.5％，质性研究占 22.7％，混合研究占 18.2％，思辨研究占 13.6％。从以上数据可知，无论是从主题上看还是从论文类型上看，都是量化研究数量最多，同时质性研究的数量也不少，这是研究方法发展的趋势，正如朱家雄在《从对科学主义的崇拜到主张学前教育走向生态——对学前教育理论和实践的反思》一文中提到的质的研究方法已经逐渐被学前教育研究重视并呈现纷繁复杂的状态。[②] 杨琴、李姗泽的研究也考察了学前教育研究所采用的研究方法。她们发现学前教育博士

---

① 杨琴、李姗泽：《我国学前教育研究的现状与展望——基于学前教育博士学位论文的统计与分析》，载《江汉大学学报(社会科学版)》，2016(5)。

② 朱家雄：《从对科学主义的崇拜到主张学前教育走向生态——对学前教育理论和实践的反思》，载《学前教育研究》，2007(11)。

学位论文的研究方法以量化研究为主，同时思辨研究在学前教育博士学位论文中也占有 28.7% 的较高比例，且该研究方法有成为学前教育博士学位论文的主流研究方法的趋势。她们通过分析发现，这种现象可能与南京师范大学近些年来产出的大量的博士学位论文有关，而南京师范大学对于儿童教育的原点问题，如儿童观、儿童精神、儿童形象变迁等尤为关注，这类关于教育原点、基础问题的研究往往适合选用思辨研究方法。混合研究在学前教育博士学位论文中占到 22.3%，且一直具有上升趋势，这说明我国学前教育研究者开始关注多元研究方法的使用。质性研究方法使用比例最低，只有16.3% 的学前教育博士学位论文运用了该类研究方法，虽然有所上升，但增幅并不明显。[①] 对质性研究的发展趋势，不同研究有不一致的研究发现，这可能与统计方法、对方法的鉴定及归类标准有关。但这些研究均表明，方法多元化、生态化、越来越贴近学前教育本身是必然的发展趋势。

五、幼儿教师培养目标逐渐回归教育本质

中华人民共和国成立后，全国百废待兴，要想彻底改造旧教育，就得先摒除旧思想，于是思想政治教育在当时显得尤为重要。在"以苏为师"的方针指导下，当时对幼儿教师的思想政治教育主要体现为中苏思想的结合。改革开放后，各种思潮涌入我国，中国特色社会主义逐渐发展，这时思想政治教育的要求也发生了变化。进入 21 世纪，我国将对教师的思想政治教育纳入师德，并要求"师德为先"。

我国对幼儿教师专业素养的要求最初为低级别的"熟悉业务"，后变为具备中等教育水平并掌握一定教育专业的知识和技能，有了一定程度的拓展；到 20 世纪 80 年代调整为掌握从事幼儿教育工作

---

① 杨琴、李姗泽：《我国学前教育研究的现状与展望——基于学前教育博士学位论文的统计与分析》，载《江汉大学学报(社会科学版)》，2016(5)。

必备的文化知识与专业知识、技能。到 2012 年，《幼儿教师专业标准(试行)》在专业素养方面要求幼儿教师不仅要有专业理念与师德，还需具备专业知识和专业能力，对教师素质的要求越来越全面，越来越深入和细致；在道德素质方面要求幼儿教师要树立正确的世界观，具有爱岗敬业、乐于奉献的精神。新的师德修养要求幼儿教师具有自身的专业性和独特性，注重自身专业发展，热爱学前教育事业，具有职业理想和敬业精神，幼儿教师的专业性越来越强。

随着时代的进步，教育逐渐回归本质，对幼儿教师的培养从关注政治素质，转变为关注专业能力，要求教师热爱儿童、以幼儿为本，这是社会的进步、教育的进步。

20 世纪 60 年代，终身教育思想被提出并在世界范围广泛传播，为我国幼儿教师的培养提供了参考价值。进入 21 世纪，我国明确提倡终身学习，强调幼儿教师应顺应时代的发展，适应幼儿教育发展改革的步伐；教师只有与时俱进、终身学习，才能满足社会发展对幼儿教育的新需要。

六、学前教育学学科体系的变革与发展凸显时代性

国际环境和国外理论影响了我国学前教育学学科和幼儿教师教育课程的变革。中华人民共和国成立后，受国际大环境中不同文化的影响，我国幼儿教师教育课程体系从新中国初期的学习苏联模式发展为引进西方先进的教育理念，这一过程体现了外国教育思想对我国幼儿教师教育课程的指导作用。对国外教育经验的借鉴，其根源与依据是我国不同时代背景下幼儿教师教育发展的迫切需要。中华人民共和国成立之初，我国的幼儿教师教育需要从头开始，苏联模式为对当时培养幼儿教师提供了参考，于是从 1952 年至"文化大革命"开始前，甚至至改革开放前，我国幼儿教师培养都多多少少地带有苏联教师教育模式的色彩。1978 年后，我国实行改革开放，教育也开始引进来和走出去，引进了西方先进的教育理念，幼儿教师

教育课程体系变革越来越倾向于关注幼儿、关注教师成长等人文性和师范性方面。进入 21 世纪后，随着我国经济文化的迅速发展，幼儿教师教育开始关注中国传统文化的影响，并使之渗透学科体系，学科建设转向注重中国传统文化。

学前教育学学科建设受不同时代背景下不同政治、经济、文化需求的影响，国外值得借鉴的理论与经验等也对我国学前教育学学科建设产生影响。首先，中华人民共和国成立之初，国家出于凝聚人民力量的考虑，强调幼儿教师教育课程中思想政治方面的目标增加了相应的课程；改革开放后，虽然对思想政治教育的要求有所变化，但幼儿教师教育课程体系的培养目标和学科内容仍带有为政治服务的色彩。其次，上层建筑取决于经济基础，教育是上层建筑的典型代表，因此幼儿教师教育课程体系的改革离不开经济的发展，随着经济水平的提高，知识内容得到扩充和细化，这一点也反映在对幼儿教师的培养上。最后，教育是文化的一种类型，民族文化随着时代的变化而变化，但同时也存在一定的稳定性，这种随国情变化而表现出的文化差异性和稳定性无时无刻不影响着教育的目标和内容。

2011 年后，无论是期刊论文、学位论文还是立项课题，选题都更加丰富，同时突出了时代特点。学前教育学的研究主题除儿童、课程、教师、五大领域等基本主题外，还增加了一些新的主题，如教师专业发展、学前教育政策和事业发展等。杨琴、李珊泽在 2016 年以 251 篇学前教育博士学位论文为对象，对其研究主题进行了分析，发现儿童类主题共有 120 篇，占 47.8%，主要包括儿童心理、行为发展、五大领域学习等；教师类主题共有 40 篇，占 15.9%，主要涉及教师教育观念、教育智能、专业发展三个板块，包括幼儿教师的儿童观念与心理特点、教育活动及专业发展等；教育教学类主题共有 32 篇，所占比例为 12.7%，主要涉及幼儿园五大领域的教育

活动、开放日、集体教学、启蒙教育等；课程类主题有 28 篇，占
11.2％，主要涉及课程模式、课程哲学、课程设计和课程实践等板
块；教育政策与事业类主题共有 21 篇，占 8.4％，主要涉及学前教
育发展的状况、趋势、政府责任、经费投入、管理等。[①] 从中不难
看出，学前教育的研究主题十分丰富，涵盖面非常广，特别是教育
政策与事业类主题中的政府责任、经费投入等问题，这些问题在以
往研究中是很少出现的，对它们的研究反映了一定的时代性。

七、幼儿教师教育课程体系逐步走向成熟

幼儿教师教育课程内容与时俱进，逐步充实。纵观中华人民共
和国成立以来学前教师教育课程体系的变化可以发现，课程内容逐
步充实，更加注重基础性与广博性、统一性与多样性、理论性与实
践性、学术性与师范性之间的相辅相成、相互配合。2011—2019 年，
随着国际上对幼儿教师素质要求的提高，我国对幼儿教师的培养也
开始强调知识、技能、态度和情感的统一，因此各级各类学校学前
教育专业的教学计划都含有符合社会进步的多种类学科内容。比如，
随着教学内容的现代化，许多反映先进科学、技术、文化的课程开
设；在"教育与生产劳动相结合"的教育规律指导下，实践课程的受
重视程度逐步提升，无论是日常教学还是学期末的教育实习都强调
对幼儿教师实践能力的培养；等等。

这一时期我国幼儿教师教育的课程结构从单一走向多元，趋于
合理。我国幼儿教师教育课程的结构改革朝着以幼儿为本、崇尚师
德的方向发展，微观层次上表现为平衡四大课程之间的比例以及协
调理论知识与实践知识、必修课程与选修课程之间的关系。分析幼
儿教师教育的教学计划可以发现，我国的幼儿教师教育课程结构越

---

① 杨琴、李姗泽：《我国学前教育研究的现状与展望——基于学前教育博士学位论
文的统计与分析》，载《江汉大学学报(社会科学版)》，2016(5)。

来越合理、完善。首先，选修课在 2011 年后受到很大程度的重视，实践课的课时也增加到了整整一个学期；其次，通识课程的占比根据招收学生层次的不同表现出必要的差异性，教育专业课程力求增强幼儿教师的师范性，艺体技能课程一改以往单纯的说唱画跳，与艺体技能教法课程配合，为培养高质量的幼儿教师服务。这些变革充分体现出我国幼儿教师教育课程结构正走向成熟。

这一时期我国幼儿教师教育课程的实施与评价方式也越来越多样化。课程实施作为课程体系的动态系统，课程评价作为课程体系的反馈系统，都与幼儿教师教育的质量与效果息息相关。新中国成立以来，我国幼儿教师教育课程实施和评价的改革一直沿着多样化的方向发展，尤其是 2011 年后，随着科学技术的进步和教育观念的更新，对幼儿教师教育课程的实施与评价越来越注重主体的多元化、方法的多样化、形式的现代化，在兼顾差异的同时实现整体向前发展。

通过对我国幼儿教师教育课程体系的发展与变革进行整理与分析，可以发现我国正逐步探索出一条适应我国国情的幼儿教师培养道路，对幼儿教师的培养越来越关注幼儿的发展、关注教师素质，并且取得了很大进步和成绩。虽然在改革的过程中也出现了种种问题，如虽然终身教育被提出，但真正适应幼儿教师终身教育的课程没有出现；虽然教育实践课程的比例加大，但具体到教学工作中是否能很好地发挥作用仍是未知；把对幼儿教师的培养从国家下放到地方和学校，就不可避免地出现地区与地区间发展不均衡、学校与学校间发展不一致的现象；等等。但是，虽然前进的道路上问题与困难重重，但我国的幼儿教师教育的发展还是充满希望的，这需要各方共同的努力：增加政府对各级各类学校学前教育专业的培养经费投入，创建幼儿教师专业化改革模式，引进先进幼儿教师教育理念，在吸收外国优秀教育思想的同时结合我国传统教育思想精华，加大幼儿教师教育创新力度，等等。

八、学前教育学学科理论研究和实践改革有机结合

2011 年后，对理论与实践影响较大的是对游戏的研究。在幼儿园以游戏为基本活动的理念的支撑下，在实践领域有江苏的课程游戏化改革和安吉的游戏课程化改革，理论界也开始探讨课程游戏化和游戏课程化，理论和实践相呼应，推进了游戏理论与实践的发展。课程游戏化是理论在前，实践在后，理论指导实践；而游戏课程化是实践先行，理论随后，在实践中产生理论。游戏的改革让学前教育的理论和实践有机结合起来。随着江苏课程游戏化的推进和安吉游戏课程化的发展，在这两个方面有大量的理论研究开展，并有一系列论文发表。

江苏省在 2014 年启动了幼儿园课程游戏化改革。改革在南京师范大学专家的引领下，对幼儿园课程游戏化的理念、内容、策略等方面进行了全方位探索。实施课程游戏化项目的宗旨，就是通过提高教师的专业能力，用游戏精神改造不符合儿童发展的课程实施和管理方式，形成"儿童在前、教师在后"的幼儿园课程体系。江苏省课程游戏化改革贯彻落实了《3—6 岁儿童学习与发展指南》的要求，重视幼儿园的内涵建设和质量提升，是江苏省幼儿园课程的一次根本性改革。为从根本上转变长期以来以教师为中心的惯性思维和注重知识传授的倾向、彻底扭转幼儿园教育"小学化"倾向、提升幼儿园的保教质量探索出一条有效的路径。

关于课程游戏化的主要论文有：丁月玲的《幼儿园课程游戏化的推进策略》[1]、曹玉兰的《"课程游戏化"的园本理解与实施策略》[2]、

---

[1]　丁月玲：《幼儿园课程游戏化的推进策略》，载《学前教育研究》，2015(12)。

[2]　曹玉兰：《"课程游戏化"的园本理解与实施策略》，载《学前教育研究》，2016(12)。

邹晓敏的《立足于"游戏精神"的幼儿园课程游戏化建设》①、王万凤的《幼儿园课程游戏化实现途径探析》②、张虹霞的《幼儿园课程游戏化的组织策略》③、陈林平的《幼儿园课程游戏化的推进策略》④。

　　安吉的游戏课程化改革是一场以"让游戏点亮儿童的生命"为信念的游戏改革，核心理念是把游戏的自主权还给幼儿，让幼儿在自主、自由的真游戏中获得经验、形成想法、表达见解、完善规则、不断挑战，从而发挥自身最大潜能。安吉的游戏课程化改革最重要的是"自主游戏"，坚持把游戏的权利还给儿童，让儿童自由、自主、自觉地开展游戏。可以说，安吉的游戏课程化改革颠覆了中国传统幼儿教育模式，事实上幼儿生成的游戏也远远优先于教师预设的游戏。在安吉的游戏课程化改革中，幼儿是游戏的主宰者，所有游戏都没有教材，没有教师的介入与指导，游戏的材料全部是就地取得的；游戏过程因势利导，充分发挥了安吉的本土优势；教师的角色发生了根本性变化，由原来的单一重复教学的主导者变成了旁观者，甚至是幼儿的崇拜者。安吉的游戏课程化改革解放了教师、成就了幼儿，成为欧美学前教育学习的样本。安吉的游戏课程化改革的本质是学前教育价值的回归，即学前教育回归儿童、回归教育本义；是一种具有中国幼教特色的课程模式，体现着游戏课程化的方向，体现着"游戏是儿童的基本活动"和"游戏即学习"的科学理念，是幼儿学习特点的回归，也是幼儿教育不可违背的规律。

　　王振宇教授对安吉的游戏课程化改革进行了理论上的思考，发表了一系列文章，包括《游戏的界限》⑤，《论游戏课程化》⑥，《实现

---

　　①　邹晓敏：《立足于"游戏精神"的幼儿园课程游戏化建设》，载《教育科学论坛》，2016(4)。

　　②　王万凤：《幼儿园课程游戏化实现途径探析》，载《基础教育研究》，2016(16)。

　　③　张虹霞：《幼儿园课程游戏化的组织策略》，载《学周刊》，2017(9)

　　④　陈林平：《幼儿园课程游戏化的推进策略》，载《学周刊》，2018(2)。

　　⑤　王振宇：《游戏的界限》，载《幼儿教育(教育科学)》，2017(7、8)。

　　⑥　王振宇：《论游戏课程化》，载《幼儿教育(教育科学)》，2018(12)。

游戏手段与目的的统一——再论游戏课程化》①。此外，黄亚也针对游戏课程化发表了《幼儿园游戏课程化生成策略的实践》一文②。

由此可以看出，只有理论和实践完美结合，才能既推动理论的研究，又促进实践的发展。课程游戏化与游戏课程化均体现出理论指导实践，实践衍生理论，理论从实践中来再回到实践中去的思想。

九、大量借鉴国外学前教育学的成果经验并加以改造，以适应我国国情、为我所用

随着学术全球化的不断发展，我国大量吸收和借鉴国外优秀的学前教育经验，并加以改造和创新，以形成适应中国特色社会主义、符合我国国情的学前教育参考。如《教育导刊(下半月)》于 2011 年第 6 期刊载的张琴琴的《挪威新订国家学前教育指导纲要述评》,《早期教育(教师版)》于 2012 年第 7－8 期刊载的王春亚的《澳大利亚学前教育课程改革》,《早期教育(教师版)》于 2014 年第 1 期刊载的何锋的《德国、意大利学前教育考察所见、所悟与所思》,《西北成人教育学院学报》于 2014 年第 4 期刊载的赵辉的《瑞吉欧方案教学的特点及其对我国学前教育课程的启示》,《甘肃教育》于 2017 年第 8 期刊载的徐平的《芬兰推进早期语言教学》,《管理观察》于 2018 年第 23 期刊载的刘阳的《日本学前教育管理探析》等，介绍了美国、挪威、澳大利亚、德国、意大利、芬兰、日本等学前教育事业较发达的国家的优秀学前教育经验，并加以分析和研究，为我国学前教育提出了可借鉴的方法和理论，使我国的学前教育学更加科学化、现代化、本土化。

十、重视学前教育学学科建设的中国立场

除了借鉴国外先进理论与经验，我国学前教育学也重视中国立

---

① 王振宇：《实现游戏手段与目的的统一——再论游戏课程化》，载《幼儿教育(教育科学)》，2019(1、2)。

② 黄亚：《幼儿园游戏课程化生成策略的实践》，载《基础教育研究》，2015(14)。

场上的学科发展。2011 年后，我国人民教育家陶行知的《创设乡村幼稚园宣言书》《如何使幼稚教育普及》《幼稚园之新大陆》等作品受到了研究者的重视，他关于教育师资培养的教育思想——"艺友制"（用朋友之道来探讨教学之道）成为近年来制定学前教育师资培养方案的重要依据，《文教资料》于 2015 年第 14 期刊载的耿祝芳的论文《浅析陶行知"艺友制"中的"同伴互助"思想》等文章专门研究了陶行知先生"艺友制"的实践应用。我国现代著名学前教育专家陈鹤琴的"活教育"理论（大自然、大社会都是活教材，在做中教、做中学、做中求进步）以及相关的"五指活动"课程也成为许多幼儿园活动与课程的重要参考理论和学前教育学学术界的研究热点，如《魅力中国》于 2014年第 26 期刊载的周艳的《论陈鹤琴"活教育"思想对幼儿教育的启示》等文章专门研讨了陈鹤琴先生的"活教育"思想。另外，追溯至我国古代，王守仁的儿童教育思想、颜之推的儿童教育思想等都被纳入学前教育学的研究范围。2013 年 7 月 9—13 日 OMEP 第 65 届国际学术会议在中国上海举办，其主题是"促进学前教育发展：机会与质量"。这是我国首次主办 OMEP 年度学术会议，也是我国学前教育学学科建设中国立场的一项重要标志与发展成果。

第三节　学前教育学稳步发展的成就

随着《国家中长期教育改革和发展规划纲要（2010—2020 年）》及"学前教育国十条"的颁布，2011 年后学术界开始注重对学前教育的基本理论和实践中的问题进行深入研究，学前教育学学科建设随着实践逐渐发展起来。学前教育学的发展呈现出学科体系较为完整，科研成果的数量、质量十分可观，可供高校选用的学前教育学教材种类丰富，学术理论的实践性增加等特点，已经进入成熟阶段。在国际交流中，我国学前教育学由原来被动追赶逐步转变为积极主动参与，在学习他国经验的同时也为世界学前教育学的发展贡献了自己的研究成果，主体性不断加强，越来越具有中国特色。学前教育学的研究在不断进步，还有许多领域等着学前教育工作者去开拓与探索；学前教育学学科发展的道路还很长，学科建设仍处于不断发展中。

一、学前教育学学术研究内容

学前教育学学术研究的选题越来越丰富，越来越细化，分支学科越来越多，学术研究在内容上呈现出"百花齐放，百家争鸣"的状态。除了在原有研究内容的基础上继续深化外，也出现了这个时期特有的研究内容。2011 年后，游戏引起更多学前教育学者和实践者的关注，在理论界研究游戏的同时，学前教育实践也在探讨着游戏的真谛，进行着"游戏的革命"。理论研究和实践探索促进了儿童游戏的发展。与此同时，对于学前教育的主体——儿童的研究也更加深入。

(一)关于儿童的理论研究

2011—2019 年的研究在整体上更加关注儿童，关于儿童的研究开始关注儿童的生活世界、儿童的危机、童年的缺失，并提出儿童的形象、儿童的视角等一些新概念，从儿童本质出发的研究开展；实践中由过度关注带来的儿童危机和儿童成长危机问题也引发了理论界学者的思考。

许婷的《儿童生活世界及其教育意蕴》提出，儿童的生活世界是学前教育的生命源泉，但在教育生活中，种种现实使教育离儿童的生活世界越来越远，表现为"理想的儿童"使教育中当下现实的儿童缺场，教学忽视儿童当下的经历与体验，以及规则与制度羁绊幼儿自由自在的生活。该论文提出，要回归教育的本真，就要回归儿童的生活世界，关注儿童当下关心的、想要体验的生活，关怀"此在"儿童的生命状态；教育过程则应是师生展开理解与对话从而达成

"你—我"的师生过程。①

　　石辉的《儿童的"理论"：危机与拯救》指出，儿童的"理论"得不到成人的重视，儿童不敢表达自己的想法，而且没有机会表达自己的想法，久而久之，儿童会渐渐失去独立思考的能力，没有自己的思想，这便造成了儿童失语的现象。如果这一系列危机得不到解决，那么就会出现儿童主体性丧失、教育低效甚至无效等严重后果。针对儿童的"理论"在教育中面临的危机，该论文提出了四条拯救措施：第一，承认并欣赏儿童的"理论"；第二，发现儿童"理论"的教育价值；第三，利用儿童的"理论"；第四，儿童的"理论"呼唤学前教育课程的变革。②

　　于娜的《幼儿园班级生活中的儿童形象研究》重点分析了在幼儿园班级生活中的儿童形象。她主要采用了参与式观察儿童的在园生活、随机访谈教师和相关工作人员以及同儿童展开对话等方法，描述了五类共八种儿童形象，分别是：幼儿园班级中的"好孩子"标杆——"模范生"与"小管家"；幼儿园班级规则的"反抗者"——"捣蛋鬼"；幼儿园班级生活中的大多数——"牵线木偶"与"应声虫"；幼儿园班级生活中的"伪装者"——"面具人"；幼儿园班级生活中的"边缘人"——"受气包"和"默默无闻者"。通过对以上五大类共八种儿童形象的逐一分析，于娜认为由于受应试教育及学习倾向的教育观念的影响，幼儿园教育更加注重对儿童知识的传授及纪律规范的要求，而缺乏对儿童自身形象的关注；由于受到各种限制，儿童缺乏生机与活力，失去了应有的快乐与自由。因此她提出，教育须顺应儿童的天性，努力塑造健康、快乐、真实的儿童，教育不仅要关注知识

---

① 许婷：《儿童生活世界及其教育意蕴》，硕士学位论文，湖南师范大学，2011。
② 石辉：《儿童的"理论"：危机与拯救》，硕士学位论文，湖南师范大学，2011。

的传授，而且要关注儿童自身，使孩子真正成为孩子。①

席小莉、黄甫全在《儿童作为研究者：一种新兴的研究取向》一文中提到，随着当代人类的赋权解放和儿童权利运动，新兴儿童观及新童年社会学催生了"儿童作为研究者"这一新的研究取向。它承认儿童是积极的社会角色，认可儿童在研究中的参与、合作乃至领导地位，以儿童的个体生活及广泛的社会生活为研究内容，采用具有儿童适宜性的研究方法，旨在凭借知识的社会建构来实现儿童解放。它呼吁重建儿童主体的研究观念，确立双重的研究关系，获取多方面的外部支持，探索情境化的操作模式，考量儿童适切性的研究伦理。②

何浩和胡福贞的《"儿童"的消逝与学前教育理性精神的危机》中提出，急剧变化的现代社会虽对儿童发展高度重视，但儿童作为一个生命体的需要被漠视，成人的需要代替了儿童的需要，童年愈发短促，快乐和幸福在童年生活中逐渐淡化甚至消失，教育异化对儿童生命造成压迫和摧残，教育似乎成了儿童不能承受的生命之重，儿童逐渐远离学前教育。这在很大程度上是因为学前教育中理性精神的危机。文章提出，应从精神和价值的高度反映学前教育的内在诉求，指引并不断反思学前教育现实的存在和终极指向，并从儿童的本真需求和生命关怀出发，帮助儿童拥有属于自己的、独立于成人的世界，充分保障其自主性和独立性，以最大限度实现儿童作为一个独立的生命体存在的意义和价值。③

李召存在《儿童形象的政策建构——基于学前课程指南的国际比

---

① 于娜：《幼儿园班级生活中的儿童形象研究》，硕士学位论文，湖南师范大学，2011。

② 席小莉、黄甫全：《儿童作为研究者：一种新兴的研究取向》，载《教育发展研究》，2012(24)。

③ 何浩、胡福贞：《"儿童"的消逝与学前教育理性精神的危机》，载《天津市教科院学报》，2013(4)。

较》中指出，很多国家都出台或修订了各自的学前教育课程指南，这些学前教育课程指南在政策层面上建构起来的儿童形象值得我们关注，主要体现在四个方面：把儿童作为社会文化性存在，把儿童作为关系性存在，把儿童作为权利主体，把儿童作为积极主动学习的主体。①

刘晓东的《儿童本位：从现代教育的原则到理想社会的生成》提出，老子、孟子等先哲的童心主义哲学传统可与儿童本位的哲学相互联系、相互支援。捍卫童年，保护童心，"复归于婴儿"，其目的都在于保护人自身的"自然"（即天性）以抑制异化的发生。儿童本位的哲学既是自然主义的，也是人本主义的，它是一种解放的哲学。儿童本位原则从教育学扩展至文化学、政治学等领域，会对文化建设、社会改造、政治变革等产生影响。这种扩展会反哺和巩固教育学的儿童本位原则。②

蒋雅俊、刘晓东的《儿童观简论》提出，儿童的成长是儿童自身"内在自然"朝"自然目标"的展开，社会文化是这种展开的必要条件，因而在不同社会或文化中儿童的社会或文化表现会有所不同。儿童具有很强的可塑性，这并不意味着成人可以改变儿童成长的轨迹和速度。儿童是自己的创造者，成人不能随心所欲地"设计"或"塑造"儿童。儿童与成人一样享有"目的"地位，成人应"跟随"儿童而非"创造"儿童。儿童研究是现代教育学研究的原点，对现代儿童观内涵的深入探究和挖掘可为教育观的现代转型提供必要的理论前提。③

黄荣在《儿童作为研究者——论幼儿课程上幼儿主体性的发挥》中提出，"儿童作为研究者"指儿童发挥自身的主导地位，在幼儿园

---

① 李召存：《儿童形象的政策建构——基于学前课程指南的国际比较》，载《全球教育展望》，2013(6)。

② 刘晓东：《儿童本位：从现代教育的原则到理想社会的生成》，载《全球教育展望》，2014(5)。

③ 蒋雅俊、刘晓东：《儿童观简论》，载《学前教育研究》，2014(11)。

课程教学中进行主动学习与探索的课程观，是教育者新的儿童观、教育观在课程实践中的体现，是儿童主体性充分发挥的课程活动。①

李召存在《以儿童为本：走向"为了儿童"与"基于儿童"的整合》中提出，在我国学前教育实践中，对以儿童为本的教育理念的落实存在着"为了儿童"有余而"基于儿童"不足的倾向。"为了儿童"虽然具有强大的教育道德感召力，但如果不以"基于儿童"为理性基础，则会使教育实践偏离以儿童为本的精神。"基于儿童"要求基于儿童的体验、基于儿童的视角、基于儿童的社会文化处境，以儿童为本的教育理念的真正落实需要"为了儿童"与"基于儿童"的有机整合。②

刘庆昌在《儿童的命运与成人的觉醒》中提出，儿童因其自身的特质而始终处于与成人共在的被动结构中。儿童被教育，实为成人显示自己的权力；儿童被解放，实为成人向教育的精神忏悔；儿童被学习，实为成人的觉醒。如果作为教育者的成人永无觉醒，那么他们只能循环往复地否定自己。觉醒后的成人可以少一些教育的自信，多一些对成人世界的省思。教育的自信少了，学习儿童的勇气就会增加；对成人世界的省思多了，意识中的儿童就会由教育的对象转变为学习的对象，教育的面貌会因此发生历史性改变。③

王福兰在《论儿童精神成长》中提出，儿童的精神成长作为儿童期的特有存在，呈现出主动性、独立性和创造性等特有性质。在儿童早期，影响儿童成长的最主要活动是游戏。游戏是儿童的基本活动，也是儿童的主导活动，游戏所蕴含的巨大教育价值及游戏本身具有的特质使游戏成为儿童精神成长最直接的载体。游戏活动是儿

①　黄荣：《儿童作为研究者——论幼儿课程上幼儿主体性的发挥》，载《科教文汇(下旬刊)》，2014(1)。

②　李召存：《以儿童为本：走向"为了儿童"与"基于儿童"的整合》，载《学前教育研究》，2015(7)。

③　刘庆昌：《儿童的命运与成人的觉醒》，载《陕西师范大学学报(哲学社会科学版)》，2015(6)。

童精神成长的必然路径，游戏精神是儿童精神成长的灵魂，游戏的发展融合着儿童的精神成长。基于儿童成长的这种特性，儿童教育应按照儿童自然成长的路径，在游戏中给儿童提供有关社会文化的内容，创造与儿童相适应的生活，让儿童教育充满游戏精神。[①]

程亮的《儿童利益及其教育意义》指出，儿童作为独立或独特主体的利益是现代教育理论的重要议题，构成了处理各种与儿童有关的社会政策、制度或行动的标准。儿童利益概念所表达的不仅是儿童可欲的对象，而且要求社会或他人予以承认、尊重和保护。儿童既有与成人相同的基本利益和主体利益，也有区别于成人的独特利益。诉诸这一概念，可以为儿童权利和教育权威提供合理的辩护和基础。从教育作为儿童利益的立场出发，国家和父母应分别保障儿童的基本利益和最大利益。[②]

总之，2011—2019 年对儿童的研究运用了哲学、人类学、文化学、生物学、心理学、生态学等多种学科视角，采用了逻辑研究、历史研究、实证研究等多种研究手段和研究范式，逐步形成了一支以中青年学者为主的研究队伍，获得了一些令人瞩目并与国际接轨的研究成果。以上成果可以清晰地显现出对儿童权利和主体地位的尊重，尊重儿童、以儿童为本成为学前教育的根本出发点。

（二）关于游戏的研究

2011 年后，国家对学前教育的重视程度以及对规范化、专业化的要求提高，《3—6 岁儿童学习与发展指南》和《幼儿园工作规程》都反复强调幼儿园教育应该以游戏为基本活动，且《幼儿园教师专业标准（试行）》把教师对游戏的支持与引导列为专业能力要求，再加上理论层面对儿童的重新认识和研究，这些都促进了游戏研究的开展，

---

① 　王福兰：《论儿童精神成长》，载《教育理论与实践》，2016(16)。

② 　程亮：《儿童利益及其教育意义》，载《教育研究》，2018(3)。

无论在数量上还是在内容上关于游戏的研究都有大的突破。1978—2010 年与 2011—2019 年这两个时间段里发表的关于游戏的论文的情况对比如表 4-1 所示。

表 4-1　关于游戏的论文的情况

内容	1978—2010 年发表/篇	2011—2019 年发表/篇	合计/篇
教育与游戏	0	7	7
课程游戏化	0	8	8
游戏的发展	3	4	7
游戏的环境	6	3	9
游戏的价值	39	22	61
游戏教学	5	5	10
游戏精神	3	13	16
游戏课程	6	6	12
游戏思想	33	15	48
各类游戏	31	20	51
游戏研究综述	5	7	12
游戏指导	22	13	35
游戏课程化	0	8	8

表 4-1 的"内容"一列是根据发表论文的题目的关键词提炼出来的，共 13 个类型，包括教育与游戏、课程游戏化、游戏的发展、游戏的环境、游戏的价值、游戏教学、游戏精神、游戏课程、游戏思想、各类游戏、游戏研究综述、游戏指导、游戏课程化。

从数量上来看，1978—2019 年共有关于游戏的论文 284 篇，其中 1978—2010 年这 30 多年里共发表了 153 篇，2011—2019 年不到 10 年的时间里发表了 131 篇，增速明显。从内容上看，13 个主题中，排在前 4 位的是：游戏的价值(61 篇)、各类游戏(51 篇)、游戏思想(48 篇)、游戏指导(35 篇)。

从时间上来看，1978—2010 年研究内容中数量排在前 4 位的是游戏的价值（39 篇）、游戏思想（33 篇）、各类游戏（31 篇）、游戏指导（22 篇）；2011—2019 年排在前 3 位的是游戏的价值（22 篇）、各类游戏（20 篇）、游戏思想（15 篇），游戏精神与游戏指导并列第 4 位（13 篇）。可以看出，2011 年后对游戏精神的研究开始受到重视。另外，2011 年后出现新的研究主题，包括教育与游戏、课程游戏化和游戏课程化，反映出游戏理念与课程理念的变化。游戏不再是单一的形式，而是内容、形式与精神的统一；课程也不再是科目，不再是活动，而是经验，体现了一日活动皆课程、一日活动皆游戏的新理念。

关于游戏，研究可以在三个层面上进行分析。一是宏观层面，主要是对游戏的理论进行研究；二是中观层面，即从理论与实践相结合的层面对游戏进行研究；三是微观层面，主要是对各类游戏的具体设计与实施的研究。

虽然 2011—2019 年关于游戏的研究成果十分丰富、涵盖面较广，但如何使游戏深入幼儿园，如何引导幼儿游戏向更高水平发展，以及如何让幼儿在游戏中得到更充分的发展，这些问题还有待学者进一步思考。对幼儿园游戏的作用与价值学界和实践领域已达成共识，幼儿园以游戏为基本活动的理念也已深入人心，如何在实践中更加充分地发扬游戏精神，促进幼儿游戏水平进一步提升，促进幼儿在游戏中最大程度发展，以及如何保证教师在游戏中的作用发挥得恰如其分，这些应该是游戏研究的重要议题，也是幼儿园游戏实践开展的重要方向。

二、学前教育学学科体系

2011 年后，学前教育学作为一门发展中的独立学科，其自身建设受到重视，表现为研究范围扩大，研究方法逐渐丰富多样。胎教，早期教育，幼儿园课程、幼儿园游戏活动，幼儿园教学，幼儿园环境创设，幼儿师资培养，师幼关系，学前儿童家庭教育，幼儿园艺

术、健康、科学、社会、语言五大领域教育，学前儿童年龄发展特
点，学前教育人才培养，学前教育质量监管体系，学前教育服务有
效供给，学前教育基础理论建设，学前教育的目的与任务，学前教
育研究方法，学前教育学教材编著，学前教育政策建议，幼小衔接
问题，幼儿园游戏活动，社区学前教育，学前特殊儿童教育，等等，
各个方面都被纳入学前教育学的研究范围，可以说，学前教育学研
究不再门庭冷落，学科地位日益提升，在教育学界已稳占一方土地。

　　学前教育学研究范围广、内容丰富对于学前教育学学科的建设
来说是既有利又有弊的。利在于内容丰富，则可供参考的材料丰富，
可为学科体系的确立提供依据；弊在于范围广、涉及方面多，则归
纳与整理工作十分复杂。杨明权按照学前教育学的研究对象和基本
研究内涵，将学前教育学科学研究分为两个领域，一是研究、探讨
幼儿培养、成长和办好幼儿园的规律，渗透到各个层次、各类学科、
各种形式中的微观学前教育学；二是研究、探讨如何建设与一定经
济社会要求和环境相适应的学前教育制度和体系，以及对学前教育
进行宏观管理的规律，与不同国家和地区的经济、社会、文化、人
口等背景联系的宏观学前教育学。[①] 郭忠玲以学前教育学课程为依
据，将学前教育学划分为三部分：第一部分是学前教育学的基本理
论，包括学前教育学的研究对象、幼儿教育与社会发展、幼儿教育
与儿童发展等；第二部分是幼儿教育的目标、任务以及德、智、体、
美全面发展教育的内容，这是我国社会主义初级阶段幼儿园的大政
方针；第三部分是幼儿园教育目标实施的途径和手段，包括环境的
创设和利用，幼儿园与家庭、社区的合作，幼儿园活动（教学、游

[①]　杨明权：《关于加强宏观学前教育学研究的思考》，载《陕西教育学院学报》，
2011(4)。

戏、一日生活），等等。① 还有一种较为普遍的观点是学前教育学研究可以分为理论基础研究、实践应用研究及政策法规研究，理论基础方面包括学前教育学的元学科、学前教育的发展、学前教育的目标、学前教育研究方法、学前教育的价值、儿童观、学前教育观等；实践应用方面包括学前儿童五大领域学习、幼儿教师、幼儿园课程、幼儿园游戏活动、幼儿园的家庭教育等；政策与法规方面包括学前教育政策价值取向、学前教育资源供给、农村学前教育政策、学前教育体制改革、城乡学前教育统筹治理、学前特殊儿童权益政策等。

此处以于 2011—2019 年出版的《学前教育学》教材为例，对这一时期的学前教育学学科体系建设情况进行梳理。

杨晓萍、李静主编的《学前教育学》（2011 年，西南师范大学出版社）全面阐述了学前教育的基本概念、基本命题、基本历史线索，展现出学前教育学学科比较完整的理论框架。主要内容包括：学前教育学概述，学前教育价值与价值取向，中外学前教育思想，幼儿教师及其专业发展，学前儿童的发展，学前教育课程与教学，学前与小学的衔接，学前教育机构与家庭、社区的合作等。

虞永平、王春燕主编的《学前教育学》（2012 年，高等教育出版社），此书分为学前教育学导论、学前教育学的基础、学前儿童与教师、学前教育的目标、学前儿童的全面发展教育、学前课程、学前教育活动、学前儿童游戏、幼儿园环境、学前教育衔接十章内容，系统地阐述了学前教育的基础理论。

朱宗顺、陈文华主编的《学前教育学》（2012 年，北京师范大学出版社），主要内容包括：绪论，学前教育概述、学前教育与儿童、学前教育与社会、幼儿园教师，幼儿园教育的目的与内容，幼儿园生活活动，幼儿园教学活动，幼儿园游戏，幼儿园环境，幼儿园与家

---

① 郭忠玲：《浅谈以实践性为导向的"学前教育学"课程改革》，载《教育探索》，2013(1)。

庭及社区的合作，幼小衔接。

岳亚平主编的《学前教育原理》(2014 年，高等教育出版社)，主要内容包括：学前教育导论，学前教育理论的产生与发展，学前教育中的基础关系，学前教育的基本观念，现代学前教育的基本理论，学前儿童的全面发展教育，学前儿童的心理特征与教育，幼儿园一日活动的设计与组织，幼儿园教育的衔接与合作，幼儿园教师及其专业发展。

郑三元、张建国主编的《学前教育学》(2015 年，湖南大学出版社)，在扼要地介绍学前教育的概念及意义，学前教育事业的产生与发展，学前教育的性质和特点，学前教育与社会发展、儿童发展的基础上，重点阐述了学前儿童体、智、德、美全面发展的内容和实施原则，以及游戏活动、教学活动、生活活动等实施载体，梳理了学前教育环境的作用、构成、特点及创设的原则，论述了学前教师角色及其专业成长的重要性，对家园合作、幼小衔接在学前儿童成长中的关键作用以及学前教育评价的内容、原则、模式和方法也进行了简要介绍。

徐旭荣主编的《学前教育学》(2015 年，人民邮电出版社)，内容包括：概述(学前教育与学前教育学，学前教育的产生与发展，我国 0—3 岁婴儿教育机构教育的目标和原则，我国幼儿园教育的目标、任务和原则)；重要的学前教育政策法规(《幼儿园工作规程》《幼儿园教育指导纲要(试行)》《幼儿园教师专业标准(试行)》《3—6 岁儿童学习与发展指南》)；学前儿童全面发展教育；学前教育的基本要素；学前教育课程、游戏和教学；区域活动、日常生活活动与其他形式的活动；幼小衔接与家园共育、社区合作。

王小溪主编的《学前教育学》(2016 年，东南大学出版社)，主要包括：导论(学前教育与学前教育学、学前教育学的产生和发展、学前教育学的意义和基本任务)，学前教育与儿童，学前教育与社会，学前教育政策法规的解读及其案例分析(《3—6 岁儿童学习与发展指南》《幼儿园教育指导纲要(试行)》《幼儿园教师专业标准(试行)》),幼儿园的学前教育(幼儿园的环境、幼儿园的领域课程、幼儿园的游戏),幼儿教师专业发展,家庭、社区与学前教育,幼小衔接,国外学前教育的发展与启示(美国、日本、澳大利亚、意大利)。

黄爽、霍力岩、姜珊珊等合著的《学前教育学:理论与实践》(2017 年,华东师范大学出版社),重点阐释了有关学前教育理论和实践的基本观点、原则、方法、政策等。

姚伟主编的《学前教育学》(2018 年,中国人民大学出版社),介绍了学前教育的目标、课程、游戏、幼儿园教育活动、班级管理、环境创设等内容,还包括幼儿教育衔接与幼儿教师专业发展等相关内容。

可以说,这一时期学前教育学的学科建设呈现出研究范围逐渐扩大、研究成果日益丰富的特征。除研究范围扩大外,学前教育学也形成了许多基础理论,如学前教育学的研究内容基本被确定为儿童观、教育观、学前教育课程、学前教育师资、学前教育活动、学前教育环境、学前教育政策与法规、学前儿童家庭、学前教育的原则和目标等各方面。学前教育学的研究方法大致形成了以下几种:观察法、访谈法、文献法、问卷法、个案研究法、测验法、经验总结法等。

三、学前教育学学科群

2011 年后,学前教育学学科建设稳步发展,通过出版的教材和著作可见一斑,不仅出版或再版了多本《学前教育学》教材,且多数被列为"十二五"普通高等教育本科国家级规划教材和高等院校学前教育专业规划教材;此外,还出版了大量分支学科的著作,充实了学前教育学学科体系的整体发展。我国目前可供高校选用的学前教育学教材不但数量可观,而且各具特色。能收集到的于 2011—2019年出版的关于学前教育学、学前课程论、学前教育史、学前儿童游戏、学前儿童五大领域教育等的书籍共有 85 本,具体如下。

（一）学前教育学类（13本）

杨晓萍、李静主编：《学前教育学》，西南师范大学出版社，2011年版。

虞永平、王春燕编：《学前教育学》，高等教育出版社，2012年版。

朱宗顺、陈文华主编：《学前教育学》，北京师范大学出版社，2012年版。

霍习霞编著：《学前教育概论》，华中师范大学出版社，2013年版。

岳亚平编：《学前教育原理》，高等教育出版社，2014年版。

徐旭荣主编：《学前教育学》，人民邮电出版社，2015年版。

郑三元、张建国编：《学前教育学》，湖南大学出版社，2015年版。

朱宗顺主编：《学前教育概论》，高等教育出版社，2015年版。

杨建梅、郑晓翠主编：《学前教育概论》，中国人民大学出版社，2016年版。

李生兰等著：《学前教育概论》，北京大学出版社，2017年版。

赵光伟主编：《学前教育概论》，西南财经大学出版社，2017年版。

黄爽、霍力岩、姜珊珊、杨伟鹏著：《学前教育学：理论与实践》，华东师范大学出版社，2017年版。

姚伟主编：《学前教育学》，中国人民大学出版社，2018年版。

（二）学前课程论类（17本）

刘艳珍、唐文秀主编：《学前教育课程论》，科学出版社，2011年版。

虞永平著：《学前课程与幸福童年》，教育科学出版社，2012年版。

江诚主编:《幼儿园课程》,安徽大学出版社,2012 年版。

景晓梅著:《儿童的经验与学前教育课程之建构》,黑龙江大学出版社,2013 年版。

齐文辉主编:《幼儿园课程》,辽宁大学出版社,2013 年版。

孙艳霞、葛作然主编:《幼儿园课程与教学》,陕西师范大学出版社,2013 年版。

朱家雄、赵俊婷主编:《幼儿园课程概论》,北京出版社,2014 年版。

邵小佩主编:《幼儿园课程与教学》,北京师范大学出版社,2015 年版。

袁爱玲主编:《幼儿园课程》,北京师范大学出版社,2015 年版。

吉兆麟、夏如波主编:《幼儿园课程》,南京大学出版社,2015 年版。

侯莉敏主编:《幼儿园课程与教学理论》,高等教育出版社,2016 年版。

李玮、李艳丽编著:《幼儿园课程》,中国轻工业出版社,2016 年版。

王彦、唐立娟、吴丽萍主编:《幼儿园课程》,东南大学出版社,2016 年版。

曾彬编著:《幼儿园课程》,清华大学出版社,2016 年版。

霍力岩、孙蔷蔷等著:《西方经典学前教育课程模式及运用》,北京师范大学出版社,2016 年版。

周德锋、秦莉、韦世祯编著:《学前教育课程理论与实践研究》,中国书籍出版社,2017 年版。

秦莉主编:《幼儿园课程》,华中师范大学出版社,2018 年版。

(三)学前教育史类(21 本)

刘艳珍等主编:《学前教育史》,科学出版社,2011 年版。

胡金平、周采编著：《中外学前教育史》，高等教育出版社，2011 年版。

周小虎、张锋利主编：《学前教育史》，北京师范大学出版社，2012 年版。

蔡军、刘迎接主编：《学前教育史》，北京师范大学出版社，2012 年版。

徐宝良主编：《中外学前教育史》，教育科学出版社，2012 年版。

廖军和、曹丽主编：《中外学前教育简史》，安徽大学出版社，2013 年版。

王宜鹏、夏如波主编：《中外学前教育史》，南京大学出版社，2013 年版。

于东菁主编：《中外学前教育史》，东北师范大学出版社，2013 年版。

司进立、曾冬梅、时丽主编：《中外学前教育史》，中国地质大学出版社，2013 年版。

何晓夏主编：《简明中国学前教育史》，北京师范大学出版社，2014 年版。

崔聚兴主编：《中外学前教育简史》，南开大学出版社，2014 年版。

田景正、杨佳主编：《中外学前教育史》，北京师范大学出版社，2014 年版。

商玉兰主编：《中外学前教育史》，辽宁大学出版社，2014 年版。

田景正主编：《学前教育史》，湖南大学出版社，2015 年版。

郝建英、卓萍主编：《学前教育简史》，高等教育出版社，2015 年版。

左彩云、李贺主编：《学前教育史》，华中师范大学出版社，2016 年版。

刘彦华、但菲主编：《中外学前教育史》，科学出版社，2016 年版。

杨雄、黄玉娇主编：《学前教育史》，西南师范大学出版社，2018 年版。

汪冬梅、苏靖涵、李薇主编：《学前教育史》，同济大学出版社，2018 年版。

王善安、夏泽胜主编：《中外学前教育史》，南开大学出版社，2018 年版。

李贺、杨云舒主编：《学前教育史》，北京理工大学出版社，2019 年版。

（四）学前儿童游戏类（13 本）

梁周全、尚玉芳主编：《幼儿游戏与指导》，北京师范大学出版社，2011 年版。

刘艳珍、刘正正主编：《学前游戏论》，科学出版社，2011 年版。

刘焱编著：《幼儿园游戏与指导》，高等教育出版社，2012 年版。

雷湘竹主编：《学前儿童游戏》，华东师范大学出版社，2012 年版。

王琦、翟理红主编：《幼儿游戏指导》，北京师范大学出版社，2013 年版。

刘国磊主编：《幼儿游戏与指导》，东北师范大学出版社，2014 年版。

韩宏莉主编：《学前儿童游戏》，华中师范大学出版社，2014 年版。

刘焱著：《儿童游戏通论》，福建人民出版社，2015 年版。

朱晓颖主编：《幼儿游戏与指导》，人民邮电出版社，2015 年版。

张娜主编：《幼儿游戏与指导》，武汉大学出版社，2015 年版。

汪薇、纳玲茹、叶红秋主编：《幼儿游戏与玩具》，东南大学出版社，2016年版。

杨飞龙、孙丽影、刘春梅主编：《学前游戏论》，中国铁道出版社，2016年版。

范明丽编著：《学前儿童游戏》，北京大学出版社，2017年版。

(五)学前儿童五大领域教育类(21本)

姜晓燕等主编：《学前儿童语言教育》，高等教育出版社，2011年版。

李桂英、许晓春主编：《学前儿童艺术教育(美术分册)》，高等教育出版社，2011年版。

李香娥、李宪勇主编：《学前儿童语言教育》，辽宁大学出版社，2013年版。

甄明友、李民凯、江君雷主编：《学前儿童语言教育》，中央广播电视大学出版社，2014年版。

陈瑶主编：《学前儿童语言教育》，北京师范大学出版社，2014年版。

高俊霞主编：《学前儿童语言教育》，北京出版社，2014年版。

郦燕君主编：《学前儿童科学教育》，高等教育出版社，2014年版。

张世唯等主编：《学前儿童科学教育》，北京出版社，2014年版。

董佩燕、张晓焱主编：《学前儿童科学教育》，江苏大学出版社，2014年版。

赵华民主编：《学前儿童科学教育》，郑州大学出版社，2014年版。

郑慧俐、李晖主编：《学前儿童数学教育》，南京大学出版社，2014年版。

王惠然主编：《学前儿童艺术教育》，北京师范大学出版社，2014年版。

袁立君主编：《学前儿童艺术教育》，北京出版社，2014 年版。

洪秀敏编著：《学前儿童科学教育》，北京大学出版社，2015 年版。

王秀萍、吕耀坚主编：《学前儿童艺术教育》，高等教育出版社，2015 年版。

李维金主编：《学前儿童科学教育》，科学出版社，2016 年版。

潘从明、金秀梅、李正承主编：《学前儿童艺术教育》，东南大学出版社，2016 年版。

顾荣芳著：《学前儿童健康教育》，高等教育出版社，2017 年版。

唐华、王玥主编：《学前儿童科学教育》，中央广播电视大学出版社，2017 年版。

田金长、马晓琴、赵燕主编：《学前儿童语言教育》，华东师范大学出版社，2018 年版。

张教华等主编：《学前儿童艺术教育》，同济大学出版社，2018 年版。

为了了解 2011 年后学科发展的情况，此处对中华人民共和国成立后学前教育学教材和著作的出版情况做了归纳，从而在比较中分析，具体如表 4-2 所示。

表 4-2　中华人民共和国成立后各时期学前教育学教材和著作的出版情况

时期	数量/本						
	学前教育学	学前课程论	学前教育史	学前儿童游戏	学前儿童五大领域教育	其他	合计
1949—1976 年	1	0	0	0	0	0	1
1977—2000 年	16	1	11	8	25	1	62
2001—2010 年	11	9	6	6	13	0	45
2011—2019 年	13	17	21	13	21	0	85

从表中可以看出，2011—2019 年，无论是作为一门学科的学前

教育学，还是作为教育学二级学科的学前教育学，在教材和著作的出版数量上都有大的变化。作为一门学科的学前教育学 2011—2019 年的出版数量比 2001—2010 年稍有增长，学前儿童五大领域教育的教材和著作比 2001—2010 年有所增长；学前课程论、学前儿童游戏、学前教育史比前面几个时期都有大幅度增长。可以说，学前教育学作为一门学科，已发展到比较成熟的阶段，学科基本内容已经定型。这一点在各个时期的出版物是"著""编"还是"编著"上也可以得到证明。学前教育学类 1977—2000 年共有 16 本，其中"著"有 3 本；2001—2010 年出版 11 本，"著"有 3 本；2011 年以后出版 11 本，"著"有 2 本。由此可以看出，大部分书籍是在已有研究的基础上结合新出台的政策和文件进行编写的，基本内容和结构框架变化不大。而其他类型的增长则说明了分支学科的迅速发展，学科群在逐渐壮大和充实，这是学前教育学学科向成熟发展的重要标志。作为教育学的二级学科的学前教育学，不能仅局限于发展自身，还要分化并发展分化产生的学科。

四、学位论文和期刊论文的发表

2011—2019 年关于学前教育的论文十分丰富，研究成果大幅增加。《学前教育》自创刊至 2017 年，共刊登各类文章 5200 余篇，文章主题包括学前儿童个性心理特征、幼儿园管理、幼儿教师、游戏活动等，论文成果丰富，获得"社科双效期刊"的荣誉。《学前教育研究》从创刊至 2017 年共刊登文章 5400 余篇，文章理论成果和学术价值得到社会各界认可。《幼儿教育》自 1982 年创刊共刊发幼儿教育方面的文章超 2.7 万篇。这一时期我国发表的学前教育学论文彰显了学前教育学作为一门学科的独立与成熟。

（一）关于儿童

从期刊论文上看，以"儿童"为关键词在百度学术和中国知网上进行论文检索，剔除不符合要求的和无关的论文，共得到论文 178

篇。1999 年以前只有 9 篇，到 2010 年增加到 45 篇，到 2017 年增至 178 篇，即 2011—2017 年共 133 篇，数量大幅增加。从学位论文上看，2006—2017 年共 91 篇，其中 2011—2017 年有 67 篇，占到总数的 73.6%，数量上也有很大提升。论文内容涉及儿童心理发展、儿童观、五大领域、特殊儿童、0～3 岁早期发展、3～6 岁儿童学习与发展标准等。关于儿童心理的论文最多，儿童心理依然是研究的核心。研究内容从概括到具体、从整体到分化，范围不断扩大，内容不断丰富，对儿童的研究越来越具体。研究方法从单纯地对前人的成果进行总结的文献法，发展为观察法、访谈法、问卷法等多元方法。研究方向逐步向关注热点问题、与实际相结合的方向转变。

（二）关于幼儿园课程

从文献的数量来看，1993—2017 年可检索到的期刊论文有 73 篇，其中 2011—2017 年有 47 篇，占到总数的 64.4%。2006—2017 年的硕士、博士学位论文有 55 篇，2011—2017 年有 43 篇，占到总数的 78.2%。硕博士学位论文的选题包括各级各类高校学前教育专业课程设置、国外课程借鉴和比较等。其中关于高校学前教育专业课程设置的最多，占到 80% 以上。这表明随着幼儿园课程改革的推进，高校学前教育专业课程设置如何适应实践的需求成为研究的重要方面，但关于幼儿课程的理论研究数量仍显不足。

（三）关于幼儿园教师

对百度学术和中国知网的论文进行检索，剔除不符合要求的论文，1982—2017 年共收集到期刊论文 404 篇，其中 2011—2017 年 150 篇，占到总数的 37.1%。2006—2017 年关于幼儿园教师的硕博士学位论文共有 84 篇，其中 2011—2017 年有 44 篇，占到总数的 52.4%，比 2010 年以前的略多。

五、课题研究成果

2011 年后，学前教育学的课题无论是数量还是质量都发生了大的变化,下面从全国教育科学规划课题、教育部人文社会科学研究一般项目及中国学前教育研究会课题三方面加以分析。

(一)全国教育科学规划课题

在"十二五""十三五"规划期间,学前教育学立项课题的情况如表 4-3 所示。

表 4-3　"十二五""十三五"规划期间(2011—2019 年)学前教育立项课题

时间	课题名称	课题负责人	工作单位	课题类别
"十二五"规划 2011 年度	保障适龄儿童接受基本而有质量的学前教育政策和机制研究	秦金亮	杭州幼儿师范学院	国家重点
	学前教育成本分担研究	王海英	南京师范大学	国家一般
	我国幼儿园社会领域教育现状及其革新研究	刘晶波	南京师范大学	国家一般
	幼儿教师职业准入标准研究	刘钦林	湖南省桃源师范学校	国家一般
	农村学前教育师资队伍建设的策略研究	孙杰	哈尔滨市幼儿师范学校	国家一般
	促进学前教育发展的财税政策研究	黄洪	成都学院	国家青年
	学前儿童品格教育实践模式研究——基于和合学习理念的探索	甘剑梅	杭州幼儿师范学院	教育部重点
	农村学前教育公共服务体系的构建研究	尹坚勤	江苏省教育科学研究院	教育部重点
	西部农村学前教育对儿童发展影响的评价研究——以四川省为例	彭俊英	四川师范大学	教育部重点
	3～6 岁幼儿亲自然情感培养策略的实践研究	王莉	西北工业大学幼儿园	教育部重点

续表

时间	课题名称	课题负责人	工作单位	课题类别
"十二五"规划 2011 年度	农村幼儿教师供给保障机制研究	顾国荣	湖南省常德师范学校	教育部重点
	幼儿园教育质量保障体系构建研究	原晋霞	南京师范大学	教育部青年
	幼儿园科学课程资源开发机制研究	张宪冰	东北师范大学	教育部青年
	学前教育财政投入方式及其效益研究——兼论成都市公益性幼儿园发展战略	侯海凤	成都市教育科学研究院	教育部青年
"十二五"规划 2012 年度	构建广东省幼儿体育活动实践体系的研究	庄弼	广东省教育研究院	国家一般
	农村小微型幼儿园办园模式的调查研究——中部农村地区普及学前教育的探索	张丽	江西师范大学	国家青年
	3～6 岁儿童受教育权构成研究	何善平	陕西省学前师范学院	教育部重点
	初任幼儿教师专业发展规律研究	张立新	东北师范大学	教育部重点
	游戏精神观照下儿童博物馆的园本建构	陆娴敏	南京市第一幼儿园	教育部重点
"十二五"规划 2013 年度	幼儿教师胜任力情景判断测验开发及其在幼儿教师专业成长中的应用	董圣鸿	江西师范大学	国家一般
	民族地区农村幼儿教师培养机制研究	冯季林	广西师范大学	国家一般
	优质公办幼儿园举办分园的模式研究	江家发	安徽师范大学	国家一般
	少数民族学前幼儿汉语能力标准及测评方式研究	赵晓非	人民教育出版社	国家一般

续表

时间	课题名称	课题负责人	工作单位	课题类别
"十二五"期间 2013年度	学前教育成本核算、成本分担与收费定价研究	张曾莲	北京科技大学	国家青年
	4～7岁儿童数感发展及障碍研究	张树东	北京师范大学	教育部重点
	农村幼儿教师县级培训机制创新研究	张更立	安徽师范大学	教育部重点
	农村学前教育公共服务体系建构机制研究	张宪冰	东北师范大学	教育部重点
	构建幼儿园教育质量内部保障体系	姚伟	东北师范大学	教育部重点
	我国学前教育公共服务公私合作供给：模式选择与机制设计研究	李辉	南阳师范学院	教育部重点
	信息化背景下学前儿童家长教育课程体系研究	吴航	华中师范大学	教育部重点
	地方院校学前教育人才培养体系构建及实践研究——基于建立现代职业教育体系视角	陈文华	山东英才教育	教育部重点
	幼儿园园长任职资格制度研究	张泽东	东北师范大学	教育部青年
	基于图画书欣赏的幼儿审美经验研究	李晓华	山西大学	教育部青年
	"儿童的发现"：中国现代新儿童观的溯源	王浩	宁波大学	教育部青年
"十二五"规划 2014年度	儿童教育的现代立场和现代观念研究	刘晓东	南京师范大学	国家一般
	中国幼儿教育思想传承与创新研究	郑刚	华中师范大学	国家一般
	学前教育公共财政投入机制及政策影响研究	宋映权	北京大学	国家一般

时间	课题名称	课题负责人	工作单位	课题类别
"十二五"规划2014年度	幼儿园教师信息技术应用能力提升路径及其实施策略研究	汪基德	河南大学	国家一般
	学前教师课程创生素养研究	向海英	山东师范大学	国家一般
	幼儿园游戏教学与问题诊断研究	丁海东	福建师范大学	国家一般
	学前教育治理的制度化研究	吕苹	浙江师范大学	国家一般
	哈佛大学与中国早期教育交流史研究(1879—1937)	林伟	首都师范大学	国家青年
	0～3岁儿童自我控制发展及影响因素的追踪研究	王兴华	北京师范大学	国家青年
	学前教育改革取向的理论研究	苗曼	江苏师范大学	教育部重点
	我国幼童语言教育理念的演变及价值取向研究：中美比较的视角	王海澜	上海师范大学	教育部重点
	促进幼儿社会规则认知与个体情感需求协同发展的实践研究	杨华	上海市宝山区红星幼儿园	教育部重点
	基于绘本欣赏的学前儿童中国传统文化教育研究	潘多灵	南昌师范高等专科学校	教育部青年
"十二五"规划2015年度	建构主义理论视野下幼儿园的教师自主学习支持系统的研究	蔡迎旗	华中师范大学	国家一般
	4～6岁儿童情境记忆及其监控能力的发展	姜英杰	东北师范大学	国家一般
	促进儿童动作发展及影响因素的教育干预研究	姜桂萍	北京师范大学	国家一般

续表

时间	课题名称	课题负责人	工作单位	课题类别
"十二五"规划2015年度	"卓越幼儿教师"实践性知识发展研究	但菲	沈阳师范大学	国家一般
	公益普惠目标定位下,我国民办学前教育发展对策研究	刘磊	辽宁师范大学	国家一般
	幼儿在六种基本情绪情境中情绪表达规则认知发展的追踪研究	王军利	广西师范大学	国家青年
	失范与规范:幼儿教师教育权利规制研究——基于虐童事件反思	刘澍	淮北师范大学	教育部重点
	幼儿园教师管理中的心理契约问题研究	金芳	沈阳师范大学	教育部重点
	学前教师教育临床教学模式研究——以幼儿语言教育课程为例	李林慧	上海师范大学	教育部重点
	全国二十八所幼儿师范高等专科学校学前教育专业人才培养与教学改革情况比较研究	王全民	川北幼儿师范高等专科学校	教育部重点
	幼儿园园长领导特质模型的建构及应用研究	王萍萍	东北师范大学	教育部青年
"十三五"规划2016年度	学前教育中长期发展目标及推进策略研究	霍力岩	北京师范大学	国家重点
	乡村困境儿童成长的教育精准支持研究	邓旭	沈阳师范大学	国家一般
	3～6岁幼儿道德情绪发生心理机制及其培养研究	冯晓杭	长春师范大学	国家一般
	激励性教师评价行为对幼儿发展影响的实验追踪研究	叶平枝	广州大学	国家一般
	图画书主题活动促进幼儿健全人格发展的实验研究	韩映虹	天津师范大学	国家一般

续表

时间	课题名称	课题负责人	工作单位	课题类别
"十三五"规划2016年度	完整儿童：30 年幼儿园综合课程的深化研究	章丽	南京市实验幼儿园	国家一般
	近代学前教育中国化路径及其当代价值研究	袁媛	东北师范大学	国家青年
	基于发展适宜性视角下的信息技术幼儿教育应用研究	张炳林	河南大学	国家青年
	积木构建活动对幼儿思维发展的影响	蔡黎曼	华南师范大学	教育部重点
	终身运动参与视角下 3～6 岁幼儿基本运动技能发展评价研究	马瑞	上海师范大学	教育部重点
	钢琴学习对儿童智力发展的实证研究	王丽娟	宝鸡文理学院	教育部重点
	自然教育取向的农村幼儿教师"四位一体"培训行动研究	宫盛花	鲁东大学	教育部重点
	重建儿童学习场景：学前混龄教育生态模式研究	胡瑛	浙江师范大学杭州幼儿师范学院附属幼儿园	教育部重点
	农村幼儿园师资远程培养适切性研究	朱翠娥	湖南广播电视大学	教育部重点
	幼儿园园长领导力的实施困境及改善路径研究	刘霖芳	长春师范大学	教育部青年
	基于社会分层的幼儿入园机会现状及对策研究	刘伟民	山东协和学院	教育部青年
	幼儿园成本分担与收费调查研究	张园园	萍乡学院	教育部青年
	西部农村卓越幼儿教师成长的困境及配套支持政策研究	孙彦	宝鸡文理学院	教育部青年

续表

时间	课题名称	课题负责人	工作单位	课题类别
"十三五"规划2017年度	中美残疾幼儿融合教育社会支持比较研究	刘晓红	河南师范大学	国家一般
	幼儿园师资队伍的核心素养和能力建设研究——基于亚太四国的实证研究	李敏谊	北京师范大学	国家一般
	幼儿算术能力的认知基础：一项追踪研究	张晓	山东英才学院	国家一般
	精准扶教：中西部贫困农村学前教育基本质量保障研究	杨莉君	湖南师范大学	国家一般
	农村幼儿教师专业生活的田野研究	周燕	广州大学	国家一般
	幼儿园委托管理及学区化集团管理效能和机制的研究	方钧君	上海师范大学	国家一般
	学前儿童生态化家庭支持机制及运行策略研究	岳亚平	河南大学	国家一般
	重建教育场景：幼儿园个性化教育的实践研究	郁亚妹	上海市闵行区莘庄幼儿园	教育部重点
	构建以幼儿为主体的故事剧表演特色课程的实践研究	何玉珊	泉州市丰泽幼儿园	教育部重点
	自闭症儿童学前融合教育区域性支持保障体系建设研究	万烨锋	苏州市特殊教育指导中心（苏州市盲聋学校）	教育部重点
	农村幼儿园"儿童工作坊"的实践探究	王海英	江苏省镇江扬中市新坝镇中心幼儿园	教育部重点
	学前流动儿童学习品质发展特征及影响因素研究	张莉	华东师范大学	教育部青年
	"全面二孩"背景下我国学前教育资源供需状况及其应对策略研究	史文秀	宝鸡文理学院	教育部青年

续表

时间	课题名称	课题负责人	工作单位	课题类别
"十三五"规划2017年度	全面二孩政策下新疆民族地区0～3岁儿童保育及教育的保障机制	刘桂宏	伊犁师范学院	教育部青年
	师幼互动质量对幼儿创造性行为的影响研究	杨彦捷	云南师范大学	教育部青年
	艺术教育对三到六岁幼儿身心发展的影响力研究	张乐涵	绥棱林业局中心幼儿园	教育部青年
	乡村幼儿教师专业成长轨迹及其特质研究	孙丽华	辽宁师范大学	教育部青年
"十三五"规划2018年度	学前教育质量对3～6岁儿童发展的影响：追踪研究	胡碧颖	山东英才学院	国家一般
	利益相关者视角下我国幼儿园"小学化"治理研究	李娟	河北大学	国家一般
	"乡村振兴战略"背景下农村学前教育公共服务质量提升研究	刘强	盐城师范学院	国家一般
	社会退缩幼儿的社会信息加工机制与干预研究	左恩玲	长春师范大学	教育部重点
	农村幼儿园园长专业素质状况与提升策略研究	张立新	东北师范大学	教育部重点
	安吉幼儿园游戏教育的发生学研究	张三花	杭州师范大学	教育部重点
	0～3岁儿童家庭教养困境与社会支持研究	孟戡	豫章师范学院	教育部重点
	大数据时代幼儿园教师培训体系构建与支持系统研究	葛晓英	厦门市第九幼儿园	教育部重点
	基于家庭功能视角的留守幼儿积极互惠行为的发展及干预	李志敏	新乡学院	教育部青年

续表

时间	课题名称	课题负责人	工作单位	课题类别
"十三五"规划2018年度	幼儿教师师德培养与监管机制研究	李泉	河北科技师范学院	教育部青年
	普惠性幼儿园效率性：一项基于BSC—DEA模型的实证研究	张圆圆	山东英才学院	教育部青年
	乡村振兴战略下西南地区农村学前教育公共服务能力提升机制研究	胡马琳	重庆第二师范学院	教育部青年
	幼儿园保育质量评估与动态监控体系研究	程茜	湖南幼儿师范高等专科学校	教育部青年
"十三五"规划2019年度	幼儿教师职业倦怠的正念整合预防模式研究	何元庆	安徽师范大学	国家一般
	教育机器人与幼儿园教育活动整合对幼儿心理发展的作用	刘建榕	福建师范大学	国家一般
	当前我国《学前教育法》制定的国际经验与中国路径研究	胡林龙	宜春学院	国家一般
	建国70年来学前教育价值取向的变迁研究	陶志琼	宁波大学	国家一般
	留守学前儿童社会情绪能力发展的教育支持路径研究	杨宁	华南师范大学	国家一般
	父母参与对幼儿学习品质发展影响的多层次研究	冯丽娜	宁波大学	国家一般
	儿童哲学研究及其教育学意义	刘晓东	华东师范大学	国家一般
	幼儿园教师专业伦理风险的生成及防范研究	叶婷	广西师范大学	国家青年

续表

时间	课题名称	课题负责人	工作单位	课题类别
"十三五"规划 2019 年度	人工智能应用对幼儿语言发展的影响机制	许艳凤	福建师范大学	教育部重点
	新公共服务理论视角下连片特困地区普惠性学前教育发展保障机制研究	宋苗境	长沙师范学院	教育部重点
	儿童记录：儿童参与课程建设的途径研究	陈学群	南京市第二幼儿园	教育部重点
	新时代乡村卓越幼儿园教师培养机制研究	田燕	江苏第二师范学院	教育部重点
	园长课程领导力视角下自然探究课程构建的实践研究	赵旭莹	北京市大兴区第七幼儿园	教育部重点
	0～3 岁婴幼儿早期教育公共服务体系建构研究	马丽娜	玉溪师范学院	教育部青年
	传统文化视域下幼儿原创绘本研究	金玲	亳州学院	教育部青年
	政府购买学前教育服务模式的创新研究	马晶晶	宁夏师范学院	教育部青年
	普惠性学前教育资源供给的政策保障体系研究	尚伟伟	华东师范大学	教育部青年
	早期托育对儿童生存质量影响的研究	丁利芳	山东英才学院	教育部青年
	幼儿园教师留职意愿及其影响因素的实证研究	凌晓俊	吉林师范大学	教育部青年
	我国小区配套幼儿园治理研究	孙美红	北京教育学院	教育部青年
	贫困地区城乡学前教育资源配置的困境和优化路径研究	王奶珍	吕梁学院	教育部青年
	数字化时代幼儿图画书阅读反应的田野研究	苏敏	潍坊工程职业学院	教育部青年

注：表格信息来源为全国教育科学规划领导小组办公室网站，http://ons-gep. moe. edu. cn/edoas2/website7/level2list2. jsp?infoid=1335260046576122&firstId=1335254793983223。

表 4-4 "十二五"和"十三五"规划学前教育立项课题类型分布情况

时间		课题数量/项					
		国家重点	国家一般	国家青年	教育部重点	教育部青年	合计
"十二五"规划	2011 年度	1	4	1	5	3	14
	2012 年度	0	1	1	3	0	5
	2013 年度	0	4	1	7	3	15
	2014 年度	0	7	2	3	1	13
	2015 年度	0	5	1	4	1	11
"十三五"规划	2016 年度	1	5	2	6	4	18
	2017 年度	0	7	0	4	6	17
	2018 年度	0	3	0	5	5	13
	2019 年度	0	7	1	5	9	22

"十二五"规划中,教育科学规划各级各类课题 2123 项,其中国家重大课题 5 项,国家重点课题 41 项,国家一般课题 506 项,国家青年课题 400 项,教育部重点课题 745 项,教育部青年课题 426 项。学前教育课题立项 58 项,占立项课题总数的 2.73%。"十三五"规划中,教育科学规划各级各类课题 1999 项,其中国家重大课题 16 项,国家重点课题 43 项,国家一般课题 815 项,国家青年课题 198 项,教育部重点课题 612 项,教育部青年课题 279 项,西部项目 36 项。学前教育课题立项 70 项,占立项课题总数的 3.50%。"十二五"规划中,教育科学规划不再设立自筹经费的项目,而大幅度增加了青年课题的立项数。"十二五"规划中,国家青年和教育部青年课题共 826 项,占比 38.91%,"十三五"规划中,国家青年和教育部青年课题共 477 项,占比 23.86%,比起"十二五"规划有所下降。青年课题要求课题负责人年龄在 40 岁以下,为博士学位获得者或有副教授职称,

以促进研究队伍青年化。从学前教育立项的数量来看，"十二五"规划学前教育立项课题共 58 项，其中青年项目（包括国家青年和教育部青年）14 项，占比 24.14％，"十三五"规划学前教育立项课题共 70 项，青年项目 27 项，占比为 38.57％。另外，虽然"十三五"教育科学规划增加了国家一般课题的数量，达到历史上的最高值 815 项，占比 40.77％，但学前教育的国家一般课题在数量上并没有显著变化，依然是以青年课题为最多。青年课题数量的增多，为大批青年研究者的成长和脱颖而出创造了良好的条件与环境，使得他们可以在精力充沛、创造力强的时候进行科学探索，这有利于培养和造就具有发展潜力的优秀青年教育科学研究队伍。

从课题内容上看，"十二五"规划中数量排在前三位的是：幼儿教师类（18 项），学前政策和理论研究、改革类（17 项），儿童类（12 项）。这三类内容共占学校教育立项课题总数的 81.03％。"十三五"规划中，排在前三位的是：学前政策、理论研究改革类（25 项），儿童类（20 项），幼儿教师类（15 项）。这三类内容共占学校教育立项课题总数的 85.71％。课题负责人所在单位的数量也明显增多，辐射我国各省市地区，一定程度上表明了学前教育学学科发展空间逐渐拓展。但不容忽视的是，课题负责人所在单位仍集中于经济较发达的地区以及 211、985 院校，学前教育学学科的发展仍存在分布不均衡问题。

（二）教育部人文社会科学研究一般项目

2011 年后，教育部人文社会科学研究一般项目的立项情况有所变化，呈起伏态势；学前教育的立项课题也呈现起伏态势，具体情况见表 4-5。

表 4-5　2011—2019 年教育部人文社会科学一般项目的立项情况

时间	立项课题数量 /项	学前教育课题数量 /项	学前教育课题 所占比例/%
2011 年	4010	14	0.35
2012 年	3961	7	0.18
2013 年	3232	9	0.28
2014 年	2414	4	0.17
2015 年	2817	4	0.14
2016 年	1958	12	0.61
2017 年	2842	15	0.53
2018 年	3128	19	0.61
2019 年	3098	11	0.36

注：表中"立项课题数量"指规划基金、青年基金、自筹经费项目立项数量之和。

表中数据表明，2011—2014 年立项课题数量呈递减趋势，2015 年略有回升，2016 年又降到 2011 年以来的最低点，2016 年的立项课题数还不到 2011 年的一半；之后开始回升，2019 年又有所下降，不过幅度不大。学前教育课题数量的趋势与总趋势略有不同，2011—2015 年递减，2016 年反而增加，占立项课题的 0.61%，该比例是 2011—2019 年里最大的比例，这是因为 2016 年立项课题大幅度减少而学前教育课题却大幅度增加；随后的几年里学前教育课题数量逐渐增加，到 2019 年又有所下降。在这 9 年间，学前教育课题在 2018 年最多，达到 19 项，这可能与国家对课题的管理和改革有关，也体现了学前教育越来越受到国家的重视，同时说明学前教育在整个人文社科领域中的地位有所提升。

(三)中国学前教育研究会课题

中国学前教育研究会"十二五"课题共立项 430 项，其中重大课题有 3 项；"十三五"课题共立项 1211 项。与"十五""十一五"课题相比，"十二五""十三五"课题总体上有逐渐增加的趋势，尤其是"十三五"课题，有一个数量上的大飞跃，是"十二五"课题数量的近 3 倍，这说明了对学前教育科研的重视，以研促学，以研促教。这也是对学前教育学学科发展的有力补充，可以为学前教育学学科的发展提供很重要的实践经验。从课题性质上来看，"十二五"课题设立了重大课题，但"十三五"课题又取消了这一设置。从承担单位来看，以幼儿园为主，高校所占比例很小；这可能与课题性质有关，大多数课题是为了解决实际问题，理论研究较少。从选题来看，涉及的领域越来越多，选题越来越丰富，包括学前教育的政策与管理、农村学前教育、幼儿园课程、幼儿园各领域教学方法和策略、幼儿身心发展及学习、幼儿园与家庭和社区、幼儿园游戏与区域活动等多个领域，成果丰富且具有实效。地方研究会对课题的开展也高度重视，围绕课题管理与指导进行了大量的细致工作，确保了课题研究设计的规范性、研究方法的适宜性、研究过程的严谨性以及资料与成果的客观性，相比"十五""十一五"课题有了新的提升和进步。

六、全国高校学前教育专业学术研讨会

2011—2018 年全国高校学前教育专业学术研讨会共举行了六届，六届研讨会围绕不同的主题，结合国家政策的出台以及实际存在的问题，进行了主会场主题报告和分会场专题讨论。[①] 共有 28 个主题报告，33 个专题研讨，涉及学前教师教育的专业发展、政策推进、学前教师教育改革与创新、学前教育专业质量等专题，促进了学前教育学学科的深入发展。表 4-6 展示了 2011—2018 年各届学术研讨会的具体情况。

---

① 在本书写作时 2019 年的学术研讨会尚未召开，故在此仅介绍 2011—2018 年的情况。

表 4-6　2011—2018 年全国高校学前教育专业学术研讨会情况

时间	会议名称	承办单位	主题内容	参加人数
2011 年 11 月 6— 8 日	中国学前教育研究会学前教育教师发展专业委员会 2011 年会暨全国高师学前教育第七届学术研讨会	浙江师范大学杭州幼儿师范学院、浙江省教育学会学前教育分会	在《国务院关于当前发展学前教育的若干意见》背景下看幼儿园教师教育变革：政策推进与院校实践	300 余人
2013 年 12 月 13— 15 日	中国学前教育研究会学前教育教师发展专业委员会 2013 年会暨第八届全国高等院校学前教育专业学术研讨会	广东省幼儿园园长培训中心、广东省幼儿师资培训中心、华南师范大学、广州大学、江门幼儿师范学校	新时期幼儿教师队伍建设——专业发展与政策推进	300 余人
2014 年 10 月 25— 26 日	中国学前教育研究会学前教育教师发展专业委员会 2014 年会暨第九届全国高等院校学前教育专业学术研讨会	华中师范大学教育学院	学前教师教育的改革与创新	400 余人
2016 年 9 月 27— 28 日	中国学前教育研究会学前教育教师发展专业委员会 2016 年会暨第十届全国高校学前教育专业学术研讨会	新疆师范高等专科学校（新疆教育学院）	把握学前教育热点难点，聚焦学前教育专业质量，追求教师卓越发展	400 余人
2017 年 7 月 7— 8 日	环境与学前儿童发展高峰论坛暨中国学前教育专业高校联谊会	中国学前教育研究会教师发展专业委员会高校委员会、广州大学教育学院学前教育系主办，大理大学教育科学学院（师范学院）协办	环境与学前儿童发展	300 余人

续表

时间	会议名称	承办单位	主题内容	参加人数
2018 年 10 月 10—12 日	中国学前教育研究会教师发展专业委员会 2018 年学术年会暨第十二届全国学前教育专业高校研讨会	沈阳师范大学	责任与使命：新时代幼儿园教师队伍建设	近 500 人

　　2011 年 11 月 6—8 日，中国学前教育研究会学前教育教师发展专业委员会 2011 年会暨全国高师学前教育第七届学术研讨会在浙江师范大学杭州幼儿师范学院召开，来自全国各省（自治区、直辖市）师范院校的 300 多名代表出席了会议。此届年会由浙江师范大学杭州幼儿师范学院、浙江省教育学会学前教育分会承办，年会的主题是"在《国务院关于当前发展学前教育的若干意见》背景下看幼儿园教师教育变革：政策推进与院校实践"。教育部师范教育司陈武做了题为《以农村教师队伍建设为重点，提高中小学教师队伍整体素质》的专题报告。中国教育科学研究院刘占兰研究员做了题为《幼儿园教师专业标准研制》的专题报告。除专题报告外，此届年会还开设了数个分会场，围绕幼儿园教师教育的理论、政策与制度，幼儿园教师培养培训模式改革，学前教育专业实践取向改革，新形势下幼儿园教师在职专业发展与培训，等等，展开了广泛而深入的交流与研讨。与会代表从幼儿园教师资格考试的功能定位、幼儿园教师资格考试制度的困境及幼儿园教师资格认证制度的中西比较等角度，对如何制定并执行独立、完善、科学、可操作的幼儿园教师资格考试制度提出了积极建议。年会还特设了学前教育专业研究生专场，参会的近 60 名研究生就他们关心的学前教育师资培养改革、幼儿园教师教育与培训的院校实践等问题进行了深入交流与研讨。①

---

　　①　李梅华、甘剑梅：《幼儿园教师教育变革：政策推进与院校实践——中国学前教育研究会学前教育教师发展专业委员会 2011 年会暨全国高师学前教育第七届学术研讨会综述》，载《幼儿教育（教育科学）》，2012(1、2)。

2013年12月13—15日，中国学前教育研究会学前教育教师发展专业委员会2013年会暨第八届全国高等院校学前教育专业学术研讨会在广东江门召开。此次会议的主题为"新时期幼儿教师队伍建设——专业发展与政策推进"，来自全国26个省（自治区、直辖市）的300余名代表参加了会议。教育部基础教育二司李天顺做了题为《为了学前教育改革发展的今天和明天》的主题报告。浙江师范大学杭州幼儿师范学院秦金亮做了题为《卓越教师驻园培养模式：中国经验与国际参照》的主题报告。台北市立大学幼儿教育学系主任做了题为《台湾幼儿园辅导计划的开展》的主题报告。香港大学教育学院李辉做了题为《香港学前教师制度的演进与专业发展》的主题报告。江门幼儿师范学校王明辉做了题为《广东省幼儿园园长和教师培训的概况、经验与思考》的主题报告。分会场主要围绕学前教师教育政策与反思、学前教师教育发展实践与改革、学前教师培训模式与创新、农村学前教师培养与培训四个主题进行了分组报告和研讨。[①]

2014年10月25—26日，中国学前教育研究会学前教育教师发展专业委员会2014年会暨第九届全国高等院校学前教育专业学术研讨会在华中师范大学召开，来自全国各师范院校、科研机构、出版单位及幼儿园等相关机构的专家学者共400余人参加了大会。此次年会以"学前教师教育的改革与创新"为主题。虞永平教授代表中国学前教育研究会做了重要发言。澳大利亚皇家墨尔本理工大学贝蕾妮丝·尼兰教授做了题为《澳大利亚学前教育：历史、背景、政策改革和主要问题》的专题报告。华东师范大学学前与特殊教育学院姜勇教授做了题为《精神取向的教师教育课程模式的探索》的专题报告。澳大利亚皇家墨尔本理工大学约瑟芬·吴教授做了题为《中国和新加

[①]　中国学前教育研究会学前教育教师发展专业委员会秘书处：《中国学前教育研究会学前教育教师发展专业委员会2013年会暨第八届全国高等院校学前教育专业学术研讨会综述》，载《幼儿教育（教育科学）》，2014(3)。

坡的学前教育课程改革：政策实施和挑战》的专题报告。浙江师范大学杭州幼儿师范学院秦金亮教授做了题为《驻园模式的特点与实践进展》的专题报告。华南师范大学杨宁教授做了题为《基于问题的学习在幼儿园新入职教师职后培训中的应用》的专题报告。陕西师范大学李少梅副教授做了题为《微课在学前教师教育中的应用与思考——基于"学前教育原理"教师教育精品资源共享课建设》的专题报告。北京师范大学潘月娟副教授做了题为《不同发展阶段的幼儿园教师数学领域教学知识的比较研究》的专题报告，石河子大学方建华副教授做了题为《学前教育专业创新人才培养课程体系的建构与实践》的专题报告。华中师范大学吴航副教授做了题为《重实践、凸创新、显两翼——谈华中师范大学学前教育专业本科人才培养方案的修订》的专题报告。分会场就学前教师教育课程设置与资源开发、学前教师教育改革与创新、学前教师教育实践教学体系的建构、高中专学前教师教育、园本培训与幼儿教师专业发展做了交流和研讨。①

2016 年 9 月 27—28 日，中国学前教育研究会学前教育教师发展专业委员会 2016 年会暨第十届全国高校学前教育专业学术研讨会在新疆师范高等专科学校（新疆教育学院）召开。此次会议的主题为"把握学前教育热点难点，聚焦学前教育专业质量，追求教师卓越发展"。来自全国 26 个省（自治区、直辖市）的 400 多位代表出席了此次会议。韩国教员大学幼儿教育学院的金庆喆教授做了题为《韩国幼儿教师培养制度的变迁及发展》的专题报告。台湾政治大学学前教育研究所简楚瑛教授做了题为《国际视野下的幼儿教师专业成长》的专题报告。与会专家就卓越教师培养、新教师资格考试制度、"国培计划"教研、高校师范教育改革、在职教师专业发展等主题进行了深入

---

① 中国学前教育研究会学前教育教师发展专业委员会秘书处：《学前教师教育的改革与创新——中国学前教育研究会学前教育教师发展专业委员会 2014 年会暨第九届全国高等院校学前教育专业学术研讨会综述》，载《幼儿教育（教育科学）》，2015(1、2)

研讨。①

2017 年 7 月 7—8 日，由中国学前教育研究会教师发展专业委员会高校委员会、广州大学教育学院学前教育系主办，大理大学教育科学学院(师范学院)协办的环境与学前儿童发展高峰论坛暨中国学前教育专业高校联谊会在大理大学隆重召开。来自全国各地 97 所高校、15 所幼儿园、13 家出版传媒机构和 1 个教育行政部门的 300 余名与会代表和专家，围绕"环境与学前儿童发展"这一主题，反思学前儿童的成长环境，共同探讨何为学前教育良好发展环境。中国学前教育研究会教师发展专业委员会但菲教授的专题报告是《学前教育建设与人才培养的思考与行动》，中国学前教育研究会教师发展专业委员会洪秀敏教授的专题报告是《学前教育专业研究生培养的现状与反思》，华东师范大学博士生导师郭力平教授的专题报告是《物联网技术背景下学前儿童的学习支持与能力评价》。专题报告后，来自北京师范大学、华东师范大学、南京师范大学、西南大学、东北师范大学等大学的 20 多位知名专家围绕环境与学前教育儿童发展领域的五个主题进行了多视角的深度对话与互动。②

2018 年 10 月 10—12 日，中国学前教育研究会教师发展专业委员会 2018 年学术年会暨第十二届全国学前教育专业高校研讨会在沈阳师范大学召开。此届年会主题为"责任与使命：新时代幼儿园教师队伍建设"。此届会议邀请了全国学前教育专业培养院校的专业负责人、教师教育研究的专家学者、相关专业的研究生、学前教育教学人员、幼儿园教师管理与培训的理论与实践工作者等近 500 人参加。北京师范大学教育学部朱旭东教授做了题为《教室文化和教师专业发

---

① 底会娟、段青如、姜勇：《把握热点难点，聚焦教育质量，追求卓越发展——中国学前教育研究会学前教育教师发展专业委员会 2016 年会暨第十届全国高校学前教育专业学术研讨会综述》，载《幼儿教育(教育科学)》，2017(1、2)。

② 李秀芳、叶平枝、孙亚娟：《"环境与学前儿童发展高峰论坛暨中国学前教育专业高校联谊会"综述》，载《教育导刊(下半月)》，2017(9)。

展》的专题报告。澳门大学学前教育与儿童发展中心胡碧颖做了题为《中国首例学前教育质量追踪研究对学前教师教育的几点启示》的报告。长沙师范学院崔红英做了题为《师范类专业认证实务——专业自评应把握的关键问题》的报告。北京师范大学教育学部学前教育研究所洪秀敏做了题为《新时代幼儿园教师队伍建设的挑战与思考》的报告。沈阳师范大学学前与初等教育学院但菲做了题为《服务地方的幼儿园教师特色化培养》的报告。华东师范大学教育学部姜勇教授做了题为《幼儿园教师的"仁爱之心"及其培育》的专题报告。此外，分论坛围绕新时代幼儿园教师的专业伦理与师德建设，新时代幼儿园教师专业的发展、挑战与机遇，新时代学前教育专业建设与人才培养质量保障，"互联网＋教育"与新时代学前教师教育变革，新时代幼儿园教师队伍建设与质量提升，开展了十个相关主题报告，对于进一步探索高素质幼儿园教师培养的规律与路径，交流学前教育专业建设与专业认证经验，完善高素质幼儿园教师培养培训体系，促进新时代幼儿园教师队伍建设发挥了重要作用。[①]

七、硕士和博士学位点的建设

在学前教育学硕士和博士学位点建设方面，根据国务院学位委员会公布的数据，截至 2012 年，学前教育国家重点学科有 1 个，是南京师范大学；博士点有 9 个，包括北京师范大学、华中师范大学、浙江大学、东北师范大学、南京师范大学、华东师范大学、西北师范大学、华南师范大学、西南大学。硕士点有 39 个，包括北京师范大学、首都师范大学、天津师范大学、河北大学、河北师范大学、内蒙古师范大学、辽宁师范大学、沈阳师范大学、东北师范大学、吉林师范大学、哈尔滨师范大学、华东师范大学、上海师范大学、

---

① 中国学前教育研究会教师发展专业委员会 2018 年学术年会暨第十二届全国学前教育专业高校研讨会会议报道，http：//www.cnsece.com/kindtemplate/msgdetail/51280，2019-08-01。

南京师范大学、南通大学、浙江师范大学、杭州师范大学、宁波大学、福建师范大学、山东师范大学、河南大学、华中师范大学、湖北师范大学、华南师范大学、湖南师范大学、西南大学、重庆师范大学、贵州师范大学、四川师范大学、西华师范大学、云南师范大学、陕西师范大学、西北师范大学、石河子大学、淮北师范大学、深圳大学、广州大学、广西师范大学、安徽师范大学。

八、师范类高校对学前教育学学科建设的努力

师范类高校是学前教育学学科建设的重要阵地之一，在理论研究方面具有领军作用，在专业人才和师资培养方面发挥重要作用。以北京师范大学为例，根据国家政策，北京师范大学学前教育专业本科阶段既招收免费师范生，也参与大类招生；2011 年开始招收全日制双证专业硕士，2012 年开始招收免费师范生教育硕士，2016 年开始招收暑期单证教育硕士，2017 年开始招收非全日制专业硕士与同等学力在职研究生。这些培养渠道为学前教育学学科建设培养了大量人才。

2017 年，北京师范大学举办了学前教育专业成立 65 周年暨卢乐山先生百年华诞庆典活动，来自北京师范大学、南京师范大学等高校的几代学前教育理论工作者聚集在一起，回顾学前教育专业的建设过程和学前教育学学科的建立、改革历程，研究学前教育学学科建设的方向与重点。从人才培养来看，以北京师范大学为例，北京师范大学学前教育专业课程设置包括全校的公共课、教育学部的公共课及学前教育理论课程，这些课程大大提高了学生的理论水平。从学前教育专业的影响力来看，高等院校学前教育专业的建立提高了人们对婴幼儿教育的重视程度，学前教育得到了越来越广泛、深刻的认识，这是北京师范大学与其他师范类高等院校的学前教育专业几十年努力的结果，它们为推进学前教育学学科建设贡献了相当大的力量。以北京师范大学为代表的高校学前教育专业取得了很多

成果，尤其是在专业教材出版方面取得了优秀的成绩。高校在学前教育学学科建设方面的贡献首先是汇聚学术力量，组织研究队伍，占领学科前沿，洞察社会需求，瞄准学科发展方向，开展有深度的引领方向的研究；其次是发挥自身优势，构筑学前教育学学科平台，创设适宜专业人才队伍发展的环境与条件，着力培养学前教育学学科人才。例如，北京师范大学的学前教育学学科建设比较注重学科基础，注意研究把握学科建设的方向，同时注重理论联系实践，扎根于实践，使学生打好扎实的专业基础。尽管 1962—1977 年北京师范大学的学前教育学学科建设中断了十几年，但学前教育专业的教师们凭借自身良好的学术素养、扎实的理论功底、优秀的外语能力、广阔的国际视野及强大的敬业精神和责任感，尽最大努力加强学科建设，更新了教学内容，改进了教学方式，为学生打下了扎实的专业基础，同时培养了学生独立思考和批判性思考的能力，通过让学生理解不同文化背景下、不同流派的学前儿童发展和教育的理念与实践，使其形成一种相互关照、多角度思考的习惯。

学科建设是一个不断进行的过程，学科建设的方向是其中非常重要的内容。学前教育根本上是为学前儿童健康成长服务的，因此对学前儿童的研究是不可或缺的。所谓儿童观、教育观等，无不建立在深刻理解儿童的基础之上。高校学前教育专业集中了优秀人才，如北京师范大学学前教育专业的许多教师精通英语、日语等，能及时介绍其他国家早期教育发展的理论与实践经验，引导学生学习国外婴幼儿研究的最新成果。找准学科方向、继承与发展学科建设、注重儿童发展研究与教学是高等院校学前教育专业突出的特点。

在北京师范大学等重点高校的学前教育专业的引领下，全国师范类高校、综合型大学的学前教育专业努力为学前教育学学科建设做出贡献。一是研究制定学前教育学学科建设与发展规划，明确学科建设方向，形成学科建设的核心内容与重点领域，包括学前教育政策与管理、学前儿童发展与学习、学前教育基本理论、幼儿园课程与教学法等。二是深化学科建设重点课题研究，围绕学前儿童身心发展规律、学前儿童权利、游戏在幼儿园教育中的主导地位、学前教育课程的科学设置及"入园难""入园贵"等社会热点问题，在儿童研究、游戏研究、课程研究和政策研究等方面取得本土化、具有指导和借鉴作用的成果。三是整合学前教育学学科建设主体，使高校教师、幼儿师范学校教师、科研机构研究人员、幼儿园一线教师和学前教育行政管理人员共同参与学科建设，在全国范围内形成老中青结合、各机构互补、研究方向互为促进的学前教育学学科建设队伍。四是坚持理论研究与学前教育实践相结合，推动政府、高校、幼儿师范学校、幼儿园四位一体的深度协同的学科实践基地建设，同时组织多层次、多类型的学术研讨活动，对学术核心问题及动态进行交流与讨论，集思广益，互相促进，从而产生一批有价值的学术成果，推动学前教育学学科建设进程。

该阶段高校学前教育学专业面临的最大问题是如何有效提升专业人才培养工作的水平。首先，高校要明确学前教育专业学生就是未来的学前教育工作者，了解他们已经具备的学习研究能力，了解他们对学前教育专业的看法，根据其兴趣特长等特点进行有针对性的教育，重点是使其树立服务儿童信念，掌握教育儿童的方法。其次，高校要精心制定培养方案，在熟知学前教育专业学生特点的基础上，根据学校自身的特点制定培养方案；培养方案应是包容的、多层次的，能让学生接受更多的相关学科知识，使他们的能力多样化。再次，高校要拓宽教学资源，特别是要多给学前教育专业学生实践锻炼的机会，应既去幼儿园实践，也去社区实践，开展顶岗实习，提高学生解决实际问题的能力。最后，高校要研究课程教学，重点是让学前教育专业学生参与教学过程，和教师对话，和同学对话，加深其对所学知识的理解，巩固其学科知识基础，激发其参与学前教育学学科建设的兴趣。

九、中国学前教育研究会组织的会议

2011—2019 年，中国学前教育研究会对学前教育学学科发展发挥了很大的作用。学术年会和各专业委员会会议在会议成果质量方面都有很大提升，且后者的数量也明显增加。根据中国学前教育研究会官网发布的信息，2014 年，幼儿园课程与教学专业委员会、学前教育管理研究专业委员会、学前儿童健康教育专业委员会都举办了专题学术会议；2016 年，研究会举行了大型的学术年会；2017 年，学前教育教师发展专业委员会、家庭与社区教育专业委员会举办了学术研讨会；2018 年，幼儿园课程与教学专业委员会、学前教育教师发展专业委员会举行了大型学术会议。这些会议从不同角度和内容领域推进了学前教育的发展。

2014 年 5 月 21—23 日，在全国幼教界贯彻落实《3—6 岁儿童学习与发展指南》和第三个"全国学前教育宣传月"全面启动之际，由中国学前教育研究会学前社会与家庭教育专业委员会主办，杭州市下城区教育局、湖州市安吉县教育局协办，浙江省学前教育研究会、《幼儿教育》编辑部承办的 2014 年全国学前儿童社会与家庭教育学术研讨会在杭州市举行。来自全国各地的 600 余名幼教工作者和相关专家学者参加了此次会议。此次研讨会的主题是"科学育儿——聚焦幼儿发展的生态环境"，三个主题报告开启了此次大会的三个重要议题：儿童地位，幼儿园、家庭与社区一体化，社会文化尤其是大众传媒等对于儿童发展的影响。

2014 年 6 月 12—14 日，由中国学前教育研究会幼儿园课程与教学专业委员会主办，南京师范大学教育科学学院承办，江苏省陈鹤琴教育思想研究会、南京师范大学出版社、奕阳教育研究院、解放军幼儿教师南京培训基地协办的第三届全国幼儿科学与数学教育学术研讨会在江苏省南京市召开。七个分会场分别围绕幼儿的科学探究教学，自然环境与科学教育/户外科学观察，物质材料与科学教育，区角中的科学与数学学习，幼儿的数学学习路径，幼儿数学教育的生活化、游戏化，以及幼儿数学教师的专业发展等主题展开了小组研讨，同时评出获奖论文 613 篇。

2014 年 7 月 15—17 日，由中国学前教育研究会主办、学前教育管理研究专业委员会与黑龙江省学前教育研究会联合承办的第四届中国幼儿园园长大会在哈尔滨工程大学召开。来自全国各地的教育行政人员、教育科学研究人员和广大幼儿园园长共 1400 余人参加了此届学前教育盛会。此届大会的主题为"普及与提升：学前教育管理的新思考与新策略"。专家学者和来自一线的幼儿园园长围绕着新建幼儿园的规范化管理、办园规划与管理制度建设、专业化师资队伍的培育、幼儿园保教质量提升与监控、幼儿园安全制度设计与研究、研修促教师专业能力提升、教科研管理暨论文选题与撰写、幼儿园校园文化建设、公共关系与社会资源的管理与利用、民办幼儿园的管理创新与发展等专题展开了研讨。会议还选取了哈尔滨市 20 所优质幼儿园作为观摩和研讨现场，以展板、图书、玩教具等形式展示了黑龙江学前教育取得的成就。

2014 年 11 月 19—21 日，由中国学前教育研究会学前儿童健康教育专业委员会主办、广州教育学会幼儿教育专业委员会承办的第九届全国学前儿童健康教育学术年会在广东省广州市召开。此次年会以"快乐体育，健康身心"为主题，通过专家专题报告、分专题交流、现场教学观摩以及专家和与会代表现场互动等形式展开了充分的学术研讨。会议凸显了学前儿童健康教育的基本理念和研究趋势：一是《3—6 岁儿童学习与发展指南》成为学前儿童健康教育研究与实施的指导性文件；二是从多学科、国际化的视角来研究学前儿童身心发展状况，体现了我国的学前儿童健康教育"走出去，引进来"的基本研究趋势。

2015 年 6 月 11—12 日，中国学前教育研究会学前社会教育专业委员会联合中国关工委全国家校（园）社区共育先进经验推广指导办公室主办，新华报业集团《动漫界·幼教 365》杂志和江苏省家庭教育研究会承办的 2015 年全国家园共育现代化学术研讨会在南京隆重召开。此次研讨会是中国学前教育界举办的"家园共育"主题高层次学术盛会。大会就在"互联网＋"背景下深入贯彻教育部关于加强幼儿家庭教育发展的有关精神，指导基层幼儿园有效调适和掌握外部资源，充分掌握和运用家园共育现代化相关工具和平台，使家园共育工作得到进一步开拓和发展等相关议题，进行了深入的研究和探讨。全国学前教育界的专家学者及各地幼儿园园长、教师共 800 余人参加了会议。

2015 年 11 月 12—14 日，中国学前教育研究会第五次会员代表大会暨"十二五"课题成果交流与表彰大会在福建省福州市召开。来自全国 31 个省（自治区、直辖市）、6 个计划单列市和军队系统的 1000 多名代表出席了会议。庞丽娟教授总结了 5 年里研究会所做的工作；薛晔博士、罗斯玛丽·特鲁格里奥博士、郭力平教授分别以《早期儿童的文化背景与媒体》《美国幼儿媒体经验》和《中国儿童媒体的发展现状》为题做了学术报告；凯西·席尔瓦教授和浙江省安吉县教育局基础教育科程学琴分别以《学前教育质量对儿童发展的影响：来自英国大数据长期跟踪研究的结果》和《安吉游戏的理念与行动》为题做了学术报告。

2016 年 11 月 20—22 日，中国学前教育研究会 2016 年学术年会在南京召开。此次年会的主题为"探索·反思·超越——走向广覆盖、保基本和有质量的学前教育"。来自全国各地的近 3000 名幼教专家、幼儿园园长和教师参加了此次盛会。华东师范大学李季湄教授做了题为《核心素养体系与幼教质量》的主题报告；来自香港大学的尼马拉·拉奥女士结合 21 世纪科学技术迅速变革的大背景，做了题为《面向 21 世纪技能》的报告；全美幼教协会首席执行官里安·埃文斯·阿尔文女士的报告围绕学前教育质量评价展开；联合国儿童基金会驻中国办事处卫生与营养及水和环境卫生处处长谢若博先生关注的是中国贫困地区儿童的早期发展；北京师范大学冯晓霞教授在其报告中详细分析了区域游戏中的深度学习；中国教育科学院刘占兰研究员在会上介绍了一项关于农村留守儿童心理健康的研究与促进项目；华东师范大学华爱华教授在会上就游戏与教学做了主题报告；南京师范大学虞永平教授做了题为《课程在哪里》的主题报告。此次会议共设 10 个分会场，分别围绕 0～3 岁儿童早期发展与教育、幼儿园课程与教学、学前教育管理与事业发展、儿童健康教育、游戏与玩具、学前教育基本理论与教师教育、家庭与社区教育、幼儿园环境、学前儿童学习与发展、农村地区学前教育发展共 10 个议题进行交流分享。

2017 年 4 月 16—18 日，由中国学前教育研究会学前教育教师发展专业委员会主办、江苏第二师范学院承办的主题为"互动、合作关系中的教师与儿童"的学术研讨会在南京召开。此次研讨会安排了三场精彩的专题报告：华东师范大学华爱华教授的《基于游戏的幼儿园教师专业成长》，台湾政治大学倪鸣香的《故事游戏中的存在社会》，江苏第二师范学院尹坚勤教授的《100 种语言视野下幼儿教师角色的生态变化》。

2017 年 4 月 27—28 日，中国学前教育研究会家庭与社区教育学术研讨会在西安召开，来自全国各地的幼儿园、幼教机构、高等院校和相关研究机构的学前教育工作者近 500 人参会。围绕"新媒体、新思维、新素养：家庭、幼儿园、社区联动"这一主题，通过专家学者主题演讲报告、分会场分享交流等多种方式，与参会人员分享了当前幼儿园、家庭与社区教育联动的最新研究成果与实践经验。主题报告有：华东师范大学刘良华教授的《新素养与家庭教育的新方向》，南京师范大学王海英教授的《家庭、幼儿园、社区——学前教育质量提升的三驾马车》，云南民族大学金星教授的《新媒体：重构儿童生活愿景》，沈阳师范大学秦旭芳教授的《家园关系中"亲师矛盾"的特点透析及解决策略》。

2018 年 1 月 14—17 日，由中国学前教育研究会幼儿园课程与教学专业委员会主办，南京宁谊教育培训中心、南京师范大学教育科学学院承办的第四届全国幼儿科学与数学教育学术研讨会在南京召开。此次研讨会的主题是"幼儿科学、数学领域的学习与有效教学"。来自全国 28 个省（自治区、直辖市）的 40 所综合性或专业性高等院校的幼儿科学与数学教育领域的学者近 800 人，以及在幼儿园一线工作的园长、教研园长、一线教师近 600 人共同出席了此次盛会。

2018 年 6 月 11—13 日，中国学前教育研究会在成都成功举办了规模浩大的学术年会。来自全国各地的近 3000 名学前教育工作者参加了会议，大会围绕"问题·成因·对策——学前教育改革与质量的提升"这一主题展开了讨论，国际学前教育专家的交流、国内学前教育专家的报告，社会学专家的报告以及一线教师的经验分享都给人们留下了深刻的印象，产生了积极的社会反响。

2018 年 10 月 11—12 日，由中国学前教育研究会教师发展专业委员会主办、沈阳师范大学承办的中国学前教育研究会教师发展专业委员会 2018 学术年会暨第十二届全国学前教育专业高校研讨会在沈阳师范大学国际商学院学术报告厅举行，此次学术年会的主题为"责任与使命：新时代幼儿园教师队伍建设"。来自全国 30 个省（自治区、直辖市）和香港、澳门特别行政区的 111 所高校、40 所幼儿园的近 500 名学前教育专业培养院校的领导、专家学者、教科研人员、幼教实践者、研究生等参加了此次学术盛会。

2018 年 11 月 8—10 日，中国学前教育研究会幼儿园课程与教学专业委员会 2018 学术研讨会在成都举行，会议主题是"回归儿童，关注生活，提升幼儿园课程质量"。中国学前教育研究会理事长、南京师范大学虞永平教授，中国学前教育研究会幼儿园课程与教学专业委员会委员、西南大学李姗泽教授，分别做了题为《质量取向的幼儿园课程建设》和《中华传统文化与幼儿园课程实践》的主题报告。随后，省特级教师针对幼儿园课程改革的推进进行了三个主题的经验分享。会议还安排了在八所幼儿园开展的观摩互动活动，并设立了八个分会场，围绕幼儿园课程建设与文化、幼儿园课程建设与资源利用、幼儿园课程实施途径创新、农村幼儿园课程建设案例分享、园本课程开发与建设、幼儿园课程与评价探索、环境与幼儿园课程建设、幼儿园课程基本理论研究八个主题进行了交流。最后，王春燕、杜继纲、原晋霞分别做了题为《园本课程建设的逻辑起点》《园长的课程领导力》《幼儿园课程资源建设与课程质量提升》的主题报告。此次会议无论是在理论上还是在实践经验总结上都推动了幼儿园课程建设。

十、OMEP 中国委员会开展的国际学术交流

2011—2019 年，OMEP 中国委员会积极参与国际学术交流，参会人数及发表演讲的次数显著增加，且演讲内容引起了国际学前教育学术界的关注。同时，OMEP 中国委员会积极举办国际会议，在国际交流中的地位越来越高。

2013 年 7 月 9—13 日，OMEP 中国委员会、华东师范大学以"促进学前教育发展：机会与质量"为主题，共同承办了第 65 届 OMEP 工作会议和国际学术研讨会议，这是在中国内地举办的首个 OMEP 年会，来自全球 57 个国家的 1200 名代表欢聚一堂，共同探讨学前教育领域的新挑战、新机遇。时任教育部副部长刘利民出席大会并致辞，来自香港特别行政区的孔美琪博士成为新任 OMEP 主席。此次会议成功地为世界献上了一次精彩的幼教盛会，展现了中国学前教育界与世界学前教育界建立更加广泛的联系的能力和愿望。

冯晓霞教授做了题为《中国幼儿教育：在改革中发展》的主题报告，虞永平教授做了题为《如何开展对农村幼儿园教师的培训——OMEP专题研讨之中国学前教育研究会在欠发达国家和受灾地区学前教育师资培训》的主题报告，张咏、王化敏通过题为《为贫困地区儿童提供有质量的早期教育》的主题报告分享了早期儿童发展项目（ECD）的实践和经验。

2016 年 7 月 4—8 日，OMEP 第 68 届年会暨国际学术研讨会在韩国首尔梨花女子大学召开，其中学术研讨会共有 43 个国家和地区的近 500 名幼教工作者参加。此次研讨会主要围绕学前教育政策、社会文化与学前教育、幼儿园课程等主题展开研讨，共安排了 3 个主旨报告、18 个专题研讨会、14 个工作坊、26 个个人发言专场和129 个海报交流，还安排了在 8 所幼儿园参观的活动。在这次研讨会的与会人员中，来自中国的与会者人数最多且参与程度最高。共有190 名中国代表参加了这次研讨会，111 人参与撰写的 70 篇论文以不同的形式在大会上进行了交流。其中，OMEP 中国委员会推荐的5 个专场是由中国学前教育研究会的 5 个专业委员会组织完成的，报告内容丰富，反映了中国学前教育研究者在相关领域的最新研究成果，受到了国外相关领域学者的关注。此外，还有来自中国的 48 篇论文参与了其他专题或小组的交流。冯晓霞教授和马以念教授的团队凭借在"游戏与儿童心理弹性"项目研究过程中的优异表现，获得了 OMEP 总部的奖励。在此次 OMEP 国际学术研讨会上，中国幼教工作者参会人数之多、程度之高、影响之大，让世界听到了中国幼教的声音，达到了让中国幼教走向世界的阶段性目的。

2017 年 6 月，第 69 届 OMEP 年会暨国际学术研讨会在克罗地亚召开。在主会场上，来自克罗地亚、瑞典、英国、加拿大、匈牙利及中国的 7 位专家做了大会主旨报告，他们从关系教育学、可持续发展教育、优质早期教育与保育等诸多方面，围绕大会主题，做了全面且深入的介绍。中国学前教育研究会理事长、南京师范大学虞永平教授代表中国做了《关键 7 年：可持续发展的中国学前教育》主旨报告，介绍了我国 2011 年后学前教育的发展情况。

2017 年，中国学前教育研究会领导我国团队参加 OMEP 发起的"游戏与抗逆力：中非合作建设和平与可持续未来"项目，2017 年 12 月，由广西师范大学侯莉敏教授率领的调研团队在广西两个县的 10 所幼儿园对 300 多名儿童进行了基线测查，对儿童的早期发展、抗逆力水平、家庭教养方式、师幼互动等情况进行了全面的调查。2018 年 1 月底，项目组初步完成了前期数据分析。2018 年 1 月底至 2 月初，应联合国教科文组织非洲能力建设国际研究所及南部非洲区域办事处的邀请，前 OMEP 主席、维多利亚教育机构总校长、维多利亚慈善基金全球项目主任孔美琪博士，以及中国学前教育研究会理事长兼 OMEP 中国委员会主席虞永平教授，带领中国学前教育代表团赴非洲进行学术交流。中国学前教育研究会前理事长、北京师范大学冯晓霞教授，OMEP 中国委员会执行主席、华东师范大学周兢教授，中国学前教育研究会副理事长、广西师范大学侯莉敏教授等，共 12 人参与了学术交流，中非双方进一步探讨了第二阶段游戏课程开发事宜。

OMEP 中国委员会通过广泛的交流和积极的沟通极大地促进了学前教育学学科的发展，让中国的学前教育学走向世界，并逐渐影响世界。

第五章
学前教育学学科建设的
启示与发展趋势

至 2019 年起，中华人民共和国学前教育学走过了 70 个年头；如果从 1904 年的癸卯学制算起，我国的学前教育学就有 115 年的历史。我国的学前教育学历经曲折波澜，不断向前发展，学前教育学学科建设也沿着抄袭引进——模仿实践——反思批判——追求本土化的轨迹，努力寻找一条具有中国特色的学前教育学学科建设之路。1904—2019 年我国学前教育学可以说经历了四次大的变革，中华人民共和国成立前后各两次。

第一次变革发生在清末，以 1904 年颁布《奏定学堂章程》确立了蒙养院制度为标志，学前教育学学科建设中国化的探索在蒙养院的实践中开始了。在幼稚园课程层面的学科成果为 1904 年清政府颁布的《蒙养院章程及家庭教育法章程》。在中等师范学校学前教育学科课程层面的学科建设成果为 1907 年清政府学部颁布的《女子师范学堂章程》。在学前教育专著层面的成果为 1928 年中华书局出版的张宗麟的《幼稚教育概论》。

第二次变革发生在 20 世纪 20 年代至 40 年代，标志事件是 1929 年南京国民政府教育部公布了《幼稚园暂行课程标准》，对幼稚园的课程设置予以规范，这也是在幼稚园课程层面的学科建设成果。在中等师范学校学科课程层面的学科建设成果为 1933 年南京国民政府教育部公布的《师范学校规程》。在学前教育专著层面的成果为 1936 年上海中华书局出版的张雪门的《幼稚教育新论》。

　　第三次变革发生在 20 世纪 50 年代，以全面学习苏联学前教育经验为标志。在幼儿园课程设置层面的学科建设成果主要有：1952 年教育部颁布的《幼儿园暂行教学纲要（试行）》，1956 年教育部委托北京师范大学学前教育专业教研室编写的《幼儿园教育工作指南（初稿）》（还未定稿就因政治运动而受到批判）。在中等师范学校课程层面的学科建设成果主要有：1952 年教育部发布的《师范学校暂行规程（草案）》，1953 年教育部颁发的《幼儿师范学校教学计划（修订草案）》（1956 年修订为《幼儿师范学校教学计划》）。在高校学前教育专业层面的学科建设成果主要为：1956 年教育部发布的《师范学院教育系幼儿教育专业暂行教学计划》，1954 年黄人颂著的《幼儿教育的理论和实践》。

　　第四次变革则发生在 20 世纪 80 年代，主要是"文化大革命"结束后的恢复重建，开始对国外先进的学前教育理论有选择地学习借鉴，并努力寻找学前教育学的本土化道路。在幼儿园课程设置层面的学科建设成果有：1981 年教育部发布的《幼儿园教育纲要（试行草案）》，1989 年国家教委发布的《幼儿园工作规程（试行）》（1996 年、2016 年进行了修订并颁布了新的《幼儿园工作规程》）和《幼儿园管理条例》，2001 年教育部发布的《幼儿园教育指导纲要（试行）》。在师范教育课程方面的学科建设成果主要有：1980 年教育部发布的《中等师范学校教学计划试行草案》和《幼儿师范学校教学计划试行草案》（1985 年修订为《幼儿师范学校教学计划》）。1995 年教育部发布的《三年制中等幼儿师范学校教学方案（试行）》。在高校学前教育专业层面的学科建设成果主要为 1989 年黄人颂教授编写出版的《学前教育学》教材。

　　2010 年 7 月召开的全国教育工作会议提出，要遵循幼儿身心发展规律，坚持科学保教方法，加强学前教育管理，满足幼儿快乐健康成长的要求。随后，国务院发布了《国务院关于当前发展学前教育的若干意见》。2018 年 11 月，《中共中央 国务院关于学前教育深化改革规范发展的若干意见》发布，对新时代学前教育的深化改革和规范发展做出了重大决策部署，进一步明确了学前教育改革发展的方向，也对学前教育学学科建设提出了新的要求。

第一节　学前教育学学科建设探索的启示

20 世纪初，受当时国内外形势的影响，"办教育、兴西学"成为我国仁人志士救亡救国的重要渠道，一些教育家致力于建设适合我国当时国情的学前教育体系，学前教育学也从此时开始作为一门学科发展起来。陶行知、陈鹤琴、张雪门等著名教育家提出了自己的学前教育主张，学前教育理论在当时得到了极大丰富。1903 年，我国设立了第一个公立学前教育机构——湖北幼稚园，我国学前教育事业发展逐渐起步，学前教育学学科建设逐步走上正轨。1923 年，陈鹤琴在南京创办了鼓楼幼稚园，这是我国历史上第一所开展教育科学研究的幼儿园。鼓楼幼稚园的研究成果对当今的学前教育研究仍然具有很大价值。中华人民共和国成立后，随着社会主义教育事业的有序推进，学前教育学的研究迈上了一个新的台阶。然而，在"文化大革命"中，我国教育学特别是学前教育学学术界受到了巨大的冲击与创伤。学术界的混乱、教育事业的停滞使学前教育学的研究进入了瓶颈期。改革开放后，在党的领导下，学前教育学经过拨乱反正、反思批判、借鉴国际，走出了一条以变革为主题、以借鉴为手段、以创新为动力、以本土化为目标的发展之路。

一、变革是学前教育学学科建设的永恒主题

有三种基本因素可对教育发展产生不同程度的影响，分别是同

外国文化的接触、传统的信念和制度以及本地的革新和实验尝试。变革是教育发展的永恒主题，教育变革是一个永无止境的过程。在各种社会形态、各个时代中都有与之相适应的教育变革。20世纪50年代的变革是为了适应我国社会主义建设的要求，走出了一条学前教育普及和发展之路，奠定了新中国学前教育发展的基础。20世纪80年代的学前教育变革是在世界学前教育发展大潮的冲击下，为改变我国学前教育长期停滞不前的局面而开展的，取得了突破性的成果，大大提升了学前教育质量，使我国学前教育完成质的飞跃。时代的变化和社会的发展必然对学前教育发展提出新的要求，学前教育也必然面临新的挑战。因此，我国学前教育只有把握时代的脉搏，关注世界的变化，不断改革进取，才能勇立潮头。

二、借鉴国外先进经验是学前教育学学科建设的必然选择

从比较教育学的角度看，在学校化、社会化学前教育制度的产生方面，西方国家领先于我国近一个世纪。20世纪下半叶，欧美学前教育制度呈现出制度多元并存、理论丰富多样的发展趋势。对于学前教育现代化起步较晚的我国来说，国外先进教育制度与理论的引进是我国学前教育学发展的必要选择。一方面，可以取人之长，补己之短；另一方面，可避免走弯路，不用一切从头做起。但同时也要防止亦步亦趋的现象，从而实现学前教育由传统向现代的跨越式转变。在教育全球化浪潮下，要想实现学前教育现代化，就必须面向世界，引进和吸收国外先进模式及理论，不断提高质量和水平。

三、本土化是学前教育学学科建设的内在要求和归宿

借鉴不等于盲目照搬，引进并非简单移植。引进来的东西不论有多好，都必须放到我国社会文化教育环境中考察，并进行应有的实验检验。必须要处理好国外学前教育中国化的问题，决不可"食洋不化"。引进的东西只有植根于本国教育土壤，才能开花结果。历史事实表明，任何盲目照搬或简单移植都不会取得成功。20世纪80年

代后，在我国引进国外当代学前教育课程模式的过程中，也存在一些盲目模仿的现象，对国外的教育学思潮、理论和各种科学研究成果不做具体分析而简单移植。幼儿园盲目照搬国外新的理论体系，不结合本园情况直接引用，本土化缺失现象愈演愈烈；学前教育学的理论体系也是以国外的理论为基础的，这一现象也值得警觉。学前教育学的发展应使引进借鉴深深根植于本民族文化土壤中。

四、创新是学前教育学学科建设的内在动力和本体价值

变革是一个不断创新的过程。借鉴引进不是照单全收、盲目照搬，本土化也不等于回归传统、守旧倒退。学前教育学学科发展既要保持民族传统与国际经验的适度张力，也要实现民族传统与国际经验的结合。事实上，不论是国际化还是本土化，都意味着更多的和更新的创造。我国的现代化有着历史的具体性，这种具体性表明我国学前教育的现代化决非对外国的简单模仿或回归传统，而是主体活动的不断创新。可以说，中国学前教育学有着较好的创新基础，已具备了原创的基础，进一步提升创新境界的条件已初步成熟。因此，应树立起创造中国学前教育学的勇气和信心，运用"古今中外法"，不但在面对外国学前教育时博采众长，而且增强民族主体意识，大胆探索，勇于创新，创造出具有中国特色的学前教育学。

第二节　学前教育学学科的发展趋势

经过 70 年的努力，新中国学前教育学学科建设取得了很大成就，促进了学前教育事业的发展。总结 70 年的发展经验、取得的成就及显现出的问题，可以看出学前教育学在新时代有以下发展趋势。

一、强化学术意识，完善学前教育学学科体系

学科体系是学科独立性的重要标志，也是学科独特性的重要体现。学前教育学学科自身的逻辑结构仍不完善，加强学科体系的建设，尤其是对理论体系的构建，仍然是学前教育学学科建设的重点和难点。

作为学科的学前教育学不能一味追求对实践产生立竿见影的效果，应当从学科自身的特点出发，选择正确的价值取向，尊重学科内在的逻辑，运用综合的、复杂的思维方式，使知识、人、社会等核心概念相互融合，探寻一种更为科学、合理的逻辑起点，并在此基础上形成完整的逻辑结构，建立学科体系。

同时，要处理好学前教育学和学前教育实践的关系。学前教育学肩负着学科建设和问题研究的双重任务。由于学前教育学没有可以借鉴的现成学术范式，其理论原创性工作异常艰难；而对实践热点问题的研究比较容易见"成效"、出"成果"，这便导致热点问题研究成为学前教育学学科发展的主线，忽视了以建立学科、构建学科体系为重点的理论研究。因此，要处理好学前教育学和学前教育实践的关系，加强理论对实践的超前性和指导性，建立学前教育学的学科累积机制。

学科发展的根本动力在于实践，学前教育学的学科建设原本就是在学前教育改革与发展实践的推动下进行的。但并不是所有问题都能成为学前教育学研究的重点，学前教育学工作者要对它们进行研究、分析、抽象，从而提炼出真正符合学科内在逻辑、关乎学科发展的重要问题；之后，以学前教育学特有的方式将问题转化为理论思维的课题，明晰其理论内涵，提升其理论品质，从而构建起一个由一系列比较稳定的概念、原理、原则等要素组成的具有逻辑性的知识体系，这样学前教育学才更具有生命力，才能对学前教育实践起到解释、预测、指导、规范的作用。当然，还应充分认识学前教育学对学前教育实践的服务功能，进一步开展对学前教育发展规模、学前教育质量、学前教育体制改革、民办学前教育的发展与立法等问题的应用研究，使学前教育学焕发生命活力。

二、回归自身，不断加强学科元研究

学前教育学作为一门独立学科，改革开放后发展迅速，科学研究成果也较为丰富。在儿童观、学前教育观、学前儿童家庭教育、学前特殊儿童教育、学前教育原理、学前教育师资、学前教育课程、幼儿园活动等领域都取得相当可观的科研成果。虽然学前教育学的研究领域不断扩大、研究成果不断增加，但对于学科本身的元研究还十分欠缺。学前教育学学科的元研究并不是分化的研究，不是为了增加学前教育学某一具体方面的科学研究成果，而是整体性的、系统的关于本学科的元问题、原理论的科学研究。

学前教育学的元研究，可为学前教育学各具体领域的研究提供科学的研究方法，发现学前教育学领域科学研究存在的问题，反思学前教育学的发展历程，从而为建设一个成熟、完整的学前教育学学科体系助力。学前教育学学科元研究的发展还有助于学前教育学基础理论的发展，为学前教育学的基础理论科学研究提供指导。学前教育学作为学前教育领域的基础主干学科，其科学研究目标并不在于无限扩大研究领域，而在于研究学前教育的基本理论，为学前教育实践提供理论依据和策略，保障学前儿童的基本权利，促进学前儿童的全面和谐发展。

学前教育学学科的元研究要从学前教育学的科学性出发，在研究方法、研究对象等方面梳理学前教育学的学科发展历程，总结学前教育学的学科发展成果，分析学前教育学学科发展的进展和演变，探讨学前教育学学科发展中存在的问题，对未来学前教育学的学科发展趋势做出合理推测，从而更好地指导学前教育学学科发展，增强学前教育学的科学性、时代性、系统性，建立成熟、完善的学科体系，巩固学前教育学在教育学界的重要地位，使大众认识到学前教育学的重要性，从而促进新时代我国学前教育的发展，为我国教育水平的提高、办好人民满意的教育做出贡献。

三、立足原点，在本土化方向上持续发力

我国学前教育学的理论基础多来自国外各个时期的研究成果，而本土的、立足于我国现实情况的理论较为有限。由于历史和社会原因，我国的学前教育现代化起步较晚，因而我国的学前教育理论多引自英国、美国、德国、瑞士、芬兰等学前教育发展相对先进的国家，蒙台梭利、夸美纽斯、福禄培尔、皮亚杰、维果斯基等人的理论对我国学前教育理论与实践的发展影响颇深，而我国本土的学前教育理论基础多来自陈鹤琴、陶行知、张雪门等少数早期的学前教育学者。我国目前的学前教育学教材，大多是由高校学前教育专业的教师依据国外学前教育基本理论和基本框架编写的。

改革开放以来，随着我国教育"面向世界"不断加强，国际学术交流频繁进行，我国的学前教育学取得了很大进展。在这一过程中，国外先进的学前教育理论极大地促进了我国学前教育学的发展。教育与民族的文化传统息息相关且密不可分，学术虽无国界，但教育者和受教育者都有民族文化背景。"科教兴国"是国家战略，也是我国学前教育学工作者的重要任务。我国学前教育学的发展必须立足于我国的基本国情，更好地适应中国特色社会主义的要求。当前我国的国力逐渐强大，传统文化意识加强，学术研究发展迅速。新时代学前教育学的学科发展应越来越多地融入中国特色，根据我国儿童的情况、文化特点和社会现实，汇集我国学前教育的经验，发展新时代具有中国特色的社会主义学前教育学。学前教育学的中国特色化、本土化可大大提高我国学前教育学学科体系的完整性，丰富我国的学术领域成就，并逐步建立一个具有中国特色的本土化的学前教育学学术系统。

经过 70 年的努力，我国的学前教育学已经从新中国成立时的势孤力薄发展形成今天学科相对独立、完整的局面，研究队伍从弱到强，研究成果从少到多，学科性质基本确立，基本理论和研究方法

初步形成，拥有了学前教育学的逻辑框架。但是从世界范围来看，我国的学前教育学还不够成熟，鲜有具中国特色、本土特色的学前教育学理论，尚未形成在中国特色社会主义条件下具有严密逻辑框架、完整基础理论的成熟学科。学前教育学要想成为获得国际学术界认可的成熟学科，中国特色化、本土化的加强则必不可少且迫在眉睫。中国特色社会主义学前教育学的新局面等待着所有学前教育工作者的共同努力开创。

四、强大团队，加强学科队伍建设

学科体系的建立离不开高素质、高水平专业研究队伍的努力。经过 70 年的积累，我国学前教育学虽已吸引了众多教育学界工作者乃至其他领域的研究者参与研究，但不可否认的是，我国目前的学前教育学还缺乏一支比较成熟的研究队伍，学前教育学学术领域争鸣不足，理论零散，人才分散，虽然许多高校有国家级研究院所、强大的教师队伍与高学历研究人才，但难以形成一个独立完整的人才系统，尚未建成强大的学术团队。

学术研究的发展与问题的发现和解决密不可分。我国是一个教育大国，具有人才基础庞大这一优势。新时代学前教育学的发展应改变研究队伍零散、学术理论分散的局面，建设强大的研究团队，且研究团队之间应互相借鉴和批判，从而促进学前教育学的学科发展。如今对学前教育学的研究存在许多重复劳动，因此新时代学前教育学研究需要去除冗杂，各研究团队应理论明确，避免重复的、无意义的研究。学前教育学研究的发展方向清晰，各团队研究任务、研究成果明确，则有助于学前教育学研究发现问题、改革创新。目前，我国已拥有一批高水平的研究者，如何建设高素质的队伍、建立高水平的学术学派，则是新时代我国学前教育学学科发展应解决的重要问题。

五、面向世界，加强学前教育学的国际学术交流

受社会历史的影响，相较于西方发达国家，我国的学前教育起步较晚，基础也比较薄弱。近代以来的学前教育学学科发展往往离不开国外先进理论的影响。在学术全球化的今天，学前教育学更应该拓宽视野，积极吸收国外的学前教育学研究经验。同时还应该注意，对国外的学前教育学理论不加辨别地照单全收是不可取的，要注意结合我国国情，对国外的理论加以改造，使之本土化、中国特色化，只有这样国外的理论才能对我国教育实践的发展具有积极意义。因此，要加强国际学术交流，防止仅单方面地学习，在吸收他国研究经验的同时积极表达自己的意见，做到双方合作、相互学习。

目前我国学前教育学的国际学术交流趋势良好、前景乐观，但深度和广度不足，尤其是单方面学习多而相互交流少。虽然这与我国学前教育学学科尚处于发展之中有关，但在学术全球化时代，国际学术交流的缺乏不利于我国学前教育学的发展。因此，加强国际学术交流在当下显得尤为重要。在交流中发现问题，将经验内化加以改造，才能有效促进我国学前教育学的发展，从而更好地促进我国学前教育的实践发展，为学前教育一线输送最科学、最先进的理论和方法。

主要参考文献

[1][奥]阿得勒:《儿童之教育》,张官廉,上海,中华书局,1937。

[2][法]孟丹尼:《孟氏幼稚教育法》,雷通群,上海,商务印书馆,1930。

[3][美]华特尔:《儿童心理学》,葛承训,上海,中华书局,1927。

[4][美]帕可:《儿童教育学》,谢颂羔、米星如,上海,上海协和书局,1924。

[5][美]皮开特·博润:《初期儿童教育》,董任坚,上海,中华书局,1933。

[6][美]乔治·S. 莫里森:《学前教育:从蒙台梭利到瑞吉欧(第十一版)》,祝
    莉丽、周佳、高波,北京,中国人民大学出版社,2014。

[7][日]关宽之:《儿童学原理》,俞寄凡,上海,中华书局,1935。

[8][日]关宽之:《儿童学(增订版)》,朱孟迁、邵人模、范尧深,上海,商务印
    书馆。1931。

[9][日]三田谷启:《儿童教养法》,戴建新,上海,商务印书馆,1930。

[10][日]松本喜一郎、山根熏:《学龄前幼儿教育》,李长声,长春,吉林人民
    出版社,1982。

[11][瑞典]爱伦凯:《儿童的教育》,沈泽民,上海,商务印书馆,1923。

[12][苏]阿瓦涅索娃等:《学龄前儿童教育》,杨挹敏等,北京,教育科学出版
    社,1984。

[13][苏]查包洛塞兹、马尔科廷:《学前教育学原理》,李子卓、余星南、杨慕
    之,北京,人民教育出版社,1984。

[14][苏]苏罗金娜:《学前教育学》,北京,人民教育出版社,1953。

[15][苏]亚德什科、索欣:《学前教育学》,北京师范大学外国教育研究所,北京,人民教育出版社,1981。

[16][英]罗素:《儿童教育原理》,谢曼,上海,新中国书局,1933。

[17]北京市教育科学研究所:《陈鹤琴教育文集》,北京,北京出版社,1983。

[18]卞红梅:《"学前教育学"教学实践改革的反思》,载《扬州教育学院学报》,2017(4)。

[19]蔡迎旗:《学前教育概论》,武汉,华中师范大学出版社,2006。

[20]曹淑棋:《建国以来我国幼儿教师教育课程体系变革研究》,硕士学位论文,山西师范大学,2015。

[21]陈蔷:《转变教育观、儿童观,深化幼儿教育改革》,载《学前教育研究》,1988(4)。

[22]陈华:《实际幼稚园学》,上海,商务印书馆,1926。

[23]陈济成、杨道弘:《幼稚教育学》,上海,上海幼稚师范学校丛书社,1935。

[24]陈文华:《中外学前教育史》,北京,科学出版社,2011。

[25]程秀兰:《基于实证视角的幼儿教育本质特征研究》,博士学位论文,陕西师范大学,2013。

[26]程秀兰:《幼儿教育本质的规定性及其意义》,载《学前教育研究》,2014(9)。

[27]崔爱林、赵红芳:《学前教育学》,北京,北京师范大学出版社,2018。

[28]单传英:《幼儿教育学》,长沙,湖南教育出版社,1983。

[29]丁海东:《当代学前教育的人文性缺失》,载《学前教育研究》,2005(1)。

[30]丁海东:《论学前教育的规律》,载《学前教育研究》,2009(7)。

[31]董吉贺:《学前教育学》,北京,北京大学出版社,2018。

[32]丰新娜、刘晶波:《1996—2006年我国学前教育领域关于"儿童发展"选题的研究状况与分析——基于三所高校硕士、博士学位论文的研究》,载《学前教育研究》,2007(11)。

[33]冯晓霞:《幼儿园教师的专业知识》,载《学前教育研究》,2012(10)。

[34]冯晓霞:《幼儿园课程》,北京,北京师范大学出版社,2000。

[35]傅建明、虞伟庚:《学前教育原理(第二版)》,上海,复旦大学出版社,2016。

[36]傅建明：《学前教育学》，北京，中央广播电视大学出版社，2007。

[37]葛承训：《师范学校幼稚教育》，南京，正中书局，1935。

[38]郭忠玲：《浅谈以实践性为导向的"学前教育学"课程改革》，载《教育探索》，2013(1)。

[39]果林：《"母爱"不能作为儿童教育的指导原则》，载《人民教育》，1963(11)。

[40]郝建英、卓萍：《学前教育简史》，北京，高等教育出版社，2015。

[41]何晓夏：《学前教育史》，北京，高等教育出版社，2014。

[42]胡金平、周采：《中外学前教育史》，北京，高等教育出版社，2011。

[43]胡静：《我国幼儿园课程研究现状与走向》，载《四川教育学院学报》，2012(6)。

[44]华东七省市、四川省幼儿园教师进修教材协编委员会：《幼儿教育学》，上海，上海教育出版社，1987。

[45]黄人颂：《学前教育学》，北京，人民教育出版社，1989。

[46]黄爽、霍力岩、姜珊珊等：《学前教育学：理论与实践》，上海，华东师范大学出版社，2017。

[47]姜勇：《理论困境与学前教育学的实践转向》，载《学前教育研究》，2008(1)。

[48]姜勇、邓素文：《本土困境与学前教育学的文化转向》，载《学前教育研究》，2008(4)。

[49]姜勇：《国外学前教育学基本文献讲读》，北京，北京大学出版社，2013。

[50]蒋雅俊：《对学前教育史研究的三种认识及其学术价值》，载《学前教育研究》，2011(6)。

[51]蒋雅俊：《论中国学前课程的历史演变》，硕士学位论文，南京师范大学，2006。

[52]柯亮：《基于应用型人才培养的学前教育专业〈学前教育学〉课程考核模式改革探究》，载《陕西学前师范学院学报》，2017(8)。

[53]李克勤、罗先华：《学前教育价值体系建构初探》，载《学前教育研究》，2008(5)。

[54]李克勤、张晓辉：《学前教育价值研究综述》，载《当代教育论坛(校长教育研究)》，2008(1)。

[55]李少梅：《学前教育原理》，北京，高等教育出版社，2016。

[56]李生兰：《学前教育学》，上海，华东师范大学出版社，1999。

[57]李召存：《以儿童为本：走向"为了儿童"与"基于儿童"的整合》，载《学前教育研究》，2015(7)。

[58]梁志燊、陈俊恬、瞿金凤等：《学前教育学》，北京，北京师范大学出版社，1990。

[59]梁志燊：《学前教育学》，北京，北京师范大学出版社，1990。

[60]梁志燊：《学前教育学》，北京，北京师范大学出版社，1995。

[61]梁志燊：《学前教育学》，北京，北京师范大学出版社，1998。

[62]刘晶波、孙永霞、王磊：《1996—2006年我国学前教育领域关于"教师选题"的研究状况与分析——基于三所高校硕士、博士学位论文的研究》，载《学前教育研究》，2007(10)。

[63]刘铁芳、颜桂花：《基于生命立场的儿童教育：理想与实践路径》，载《学前教育研究》，2015(4)。

[64]刘小青：《日本学前教育》，北京，文化艺术出版社，2017。

[65]刘晓东：《从学习取向到成长取向：中国学前教育变革的方向》，载《学前教育研究》，2006(4)。

[66]刘晓东：《儿童教育新论》，南京，江苏教育出版社，1998。

[67]刘晓东：《儿童文化与儿童教育》，北京，教育科学出版社，2006。

[68]刘晓东：《学前教育理论发展存在的问题与未来的路向》，载《教育学报》，2010(5)。

[69]刘晓东、卢乐珍：《学前教育学》，南京，江苏教育出版社，2004。

[70]刘彦华、但菲：《中外学前教育史》，北京，科学出版社，2010。

[71]刘焱：《对我国学前教育几个基本问题的探讨——兼谈我国学前教育未来发展思路》，载《教育发展研究》，2009(8)。

[72]刘焱：《幼儿教育概论》，北京，中国劳动社会保障出版社，1999。

[73]刘占兰：《幼儿园教师的专业能力》，载《学前教育研究》，2012(11)。

[74]卢勃：《学前教育学》，北京，清华大学出版社，2014。

[75]罗若飞：《近现代学前教育发展趋势及其对学前教育专业建设的启示》，载

《黑龙江高教研究》，2013(11)。

[76]孟丽美：《改革开放以来我国幼儿园课程改革的历史审视》，硕士学位论文，
     西南大学，2007。

[77]苗曼：《论学前教育的学前性》，载《教育发展研究》，2017(24)。

[78]女铎报社：《儿童教育学·第一辑》，上海，广学会，1937。

[79]潘冬芳：《对学前教育研究的思考》，载《学前教育研究》，1994(3)。

[80]潘华：《学前教育学》，合肥，安徽教育出版社，2012。

[81]潘洁：《当前学前教育中的几个理论问题》，载《华东师范大学学报(教育科
     学版)》，1984(3)。

[82]庞丽娟、胡娟、洪秀敏：《当前我国学前教育事业发展的问题与建议》，载
     《学前教育研究》，2002(1)。

[83]庞丽娟：《中国教育改革 30 年学前教育卷》，北京，北京师范大学出版
     社，2009。

[84]人民教育出版社幼儿教育室：《幼儿教育学》，北京，人民教育出版社，
     1987 年。

[85]商玉兰：《中外学前教育史》，大连，辽宁大学出版社，2014。

[86]石辉：《儿童的"理论"：危机与拯救》，硕士学位论文，湖南师范大
     学，2011。

[87]石筠弢：《学前教育课程论》，北京，北京师范大学出版社，1999。

[88]石筠韬：《我国学前教育价值取向探微》，载《学前教育研究》，1997(6)。

[89]石中英：《论教育学的文化性格》，载《教育研究》，2002(3)。

[90]司卫宁：《我国学前教育研究的热点及前沿研究——基于 CNKI 数据库
     2005—2015 年文献关键词可视化及共现词频分析》，载《绥化学院学报》，
     2017(2)。

[91]孙铭勋：《幼稚教育》，上海，大华书局，1933。

[92]孙喜亭：《中国教育学近 50 年来的发展概述》，载《教育研究》，1998(9)。

[93]孙晓轲：《关于学前教育学历史使命的思考》，载《幼儿教育(教育科学版)》，
     2008(7、8)。

[94]唐安奎：《学前教育学》，重庆，西南交通大学出版社，2012。

[95]唐淑、钱雨、杜丽静等:《中华人民共和国幼儿教育 60 年大事记(上)》,载《学前教育研究》,2009(9)。

[96]唐淑、钱雨、杜丽静等:《中华人民共和国幼儿教育 60 年大事记(下)》,载《学前教育研究》,2009(10)。

[97]唐淑、钟昭华:《中国学前教育史》,北京,人民教育出版社,1993。

[98]唐淑:《学前教育史》,北京,人民教育出版社,2007。

[99]唐淑:《学前教育思想史》,北京,人民教育出版社,2009。

[100]田景正、杨佳:《中外学前教育史》,北京,北京师范大学出版社,2014。

[101]田景正、张传燧、路雪:《外国学前教育引进与 20 世纪下半期中国学前教育变革》,载《河北师范大学学报(教育科学版)》,2007(3)。

[102]田景正、张建国:《略述近代以来中国学前教育团体的贡献及启示》,载《学前教育研究》,2003(9)。

[103]田景正:《学前教育史》,长沙,湖南大学出版社,2015。

[104]王标:《中国学前教育的形成与发展述论》,硕士学位论文,福建师范大学,2007。

[105]王炳照、秦学智:《陈鹤琴学前教育思想的传播文化渊源》,载《学前教育研究》,2006(3)。

[106]王春燕:《百年中国幼儿园课程改革的回顾与反思》,载《幼儿教育》,2004(5)。

[107]王春燕:《中国学前课程百年发展、变革的历史与思考》,博士学位论文,南京师范大学,2003。

[108]王春燕:《中国学前课程百年发展变革的特点与启示》,载《教育研究》,2008(9)。

[109]王大林、王文骊:《九十年代我国学前教育研究论文统计分析》,载《学前教育研究》,1998(6)。

[110]王芳:《我国幼儿师范教育改革的基本趋势和问题分析》,载《学前教育研究》,2009(6)。

[111]王逢贤:《儿童:一个仍待揭开的奥秘——为〈儿童观及其时代性转换〉一书代序》,载《学前教育研究》,2007(4)。

［112］王国维：《论幼稚园之原理》，载《学部官报》，1909(90)。

［113］王建华：《学前教育学、普通教育学、高等教育学与教育学关系刍议——兼论教育学的未来》，载《学前教育研究》，2007(4)。

［114］王骏声：《幼稚园教育》，上海，商务印书馆，1927。

［115］王玲艳：《建国以来我国幼儿教育重要文献关注的若干重大话题分析》，载《学前教育研究》，2008(3)。

［116］王泰然：《从用"童心"爱"童心"说起》，载《人民教育》，1963(10)。

［117］王小溪：《学前教育学》，南京，东南大学出版社，2016。

［118］王颖蕙：《关于幼师院校"学前教育学"课程教学改革的思考》，载《成都大学学报(教育科学版)》，2008(2)。

［119］王玉荣：《学前教育学》，大连，大连理工大学出版社，2017。

［120］王昭君、余咏梅：《试论陈鹤琴"活教育"对我国儿童教育的启示》，载《兰州教育学院学报》，2017(10)。

［121］魏军：《我国幼儿教师政策变迁的文本分析》，载《学前教育研究》，2009(6)。

［122］吴黛舒：《文化学和教育学中的"文化"研究》，载《华东师范大学学报(教育科学版)》，2005(3)。

［123］夏婧：《学前儿童教育学》，北京，清华大学出版社，2016。

［124］夏巍、张利洪：《近二十余年我国学前教育学教材的内容分析》，载《四川教育学院学报》，2012(10)。

［125］向海英：《课程创生：学前教育课程改革的必然选择》，载《学前教育研究》，2007(6)。

［126］肖全民：《学前教育原理》，北京，北京师范大学出版社，2017。

［127］徐松石：《实用儿童教育学》，上海，广学书局，1921。

［128］徐旭荣：《学前教育学》，北京，人民邮电出版社，2015。

［129］闫引堂：《"教育学中国化"命题之再认》，载《教育研究与实验》，2005(2)。

［130］杨敏、田景正：《中国学前教育课程发展历程分析及其启示》，载《学前教育研究》，2012(11)。

［131］杨明权：《关于加强宏观学前教育学研究的思考》，载《陕西教育学院学报》，2011(4)。

[132]杨宁：《儿童是人类之父——从进化心理学看人类个体童年期的本质》，载《华南师范大学学报(社会科学版)》，2003(5)。

[133]杨琴、李姗泽：《我国学前教育研究的现状与展望——基于学前教育博士学位论文的统计与分析》，载《江汉大学学报(社会科学版)》，2016(5)。

[134]杨晓萍、李静：《学前教育学》，重庆，西南师范大学出版社，2011。

[135]姚伟：《以人的方式理解儿童——儿童观的方法论思考》，载《学前教育研究》，2003(5)。

[136]姚伟：《学前教育学》，北京，中国人民大学出版社，2018。

[137]叶平枝：《开创新世纪学前教育学科建设的新局面——"高校学前教育专业学科建设学术研讨会暨中国学前教育研究会学术委员会扩大会议"纪要》，载《学前教育研究》，2004(5)。

[138]于京天：《对学前教育研究自身去向的思考》，载《学前教育研究》，1994(2)。

[139]于述胜：《探寻中国教育研究的民族话语》，载《当代教育科学》，2004(23)。

[140]虞永平：《学前教育的价值审视》，载《中国社会科学报》，2009(11)。

[141]虞永平：《学前课程的多视角透视》，南京，江苏教育出版社，2006。

[142]虞永平：《学前课程价值论》，南京，江苏教育出版社，2002。

[143]虞永平：《幼儿教育观新论》，北京，人民教育出版社，2006。

[144]虞永平、张辉娟、钱雨等：《幼儿园课程评价》，南京，江苏教育出版社，2006。

[145]虞永平：《学前教育学》，南京，江苏教育出版社，1996。

[146]虞永平：《学前教育学自学辅导》，苏州，苏州大学出版社，2001。

[147]袁昂、郭祖超：《幼稚教育》，上海，世界书局，1933。

[148]岳亚平：《学前教育原理》，北京，高等教育出版社，2014。

[149]张传燧、田景正、路雪：《外国学前教育引进与20世纪上半期中国学前教育变革》，载《河北师范大学学报(教育科学版)》，2007(1)。

[150]张利洪、李静：《学前教育学的研究对象》，载《学前教育研究》，2011(9)。

[151]张文昌：《儿童教育》，上海，世界书局，1934。

[152]张雪门：《新幼稚教育》，上海，上海儿童书局，1934。

［153］张雪门：《幼稚教育新论》，上海，中华书局，1936。

［154］张雪门：《幼稚园教育概论》，上海，商务印书馆，1931。

［155］张雪门：《蒙台梭利与其教育》，上海，世界书局，1929。

［156］张雪门：《幼稚园学理与实施》，北京，北平香山慈幼院，1929。

［157］张燕：《中国近年学前教育研究的新进展》，载《学前教育研究》，1994(6)。

［158］张媛、蔡建东：《中国学前教育研究二十年——基于〈学前教育研究〉的文献计量分析》，载《学前教育研究》，2014(1)。

［159］张宗麟：《幼稚教育》，上海，中华书局，1932。

［160］张宗麟：《幼稚教育概论》，上海，中华书局，1928。

［161］赵南：《学前教育学在我国的发展定位及其对学前教育事业的影响》，载《教师发展研究》，2018(15－16)。

［162］赵宗预：《美国幼稚教育》，上海，中国图书公司和记，1917。

［163］郑传芹：《学前教育原理》，北京，高等教育出版社，2017。

［164］郑健成：《学前教育学》，上海，复旦大学出版社，2007。

［165］郑三元、张建国：《学前教育学》，长沙，湖南大学出版社，2015。

［166］郑玉衡、范喜庆：《学前教育史》，上海，复旦大学出版社，2009。

［167］郑玉莲、徐莎：《近十年中国学前教育研究：数量和研究主题的变化分析》，载《贵州师范学院学报》，2015(7)。

［168］中国学前教育研究会：《百年中国幼教(1903—2003)》，北京，教育科学出版社，2003。

［169］周菁菁：《十年来我国学前教育理论研究文献综述》，载《当代教育理论与实践》，2015(2)。

［170］朱家雄：《幼儿园课程》，上海，华东师范大学出版社，2003。

［171］朱智贤：《"全面发展因材施教"的方针是符合个性发展的客观规律的》，载《人民教育》，1956(9)。

［172］朱智贤：《中国儿童教育心理学三十年》，载《教育研究》，1979(4)。

［173］朱宗顺：《百年中国学前教育史研究的回顾与展望》，载《教育研究与实验》，2005(3)。

［174］朱宗顺、陈文华：《学前教育学》，北京，北京师范大学出版社，2012。

附　录　本学科发展大事记①②

1949 年

11 月，中央人民政府教育部成立，在初等教育司内设置幼儿教育处。

12 月，教育部召开第一次全国教育会议，确定："教育必须为国家建设服务，教育必须向工农开门"的教育工作总方针，指出必须"以老解放区新教育经验为基础，吸取旧教育某些有用的经验，特别要借助苏联教育建设的先进经验。"

1950 年

9 月，苏联幼儿教育专家戈林娜被聘请为中央教育部幼儿教育顾问；1954 年，由马努依连柯继任。两位幼教专家通过指导幼儿园的教育、教学实验及培训各级师资，广泛传播苏联的幼教理论和实践。

---

① 唐淑、钱雨、杜丽静等：《中华人民共和国幼儿教育 60 年大事记（上）》，载《学前教育研究》，2009(9)。

② 唐淑、钱雨、杜丽静等：《中华人民共和国幼儿教育 60 年大事记（下）》，载《学前教育研究》，2009(10)。

1951 年

年初，教育部、内务部、全国妇联根据政务院、教育部的相关政策文件，开展了对外国人在我国设立的孤儿院、慈幼院、育婴堂等慈善机构的接收工作。

6 月，《人民教育》杂志发表中央教育部幼儿教育处处长张逸园的《对幼稚教育工作的几点意见》，文章提出"新的幼稚园教学原则"是"全面发展"，"培养学龄前儿童在生理上、意识上、行动上得到正确的成长、发展和变化，使他们的身体、智力、道德习惯及爱美观点等得到全面的发展"。

8 月，第一次全国初等教育及师范教育会议通过了《幼儿园暂行规程（草案）》和《幼儿园暂行教学纲要（草案）》，并明确规定废除单元教学和不进行识字教育是改造旧幼儿园教育的两个重点内容。

10 月，《政务院关于改革学制的决定》公布施行，新学制明确规定"实施幼儿教育的组织为幼儿园"，确定了幼儿园教育为我国学制的第一个环节。

该年，陶行知的"生活教育"和陈鹤琴的"活教育"遭到批判，《人民教育》组织了批判"活教育"的专栏，并出版了批判"活教育"的专集。

1952 年

2 月，幼教处处长张逸园在《人民教育》发表《新中国幼儿教育的基本情况和方针任务》一文，指出"单元教学"对社会发展起着破坏性作用。

3 月，中央人民政府正式颁发《幼儿园暂行规程（草案）》，对幼儿园的任务、目标、学制、设置、领导、教养原则、教养活动项目、组织会议制度、经费、设备等做出规定，指出幼儿园的任务是"根据新民主主义教育方针教育幼儿，使他们的身心在入小学前获得健全的发育；同时减轻母亲对幼儿的负担，以便母亲有时间参加政治生活、生产劳动、文化教育活动等"。幼儿园教师被称为教养员。全国幼儿园由 1949 年前的 0.13 万所增至 0.65 万所，增加了 4 倍。

教育部正式颁布《幼儿园暂行教学纲要（草案）》，规定了体育、语言、认识环境、图画手工、音乐、计算的目标要求、教材大纲、教学要点和设备要点等，奠定了分科教学模式的基础。

7 月，教育部颁发《关于高等师范学校的规定（草案）》，指出教育系应分设学前教育组，培养中等幼儿师范学校的教师。当时全国高师有学前教育专业的共两所，分别是北京师范大学院和南京师范学院。

教育部颁发《师范学校暂行规程（草案）》，规定"培养幼儿园的师资"是师范学校的任务之一，培养幼儿园师资的学校称为幼儿师范学校。此时全国共有两所幼儿师范学校。

9 月，根据教育部《关于接办私立中、小学的指示》精神，一批私立幼儿园改为公立幼儿园，如南京陈鹤琴主办的鼓楼幼稚园、重庆刘文兰主办的景德幼稚园等。

1953 年

6 月，教育部召开第二次全国教育工作会议，指出幼教机构"也要从实际出发，在整顿巩固的基础上有计划有重点地发展"。

该年，苏联苏罗金娜的《学前教育学》、查包洛塞兹的《幼儿心理学》等几十种书籍陆续翻译出版，它们成为我国师范院校学前教育专业的主要教学用书，对我国幼儿教育影响极大。

1954 年

9 月，《中华人民共和国宪法》规定："儿童受国家的保护。"

10 月，由教育部举办的京津两市幼儿园教养员工作经验交流会揭开了总结幼教工作经验的序幕，会后出版了《京津幼儿园教养员工作经验集》。

该年，教育部委托北京师范大学教育系学前教育专业教研室组织各层次幼教工作者编写《幼儿园教育工作指南（初稿）》。

1955 年

1 月，国务院发布《教育部关于工矿、企业自办中、小学和幼儿园的规定》。

1956 年

2 月，《教育部、卫生部、内务部关于托儿所幼儿园几个问题的联合通知》发布，对托儿所、幼儿园的领导管理问题做了明确的规定：托儿所和幼儿园应依儿童的年龄来划分；托儿所和幼儿园由卫生部和教育部分别领导；事业发展应按照"全面规划，加强领导"和"又多、又快、又好、又省"的方针；等等。

2 月，教育部颁发《师范学院教育系幼儿教育专业暂行教学计划》。此时，高等师范院校学前教育专业增加了两处：东北师范大学、华中师范学院。

5 月，教育部颁发《幼儿师范学校教学计划》，此时全国已有 21 所幼儿师范学校。

6 月，教育部发布《关于大力培养小学教师和幼儿园教养员的指示》。

9 月，中央人民广播电台开始为学龄前儿童举办《小喇叭》专题节目。

11 月，教育部颁发《关于幼儿园幼儿的作息制度和各项活动的规定》，要求幼儿园"严格执行"，以利于"贯彻全面发展的幼儿教育方针"。

11 月，教育部颁发了《关于组织幼儿教育义务视导员进行视导工作的办法》。

该年，我国出版了《幼儿园自制玩具教具介绍》一书，对在有限
经济条件下的幼教机构充实玩具以促进幼儿发展起了实践性的指导
作用。

1957 年

9 月，由教育部幼儿教育处主办的季刊《学前教育》正式公开发
行，出版 4 期后于 1958 年 8 月停刊。

1958 年

9 月，《中国共产党中央委员会、国务院关于教育工作的指示》提
出，全国应在三到五年的时间内基本完成使大多数学龄前儿童都能
入托儿所、幼儿园的任务。

12 月，中共八届六中全会通过的《关于人民公社若干问题的决
议》提出，公社"要办好托儿所和幼儿园，使每一个孩子比在家里生
活得好、教育得好"，由父母决定孩子是否需要寄宿，等等。

该年，幼教事业和其他方面一样出现了冒进的局面：全国幼儿
园从 1957 年的 1.6 万所猛增至 1958 年的 69 万所，1960 年又增至 78
万所。幼儿师范学校也由 1957 年的 20 所增至 1960 年的 89 所。高
师学前教育专业则增至 10 多所。另一方面，对陈鹤琴的思想做了进
一步批判，把《幼儿园教育工作指南（初稿）》定性为资产阶级方向，
造成了学术思想上的混乱。

1961 年

1 月，中共八届九中全会决定对国民经济实行"调整、巩固、充
实、提高"的方针。经过整顿，幼儿园减至 6 万所。幼儿师范学校减
至 35 所。高等师范院校学前教育专业全部停止招生。教育部幼教处

被撤销。

1965 年

幼儿园稳定在 1.9 万所，幼儿师范学校稳定在 19 所。

1966—1976 年

"文化大革命"使幼儿教育事业惨遭重创。至 1973 年，在计划生育工作等的推动下，幼儿园增至 4.6 万所，到 1976 年又增至 44 万所；而幼儿师范学校却只剩下 1 所。极个别的高等师范院校学前教育专业仍在培养师资，如南京师范学院。

1978 年

教育部在普通教育司设立幼教特教处，孙岩任处长。失去国家机关专职领导已达 17 年之久的幼教事业又有了行政领导机构。此时全国幼儿园数已调整为 16.4 万所。

7 月，国务院批准重建中央教育科学研究所，设置了幼儿教育研究室，这是我国第一个国家级幼儿教育研究机构。

10 月，教育部颁发《关于加强和发展师范教育的意见》，幼儿师范学校和高等师范院校学前教育专业陆续恢复招生。

12 月，教育部、国家计委下发《关于评选特级教师的通知》，将"幼儿园的教养员"和"长期从事幼儿教育工作、领导教学工作有特长的幼儿园主任"列为评选对象。

1979 年

3 月，教育部、中国社会科学院在北京联合召开第一次全国教育科学规划会议，并将学前教育纳入国家教育科学规划。从"七五"规划开始，学前教育有了独立的研究课题。陈鹤琴先生虽因病未能参加，但递交了关于发展幼儿教育的建议书；同年，他被推选为中国教育学会名誉会长，其现代教育家的地位得到恢复。

6月，第五届全国人民代表大会第二次会议上的《政府工作报告》指出："要十分重视发展托儿所、幼儿园，加强幼儿教育。"

7月，教育部、卫生部、劳动总局、全国总工会等单位联合召开全国托幼工作会议，成立了托幼工作领导小组，各省（自治区、直辖市）也先后设立了相应的托幼工作领导机构。

10月，中共中央、国务院转发《全国托幼工作会议纪要》。该文件对加强领导、经费工资、事业发展、保教队伍、保教质量等方面提出了指导性意见，起到了拨乱反正的作用。

11月，中国教育学会幼儿教育研究会在南京正式成立，并召开第一届年会。这是我国幼儿教育领域第一个全国群众性的学术研究团体。陈鹤琴当选为名誉理事长，左淑东为理事长。

11月，教育部颁布《城市幼儿园工作条例（试行草案）》，对学前教育发展方针、教育目标、内容和管理制度做了详尽的规定，以指导幼儿园工作人员把握方向、分辨是非，较为迅速地恢复幼儿园的正常工作秩序。

该年，中央教科所幼儿教育研究室启动了"3～6岁幼儿言语发展特点的调查研究"，由史慧中主持，全国十个省（自治区、直辖市）协作。此课题是全国教育科学"六五"规划重点课题"儿童心理发展与教育"（朱智贤教授主持）的子课题，总课题成果被评为全国首届教育科学研究优秀成果一等奖。

1980 年

4月，教育部、全国总工会发出《关于组织优秀教师暑期休养的联合通知》，包括幼儿园优秀教师在内的 108 名代表被选派至青岛休养，幼儿园教师获得国家空前的尊重和爱护。

8 月，《教育部关于办好中等师范教育的意见》颁发，指出"幼儿教育是整个学校教育的基础"，要"积极办好幼儿师范教育"，要"做好幼儿师范学校的发展规划"。

10 月，教育部颁布《幼儿师范学校教学计划试行草案》。这是 1968 年后教育部颁发的第一个幼儿师范学校教学计划。此时全国已有幼儿师范学校 28 所。

10 月，卫生部、教育部颁发《托儿所、幼儿园卫生保健制度（草案）》。

11 月，卫生部颁发《城市托儿所工作条例（试行草案）》，确定了我国的托儿所制度，明确了托儿所的性质。此时，幼儿园数为 17 万所，该规模一直保持到 20 世纪 90 年代中期。

1981 年

6 月，卫生部颁布《三岁前小儿教养大纲（草案）》。这是中华人民共和国成立后首次就 0～3 岁儿童的集体教育工作做出明确规范。该文件在提高托儿所的保教质量方面发挥了重要的指导作用。

10 月，教育部发布《幼儿园教育纲要（试行草案）》。这是改革开放后第一个幼儿园课程标准，使幼儿园教育有章可循，起到了拨乱反正、提高教育质量的作用。颁布该文件的同时，教育部组织编写了幼儿园教材，共七类九册，这是中华人民共和国成立以来第一次全国统编幼儿园教材。

11 月 30 日—12 月 1 日，第五届全国人民代表大会第四次会议召开，《政府工作报告》指出："要培训大批合格的幼儿教师，使更多的学龄前儿童能够进入幼儿园，并且能够得到适应他们身心特点的教育。"

1982 年

我国教育部与联合国儿童基金会"学前教育师资培训"项目启动，

1982—1984 年的第一期由南京师范学院执行。

11 月，第五届全国人民代表大会第五次会议上的《关于第六个五年计划的报告》明确提出："要注意发展学龄前教育，加强师范教育"。

12 月，第五届全国人民代表大会第五次会议上正式通过并颁布的《中华人民共和国宪法》规定："国家举办各种学校，普及初等义务教育，发展中等教育、职业教育和高等教育，并且发展学前教育。"以宪法的形式确定了国家发展学前教育。

1983 年

1 月，教育部颁布的《关于加强小学在职教师进修工作的意见》提出："必须建立一支又红又专的合格的教师队伍，各地要制定培训幼教师资的规划。"

6 月，第六届全国人民代表大会第一次会议通过的《政府工作报告》指出："幼儿教育十分重要，要有计划地发展，并且从办好幼儿师范抓起，逐步加以整顿和提高。"

9 月，教育部发布《关于发展农村幼儿教育的几点意见》，提出必须坚持"两条腿走路"的方针，创造条件、有计划地发展农村教育，并指出要积极恢复和发展教育部门在农村办的幼儿园，采取多种形式开办幼儿园，短期内要在基础好的地方基本满足学前一年幼儿入园的要求；同时，文件针对幼儿教师队伍建设提出了一些具体要求，有力推动了农村学前教育事业的发展。

9 月，南京师范大学教育科学研究所与南京市实验幼儿园合作进行了"幼儿园综合教育课程研究"，该项目由南京师范大学赵寄石教授主持，其成果获全国教育科学研究优秀成果二等奖。

11 月，北京师范大学卢乐山教授等中国代表参加了在印度新德里召开的亚非儿童游戏研讨会，并展示了中国玩具。

1984 年

中央教科所佟静洋主持了"我国幼儿形态、机能、基本体育活动能力的调查研究"项目,与全国 16 个省(自治区、直辖市)协作进行,该课题成果获全国教育科学研究优秀成果一等奖。

北京师范大学学前教育专业开始招收和培养硕士研究生,标志着我国高校(除港澳台地区的高校外)学前教育专业研究生教育开启。

1985 年

5 月,北京师范大学成立了中国第一个儿童心理研究所(后于 1987 年更名为发展心理研究所),并创办了我国第一份公开发行的儿童心理和教育学术杂志《心理发展与教育》。

5 月,教育部颁发《幼儿师范学校教学计划》。自此,学前教育界常说的"三学六法"结构定型。教育部在颁发该计划的通知中说明,各地可根据本地区实际情况对教学计划做适当调整,同时允许有条件、有基础的学校自行拟定教学计划、进行改革试验。这是中华人民共和国成立以来教育部首次对中等幼儿师范学校的课程设置放权。

7 月,受教育部委托,南京师范大学在江苏省连云港市举办了第一届高校学前教育专业教师培训班,与会者达 60 多人。

12 月,卫生部印发《托儿所、幼儿园卫生保健制度》。

该年,教育部与联合国儿童基金会"学前教育师资培训"合作项目第二期(1985—1990 年)的执行单位扩大为 8 所高校和 17 所幼儿师范学校。

该年,由中央教育科学研究所史慧中研究员主持的全国教育科学"七五"规划研究项目"如何适应我国新时期的特点提高幼教质量"得到了加拿大国际发展研究中心的资助,参加了国际教育成就评价协会学前教育项目(简称 IEAPPP),全国十个省(自治区、直辖市)参加调查,其成果获全国教育科学研究优秀成果一等奖。

1986 年

5 月，中央职称改革工作领导小组转发了国家教委《中小学教师职务试行条例》。该条例规定幼儿园教师和小学教师同样可以评定职称。

6 月，《国家教育委员会关于进一步办好幼儿学前班的意见》颁布，对学前班的办班指导思想、教育活动的内容与组织、教师培训、办班条件、领导和管理等方面做出了明确、细致的规定。该文件倡导因地制宜、利用现有教育资源发展学前教育的新思路，推动了农村学前教育事业健康、稳步发展。

9 月，中国中小学幼儿教师奖励基金会成立。基金会在成立后奖励了许多优秀的幼儿园教师，对教师队伍建设起了很大的推动作用。

10 月，《国家教育委员会关于幼儿园教师考核的补充意见》发布，指出不具备国家规定合格学历的幼儿园教师参加《教材教法考试合格证书》和《专业合格证书》的考试，原则上按照《中小学教师考核合格证书试行办法》的规定执行。这些规定为幼儿园教师评定职称打下了基础，极大地调动了幼儿园教师专业发展的积极性。

11 月，中国代表胡润琴、贾淑勤、赵寄石参加了联合国教科文组织召开的巴黎国际幼教专家会议，会议的议题是"低费用多途径发展幼儿教育"。中国代表向大会提交了书面报告，建议开展"农村幼儿保教结构的探索""0～3 岁婴幼儿保教机构的探索""普及家长教育""独生子女保教的探讨"等研究课题。

1987 年

1 月，中国教育学会幼儿教育研究会与湖南长沙师范学校联合创办《学前教育研究》，作为研究会会刊。

3 月，劳动人事部、国家教委颁发了《全日制、寄宿制幼儿园编制标准（试行）》。

9 月，城乡建设环境保护部、国家教育委员会发布《托儿所、幼儿园建筑设计规范》。

10 月，全国第一次幼儿教育工作会议在北京召开，会议讨论了学前教育事业的发展方针、指导思想、师资队伍建设及加强领导和管理等问题，对理顺关系、明确分工、加强领导、积极发展学前教育具有极为重要的意义。

10 月，国务院办公厅转发了国家教育委员会等部门《关于明确幼儿教育事业领导管理职责分工的请示》，规定幼儿教育事业"必须在政府统一领导下"，遵循"地方负责，分级管理"和"各有关部门分工负责"的原则；并明确了各部门的职责分工，还规定幼儿园的行政领导由主办单位负责。这便调动了各部门管理学前教育工作的积极性，加强了各部门对学前教育的领导。

1988 年

8 月，国务院办公厅转发国家教委、国家计委等八个部门《关于加强幼儿教育工作的意见》。该文件内容包括多渠道、多形式发展学前教育事业，建立合格的师资队伍，深化教育改革，提高质量，明确职责，加强领导，等等。

9 月，在布拉格举行的 OMEP 理事会上，我国被接受成为正式会员，成立了 OMEP 中国委员会。该组织是与联合国教科文组织有咨询关系的非政府机构。

9 月，世界未来研究联合会第十届大会在北京召开。此届大会是由该联合会与中国科学院、中国社会科学院等单位共同主办的。大会主题是：发展的未来——文化、经济、科学、政治展望。项宗萍、方意英和赵寄石应邀出席了此次大会。会上，我国代表简要介绍了对中国独生子女的调查研究情况。大会提出了以下宣言："创造真正有利于儿童发展的社会环境；承认并利用儿童对社会的贡献。"

10 月，国家教委发布《关于进一步办好职业高中幼师专业的意见》，肯定了职业高中办幼师专业是培养幼儿教师的一条重要渠道，文件内容涉及职业高中幼师班的教学计划、办学条件、招生就业等。

1989 年

6 月，国家教育委员会发布《幼儿园工作规程（试行）》，1990 年 2 月 1 日起施行。

8 月，国务院批准了《幼儿园管理条例》，这是中华人民共和国第一个学前教育行政法规。它明确了地方人民政府发展和管理学前教育的职责，并首次以教育法规的形式提出"国家实行幼儿园登记注册制度""各级教育行政部门应当负责监督、评估和指导幼儿园的保育教育工作"。从此，学前教育的评估工作在全国展开。各省（自治区、直辖市）依照中央颁布的各项法规、制度，制定了适合本地的评估标准。

10 月，国家教委在南京主办了幼儿教育国际研讨会，来自美国、英国、苏联、日本、澳大利亚以及中国（含台湾和香港地区）的 145 名专家学者围绕幼儿园课程进行了交流和探讨。这是我国举办的第一个幼教国际会议，是大陆和台湾幼教专家学者在新中国成立后的首次聚会和交流。

1990 年

8 月，中国常驻联合国大使代表中华人民共和国政府签署了《儿童权利公约》，中国成为第 105 个签约国，该公约于 1992 年 4 月 2 日对中国正式生效，为保护儿童提供了明确系统的法律依据，同时也是我国未成年人权益保护法律体系的关键。

由教育部幼教处处长朱慕菊主持的"幼儿园与小学衔接的研究"

于 1990 年开启,该项目系与联合国儿童基金会的合作项目,在全国共有 8 个城乡实验点,选择了共 32 所小学和幼儿园作为实验班和对比班,其成果包括"幼儿园与小学衔接的研究"丛书共 7 册,由中国少年儿童出版社出版。

1991 年

4 月,国家教委发布《教育督导暂行规定》,明确规定幼儿教育属于教育督导的对象。

6 月,国家教委发布《关于改进和加强学前班管理的意见》,重申学前班的性质和举办原则等。

6 月,《国家教委办公厅关于加强幼儿园安全工作的通知》发布,强调要本着对国家、民族、家长高度负责的精神重视幼儿园的安全工作。

9 月,第七届全国人大常委会第二十一次会议通过了《中华人民共和国未成年人保护法》,自 1992 年 1 月 1 日起施行。这是我国第一部全面保护未成年人权益的国家法律,是我国未成年人保护工作步入法治化轨道的标志。

1992 年

2 月,国务院颁发《九十年代中国儿童发展规划纲要》。这是我国政府对 1989 年 11 月第 44 届联合国大会通过的《儿童权利公约》所做出的承诺。该文件由国务院妇女儿童工作协调委员会编制,内容包括 20 世纪 90 年代我国儿童生存、保护和发展的主要目标、策略与措施、领导与监测等。

5 月,国家教委办公厅印发《关于在幼儿园加强爱家乡、爱祖国教育的意见》。

10 月,江泽民同志在中国共产党第四次全国代表大会的报告中提出："鼓励多渠道、多形式社会集体办学和民间办学，改变国家包办教育的做法。"

12月，国家教委发布《幼儿园玩教具配备目录》，提供了幼儿园玩教具种类、数量、规格等方面的配备目录，为幼儿园配备玩教具提供了指导。

该年，中国教育学会幼儿教育研究会升格为国家一级学会，并更名为中国学前教育研究会，理事长为孙岩。

1993 年

2月，中共中央、国务院印发《中国教育改革和发展纲要》，规定幼儿教育的发展目标："大中城市基本满足幼儿接受教育的要求，广大农村积极发展学前一年教育。"

5月，联合国儿童基金会和国家教委在广东江门联合举办"幼儿的教育与发展——向九十年代挑战"国际研讨会，参加会议的有来自澳大利亚、美国等国家以及我国各地的专家和代表共200多人。

10月，第八届全国人大常委会第四次会议通过了《中华人民共和国教师法》，要求"取得幼儿园教师资格应该具备幼儿师范学校毕业及其以上学历"。我国城市公办园幼儿教师待遇得到了基本法律保障，但地区差异较大，占我国幼儿教师总数70%的城乡非公办教师特别是农村幼儿教师的待遇问题一直没有得到妥善解决。

1994 年

10月，第八届全国人大常务委员会第十次会议通过了《中华人民共和国母婴保健法》。

12月，为进一步提高托儿所、幼儿园卫生保健工作的质量，卫生部、国家教育委员会颁发了《托儿所、幼儿园卫生保健管理办法》。

该年，中国学前教育研究会会刊《学前教育研究》被评为全国"中文核心期刊"。

1995 年

1 月，国家教育委员会印发了新的三年制幼儿师范学校教学方案，即《三年制中等幼儿师范学校教学方案（试行）》，首次对培养规格做出了十分详细的规定。

3 月，第八届全国人民代表大会第三次会议通过了《中华人民共和国教育法》，提出"国家实行学前教育、初等教育、中等教育、高等教育的学校教育制度"，由此明确了学前教育在学制中的地位。

9 月，国家教委等部门联合下发《关于企业办幼儿园的若干意见》，以适应我国经济体制改革的日益深入和社会主义市场经济体制的建立，处理在当时企业转换经营机制过程中，学前教育工作所面临的一些新情况和新问题，保证学前教育事业的健康发展。

12 月，中国中小学幼儿教师奖励基金会成立，该会从事募集奖励基金、表彰优秀教师活动。

1996 年

1 月，国家教委颁发《关于开展幼儿园园长岗位培训工作的意见》。为确保培训质量，国家教育委员会同时制定并颁布了《全国幼儿园园长岗位培训指导性教学计划（试行草案）》，并由基础教育司组织编写了幼儿园园长岗位培训的教学大纲及教材。

1 月，国家教委颁发《全国幼儿园园长任职资格、职责和岗位要求（试行）》，要求"采取多种形式开展培训工作，争取用五年左右的时间将全国幼儿园园长轮训一遍"。

3 月，国家教委颁布《幼儿园工作规程》，是对经过七年试点的 1989 年的《幼儿园工作规程（试行）》修订后的结果。该文件确定幼儿园是基础教育的有机组成部分，是学校教育制度的基础阶段。

4 月，国家教委和联合国教科文组织在北京联合主办中国履行《儿童权利公约》研讨会。

5 月，国家教委召开了全国师范教育工作会议。

10 月，国家教委印发《关于师范教育改革和发展的若干意见》。全国幼儿师范学校此时已发展到 65 所，此后逐年下降。

该年，中国学前教育研究会会刊《学前教育研究》被国务院学位委员会评定为"全国学前教育理论核心刊物"。

该年，幼儿园数为 18.7 万所，入园幼儿有 2666.3 万人，此后逐年下降。

1997 年

7 月，国家教委印发了《全国幼儿教育事业"九五"发展目标实施意见》，就"九五"期间幼儿教育事业发展的指导思想、具体目标、措施保障等提出了基本要求，为实现《全国教育事业"九五"计划和 2010 年发展规划》对幼儿教育事业提出的目标奠定了基础。

9 月，华东师范大学学前教育专业和心理系特殊教育学院、上海南林师范学校、上海幼儿师范高等专科学校合并成立华东师范大学学前教育与特殊教育学院，成为全国学前教育领域率先成立的二级学院。随后，中专层次的幼儿师范学校也纷纷通过并入高校、独立升格、未升格但举办"三二分段"或"五年一贯制"专科教育等方式来适应提升培养层次的需要。同时，原有的高校本科学前教育专业也加入了培养幼儿教师的行列。

1998 年

12 月，教育部制定了《面向 21 世纪教育振兴行动计划》，提出："实施素质教育，要从幼儿阶段抓起，要用科学的方法启迪和开发幼儿的智力，培养幼儿健康的体质、良好的生活习惯与求知的欲望。"

1999 年

1 月，国务院批转了教育部制定的《面向 21 世纪教育振兴行动计划》。

6 月，《中共中央、国务院关于深化教育改革全面推进素质教育的决定》颁布，明确指出"实施素质教育应当贯穿于幼儿教育、中小学教育、职业教育、成人教育、高等教育等各级各类教育，应当贯穿于学校教育、家庭教育和社会教育等各个方面"，强调"积极发展以社区为依托的、公办与民办相结合的幼儿教育"，提出了"建设全面推进素质教育的高质量的教师队伍"的要求。

10 月，中国学前教育研究会编《迈向 21 世纪的中国学前教育研究优秀论文集》由南京师范大学出版社出版。该书展示了 20 世纪最后 5 年里的部分研究成果。研究会共收到论文 700 余篇，选出优秀论文 150 篇，将其中的 82 篇整理成册。

11 月，中国学前教育研究会在上海举行了庆祝新中国幼教事业开创 50 周年和中国学前教育研究会成立 20 周年的活动。

该年，幼儿园数为 18.1 万所，入园幼儿为 2326.2 万人，幼儿师范学校有 61 所，高校学前教育专业有 30 多处。

2000 年

1 月，中华慈善总会隆重召开慈爱孤儿工程新闻发布会，宣布启动慈爱孤儿工程。

10 月，中国青少年研究中心主编的《百年中国儿童》一书由新世纪出版社出版。此书是首本为儿童和儿童发展存史的著作。该书以 100 年的时间跨度、17 个领域、30 个门类的空间容量，承载了 2000 多条历史资料信息，梳理了 20 世纪中国儿童史的脉络和框架，集中记述和展示了百年来中国儿童在各个领域发展的风貌。

10 月，中国学前教育研究会第二次会员代表大会在辽宁省大连市召开，此次会议产生了第五届理事会，北京师范大学冯晓霞教授为理事长。

2001 年

1 月，OMEP 中国委员会与《幼儿教育》杂志社合作，在《幼儿教育》上开辟了 OMEP 中国委员会专栏。

2 月，中国学前教育研究会在无锡召开了常务理事、学术委员扩大会议，讨论确定了编制"十五"课题指南的方向性、针对性、前瞻性、群众性四大原则，在各地提交的课题建议的基础上归纳整理出课题指南，同时确定了课题申报办法。

4 月，中国学前教育研究会发布《"十五"研究课题指南》，并组织课题申报、审批立项和研究成果评价的工作。

5 月，国务院颁发《中国儿童发展纲要（2001—2010 年）》，该文件按照"十五"计划的总体要求，根据我国儿童发展的实际情况，以促进儿童发展为主体，以提高儿童身心素质为重点，以培养和造就 21 世纪社会主义现代化建设人才为目标，从儿童与健康、儿童与教育、儿童与法律保护、儿童与环境四个领域提出了 2001—2010 年的目标和策略措施。

6 月，中国陶行知研究会学前教育专业委员会在南京成立，该会为国家二级学会，南京师范大学唐淑教授为主任委员，挂靠南京师范大学。

8 月，中国学前教育研究会学术委员会在北戴河召开会议，从各地方研究会组织申报的课题中确立了 280 个立项课题，并进行了"十五"课题培训，与会者达 1000 余人。

9 月，教育部颁发《幼儿园教育指导纲要（试行）》，分为总则、教育内容与要求、组织与实施、教育评价等方面，将教育内容相对划分为健康、语言、社会、科学、艺术五大领域，强调各领域要有机结合、相互渗透，并于年底在北京举办全国性的培训班。

9 月，OMEP 中国委员会在甘肃兰州召开第一届西北幼儿教育改革与发展研讨会，来自全国的 300 名代表参会。

11 月，教育部在青岛召开全国幼儿教育工作座谈会。会议总结和分析了学前教育的成绩和前景，就当时幼儿教育事业发展存在的问题及如何推动"十五"期间幼儿教育事业的发展提出了改革思路，对许多重大问题提出了具有突破性的改革意见。

2002 年

1 月，中国学前教育研究会在北京召开了理事长和专业委员会主任联席会议，会议决定正式启动"百年幼教纪念活动"的准备工作，成立了筹备组，确定了系列活动的内容。

8 月，为了迎接中国幼教百年，中国学前教育研究会组织的《百年中国幼教》大型电视专题片开机。

9 月，OMEP 中国委员会承办了 OMEP 亚太地区常务理事国会议，会议在北京召开，参会代表约 30 人，主题为"为儿童生活得更美好而携手合作"。

10 月，中国陶行知研究会学前教育专业委员会在浙江杭州召开了第二届学术年会，中心议题为"学习交流陶行知的生活教育理论和创造教育理论"，与会人员参观了陶行知教育思想实验研究基地。

12 月，第九届全国人大常委会第三十一次会议通过了《中华人民共和国民办教育促进法》，并于 2003 年 9 月 1 日正式实施，该法规定了民办教育(含民办学前教育)机构的设立、法律地位、收费标准等。

2003 年

3 月，国务院办公厅转发了教育部、中央编办、国家计委、民政部、财政部、劳动保障部、建设部、卫生部、国务院妇儿工委、全国妇联《关于幼儿教育改革与发展的指导意见》，内容涉及幼儿教育改革与发展目标、幼儿教育管理体制和机制、事业发展、教育质量、师资队伍建设等方面，提出此后五年（2003—2007 年）幼儿教育改革的总目标：形成以公办幼儿园为骨干和示范，以社会力量兴办幼儿园为主体，公办和民办、正规与非正规教育相结合的发展格局；根据城乡的不同特点，逐步建立以社区为基础，以示范性幼儿园为中心，灵活多样的幼儿教育形式相结合的幼儿教育服务网络，为 0～6 岁儿童和家长提供早期保育和教育服务。

10 月 15—18 日，中国幼儿教育百年纪念大会暨学术研讨会在北京人民大会堂召开。来自全国 31 个省（自治区、直辖市）的幼教工作者共 800 多人出席了大会。纪念大会上，时任全国人大常委会副委员长、民进中央主席许嘉璐做了题为《把教育的视线延长到儿童出生的那一刻》的重要讲话，时任国务委员陈至立在大会上做了报告，时任共青团中央书记处书记张晓兰、时任全国妇联书记处书记张世平、时任 OMEP 主席西蒙思坦、时任北京师范大学校长钟炳林、幼儿园教师代表李岩等都做了热情洋溢的发言，时任中国学前教育研究会理事长、北京师范大学教授冯晓霞做了重要发言，时任国家教育部基础教育司副司长朱慕菊做了题为《中国幼儿教育发展的回顾和展望》的主题报告。纪念大会后，中国学前教育研究会组织了报告会和学术研讨会。时任中国学前教育研究会名誉理事长、中央教科所研究员史慧中做了主题报告，北京师范大学王炳照教授和刘焱教授、北京市教科所陈秀云研究员、我国香港和台湾地区的学者以及来自英国伦敦大学的学者、OMEP 主席等分别做了大会报告，之后与会人员在 11 个分会场进行了学术研讨，主题包括社会发展和早期教育、社会变革时期幼教事业的发展和管理、以社区为基础的早期教育、幼儿园的组织与管理、幼儿园教育评价与课程改革、儿童的健康与安全、教师教育、幼儿园课程、儿童的学习与游戏、早期阅读、幼儿与艺术等。会议还发放了电视专题片《百年中国幼教》的光盘、著作《中国百年幼教(1903—2003)》、征文集《我与幼儿教育》以及《中国百年幼教论文集》等。

2004 年

3 月，高校学前教育专业学科建设学术研讨会暨中国学前教育研究会学术委员会扩大会议在北京师范大学召开。此次会议的宗旨是加强高校之间学术研究的交流和合作，研讨高校学科建设和学术发展问题。

9 月，由于在北京、河南、湖北、江苏等地连续发生多起严重危害幼儿生命安全的恶性事件，中国学前教育研究会的 60 位专家学者自发地组织起来，联名给时任国务院总理温家宝写信。信中分析了幼儿安全事件不断发生的深层原因，请政府采取有力措施保护幼儿，从根本上解决问题。信中呼吁：国家应该为幼儿教育独立立法，保证幼儿教育能够按照自身的规律和特点健康地发展。

10 月，国家督导团一行 26 人，分 6 组，对京、豫、鲁、苏、吉、湘 6 省(直辖市)的学前教育工作进行了督导检查。此次督导除了检查贯彻落实《关于幼儿教育改革与发展的指导意见》及《教育部关于进一步加强幼儿园安全工作的紧急通知》的情况，同时还深入调研了各地幼教改革与发展中出现的热点、难点问题，为制定幼儿教育政策提供依据。

11 月，由中国陶行知研究会学前教育专业委员会主办、上海陶行知研究会承办的中国陶行知研究会学前教育专业委员会第三次年会在上海召开。此次会议以加深对陶行知教育思想和教育实践的理解、坚定与会者"学陶师陶"的信心和方向为宗旨。

2005 年

3 月，《教育部关于做好 2005 年中小学幼儿园安全工作的意见》《教育部办公厅关于加强中小学幼儿园校车安全管理的紧急通知》等文件发布。

3 月，中国学前教育研究会在海南省海口市召开第五届常务理事会扩大会议，31 名常务理事出席会议。会议的主要议题是"新形势下学前教育研究会的任务、工作内容与方式"，并讨论了"十五"课题的结题工作和此届理事会的工作报告。

3 月，第二届全国高校学前教育专业建设学术研讨会在南京师范大学举行。中心议题为"幼儿教师研究"，并分为职前教师培养和在职教师职业发展两个阶段。

5 月，OMEP 中国委员会在重庆召开西部幼儿教育研讨会，中心议题为"西部幼儿园的生存和发展"，来自京、津、沪、渝、贵、甘、青、川、桂等地的 200 多名代表出席了会议。

6 月，教育部印发《关于进一步做好中小学幼儿园安全工作六条措施》。

9 月，OMEP 中国委员会在杭州主办 2005 年国际华人幼儿教育研讨会，会议的主题是"中华文化的传承与幼儿教育"，来自国内外的代表共 400 多人参加了会议，进行了中华文化与幼儿教育、多民族文化与幼儿教育等八个主题的研讨和交流，并参观了八所幼儿园和社区幼儿教育。

10 月，教育部基础教育司在大连召开幼儿教育管理工作培训会。

10 月，中国教育电视台"早期教育专业频道"正式开播，该频道通过中国教育卫星宽带传输网覆盖全国，其发展宗旨是：最大限度地整合国内外早期教育的现有资源，充分发挥中国教育电视台在专业教育节目制作领域多年积累的经验优势，创造国内规模最大、专业性最强、为 0～8 岁儿童健康成长提供专业资讯的国家电视台。

11 月，中国学前教育研究会第三次会员代表大会暨"十五"课题成果交流与表彰大会在广西桂林召开。此次会议的议程为：审议中国学前教育研究会第五届理事会工作报告、组织工作及财务报告、OMEP 中国委员会工作报告，修改《中国学前教育研究会章程》。大会表彰了 95 项"十五"课题优秀成果，京、津、苏、浙、鄂、湘、贵、云、甘和军队系统的研究会获得了优秀组织奖。大会产生了中国学前教育研究会第六届理事会，冯晓霞教授连任理事长。

2006 年

1 月，中国学前教育研究会学术委员会在湖南长沙召开，制定了《中国学前教育研究会"十一五"课题指南》。

4 月，中国学前教育研究会在北京、成都、上海三地召开了"十一五"研究课题申报指导培训会。

5 月，时任国家主席胡锦涛到北京市福利院、北京市西城区幼儿园看望幼儿和教师。

6 月，教育部联合公安部、司法部、建设部、交通部、文化部、卫生部、工商总局、质检总局、新闻出版总署制定、发布了《中小学幼儿园安全管理办法》，总结了我国近年来学校安全管理工作的成功经验，明确规定了各有关部门的安全管理职责。

6 月，第三届全国高校学前教育专业联谊会在华东师范大学召开。

6 月，OMEP 香港分会带领由 20 名香港幼教工作者组成的"薪火传承始于幼儿"代表团前往北京、南京、兰州、西安考察。

7 月，时任 OMEP 中国委员会副主席周欣教授和秘书长叶子博士参加了在挪威举行的世界学前教育年会暨国际学术研讨会，研讨会的主题是"伟大的小小研究者——0～3 岁儿童发展与教育的新思路"。

8 月，中国学前教育研究会学术委员会在山东烟台评审"十一五"

课题，第一批批准立项课题为 133 项，第二批为 163 项。

11 月，由中国学前教育研究会和上海市教育委员会主办，《早期教育》编辑部参与承办的中国首届幼儿园园长大会在上海浦东新区隆重召开。

12 月，中国学前教育研究会会刊《学前教育研究》杂志社隆重举办了创刊二十周年庆典大会。

2007 年

4 月，第四届全国高校学前教育专业联谊会在西南大学召开。

8 月，国家质检总局为规范儿童玩具召回、保障儿童的健康和安全，特发布《儿童玩具召回管理规定》。

8 月，教育部、公安部、国家安全监管总局颁布《关于加强农村中小学生幼儿上下学乘车安全工作的通知》，对学生乘车安全提出了六条要求，进一步加大对农村地区各类"黑校车"的查处和打击力度，引导学生和家长乘坐安全的校车，切实保障学生上下学交通安全。

9 月，《教育部关于加强民办学前教育机构管理工作的通知》发布，对民办学前教育的审批程序、监管责任、从业人员、校车安全等做出了相应规定。

9 月，OMEP 中国委员会第四届西部幼儿教育研讨会在甘肃兰州召开，来自京、津、沪等 10 多个省（自治区、直辖市）及香港特别行政区的 420 多位代表参加了会议，会议主题为"为儿童的学习与发展创设支持性环境"。

10 月，胡锦涛同志在党的十七大报告中提出了加快推进以改善民生为重点的社会建设目标，并把"重视学前教育"作为优先发展教育、建设人力资源强国的重要举措之一，这是科学发展观和构建社会主义和谐社会理念的具体体现。

11 月，教育部教学仪器研究所、全国妇联儿童工作室、中国学前教育研究会联合主办的全国幼儿园优秀自制玩教具展评活动在中国儿童中心举行，有 33 个省（自治区、直辖市）推荐的 678 件作品参评，其中 442 件获奖，京、沪、豫、辽四省（直辖市）获团体奖。

11 月，全国政协教科文卫体委员会、国务院妇女儿童工委办公室、教育部、卫生部、中国科协、全国妇联在北京举办了儿童早期发展高层论坛，其宗旨是贯彻落实党的十七大精神，分享和交流国内外关于儿童早期发展的最新研究成果以及政策与实践举措，宣传科学的儿童发展知识和理念，呼吁全社会重视和关心儿童早期发展，推动各级政府和相关部门进一步研究制定相关的政策和行动计划，让每一个儿童拥有良好的人生开端。

2008 年

5 月，为落实党的十七大报告中"重视学前教育"的精神和贯彻国务院领导有关学前教育工作的批示，教育部成立了调研组，在全国进行学前教育专项调研。第一站为江苏省。

5 月，汶川地震后，国家救灾委员会、教育部、民政部救灾研究所、北京师范大学等发起成立了汶川地震应对政策专家行动组。6 月 18 日—9 月 4 日，在学前教育专家冯晓霞教授、虞永平教授的带领下，100 多位来自京、宁、苏、沪、渝、鲁的志愿者先后到达北川、安县（今绵阳市安州区）、绵竹、什邡等九个极重灾区，建立了不同类型的流动幼儿园或幼儿活动点，捐献了一批幼儿园开园所必需的物资，保证汉旺幼儿园等四所幼儿园顺利开园。

10 月，中国学前教育研究会与浙江省教育学会学前教育分会联合主办"托举希望，发展新农村幼儿教育"研讨会，该会在浙江省安吉县召开，来自全国 27 个省（自治区、直辖市）的 380 多名代表参加了会议。

2009 年

1 月初到 2 月底，《国家中长期教育改革和发展规划纲要（2010—

2020 年)》第一轮公开征求意见开展。综观在教育部门户网站、各大主流媒体和社会网站上发表的意见的情况,学前教育是社会各界关注的重点之一,各界对学前教育的发展目标和政府责任等提出了许多意见和建议。

5 月,中国学前教育研究会"十一五"课题结题培训会在江苏南京隆重举行,来自全国 29 个省(自治区、直辖市)的 400 多名幼教工作者参会。

6 月,中国学前教育研究会与中国教育电视台联合主办、江苏广播电视总台幼儿教育频道承办的庆"六一"2008 年全国幼儿园优秀DV 作品颁奖晚会在南京隆重举行。

6 月,中国陶行知研究会学前教育专业委员会在上海市宝山区举行第五届年会,进行了换届选举和"十一五"课题成果交流与颁奖。第二届理事会主任为华爱华教授,挂靠于华东师范大学。

6 月,中国学前教育研究会流动幼儿园项目继续进行。

6 月,四川绵竹幼儿园园长培训班在南京师范大学举办。来自四川绵竹的 30 家幼儿园的园长免费参加了此次培训,培训由南京师范大学教育科学学院主办,江苏教育出版社等单位协办。南京师范大学教授和南京市幼教名师负责授课,为期一周。

6 月,香港耀华国际教育机构组团赴四川省绵阳市平武县进行了为期三天的培训。

2010 年

7 月,中共中央、国务院印发了《国家中长期教育改革和发展规划纲要(2010—2020 年)》,从我国现代化建设的总体战略出发,规划了我国十年里的教育改革发展,确定了学前教育的发展目标:基本普及学前教育,明确政府职责,重点发展农村学前教育。该文件要求建立以政府为主导、社会参与、公办民办并举的办园体制。这是进入 21 世纪后我国第一个教育改革发展规划，是指导我国学前教育改革发展的纲领性文件。

7 月，党中央、国务院召开了 21 世纪的第一次全国教育工作会议。会上，胡锦涛同志提出："要基本普及学前教育，重点发展农村学前教育，遵循幼儿身心发展规律，坚持科学保教方法，加强学前教育管理，保障幼儿快乐健康成长。"

10 月，中国共产党第十七届中央委员会第五次全体会议通过了《中共中央关于制定国民经济和社会发展第十二个五年规划的建议》，提出加快教育改革，积极发展学前教育。

11 月，温家宝同志来到北京两所幼儿园，就发展学前教育问题进行了调研，并与教师和家长座谈。之后，温家宝同志主持召开国务院常务会议，研究部署发展学前教育的政策措施。会议确定了发展学前教育的五条政策措施：扩大学前教育资源；加强幼儿教师队伍建设；加大学前教育投入；强化对幼儿园保育教育工作的指导；完善法律法规，规范学前教育管理。会议还要求以县为单位编制学前教育三年行动计划。

11 月，国务院颁布《国务院关于当前发展学前教育的若干意见》（又称"学前教育国十条"），要求积极发展学前教育，提供"广覆盖、保基本"的学前教育公共服务，着力解决"入园难"问题，以满足适龄儿童的入园需求，促进学前教育事业科学发展，进一步贯彻落实党的十七届五中全会、全国教育工作会议精神和《国家中长期教育改革和发展规划纲要（2010—2020 年）》。

12 月，全国学前教育工作电视电话会议召开。刘延东同志就学前教育工作提出了三点意见：一是深刻认识发展学前教育的重要意义，进一步增强责任感和紧迫感；二是抓住关键，突出重点，加快提高学前教育发展水平；三是加强领导，精心组织，把各项任务落到实处。

从 2010 年起，为了支持各地实施好学前教育三年行动计划，教育部会同财政部、发展改革委实施了八个国家学前教育重大项目，重点扶持中西部农村地区和城市的薄弱环节。这些项目可分为四类：一是幼儿园建设类，支持中西部农村扩大学前教育资源；二是综合奖补类，鼓励社会参与，多渠道、多形式举办幼儿园；三是实施幼儿教师国家级培训计划；四是建立学前教育资助制度，对家庭经济困难儿童、孤儿和残疾儿童入园给予资助。

2011 年

9 月，财政部会同教育部发布《关于加大财政投入支持学前教育发展的通知》，决定从 2011 年起，中央财政通过设立学前教育发展专项资金，以中西部农村地区为重点，引导支持各地加大对学前教育的投入，努力调动地方政府、企事业单位和社会力量等各方面的积极性，统筹城乡学前教育发展，多渠道扩大学前教育资源，加强幼儿师资队伍建设，逐步建立幼儿资助制度，推动学前教育发展。

12 月，《教育部关于规范幼儿园保育教育工作防止和纠正"小学化"现象的通知》发布，以规范幼儿园办园行为，科学保教，防止幼儿园"小学化"。

12 月，第十一届全国人大常委会表决通过了《全国人民代表大会教育科学文化卫生委员会关于第十一届全国人民代表大会第四次会议主席团交付审议的代表提出的议案审议结果的报告》。报告提出，全国人大常委会将与有关部门加强联系，继续推动学前教育立法进程。

12 月，国家发展改革委、教育部、财政部联合印发《幼儿园收费管理暂行办法》，规范幼儿园收费行为，保障受教育者和幼儿园的合法权益，促进学前教育事业科学发展。

2012 年

2 月，教育部印发《幼儿园教师专业标准（试行）》，对教师培养、准入、培训、考核以及教师的职业道德、专业能力要求等做出了具体规定，是"国培计划"和"省培计划"等各级培训的重要内容。

2 月，教育部印发《学前教育督导评估暂行办法》，要求各地结合本地实际情况，制定本省（自治区、直辖市）学前教育督导评估实施方案，做好督导评估工作。

4 月，温家宝同志签署了国务院令第 617 号，《校车安全管理条例》颁布，规定了校车使用许可、驾驶人资质、同行安全以及法律责任等。

4 月，《教育部办公厅关于开展 0～3 岁婴幼儿早期教育试点工作有关事项的通知》发布，通过对申报地的选择，决定在上海、北京等 14 个地区开展 0～3 岁婴幼儿早期教育试点，并对试点任务、内容和有关工作提出了明确要求，以探索发展 0～3 岁婴幼儿早期教育的模式和经验。

5 月，卫生部印发了《托儿所幼儿园卫生保健工作规范》，以加强托儿所、幼儿园卫生保健工作，切实提高托幼机构卫生保健工作的质量。

5 月，教育部在北京举行学前教育宣传月启动仪式，并决定从 2012 年起在全国范围内开展学前教育宣传月活动，引导全社会树立正确教育理念，营造共同关心、支持学前教育的良好氛围。

9 月，《教育部 中央编办 财政部 人力资源社会保障部关于加强幼儿园教师队伍建设的意见》发布，进一步明确了幼儿园教师队伍建设的目标，要求建立健全幼儿园教师资格认定、职称评定、待遇保障等制度。

10 月，教育部印发《3—6 岁儿童学习与发展指南》，帮助幼儿园教师和家长了解幼儿学习与发展的基本规律和特点，建立对幼儿发展的合理期望，实施科学的保育和教育。

11 月，为进一步加强对学前教育的宏观指导，教育部学前教育办公室设立。

2013 年

1 月，为了加强幼儿园教师队伍建设，教育部印发了《幼儿园教职工配备标准(暂行)》，要求各地加快核定公办园教师编制，通过特岗计划、小学教师培训后转岗、接收免费师范生、公开招聘等多种途径充实幼儿园教师队伍。

7 月，OMEP 第 65 届国际学术会议在上海举办，主题为"促进学前教育发展：机会与质量"。这是中国首次主办 OMEP 年会。

2014 年

1 月，时任教育部部长袁贵仁在 2014 年全国教育工作会议上提出："要支持发展农村学前教育。启动实施第二期学前教育行动计划，提高公办幼儿园和普惠性民办幼儿园的覆盖率。"

4 月，《教育部办公厅 财政部办公厅关于做好 2014 年中小学幼儿园教师国家级培训计划实施工作的通知》发布，提出重点关注未参训农村教师，特别是边远、贫困和民族地区，切实扩大培训受益面，实现对中西部农村义务教育学校和幼儿园的全覆盖。

11 月，《教育部 国家发展改革委 财政部关于实施第二期学前教育三年行动计划的意见》颁布，决定于 2014—2016 年实施第二期学前教育三年行动计划，提出了四项重点任务：扩大总量，调整结构，健全机制，提升质量。

2015 年

1 月，教育部颁布《幼儿园园长专业标准》，对园长的办园理念、专业要求等做了具体的规定，以促进幼儿园园长专业发展，建设高素质幼儿园园长队伍。

2016 年

1 月，教育部颁布了新修订的《幼儿园工作规程》，主要对坚持立德树人、规范办园行为、强化安全管理、注重与法律法规和有关政策的衔接、完善幼儿园内部管理机制等方面做了修订。

6 月，《国务院办公厅关于加快中西部教育发展的指导意见》提出，要积极发展农村学前教育，尤其是中西部革命老区、民族地区、边疆地区、贫困地区农村的学前教育。该文件指出，中西部要构建农村学前教育体系，逐步提高农村入园率，实现每个乡镇至少有一所公办中心幼儿园；到 2020 年，中西部地区学前三年毛入园率达到 70%。

9 月，中央财政下达 2016 年相关教育专项转移支付资金 927 亿元，支持学前教育发展资金 149 亿元，支持各地通过多种渠道扩大普惠性学前教育资源，并将幼儿资助类奖补资金由 10 亿元扩大到 15 亿元，支持各地进一步健全学前教育资助制度，确保家庭经济困难幼儿获得资助。中小学及幼儿园教师国家级培训计划补助资金为 20 亿元。

11 月，国家住房和城乡建设部制定的《托儿所、幼儿园建筑设计规范》开始实施。该规范的主要目的在于保证托儿所、幼儿园建筑设计的质量，使建筑设计满足适用、安全、卫生、经济、美观等方面的基本要求。

11 月，十二届全国人大常委会第二十四次会议通过了修改《中华人民共和国民办教育促进法》的决定。《中华人民共和国民办教育促进法》修法后，民办学校营利性、非营利性的分类改革正式启动，非义务教育阶段的民办学校可自主选择类别，营利性民办学校应注册为企业；非营利性民办学校则可享受与公办校等同的税收优惠、土地划拨政策等。

2017 年

4 月，教育部等四部门发布《关于实施第三期学前教育行动计划的意见》，提出要重点扩大普惠性资源，着力破解公办园少、民办园贵问题；到 2020 年，基本建成广覆盖、保基本、有质量的学前教育公共服务体系；全国学前三年毛入园率达到 85%，普惠性幼儿园覆盖率（公办幼儿园和普惠性民办幼儿园在园幼儿数占在园幼儿总数的比例）达到 80%左右。

4 月，教育部颁布《幼儿园办园行为督导评估办法》。该文件规定的督导评估内容包括办园条件、安全卫生、保育教育、教职工队伍和内部管理五个方面，突出的是底线标准，是对幼儿园资质的最基本要求。

4 月，《国务院办公厅关于加强中小学幼儿园安全风险防控体系建设的意见》发布，从学校安全风险防控的总体要求、风险预防体系、风险管控机制、事故和风险化解机制和领导责任五个方面进行了系统设计和全面规定。

10 月，党的十九大强调优先发展教育事业、办好人民满意的教育，首次提出实现"幼有所育"。"幼有所育"即让所有 0～6 岁的适龄儿童得到更好的养育、教育，包含 0～3 岁婴幼儿的教育。

12 月，《全国人民代表大会教育科学文化卫生委员会关于第十二届全国人民代表大会第五次会议主席团交付审议的代表提出的议案审议结果的报告》显示，学前教育立法已列入第十二届全国人大常委会立法规划或年度立法计划，进入全国人大立法视野。

2018 年

3 月，九三学社提出，预计到 2021 年，学前教育阶段的适龄幼儿将增加 1500 万人左右。预计幼儿园缺口近 11 万所，幼儿教师和保育员预计缺口超过 300 万。中国 2016 届幼儿与学前教育职业类本科毕业生毕业半年后月收入为 3504 元，比全国平均水平低 872 元；而高职高专毕业生毕业半年后月收入为 2706 元，比全国平均水平低 893 元。可见，幼儿教师和保育员职业的高强度工作性质与低保障、低报酬之间的矛盾以及刚性需求的市场与失衡师资供给之间的矛盾亟待解决。

3 月，修改后的《政府工作报告——2018 年 3 月 5 日在第十三届全国人民代表大会第一次会议上》提出："要多渠道增加学前教育资源供给，重视对幼儿教师的关心和培养，运用互联网等信息化手段对儿童托育中育儿过程加强监管，一定要让家长放心安心。"

7 月，《教育部办公厅关于开展幼儿园"小学化"专项治理工作的通知》，严禁幼儿园教授小学课程内容。该文件规定，对于提前教授汉语拼音、识字、计算、英语等小学课程内容的，要坚决予以禁止；对于幼儿园要求幼儿完成小学内容家庭作业、组织小学内容有关考试测验的，要坚决予以纠正；社会培训机构也不得以学前班、幼小衔接等名义提前教授小学内容，各地要结合校外培训机构治理予以规范。

11 月，《中共中央 国务院关于学前教育深化改革规范发展的若干意见》发布，这是中华人民共和国成立以来第一部由中共中央、国务院印发的关于学前教育发展的文件，提出："学前教育是终身学习的开端，是国民教育体系的重要组成部分，是重要的社会公益事业；办好学前教育、实现幼有所育，是党的十九大作出的重大决策部署，是党和政府为老百姓办实事的重大民生工程，关系亿万儿童健康成长，关系社会和谐稳定，关系党和国家事业未来。"

后 记

　　《共和国教育学 70 年·学前教育学卷》是山西大学教授侯怀银先生主编的"共和国教育学 70 年"丛书中的一卷。正如侯老师所说，开展对中国教育学史的研究，既是为了梳理历史资料、保存和传承教育学发展的积淀、推动教育学学术的继承与发展，也是为了总结规律、镜鉴现实，为新时代教育学的大发展校准方向、添砖加瓦。受侯老师委托，本人荣幸地承担了梳理共和国 70 年学前教育学学科发展历史的任务，深感责任重大。在写作过程中，本人按照"还原历史真实、总结经验教训、探寻发展规律、镜鉴现实问题、瞻望发展前景"的思路，从提纲的拟定、文献的查阅、体例的完善、逻辑线索的确定到具体内容的写作，每一个细节都丝毫不敢懈怠，力图每一句、每一段、每一节、每一章都能真实反映学前教育学学科 70 年的历史脉络与发展轨迹，努力使阐述符合历史真实，经得起读者的检验。可以说，在整个写作过程中我的思维始终处于紧张状态，甚至到今天仍然有一种深深的不安感。

　　学前教育学学科体系有着特殊的关联性，既与幼儿园的建立发展历史、幼儿教育实践密切相关，又与幼儿师范学校和高校学前教育专业发展紧密联系。撰写此书既要交代共和国 70 年学前教育事业的整体发展演变情况，特别是幼儿教育发展的实际过程；又要考虑学前教育学学科体系发展的脉络。本书的写作须把握好幼儿师范学校和高校学前教育专业学科建设进程中的学前教育学学科体系发展和学前教育事业发展的关系，尽量把学前教育学 70 年的发展轨迹与学前教育事业 70 年的发展历程结合起来，这个关系的把握实属不易，笔墨多少的分配也是一件难事。共和国 70 年学前教育改革发展取得了重大成就，材料丰富，而学前教育学学科的发展与研究相对薄弱和滞后。本书旨在展现中国特色社会主义学前教育学学科体系的发展过程，对学科特点和实践演进路线等进行深入分析，并以此为主线，进行学前教育学学科发展阶段的划分、历史资料的梳理和学科建设的反思，并做好对 70 年里学前教育学学科体系方面的重要著作、教材和研究论文的整理评述，让读者在书中既看到中国特色社会主义学前教育学学科的发展，又看到研究者及其著作、教材和论文对中国特色社会主义学前教育学形成和发展的贡献；同时把握"以史为主，史论结合"的写作原则，既以史实为依据，梳理清楚基本事实，又做出准确的分析和正确的评价。本书的写作，既是梳理历史的过程，也是思考历史的过程；既是学习反思的过程，也是成长发展的过程；既是磨炼驾驭材料和写作能力的过程，也是检验、审视自己是否具有静心、潜心、耐心等研究人员必备品质的过程。在这里，我衷心感谢侯老师的信任、支持、鼓励和帮助，感谢周围人在背后的默默付出。

本书在构思与撰写过程中，特别是在史料收集、整理、汇总过程中，参考和引用了许多研究者的相关论文、著作等研究成果，从而能更全面地概括和反映中华人民共和国成立 70 年来我国学前教育学发展的历程以及取得的成绩和经验，并思考探索今后的发展方向，在此一并表示诚挚的感谢！同时，感谢北京师范大学出版社对本书的出版所给予的大力支持，感谢编辑同志为本书的出版所付出的辛勤劳动！

需要说明的是，本书的观点与评论是本人基于目前已有的历史资料和研究成果，对共和国 70 年来我国学前教育学学科发展进行概括、总结和对未来改革发展进行思考的结果，仅是一家之言，热忱欢迎关注我国学前教育学发展的专家、读者对书中的观点与评论不吝指正，提出宝贵的意见与建议；同时也希望有越来越多的研究者关注和参与对我国学前教育学发展的探讨，共同推动我国学前教育学学科的繁荣发展。

当然，囿于本人学识水平、研究能力等，本书肯定还有许多不足之处，恳请读者提出宝贵意见。

王福兰

2019 年 9 月 19 日

图书在版编目（CIP）数据

共和国教育学 70 年. 学前教育学卷 / 侯怀银主编；王福兰著. —
北京：北京师范大学出版社，2020.5
ISBN 978-7-303-25565-8

Ⅰ. ①共… Ⅱ. ①侯… ②王… Ⅲ. ①学前教育－教育史－中
国－现代 Ⅳ. ①G529.7

中国版本图书馆 CIP 数据核字（2020）第 003014 号

营 销 中 心 电 话　010-58802135　010-58802786
北师大出版社教师教育分社微信公众号　京师教师教育

GONGHEGUO JIAOYUXUE QISHINIAN · XUEQIAN JIAOYUXUE JUAN

出版发行：北京师范大学出版社　www.bnupg.com
　　　　　北京市西城区新街口外大街 12-3 号
　　　　　邮政编码：100088
印　　刷：北京盛通印刷股份有限公司
经　　销：全国新华书店
开　　本：710 mm×1000 mm　1/16
印　　张：24.25
字　　数：311 千字
版　　次：2020 年 5 月第 1 版
印　　次：2020 年 5 月第 1 次印刷
定　　价：120.00 元

策划编辑：郭兴举　鲍红玉　　　责任编辑：齐　琳　张筱彤
美术编辑：王齐云　　　　　　　　装帧设计：王齐云
责任校对：段立超　陶　涛　　　　责任印制：马　洁